CAMPING-GUIDE

Roadtrips durch Deutschland

Mit den Top Ten
für jede Tour
aus 1000 Places DACH

DER AUTOR

Ralf Johnen ist halb Rheinländer und halb Niederländer. Der gelernte Tageszeitungsjournalist hat 40 Bücher geschrieben und betreibt den mehrfach ausgezeichneten Blog www.boardingcompleted.me. Seine Leidenschaft fürs Campen hat er bei einem Roadtrip durch Colorado entdeckt.

Ralf Johnen

CAMPING-GUIDE

Roadtrips durch Deutschland

VISTA POINT

INHALT

Blick über die Weinreben am Bodensee, s. Route 2

Herzogliches Bräustüberl in Tegernsee, s. Route 3

INHALT

Tiger & Turtle – Magic Mountain, ein Kunstwerk von Heike Mutter und Ulrich Genth, Duisburg, s. Route 10

Flaniermeile über der Ostsee: die Seebrücke von Ahlbeck, s. Route 7

Camping am Mainufer, s. Route 5

Sand unter den Füßen: Zelten zwischen den Dünen an der Nordsee

Camping- und Ferienpark
WULFENER HALS
MEMBER OF LEADING CAMPINGS OF EUROPE
Ostsee-Insel Fehmarn
(C) ★★★★★
Freizeit pur auf der Ostseeinsel Fehmarn!
Einfach und bequem online buchen www.wulfenerhals.de
■ Camping
■ Mietwohnwagen
■ Mobilheime
■ Apartments, Hotelzimmer
■ Ferienhäuser
■ Surfen, Reiten, Tauchen
■ Separater Wohnmobilpark
■ Direkt am 18-Loch-Golfpark
■ Beheizter Swimmingpool
■ Animation und Abend-Entertainment
Für Gäste 30% Ermäßigung auf das Wochen-Greenfee im Golfpark Fehmarn
Leading Campings
www.wulfenerhals.de
Camping- und Ferienpark Wulfener Hals · Wulfen, 23769 Fehmarn
Tel. (0 43 71) 86 28 – 0 · Fax (0 43 71) 37 23 · info@wulfenerhals.de
ADAC Klassifikation 2020 im ADAC Campingführer
SUPER 2020
ADAC
2003-2020
TopPlatz
camping.info
AWARD 2019
DTV-BVCD, DCC, ECC
ECO CAMPING
UMWELT MANAGEMENT
EMAS

EINLEITUNG

MIT WOHNMOBIL ODER ZELT IN DEUTSCHLAND UNTERWEGS

UNSER ANLIEGEN

Dieses Buch, so könnte man sagen, befasst sich auf »amerikanische Weise« mit dem Reiseland Deutschland: Vorgestellt werden elf Roadtrips durch alle Landesteile, von denen sich jeder für eine eigenständige Urlaubsreise von rund zwei Wochen Dauer eignet. Acht Touren sind Rundkurse, während die anderen drei in unterschiedlichen Städten starten und enden. Dabei ist von Vorteil, dass innerhalb Deutschlands jeder Ort innerhalb einer – gegebenenfalls langen – Tagesreise erreichbar ist. Von Freiburg nach Rügen etwa sind es 1050 Kilometer. Da lachen Amerikaner oder Kanadier nur drüber.

Die Routen führen durch als solche bekannte Ferienregionen wie das Alpenvorland, die Küsten oder die Täler von Rhein und Donau. Doch wir haben auch Destinationen ausgewählt, die im Urlaub seltener angesteuert werden und so für viele Reisende vielleicht noch mehr Überraschungen bergen: Franken, Brandenburg oder die grünen Seiten des Ruhrgebiets.

Selbstverständlich hat Deutschland das Potenzial für elf oder auch 22 weitere Routen – da ist das Setzen von Schwerpunkten unerlässlich. Mit diesem Buch bieten wir eine sorgfältig kuratierte Zusammenstellung von Optionen. Teilabschnitte können natürlich auch frei kombiniert werden oder als Inspiration für Wochenendtrips in die nähere Umgebung dienen. Die vorgeschlagenen Touren funktionieren mit Pkw und Zelt ebenso gut wie mit dem Camper.

Alle elf Routen sind so ausgearbeitet, dass sie sich auf abwechslungsreiche Weise mit der jeweiligen Region befassen. Als tragende Säulen fungieren natürlich die schönsten Landschaften Deutschlands, die mal als Nationalpark, mal als Naturpark firmieren, die aber genauso häufig einfach nur sie selbst sind, sowie die interessantesten Städte.

Deren Sehenswürdigkeiten werden kompakt vorgestellt, bei großen Städten teils in Top-Listen gebündelt, wobei für uns weniger die Vollständigkeit als der Tipp-Charakter im Vordergrund steht. In diesem Sinne wird auch auf die »coolen« Viertel hingewiesen – schließlich gleichen sich die Fußgängerzonen der Cities immer mehr, weshalb die Urlaubszeit besser

Essen fassen am Seeleinsee im Nationalpark Berchtesgaden

Stopp zum Sonnenuntergang in Schleswig

Campen mit Aussicht am Rande des Karwendelgebirges

direkt in die unverwechselbaren Stadtteile investiert wird.

Insgesamt haben wir uns bemüht möglichst viele »grüne Attraktionen« zu berücksichtigen: Parks, Wanderrouten, Radwege, Seen und Flüsse, und uns dabei auf Aktivitäten konzentriert, denen man ohne umfangreiches Zusatzequipment nachgehen kann.

Da wir die Erfahrung gemacht haben, dass sich viele Reisende bezüglich Übernachtung und Verpflegung auf ihre eigenen Online-Recherchen verlassen, haben wir diese beiden klassischen Segmente der Reiseliteratur auf einige ausgesuchte Empfehlungen beschränkt.

Der gewonnene Platz dient dem Lesevergnügen: Wir wollten auch ein Lesebuch machen – für daheim und unterwegs. Mini-Reportagen befassen sich mit ortstypischen Phänomenen, andere Exkurse präsentieren kulinarische Gepflogenheiten oder lohnenswerte Zwischenstopps und Umwege.

Abgerundet wird das Ganze durch die Top-10-Listen am Ende jeder Route, die mit noch mehr Infos hinter dem QR-Code aufwarten. ■

CAMPING IST ANGESAGT, DEUTSCHLAND IST IN

Die einen bezeichnen das Konzept als »Van Life«. Andere nennen es schlicht »Urlaub im Wohnmobil.« Dritte wiederum verzichten auf einen Camper, um mit dem Pkw zu fahren und Zeltplätze anzusteuern – sei es mit oder ohne Anhänger. Unabhängig von der Ausstattung und der Bezeichnung eint sie alle die Sehnsucht nach einem bestimmten Lebensgefühl: die Freiheit und Spontanität, die Mobilität und Unabhängigkeit bei einem Roadtrip. Der Campingurlaub verspricht eine Vielzahl neuer Eindrücke, sei es in den Bergen, am Meer, auf dem platten Land oder stadtnah.

Die Vorteile dieser Reiseform liegen auf der Hand: Wer mit Wohnmobil oder Zelt unterwegs ist, muss nicht alles planen und buchen, sondern bleibt flexibel und kann sich treiben lassen. Wenn die Tour nicht gerade in der Hochsaison zu den schönsten Orten des Landes führt, findet man in der Regel einen Platz auf einer Campinganlage.

Eine entscheidende Rolle spielt für viele, dass ein Roadtrip dazu angetan ist, einen naturnahen Urlaub zu erleben. Aufwachen, eilig die Klamotten anziehen, aus dem Wagen springen und pünktlich zum Sonnenaufgang auf einer Düne oder, besser noch, auf einem Berggipfel stehen, lange bevor die anderen Touristen ankommen. Diese Nähe zur Natur gehört zu den größten Reizen des Urlaubs im Wohnmobil, mit dem Wohnwagen oder im Zelt. Deutschland ist dafür sehr gut geeignet: Von den Küsten über Seenlandschaften und Mittelgebirge bis zu den Alpen ist die Topographie außerordentlich vielseitig. Hinzu kommen die vielen Flusstäler, die sich für einen Roadtrip besonders gut eignen.

Ein weiterer Vorteil: Wer auf Campingplätzen unterwegs ist, lernt mehr oder weniger von selbst andere Reisende kennen – wenigstens ein gemeinsames Thema hat man ja schon mal. Nicht zuletzt sind die Kosten potenziell überschaubar, vor allem für Urlauber, die selbst eine entsprechende Ausrüstung besitzen. Wer hingegen ein Komfortvehikel mit allem erdenklichen Luxus leihen oder besitzen möchte, kann natürlich auch viel Geld ausgeben.

Schon vor der Corona-Pandemie 2020/21 lag das Reisen mit Van oder Wohnmobil im Trend. Die formschönen VW Bullis früherer Jahrzehnte haben unter stilbewussten Menschen den Status von Lifestyle-Ikonen erlangt. Auch andere mit viel Liebe, Geduld – und zum Teil

Das »Van Life« ist auch für Kinder ein Abenteuer

Stellplatz am Deich von Neuharlingersiel

auch den entsprechenden finanziellen Mitteln – zu behaglichen Vehikeln umgebaute Fahrzeuge sowie klassische Wohnmobile erfreuen sich schon seit einer Weile steigender Beliebtheit. Doch mit der neuen Realität zu Zeiten der Pandemie scheinen Aufenthalte in großen Hotelanlagen, Flugreisen und Kreuzfahrten plötzlich eher Bedrohung als Erholung und die Popularität des Roadtrips nimmt noch mal zu: Kein anderes Urlaubskonzept scheint dem Gebot der Stunde besser nachkommen zu können. Wobei die langen Trips durch ferne Länder ins Hintertreffen geraten sind.

Allerdings verstärkt auch dies nur einen Trend, der ebenfalls schon vor einiger Zeit eingesetzt hat: Die »Reiseweltmeister« aus deutschen Landen müssen die schönsten Wochen des Jahres nicht mehr zwangsweise in Südafrika, den USA oder auf Mallorca verbringen. Nein, sie entdecken rasant, dass es sich auch zwischen den Ostfriesischen Inseln und dem Berchtesgadener Land formidabel reisen lässt. Mehr und mehr Menschen interessieren sich für den Nationalpark Hainich, das Bergische Land oder den Bergischen Wald, entdecken den kulturellen Reichtum Thüringens und Sachsen-Anhalts sowie das industrielle Erbe im Ruhrgebiet. Die Vielfalt der Landschaft, die gute Infrastruktur und die fantastische Dichte an Attraktionen sind starke Argumente. Kurzum: Das Heimatland steht nun hoch im Kurs – was auch daran liegt, dass der Heimatbegriff als solches seine matte Piefigkeit verloren hat, Deutschland hat aufgeholt in Sachen Tourismus.

In der jüngeren Vergangenheit haben sich die Attraktionen herausgeputzt. Allein 43 Orte wurden von der UNESCO in den Adelsstand des Weltkulturerbes erhoben. Größere und kleinere Innenstädte wurden mit viel Liebe und Aufwand restauriert. Die Museen locken mit hochwertigen Kulturschätzen und zeitgenössischer Didaktik. Außerdem erlebt die Esskultur einen beispiellosen Aufschwung: Ausgezeichnete Restaurants mit modernen Küchenkonzepten, fleischlosen Alternativen und regionalen Produkten prosperieren allerorten. Bier, Wein und Spirituosen gehören zu den besten und vielseitigsten der Welt.

Nicht zuletzt sind da noch die Menschen, die häufig äußerst gastfreundlich und hilfsbereit sind. Kerntugenden wie Verlässlichkeit, Sauberkeit und Qualitätsbewusstsein sind im Urlaubskontext ebenfalls nicht zu verachten.

Und das Preisniveau? Das ist im Vergleich zu angrenzenden Urlaubsländern wie Dänemark, den Niederlanden, Österreich oder der Schweiz niedrig: Wo bekommt man schon ein Viertel hervorragenden Wein für vier Euro oder einen halben Liter Fassbier für weniger als drei Euro? Und selbst hochklassige Museen kostet selten mehr als 12 Euro Eintritt – das ist insbesondere im Vergleich zu vielen Zielen in Übersee nicht viel. ■

Wohmobil-Dinner

Ein Trend, der im Zuge der Pandemie aufgekommen ist: Camper dinieren auf den Parkplätzen von Restaurants. Sie erhalten ein Mehrgangmenü mit Getränkebegleitung, das sie gemütlich am eigenen Esstisch verspeisen. Da die Getränke ja nicht selten Alkohol enthalten, ist es praktisch, dass die Gäste dort direkt übernachten können. Dem Trend sind gleich mehrere Websites gewidmet, die von der Community stetig aktualisiert werden. Pioniere auf dem Gebiet waren https://womo-explorer.de, aber auch http://wohnmobildinner.net lohnt einen Blick. Es ist noch offen, ob die neue Haute Cuisine auf Rädern wieder aus dem Wohnmobilalltag verschwindet.

Mini-Reportage

Aktivurlaub am See in Mecklenburg-Vorpommern

LEBEN IM WOHNMOBIL

Die Devise ist: Man muss es mögen. Obwohl viele Wohnmobile gut ausgestattet sind, sollten insbesondere Neulinge in dieser Reiseform vor der Anmietung bzw. dem Kauf bedenken, dass auch das komfortabelste Vehikel kein Hotel ist. Der Platz ist limitiert, die Räume sind klein. Es gibt keinen Reinigungsdienst mit täglich frischer Bettwäsche, kein aufwendig gestaltetes Badezimmer mit Regendusche und nicht immer eine Bar oder auch nur ein Restaurant in direkter Nähe. Nach dem Besuch einer Stadtattraktion ist in aller Regel eine Fahrt erforderlich, während man sonst womöglich direkt ins Hotel stolpert.

Für die allgemeine Harmonie gilt es – und das speziell beim Familienurlaub – die alters- und interessenskonforme Beschäftigung aller Mitreisenden zu berücksichtigen. Eine gute Voraussetzung ist die Freude an Landschaften, Naturerlebnissen, Stadterkundungen und Aktivitäten. Bei anhaltend schlechtem Wetter ist eine gewisse Langmut von Vorteil, denn dann kann es ganz schön eng werden in einem Wohnmobil und Langeweile schnell in Missmut umschlagen. Gut ausgestattete Campingplätze allerdings sorgen, was dies betrifft, mit Freizeitmöglichkeiten wie Hallenbad und Spielplätzen vor.

Wer sich nicht auf Spielplätze verlassen möchte, kann sich mit dem guten WLAN trösten, das viele Plätze inzwischen bieten. Mit der richtigen Ausrüstung (Laptop, HDMI-Kabel für den Fernseher) gibt es dann auch Bewegtbild-Entertainment. Sollte die Verfügbarkeit von Internet ein wichtiges Kriterium für den Familienfrieden sein, empfiehlt sich die Anschaffung einer mobilen WLAN-Station. Wer eine Mobilfunk-Flatrate hat, kann den Passagieren alternativ natürlich auch einen Hotspot bauen. Eine Garantie für grüne Lämpchen in den Social-Media-Netzwerken aber ist auch das nicht, denn in vielen dünn besiedelten Gebieten Deutschlands ist die Versorgung mit hochwertigen Netzen (5G, LTE) bis in die Gegenwart nicht gegeben. ■

Mini-Reportage

Die Grundausstattung

Zum Basiskomfort tragen bei: Grill, Klappstühle und – wenn es irgendwie geht – auch Fahrräder. Diese erhöhen die Flexibilität deutlich, wenn man seine Zelte auf einem Platz außerhalb einer Stadt aufschlägt, den Tag aber in der City verbringen möchte. Geschirr, Küchenutensilien und Bettwäsche verstehen sich von selbst.

Als Grundausstattung sollte man außerdem Folgendes mitnehmen: Feuerzeug und Streichhölzer, Grillanzünder, Kohle, Müllsäcke, Alufolie, Frischhaltefolie, Küchenrolle, Spülmittel, Schwammtücher, Spülbürste, Insektenspray, Medizin-Kit, evtl. Toiletten-Chemikalien, Batterien, Taschenlampe. Wichtig sind zudem mehrere Steckdosenadapter sowie die Ladekabel für elektronische Geräte.

Ein eigener Grillrost kann von Nutzen sein

WOHNMOBIL MIETEN

Wer kein eigenes Vehikel mit Wohnmöglichkeit besitzt, kann natürlich auch ein Wohnmobil, einen Bulli oder einen Wohnwagen mieten. Dies allerdings ist im Zweifelsfall nicht viel günstiger als der Aufenthalt in einem Mittelklassehotel. Eine weitere Option ist das Sharing – Eigentümer von Wohnmobilen vermieten ihre Gefährte über eine Agentur an Urlauber.

Lifestyle-Ikone VW Bus mit Zeltdach

Fahrzeuge

Die Auswahl an Wohnmobilen auf Mietbasis ist ziemlich groß: Die Bandbreite reicht von Bullis über Kastenwagen bis hin zu Wohnmobilen mit einer Länge von über sieben Metern und einem Gewicht von knapp vier Tonnen. Bei der Entscheidung spielen neben den geschmacklichen Präferenzen auch das Budget sowie die Führerscheinsituation (vgl. S. 18) eine Rolle.

Eine pragmatische, aber wenig romantische Lösung sind umgebaute Kastenwagen. Deutlich hübscher kommen Camper Vans daher, die über ein aufklappbares Zeltdach verfügen – man schläft auf dem Dach des Wagens. Je länger, desto mehr Platz für zusätzliches Mobiliar. Noch mehr Raum bieten Wohnmobile, die zudem in die Höhe gehen und den Schlafraum über der Fahrerkabine beinhalten. Das erspart die täglichen Umbauarbeiten. Die Modelle der Luxusklasse schließlich überzeugen mit Hubbetten, die per Knopfdruck ein- oder hochgefahren werden können, mit Wintertauglichkeit und einer Ausstattung, die nur wenig zu wünschen übrig lässt.

Die Auswahl an Wohnmobilen ist groß

Das Wohnmobil ist bei der Übernahme frisch gereinigt

Kosten

Der Mietpreis für Wohnmobile variiert je nach Saison und Modell, doch für sechs Nächte zahlt man im Allgemeinen mindestens 500 Euro. Nach oben ist die Skala derweil offen, wobei ein Preis von mehr als 2000 Euro pro Woche selten ist. Zu den konventionellen Vermietern gehören unter anderem der ADAC (https://autovermietung.adac.de) und Camper Days (www.camperdays.de). Wer kleine Betriebe bevorzugt, sollte mal bei Hannes Camper (www.hannes-camper.de) vorbeischauen. Ausgefallenere kleine Modelle gibt es bei Roadsurfer (https://roadsurfer.com). Wer bei Paul Camper (https://paulcamper.de) oder Campanda (www.campanda.de) bucht, mietet Fahrzeuge aus Privatbesitz. Hier sollte man besonderen Wert auf die verbindliche Klärung aller Versicherungsfragen legen. Zusätzlich zum Standardmietpreis fallen bei vielen Anbietern Kosten für die Überschreitung der Freikilometer an. Nicht zuletzt spielt auch der Verbrauch des avisierten Gefährts eine Rolle, insbesondere bei längeren Touren.

Übernahme

Für die üblichen Formalitäten bei der Übernahme sollte man etwas Zeit einplanen. Neben Vorlage von Führerschein und Kreditkarte erwartet den Mieter vor Ort gegebenenfalls eine Einführung, sei es persönlich oder in Form einer Videovorführung. Um während der Übernahme nichts an überflüssigen Versicherungen oder sonstigen Dienstleistungen wie Pannenhilfe aufgeschwatzt zu bekommen, sollte man sowohl seinen Mietvertrag kennen, als auch die eigenen Bedürfnisse definiert haben. Gleichzeitig kann man etwaige Sonderausstattungen hinzubuchen. In Frage kommen beispielsweise Campingstühle oder Mountainbikes, was tatsächlich sinnvoll sein kann.

Bei der abschließenden Fahrzeugbegehung sollte man sich Zeit lassen, damit alle eventuell vorhandenen Mängel im Innern und außen am Fahrzeug festgestellt und protokolliert werden – niemand möchte für Schäden haftbar gemacht werden, die noch von den Vorgängern stammen. Unter dem Strich kann man bis zu 90 Minuten für die Übernahme einplanen.

Versicherung

Wer ein Mobil anmietet, muss obligatorisch eine Haftpflichtversicherung abschließen. Hinzu kommt optional eine Vollkasko- oder eine Teilkaskoversicherung. Bei letzterer beläuft sich die Selbstbeteiligung in der Regel auf 1500 Euro. Dieser Eigenanteil kann über eine sogenannte Selbstbehaltversicherung auf 200 bis 250 Euro reduziert werden. Unvermeidlich ist außerdem eine Kaution, die sich je nach Vermieter im niedrigen vierstelligen Bereich bewegt. Entweder die Kreditkarte wird temporär mit dem Betrag belastet oder man hinterlegt das Geld in bar. ■

FAHRERLAUBNIS UND VERKEHRSREGELN

Führerschein

Wer bereits ein Wohnmobil oder einen Wohnwagen besitzt, wird das Thema kennen: In Deutschland darf nicht jeder Führerscheininhaber auch automatisch jedes Fahrzeug fahren. Im Wesentlichen geht es dabei um das Alter des Fahrers und die Gewichtsklasse des Fahrzeugs.

Wer seinen Führerschein vor 1999 gemacht hat, dürfte die wenigsten Probleme haben. Hier greift die sogenannte Führerscheinklasse 3, die das Führen von Fahrzeugen mit einem Gewicht von bis zu 7,5 Tonnen umfasst. Bei Wohnmobil-Anhänger-Gespannen gilt für Fahrer im Alter von bis zu 50 Jahren gar ein Limit von 18,5 Tonnen. Wer älter ist, muss sich die »Klasse CE 79« gesondert eintragen lassen. Hierfür ist eine ärztliche Untersuchung mit Überprüfung des Sehvermögens im Fünfjahresturnus erforderlich.

Komplizierter ist es bei späteren Jahrgängen. Die Führerscheinreform im Jahr 1999 brachte nicht nur ein neues Dokument in Form einer Scheckkarte, sondern es wurden auch neue Führerscheinklassen eingeführt. Die ehemalige Klasse 3 konnte umgetauscht werden in die neuen Fahrerlaubnisklassen B/BE und C1/C1E, die das Steuern vierachsiger Züge inklusive eines zweiachsigen Anhängers mit einem Gesamtgewicht von bis zu 12 Tonnen erlauben.

Wieder andere Regeln gelten für alle, die ihre Fahrerlaubnis erst nach dem 1. Januar 2013 erworben haben: Der Standardführerschein Klasse B berechtigt nur noch zur Steuerung von Fahrzeugen bis zu 3,5 Tonnen Gesamtgewicht. Allerdings darf ein kleiner Anhänger mitgeführt werden, wenn dadurch das zulässige Gesamtgewicht von besagten 3,5 Tonnen nicht überschritten wird. Alternativ gibt es mit der Führerscheinklasse B96 die Möglichkeit, das Zuggewicht auf 4,25 Tonnen zu erweitern.

Verkehrsregeln

Für die verschiedenen Gewichtsklassen von Wohnmobilen gelten auch unterschiedliche Verkehrsregeln. Bis zu 3,5 Tonnen sind die Vorschriften im Wesentlichen identisch mit jenen, an die sich auch Pkw-Fahrer halten müssen. Eine Ausnahme bilden Wohnwagengespanne, die auf Landstraßen generell nicht schneller als 80 und auf Autobahnen maximal 100 Stundenkilometer fahren dürfen.

Wohnmobile mit einem Gewicht von 3,5 bis 7,5 Tonnen dürfen außerhalb geschlossener Ortschaften auf Landstraßen höchstens Tempo 80 und auf Autobahnen maximal 100 Stundenkilometer fahren. Für sie gilt außerdem bereits die Lkw-Beschilderung. Die in Deutschland seltenen Wohnmobile mit mehr als 7,5 Tonnen zulässigem Gesamtgewicht hingegen dürfen außerhalb geschlossener Ortschaften höchstens 60 und auf Autobahnen maximal 80 Stundenkilometer fahren.

Zur Orientierung unterwegs hilft manchmal noch die Karte

Der Vollständigkeit halber sei noch darauf hingewiesen, dass Wohnmobile und Gespanne auf allen ausgewiesenen Parkplätzen abgestellt werden dürfen, es sei denn, dies ist ausdrücklich verboten. Auf Bordsteinen gilt allerdings ein Maximalgewicht von 2,8 Tonnen. Auf Grünflächen ist das Abstellen in der Regel nicht gestattet.

In Wohnmobilen besteht Gurtpflicht wie in Pkws, bei den im Fahrerhaus angebrachten Sitzen ohne Ausnahme, bei jenen im Innenraum ist erst ab dem Baujahr 2004 ein sogenannter Dreipunktgurt erforderlich, während bei älteren Fahrzeugen auch Beckengurte ausreichen. Wenn Kinder im Alter von unter zwölf Jahren oder mit einer Körpergröße von weniger als eineinhalb Metern an Bord sind, muss ein Kindersitz mitgeführt werden. Haustiere gelten als Ladung und müssen ebenfalls gesichert werden. ■

Mit der richtigen Führerscheinklasse kann man auch ein Boot mitnehmen

Vorfreude auf den Roadtrip

CAMPINGPLÄTZE UND ALTERNATIVEN

Camping- und Stellplätze

Die Auswahl an Campingplätzen in Deutschland ist gewaltig: 3011 Anlagen bieten zusammen ein Kontingent von 225 000 Stellplätzen, auf denen rund 36 Millionen Übernachtungen pro Jahr gezählt werden. Die meisten Campingplätze zählt Bayern als größtes Bundesland: Hier haben Besucher die Wahl zwischen 447 Anlagen.

Die Unterschiede im Komfort sind bei Campingplätzen vielleicht noch größer als in der Hotellerie. Die Anlagen des oberen Segments locken mit Fünfsterneluxus, etwa eigenem Spa und Schwimmbad. Die Abstände zwischen den einzelnen Parzellen sind eher groß, manchmal dient eine hochgewachsene Hecke der Abgrenzung. Die Sanitäranlagen sind neu und großzügig bemessen. Diese Art von Unterkünften locken vor allem in den klassischen Urlaubsregionen. Manche Plätze begeistern in abgeschiedener Lage auch mit privatem Zugang zu einem Strand oder See oder liegen an einem Netzwerk von Wanderwegen.

Besonders schön: Viele Campingplätze befinden sich unmittelbar am Wasser

Am unteren Ende der Skala warten preiswerte Plätze, bei denen oft zwar die Basiseinrichtungen wie Stromversorgung, Wasseranschluss und Entsorgungsanlagen vorhanden sind, das Komfortlevel jedoch insgesamt niedriger ist und die Parzellen kleiner sind. Je näher sich solche Plätze bei Großstädten befinden, umso größer ist die Wahrscheinlichkeit von Standortnachteilen: Nicht selten liegen semiurbane Campingplätze in der Nähe von Autobahnen, Flughäfen oder Eisenbahnen.

Zusätzlich zu den Campingplätzen gibt es unzählige Wohnmobilstellplätze. Dabei handelt es sich in der Regel um einfache bis schmucklose Plätze, die sich seltener in der Natur, sondern eher an praktischen Orten befinden. Beispiele sind asphaltierte Plätze in der Nähe von Innenstädten, die je nach Möglichkeit auch recht attraktiv, etwa an Flüssen oder Seen, liegen können. Bei den sogenannten Stellplätzen sind auch die Basisversorgungseinrichtungen nicht standardmäßig vorhanden. Dafür sind die Standgebühren niedrig und die Distanzen zu den Attraktionen einer Stadt häufig gering. Nicht die schlechteste Option also, vor allem wenn ein Schwimmbad in der Nähe ist. Auch viele Wellnessanlagen haben den Markt erkannt und bieten Campern auf ihren Parkplätzen Unterschlupf und Benutzung der Sanitäranlagen an.

Ein umfangreiches, aber keineswegs vollständiges Verzeichnis mit Buchungsoption betreibt die Website Camping Info (www.camping.info). Auch der ADAC unterhält mit Pincamp (www.pincamp.de) ein Portal, das auf Campingplätze spezialisiert ist. Hier gibt es User-basierte Bewertungen und Links zu den Betreibern.

Wildcampen ist in Deutschland verboten. Tagsüber kann ein Zelt Schatten spenden

Stellplatz in den Bergen

Abseits der offiziellen Plätze

Eine tolle Alternative sind private Stellplätze: Bauernhöfe, Landgüter und andere Betriebe, die Camper auf ihrem Privateigentum willkommen heißen. Das Konzept ist bei den Campingweltmeistern aus den Niederlanden schon lange bekannt und heißt dort »Camperen bij de boer«. In Deutschland hat sich das kleine Start-up Stadt-Land-Bus-Camping (www.stadt-land-bus-camping.de) auf die Vermittlung solcher Angebote spezialisiert. Eine freundliche, individuelle und günstige Variante abseits des Mainstreams.

Natürlich ist es auch möglich, die Eigentümer von Grundstücken selbst ausfindig zu machen und um Erlaubnis zu bitten, für einen begrenzten Zeitraum auf ihrem Besitz stehen zu dürfen. Das ist im Prinzip ein schönes Konzept, doch bleibt fraglich, ob es im Spiegel der Realität des 21. Jahrhunderts einen gangbaren Plan für einen entspannten Urlaub darstellt. Für schreckhafte Naturen wären da auch noch gewisse Sicherheitsbedenken, denn Übernachtungsmöglichkeiten dieser Art sind natürlich nicht bewacht.

Wildcampen ist in Deutschland offiziell nicht erlaubt. Diese Regel allerdings gilt nur eingeschränkt, denn man darf anhalten und parken, wenn man müde ist und sich nicht mehr fahrtüchtig fühlt. Dies gilt aber maximal für eine Nacht – und sämtliche Anzeichen, die auf einen vergnüglichen Abend hinweisen, sollten vermieden werden. Die Markise bleibt besser drin, Stühle und Tisch ebenso. Kurzum: Das kann man mal machen, wenn niemand behindert wird, doch Urlaubsgefühle kommen in einer solchen Situation eher nicht auf. ■

ROUTE 1

RHEINROMANTIK MIT UMWEGEN

VON DÜSSELDORF FLUSSAUFWÄRTS

(ETWA 710 KM)

Düsseldorf – Zollfeste Zons – Köln – Bonn – Siebengebirge mit Drachenfels – Linz am Rhein – Andernach – Koblenz mit Festung Ehrenbreitstein – Rheinburgen und Loreley – Ingelheim – Wiesbaden – Mainz – Naturpark Kühkopf-Knoblochsaue – Worms – Mannheim – Schwetzingen – Heidelberg – Speyer – Karlsruhe – Rastatt – Baden-Baden (– Straßburg) – Kaiserstuhl – Freiburg im Breisgau – Weil am Rhein

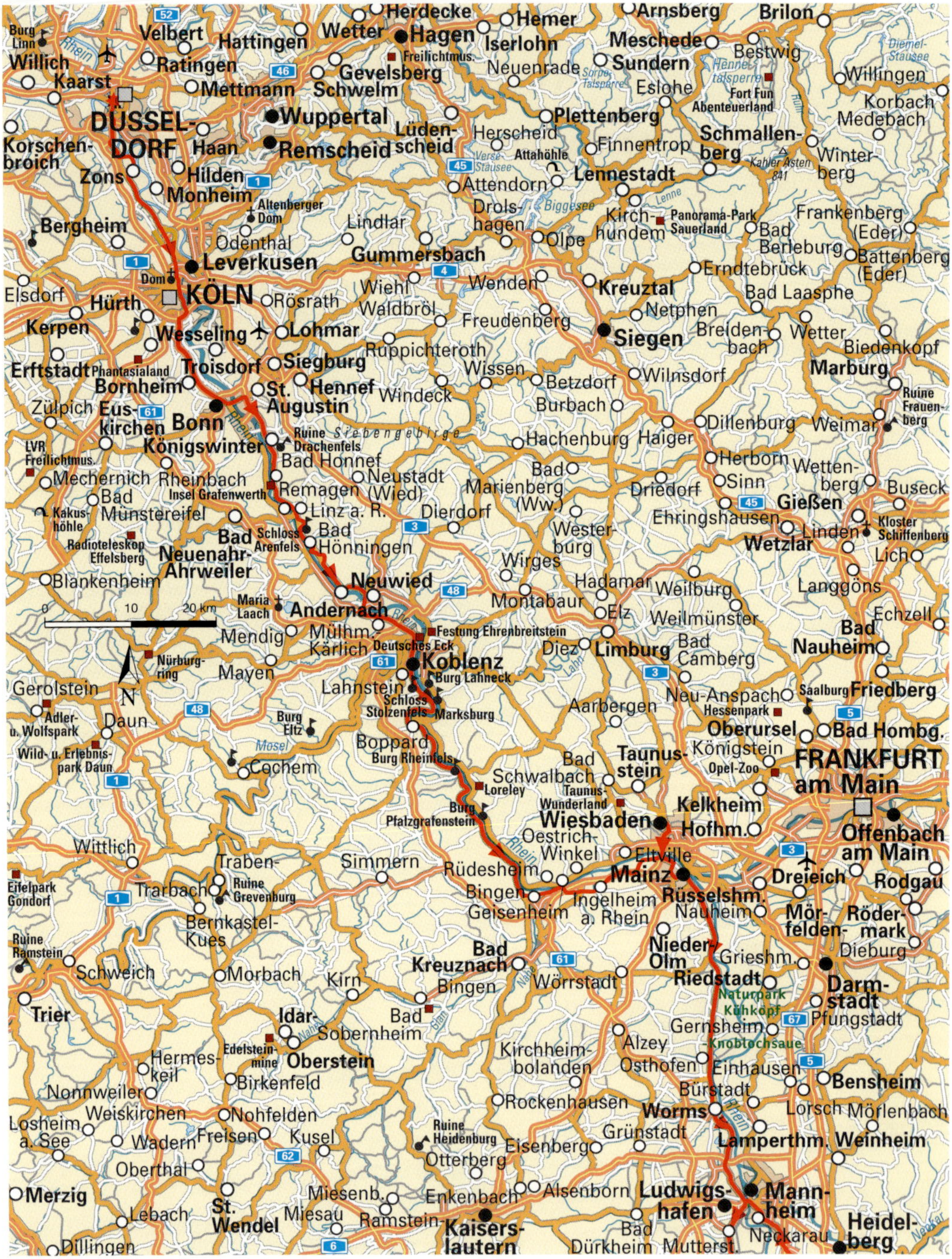
Herdecke
Hagen
Wetter
Hemer
Iserlohn
Arnsberg
Brilon
Meschede
Bestwig
Sundern
Neuenrade
Freilichtmus.
Velbert
Hattingen
Ratingen
Willich
Burg Linn
Kaarst
Gevelsberg
Schwelm
Mettmann
Wuppertal
Remscheid
Lüdenscheid
DÜSSELDORF
Korschenbroich
Haan
Hilden
Zons
Monheim
Altenberger Dom
Odenthal
Bergheim
Leverkusen
Dom
KÖLN
Elsdorf
Hürth
Kerpen
Wesseling
Rösrath
Lohmar
Troisdorf
Siegburg
Erftstadt
Phantasialand
Bornheim
St. Augustin
Hennef
Zülpich
Euskirchen
Bonn
Königswinter
Ruine Drachenfels
Siebengebirge
Bad Honnef
LVR Freilichtmus.
Mechernich
Rheinbach
Bad Münstereifel
Insel Grafenwerth
Remagen
Neustadt (Wied)
Linz a. R.
Kakushöhle
Radioteleskop Effelsberg
Bad Neuenahr-Ahrweiler
Schloss Arenfels
Bad Hönningen
Blankenheim
Neuwied
Maria Laach
Andernach
Mendig
Mülhm.-Kärlich
Festung Ehrenbreitstein
Deutsches Eck
Koblenz
Burg Lahneck
Nürburgring
Mayen
Lahnstein
Schloss Stolzenfels
Marksburg
Gerolstein
Adler- u. Wolfspark
Daun
Wild- u. Erlebnispark Daun
Burg Eltz
Mosel
Cochem
Boppard
Burg Rheinfels
Loreley
Burg Pfalzgrafenstein
Wittlich
Traben-Trarbach
Ruine Grevenburg
Eifelpark Gondorf
Bernkastel-Kues
Simmern
Rüdesheim
Bingen
Geisenheim
Ruine Ramstein
Schweich
Morbach
Trier
Kirn
Idar-Oberstein
Bad Sobernheim
Bad Kreuznach
Bingen
Edelsteinmine
Hermeskeil
Birkenfeld
Nonnweiler
Losheim a. See
Weiskirchen
Wadern
Nohfelden
Freisen
Kusel
Oberthal
Merzig
Lebach
St. Wendel
Dillingen
Miesenb.
Miesau
Ramstein
Enkenbach
Kaiserslautern
Ruine Heidenburg
Otterberg
Kirchheimbolanden
Rockenhausen
Eisenberg
Alsenborn
Gummersbach
Lindlar
Wiehl
Waldbröl
Ruppichteroth
Windeck
Wissen
Freudenberg
Wenden
Olpe
Drolshagen
Attendorn
Biggesee
Herscheid
Attahöhle
Versetalsperre
Plettenberg
Finnentrop
Lennestadt
Kirchhundem
Panorama-Park Sauerland
Sorpetalsperre
Eslohe
Hennetalsperre
Fort Fun Abenteuerland
Schmallenberg
Kahler Asten 841
Winterberg
Willingen
Korbach
Medebach
Diemelstausee
Frankenberg (Eder)
Bad Berleburg
Battenberg (Eder)
Erndtebrück
Bad Laasphe
Kreuztal
Netphen
Siegen
Breidenbach
Wetter
Biedenkopf
Marburg
Wilnsdorf
Betzdorf
Burbach
Hachenburg
Haiger
Dillenburg
Weimar
Ruine Frauenberg
Herborn
Sinn
Wettenberg
Buseck
Gießen
Linden
Kloster Schiffenberg
Lich
Wetzlar
Ehringshausen
Driedorf
Bad Marienberg (Ww.)
Dierdorf
Westerburg
Wirges
Hadamar
Weilburg
Montabaur
Elz
Weilmünster
Langgöns
Echzell
Bad Nauheim
Diez
Limburg
Bad Camberg
Friedberg
Saalburg
Neu-Anspach
Hessenpark
Aarbergen
Oberursel
Bad Hombg.
Königstein
Opel-Zoo
FRANKFURT am Main
Bad Schwalbach
Taunusstein
Taunus-Wunderland
Wiesbaden
Kelkheim
Hofhm.
Offenbach am Main
Oestrich-Winkel
Eltville
Mainz
Dreieich
Rodgau
Rüsselshm.
Ingelheim a. Rhein
Nauheim
Mörfelden
Rödermark
Dieburg
Nieder-Olm
Griesheim
Riedstadt
Darmstadt
Naturpark Kühkopf-Knoblochsaue
Pfungstadt
Wörrstadt
Alzey
Gernsheim
Osthofen
Einhausen
Bensheim
Bürstadt
Lorsch
Mörlenbach
Worms
Grünstadt
Lamperthm.
Weinheim
Ludwigshafen
Mannheim
Bad Dürkheim
Mutterst.
Neckarau
Heidelberg
Rhein
Lahn
Nahe
Neckar
0
10
20 km
N

ROUTE 1

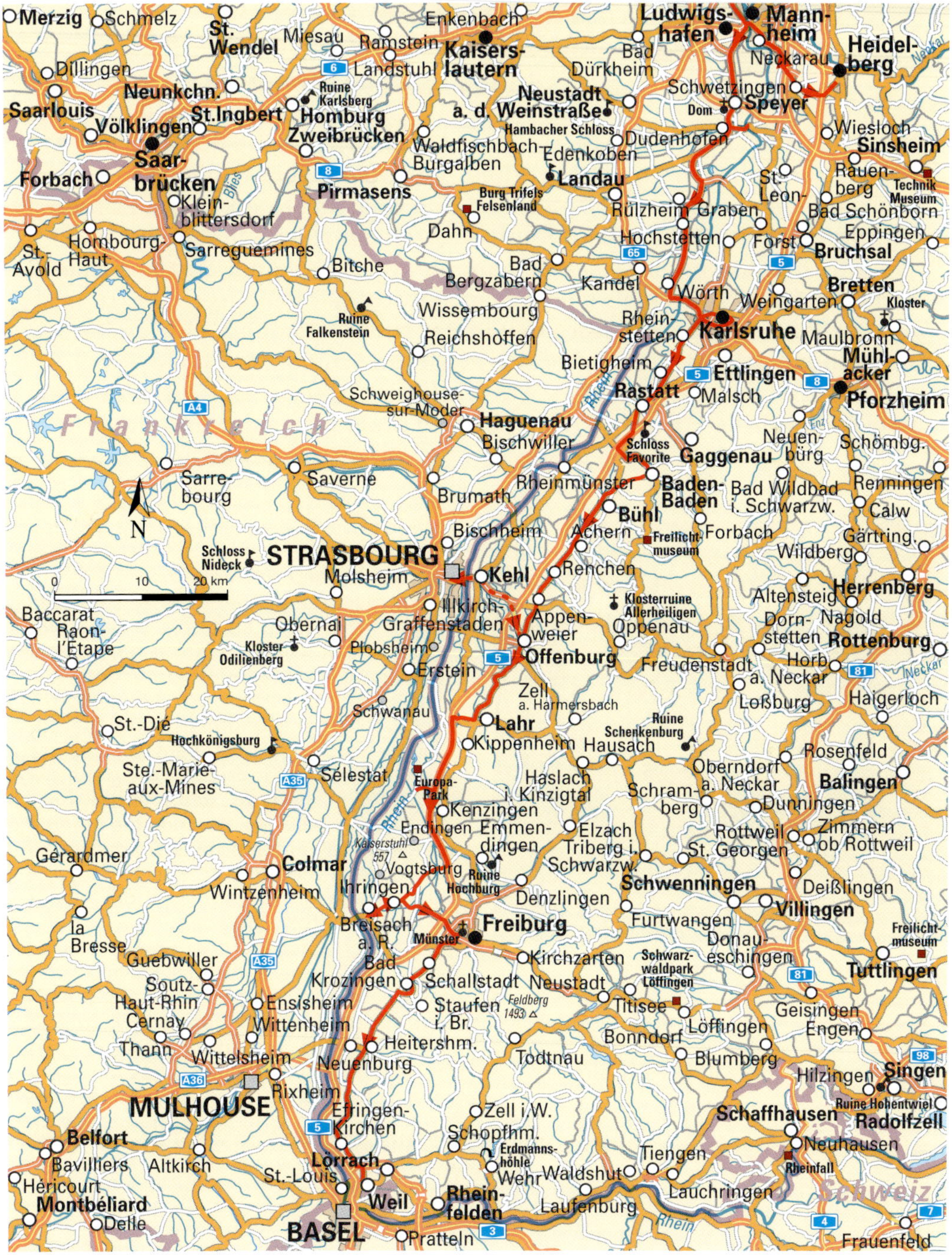

Merzig
Schmelz
St. Wendel
Miesau
Ramstein
Enkenbach
Kaisers-lautern
Ludwigs-hafen
Mann-heim
Heidel-berg
Neckar
Dillingen
6
Landstuhl
Bad Dürkheim
Neckarau
Saarlouis
Neunkchn.
Ruine Karlsberg
Homburg
Neustadt a. d. Weinstraße
Schwetzingen
Dom
Speyer
Völklingen
St.Ingbert
Zweibrücken
Hambacher Schloss
Dudenhofen
Wiesloch
Sinsheim
Forbach
Saar-brücken
Waldfischbach-Burgalben
Edenkoben
Landau
8
Pirmasens
Burg Trifels
Felsenland
St. Leon-Rot
Rauen-berg
Technik Museum
Klein-blittersdorf
Rülzheim
Graben
Bad Schönborn
St.-Avold
Hombourg-Haut
Sarreguemines
Dahn
Hochstetten
Forst
Eppingen
Bruchsal
65
Bitche
Bad Bergzabern
Kandel
5
Wörth
Bretten
Weingarten
Kloster
Wissembourg
Rhein-stetten
Karlsruhe
Maulbronn
Ruine Falkenstein
Reichshoffen
Bietigheim
Mühl-acker
Ettlingen
Rhein
Rastatt
Malsch
Pforzheim
A4
Schweighouse-sur-Moder
Haguenau
Frankreich
Bischwiller
Schloss Favorite
Gaggenau
Neuen-bürg
Schömbg.
Enz
Sarre-bourg
Saverne
Rheinmünster
Baden-Baden
Bad Wildbad i. Schwarzw.
Renningen
N
Brumath
Bühl
Calw
Bischheim
Achern
Freilicht-museum
Forbach
Gärtring
Schloss Nideck
STRASBOURG
Wildberg
0
10
20 km
Molsheim
Kehl
Renchen
Altensteig
Herrenberg
Illkirch-Graffenstaden
Klosterruine Allerheiligen
Baccarat
Raon-l'Etape
Obernai
Appen-weier
Oppenau
Dorn-stetten
Nagold
Kloster Odilienberg
Plobsheim
5
Offenburg
Horb a. Neckar
Rottenburg
Erstein
Freudenstadt
81
Neckar
Zell a. Harmersbach
Loßburg
Haigerloch
Schwanau
Ruine Schenkenburg
St.-Dié
Lahr
Hochkönigsburg
Kippenheim
Hausach
Rosenfeld
Ste.-Marie-aux-Mines
Sélestat
Oberndorf a. Neckar
Balingen
A35
Europa-Park
Haslach i. Kinzigtal
Schram-berg
Kenzingen
Dunningen
Rhein
Endingen
Emmen-dingen
Elzach
Zimmern ob Rottweil
Rottweil
Kaiserstuhl 557
Triberg i. Schwarzw.
Gérardmer
St. Georgen
Colmar
Vogtsburg
Ruine Hochburg
Wintzenheim
Ihringen
Denzlingen
Schwenningen
Deißlingen
Villingen
la Bresse
Breisach a. R.
Freiburg
Münster
Furtwangen
Freilicht-museum
Guebwiller
A35
Bad Krozingen
Kirchzarten
Schwarz-waldpark Löffingen
Donau-eschingen
Tuttlingen
81
Soultz-Haut-Rhin
Ensisheim
Schallstadt
Neustadt
Staufen i. Br.
Feldberg 1493
Titisee
Geisingen
Cernay
Wittenheim
Löffingen
Engen
Thann
Heitershm.
Bonndorf
Wittelsheim
Neuenburg
Todtnau
Blumberg
98
Hilzingen
Singen
A36
Rixheim
MULHOUSE
Efringen-Kirchen
Zell i.W.
Ruine Hohentwiel
5
Schopfhm.
Schaffhausen
Radolfzell
Belfort
Erdmanns-höhle
Tiengen
Neuhausen
Bavilliers
Altkirch
Lörrach
Wehr
Waldshut
Rheinfall
Héricourt
St.-Louis
Lauchringen
Schweiz
Montbéliard
Weil
Rhein-felden
Laufenburg
Delle
BASEL
Pratteln
3
Rhein
4
7
Frauenfeld

RHEINROMANTIK MIT UMWEGEN

VON DÜSSELDORF FLUSSAUFWÄRTS

Der Rhein ist Deutschlands mächtigster Strom. Dabei gibt sich der Fluss äußerst abwechslungsreich: In Nordrhein-Westfalen weiß er die beiden konkurrierenden Metropolen Düsseldorf und Köln an seinen Ufern. Es folgt die unterschätzte Bundesstadt Bonn, ehe mit dem Siebengebirge das wildromantische Mittelrheintal seinen Lauf nimmt. Zwischen Mainz und Mannheim breitet sich abermals ein geschichtsträchtiger Ballungsraum aus und anschließend auf dem Territorium von Baden-Württemberg eine vielfältige Kulturlandschaft. Diese entfaltet sich zwischen Schwarzwald und Elsass, wo die Nähe zu Frankreich und der Schweiz bereits spürbar ist. Guter Stoff für eine ausführliche Erkundungstour, bei der dramaturgische Gründe für die flussaufwärts ausgerichtete Variante sprechen.

Historisches Flair in der Zollfeste Zons

Nördlich von Düsseldorf wird der Rhein vor allem von Industrie geprägt. Auch die hinter dem Ruhrgebiet verbleibenden Kilometer bis zur niederländischen Grenze sind weder landschaftlich noch kulturhistorisch sonderlich imposant. Daher beginnt die Tour den Fluss hinauf in der Landeshauptstadt.

Düsseldorf (S. 38 ff., www.duesseldorf-tourismus.de) ist die unumstrittene Glamour-Kapitale Nordrhein-Westfalens. Die beeindruckende Museumslandschaft, die gelungene Rheinuferpromenade, der architektonisch hochwertige Medienhafen und die mondäne Königsallee als Einkaufsmeile animieren zum Besuch dieser rundum attraktiven Stadt. Viele zieht es auch in die Brauhäuser der Altstadt, um sich am Altbier zu laben.

Nach der Überquerung des Rheins sind die ersten Kilometer auf der B9 noch urban geprägt. Schon nach wenigen Minuten aber folgt mit der **Zollfeste Zons** (www.zollfeste-zons.de) ein Ort, in dem wenig an die Hektik des Ballungsraums erinnert. Das mittelalterliche Städtchen erfreut mit historischen Bauwerken und einer Stadtmauer aus dem 14. Jahrhundert sowie einer 600 Jahre alten Windmühle.

Dom, Karneval, Kölsch

Köln: Deutschlands kleinste Metropole

Weiter in Richtung Süden baut sich die Silhouette der größten Stadt Nordrhein-Westfalens auf. Ebenso wie der ewige Konkurrent Düsseldorf bietet sich **Köln** (S. 41 ff., www.koelntourismus.de) für einen mehrtägigen Aufenthalt an. Es steht landesweit für den Dom, den Karneval und das allgegenwärtige Kölsch. Die weitgehend autofreie Altstadt bringt Besucher zurück in längst vergangene Zeiten: die bunten Giebelhäuser, mit Pflastersteinen ausgelegte Gassen und gemütliche Brauhäuser wie Peters, Pfaffen oder das Bierhaus am Rhein sind recht touristisch, aber schön. Doch die »Stadt met K.« (so der Titel eines Gassenhauers der heimischen Band Kasalla) zehrt keineswegs ausschließlich von Traditionen. Vielmehr ist Köln mit seinen 1,03 Millionen Einwohnern eine ebenso zugängliche wie tolerante Metropole mit kurzen Wegen und völlig unterschiedlichen Veedeln, wie die Einheimischen ihre Viertel nennen.

Beliebter Ort für Selfies: die Domplatte vor dem Kölner Dom (oben) und Funkenmariechen der »Kölsche Funke rut-wieß vun 1823«

Fast so groß wie die Bonner Innenstadt: die Rheinaue

Bundesstadt mit hoher Lebensqualität

Wer die liebenswerte Stadt samt ihrem geselligen Treiben mit einer Träne im Auge hinter sich lässt, erreicht mit **Bonn** (S. 46 f., www.bonn-region.de) bald das nächste Highlight. Bonn galt lange als leicht verschlafene Ex-Hauptstadt. Doch davon ist nicht mehr viel übrig: Dank der Hauptsitze von Post, Postbank und Telekom wächst die Stadt rasant. Die Lebensqualität ist durch die Nähe zu Siebengebirge, Eifel, Mittelrheintal und Köln hoch. Die sehenswerte gründerzeitliche Bausubstanz, das ausgeprägte Kulturleben und mehr als 40 000 Studenten machen Bonn l(i)ebenswert. Die unterschätzte Bundesstadt markiert zugleich den Übergang von der industrielastigen Kölner Bucht zum romantischen Mittelrheintal.

Mini-Reportage

Das Siebengebirge

Die Dichter der Romantik sind zu Höchstform aufgelaufen, wenn sie an die sieben Berge dachten. Der britische Wortakrobat Lord Byron etwa widmete dem bekanntesten Gipfel das Gedicht »Der turmgekrönte Drachenfels«. Selbige Erhebung ist im Volksmund der Literatur wegen ihrer Beliebtheit bei unseren westlichen Nachbarn auch als »höchster Berg der Niederlande« bekannt, was als nicht minder zärtliche Liebkosung verstanden werden darf. Abgesehen von der Rheinromantik aber vermag das Siebengebirge auch mit weiteren Attraktionen zu punkten: Die Wälder, die sich vom Rheinufer in Königswinter bis hinauf zum Ölberg erstrecken, sind ein vorzügliches Revier zum Wandern und Mountainbiken. Auf dem Petersberg thront das geschichtsträchtige Steigenberger Hotel, das während der »Bonner Republik« Staatsgästen aus aller Welt als Domizil diente. Und auf den Hängen mit Süd- und Westlage gedeihen Trauben, die dank des Klimawandels mittlerweile zu passablen Weinen verarbeitet werden. Im Tal lockt Königswinter mit einer schön ausgebauten Promenade und allerlei Touristennippes. Schöner ist Bad Honnef mit dem Adenauerhaus in Rhöndorf (www.adenauerhaus.de) und der Insel Grafenwerth, wo ein hübscher Biergarten auf Gäste wartet.

Das Mittelrheintal: reich an Kultur und Natur

Den Auftakt macht das **Siebengebirge**, dessen höchste Erhebung in Form des Ölbergs immerhin 461 Meter misst. Dramatischer ist der Blick vom **Drachenfels**, dessen Flanken steil in den Rhein abzufallen scheinen. Von Königswinter aus fährt die älteste Zahnradbahn Deutschlands hinauf. Ein Muss für alle Transportnostalgiker, doch die 260 Höhenmeter sind für sportliche Zeitgenossen auch ohne Hilfsmittel überwindbar. Königswinter selbst mag sich immer noch nicht entscheiden, ob es ein eher rummeliger Touristenort ist oder den hohen Erwartungen gerecht wird.

Das Rheintal wird nun immer enger, wobei es ganz von den persönlichen Präferenzen abhängt, an welcher Seite man lieber unterwegs ist. Das wegen seiner vielen Fachwerkhäuser auch als »buntes Städtchen« bekannte **Linz am Rhein** eignet sich für einen kleinen Bummel. Auf der westlichen Rheinseite in **Andernach** sorgt unterdessen Deutschlands größter Kaltwassergeysir für Staunen.

Bald nun ist **Koblenz** (S. 48, www.koblenz-touristik.de) erreicht, wo die Mosel am Deutschen Eck in den Rhein fließt. Die Stadt galt lange als recht verschlafen, doch die Bundesgartenschau von 2011 hat eine unerwartete Renaissance eingeleitet. Weithin sichtbares Symbol hierfür ist die Seilbahn, die vom Stadtzentrum zur Festung Ehrenbreitstein hinauffährt.

»Es geht wirklich nichts über den Rhein«

Der Geysir von Andernach schießt Wasser bis zu 60 Meter in die Höhe

Verzierte Häuserfassaden in Linz am Rhein

Mini-Reportage

Der Mythos Loreley und die Rheinburgen

Seit 2002 gehört das Obere Mittelrheintal (www.welterbe-mittelrheintal.de) zum Weltkulturerbe der UNESCO. Der Abschnitt zwischen Koblenz und Bingen auf der einen, Rüdesheim auf der anderen Seite ist für seine dramatischen Landschaften bekannt. Die Orte müssen sich mit schmalen Landstreifen begnügen. Direkt dahinter erheben sich von Rebstöcken besetzte Steilhänge. Dabei bordet der 60 Kilometer lange Flussabschnitt vor Burgen, Schlössern, Klöstern und Kirchen über, die Künstler vergangener Zeiten zu literarischen und musikalischen Werken inspiriert haben. Sie alle zu besichtigen würde jeden Urlaubskalender an die Kapazitätsgrenzen bringen. Doch das trutzige Schloss Stolzenfels am linken Rheinufer, die malerisch im Fluss gelegene Burg Pfalzgrafenstein (beide https://tor-zum-welterbe.de), die Marksburg (www.marksburg.de) als leuchtendes Beispiel einer Höhenburg und die Ruine von Burg Rheinfels (www.stadt-st-goar.de) bieten einen guten Querschnitt und sind bequem miteinander zu kombinieren. Über allem thront der Mythos von der Loreley, dem 132 Meter hohen Felsen, auf dem eine Nixe ihr wallendes Haar hinabließ, um die Aufmerksamkeit der Fischer auf sich zu ziehen, was die Ursache fataler Unglücke gewesen sein soll (www.loreley-touristik.de).

Anmutig thront Burg Rheinfels über St. Goar

Hinter Koblenz gewinnt die Route eine neue Dimension: Auf beiden Rheinseiten ziehen immer mehr Bauwerke, darunter zahlreiche berühmte Burgen und Schlösser, die Blicke auf sich.

Rein ins Rieslingland

Nach den rauschhaften Kilometern durch das Mittelrheintal wird es kaum unspektakulärer, wobei der Fluss hinter Bingen einen Knick macht, wodurch er eine Weile ein Nord- und ein Südufer besitzt. **Bingen** selbst fungiert als Einfallstor nach Rheinhessen, während sich von Rüdesheim bis Wiesbaden der Rheingau erstreckt. Riesling-Fans gehen die Augen über, denn mit Schloss Johannisberg (Geisenheim), Schloss Vollrads (Oestrich-Winkel) oder Robert Weil (Kiedrich) locken hier wahre Pilgerstätten.

Ingelheim ist unterdessen eher für den roten Frühburgunder sowie die Überreste der Kaiserpfalz bekannt. Wenn der Rhein zu seinem nächsten Knick ansetzt, ist das vorläufige Ende des romantischen Tals erreicht. Dafür bitten mit dem mondänen **Wiesbaden** und dem geschichtsträchtigen Mainz zwei sehr unterschiedliche Städte zum Besuch. Erstgenannte ist bekannt für ihr Kurhaus, das Kasino und den Status als Heilbad. Doch Wiesbaden lohnt auch einen Abstecher zur Begutachtung der vielen gründerzeitlichen Wohnhäuser.

Die Landeshauptstadt **Mainz** (S. 49, www.mainz.de) wartet mit einer reichen Geschichte auf: Die strategisch wichtige Stelle gegenüber der Mainmündung wussten bereits Kelten und Römer richtig einzuschätzen. Später wurde Mainz zum Sitz mächtiger Bischöfe, ehe Johannes Gutenberg hier um 1450 den Buchdruck erfand. Nach Düsseldorf und Köln ist Mainz die dritte Karnevalshochburg dieser Reise, doch hier firmiert die fünfte Jahreszeit als Fastnacht und ist in Gestalt des gleichnamigen Brunnens am Schillerplatz dauerhaft in der Stadt präsent.

Hinter der Main-Mündung ändert sich das Landschaftsbild erheblich: Das enge Tal weicht einer fruchtbaren Kulturlandschaft, in der die Altarme des Rheins ein paar landschaftliche Akzente setzen – etwa mit dem **Naturpark Kühkopf-Knoblochsaue**.

Die nächste größere Stadt ist die einstige Nibelungenhauptstadt **Worms**. Das Stadtgebiet ist seit gut 2000 Jahren kontinuierlich besiedelt, sehenswert aber ist vor allem der Dom St. Peter, einer der drei rheinischen Kaiserdome (die anderen zwei stehen in Mainz und Speyer). Das im romanischen Stil im 12. Jahrhundert errichtete Bauwerk ist ziemlich unbarmherzig von Nachkriegsbebauung umgeben. Der angrenzende Bischofspark erinnert an ein Ereignis, das in unserer Zeit am häufigsten mit der Stadt in Verbindung gebracht wird: 1521 musste sich Martin Luther auf dem Wormser Reichstag für seine Thesen rechtfertigen.

Ausblick über die Riesling-Weinberge bei Bingen

Rheinbrücke und Dom St. Peter zu Worms

Wohnhäuser aus der Gründerzeit prägen die noblen Stadtteile Wiesbadens

Barocker Glanz

Wenige Kilometer flussaufwärts befindet sich die nächste Doppelstadt: Während am Westufer des Rheins das weithin industriell geprägte **Ludwigshafen** grüßt, ist **Mannheim** (S. 50, www.visit-mannheim.de) auf der anderen Seite die erste Visitenkarte Baden-Württembergs. Hier, am Zusammenfluss von Rhein und Neckar, gehen barocker Pomp, ein innovativer städtebaulicher Ansatz und viel Grün eine Synthese ein. Als kurfürstliche Residenzstadt mit einem aparten Grundriss hat sich das Mannheim (310 000 Einwohner) der Gegenwart den Ruf erarbeitet, eine Kreativhochburg mit viel jungem Leben und einem hohen Freizeitwert zu sein. In **Neckarau** gibt es sogar ein Strandbad mit angrenzendem Campingplatz (S. 50).

Der weitere Flussverlauf kündet von den schweren Einschnitten, die Ingenieure des 19. Jahrhunderts in Form von Begradigungen vorgenommen haben. Das Ergebnis sind ein effektiv schiffbarer Fluss und Altarme, die nur scheinbar ein belangloses Dasein fristen, denn auf dem Weg, den sie sich einst mühsam gebahnt haben, konnten sie immerhin grüne Auenlandschaften mit einem hohen Freizeitwert zurücklassen.

An dieser Stelle lohnt ein Abstecher nach Heidelberg – am besten über **Schwetzingen**, denn hier befindet sich rund um das gleichnamige Barockschloss (www.schloss-schwetzingen.de) eine der schönsten Gartenanlagen Deutschlands. Sie vereint Stilrichtungen verschiedener Epochen und gestattet beeindruckende Ausblicke auf das Land der Kurfürsten.

Nur einen Steinwurf entfernt gehört **Heidelberg** (S. 51, www.heidelberg-marketing.de) vor allem unter Nichteuropäern zu den beliebtesten Städtedestinationen des Landes – »it's so romantic«. Tatsächlich ist die Stadt (160 000 Einwohner) an den Ufern des Neckars und zu Füßen des Königsstuhls mit

Das Heidelberger Schloss und die Alte Brücke über den Neckar

ihrer weithin sichtbaren Schlossruine, der verwinkelten Altstadt und der seit mehr als 600 Jahren in Betrieb befindlichen Universität auch für heimische Urlauber unwiderstehlich. Die Altstadt begeistert mit einem intakten mittelalterlichen Erscheinungsbild. Die Alte Brücke mit dem 600 Jahre alten Brückentor, die Universität und Barockbauten wie das Haus zum Riesen und das Haus zum Ritter formieren ein Stadtbild, das als Gesamtkunstwerk durchgeht.

Mini-Reportage

Die Kaiser und die Säulen der Macht

Das Zeitalter der westeuropäischen Kaiser hat den Kontinent maßgeblich geprägt. Anders als die Ära der Römer ist diese Epoche in unserer Gegenwart kaum präsent. Es war Karl der Große, der im 8. Jahrhundert den sogenannten »Raum am Rhein« als Machtzentrum für das Fränkische Reich auserkor. Den Kern bildete die Region rund um die drei Städte Mainz, Worms und Speyer, wo die Kaiser jahrhundertelang ihre Pfalzen bewohnen sollten. Die Blütezeit nahm während der Dynastie der Stauffer ihren Lauf, um unter der Ägide der Salier ihren Höhepunkt zu erreichen und auch danach noch bis weit ins Zeitalter des Heiligen Römischen Reichs anzudauern. Diese Vergangenheit ist bis heute im Rhein-Main-Gebiet präsent: Alle drei Städte beherbergen einen mächtigen, im Stil der Romanik errichteten Dom aus dem 11. und 12. Jahrhundert, der ihre Bedeutung betont. Während das Bistum Worms um das Jahr 1800 aufgelöst wurde, sind Speyer und Mainz bis in die Gegenwart Hochburgen des Katholizismus. Als baulich interessantestes Gotteshaus gilt der Dom zu Speyer, der durch Sichtachsen und vorgelagerte Plätze auch städtebaulich noch immer zu beeindrucken weiß. Bemerkenswert: Das 1106 eröffnete Bauwerk wird seit 2019 erstmalig unter der Verantwortung einer Dombaumeisterin für künftige Generationen konserviert.

Technikmuseum von Speyer

Das Barockschloss von Rastatt …

… und das noch beliebtere Schloss Favorite

Zurück an den Ufern des Rheins wartet mit **Speyer** die dritte Domstadt des kaiserlichen Machtzentrums. Mit ihren 50 000 Einwohnern ist sie kein Kandidat für einen mehrtägigen Aufenthalt, doch die prächtige Maximilianstraße, die auf den Dom zuläuft, und das renommierte Technikmuseum (https://speyer.technik-museum.de) sind auf jeden Fall einen Blick wert.

Auf der Straße gen Süden setzt sich das bekannte Muster fort: Das alte Flussbett des Rheins wird vom begradigten Fluss durchstochen, links und rechts gibt es viel Grün. Ein Szenario, das die B9 im Westen und die A5 im Osten recht unbeeindruckt begleiten, bis mit **Karlsruhe** (S. 52, www.karlsruhe-erleben.de) die wärmste Stadt Deutschlands auftaucht. Der Sitz des Bundesverfassungsgerichts liegt auf Platz 21 unter den größten deutschen Städten, besitzt mit der Turmbergbahn eine nostalgische Naturattraktion und fällt durch den fächerförmigen Grundriss auf. Ähnlich wie Mannheim ist auch Karlsruhe eine ehemalige Residenzstadt mit geometrischem Schema. Allerdings sind es in der 312 000-Einwohner-Stadt 32 Straßen, die sich strahlenförmig vom Stadtschloss in die Ferne ausbreiten. In der Theorie sollte dies einem barocken Ideal gerecht werden. Die Realität ist unvollkommen, die Idee aber vom angedachten baulichen Mittelpunkt sehr wohl erkennbar. Auch ist Karlsruhe der letzte Ort, bevor der Rhein die Funktion als Grenzlinie nach Frankreich übernimmt.

Mini-Reportage

Die Barockschlösser Baden-Württembergs

Ehrlich ist ehrlich: Viele Deutsche haben Baden-Württemberg viel zu oft achtlos durchkreuzt, wenn sie sich in den Süden aufgemacht haben. Dabei ist das Bundesland so viel mehr als schnödes Durchfahrtsland. Ein absolutes Alleinstellungsmerkmal etwa sind die vielen Schlösser aus dem Barockzeitalter, die als kulturelles Erbe der Vergangenheit immer noch nicht genügend Würdigung finden. Neben dem Heidelberger Schloss, einer der wohl bekanntesten Schlossruinen der Welt, pflegt die landeseigene Organisation Schlösser und Gärten (www.schloesser-und-gaerten.de) nicht weniger als 62 weitere Schlösser, Gärten, Burgen, Klöster und andere Kleinode. Zum Bestand gehören restaurierte Stadtschlösser wie in Mannheim oder Karlsruhe, formidable Gartenanlagen wie in Schwetzingen, Ruinen wie in Baden-Baden oder wenig bekannte Kleinode wie Schloss Favorite bei Rastatt. Alle zusammen wecken die Bauwerke Jahr für Jahr die Neugier von vier Millionen Besuchern. Das mag nach viel klingen, bürgt aber gemessen an den 15 Millionen Besuchern von Schloss Versailles für reichlich Intimität. Mit anderen Worten: Es ist höchste Zeit, die aus der Zeit der pfälzischen Kurfürsten datierenden Bauwerke unter die Lupe zu nehmen und zum Beispiel die prächtigen Treppenhäuser von Balthasar Neumann und seinen Zeitgenossen zu würdigen.

Die Route geht weiter in Richtung **Rastatt**, wo mit dem gleichnamigen Schloss und dem noch deutlich attraktiveren Komplementärbau Schloss Favorite zwei sehr sehenswerte Relikte aus dem Barockzeitalter warten.

Entlang der Westflanke des Schwarzwalds

Baden-Baden (S. 53, www.baden-baden.com), das nächste Highlight, ist abermals nur einen Steinwurf entfernt. Auf die in den Ausläufern des Schwarzwalds gelegene Kurstadt trifft ein Prädikat zu, das sonst höchstens für Sylt oder Garmisch-Partenkirchen gilt: mondän. Baden-Baden ist die Heimat des Südwestfunks und ein prominenter Ort für Pferderennen. Vor allem aber ist das nur 55 000 Einwohner zählende Städtchen Deutschlands mutmaßlich glanzvollster Kurort. Grand Hotels, Casino, Pferderennbahn sowie Glitzer und Glamour locken viele Gäste an.

Auf dem weiteren Weg in den Süden fällt der Blick nun immer wieder auf Berge: besagter Schwarzwald im Osten, die Vogesen im Westen und – vorerst noch mit gebührendem Abstand – die Alpen im Süden.

Tulpenblüte vor dem Kurhaus in Baden-Baden

Während das Dreiländereck mit Frankreich und der Schweiz näher rückt, hält Baden-Württemberg einen abermaligen Wechsel der Szenerie bereit. Zunächst jedoch bietet sich in **Rust** mit dem Europapark (www.europapark.de) eine der meistbesuchten Attraktionen des Landes an. Kaum irgendwo kommt Deutschland Disneyland und dem amerikanischen Verständnis von einem Vergnügungspark näher.

Abstecher nach Frankreich

Wer noch in der Baden-Badener Gegend war und keinen Wert darauf legt, seine Reise ausschließlich auf deutschem Territorium vorzunehmen, sollte nun einen Tapetenwechsel vornehmen. Nichts gegen Offenburg oder einen Ausflug in den Schwarzwald, doch Straßburg ist recht unwiderstehlich. Die Kapitale des Elsass beeindruckt unmittelbar hinter der Grenze auf der anderen Rheinseite mit einem intakten mittelalterlichen Stadtbild und zahlreichen Fachwerkhäusern. Die wichtigsten Attraktionen befinden sich allesamt auf der Grand Île, wie das von Wasser umspülte Stadtzentrum heißt. Das 112 Meter hohe Münster mit seinem rötlich schimmernden Gestein ist ein weiteres Argument für einen Besuch. Geradezu hinreißend schön aber gibt sich Straßburg im Vorzeigeviertel La Petite France, das durchströmt wird von Kanälen, an deren Ufern die Fachwerkhäuser bis ins Wasser hineingebaut sind. Bald nun wird es Zeit für ein Getränk auf der Place Kléber, dem zentralen Platz. Den Abschluss einer jeden Visite markiert ein Besuch im Restaurant, sei es, um endlich mal einen nicht durchschnittlichen Flammkuchen kennenzulernen oder aber um in einem berühmten Feinschmeckertempel wie dem Crocodile zu dinieren. Doch Vorsicht: Ein Abendessen dort kostet schnell mal so viel, wie eine ganze Woche auf Achse. Infos unter www.visitstrasbourg.fr.

Nun aber ist es Zeit für das Miniaturmittelgebirge **Kaiserstuhl**. Die bis zu 557 Meter hohen Erhebungen sind berühmt für idyllische Dörfer wie Ihringen, viele Sonnenstunden, große Artenvielfalt, gute Freizeitmöglichkeiten, tolle Küche und terrassierte Hänge, auf denen wunderbare Burgunderweine gedeihen. Kurzum: eine prächtige Ferienregion für Genießer und Outdoorfans. Nicht zuletzt liegt hier auch das schöne Städtchen **Breisach** (15000 Einwohner, www.breisach-urlaub.de), das nicht nur mit dem milden Klima lockt. Das Stephansmünster, die mittelalterlichen Stadttore und das barocke Rheintor sind auf jeden Fall einen Besuch wert.

Doch ein Roadtrip gestattet keinen Stillstand – und nur wenige Kilometer weiter wartet das lebensfreudige **Freiburg im Breisgau** (S. 54 f., https://visit.freiburg.de). Die quirlige Studentenstadt mit französischem Flair, mediterranem Klima, mittelalterlichen Denkmälern, hohem Freizeitwert und vorzüglichem Essen und Trinken ist eine Mischung, auf die sich so ziemlich alle einigen können – ähnlich wie auf den örtlichen FC als Lieblingsaußenseiter der Bundesliga. Zudem ist die Altstadt ein kompaktes Gesamtkunstwerk mit Dutzenden von Attraktionen. Die Liste beginnt mit dem Münster, dem Alten Rathaus und dem

Breisach und sein Wahrzeichen, das Stephansmünster

auffälligen Martinstor. Doch auch die beiden Gewässer Gerberau und Fischerau gehören mit ihren pittoresken Fassaden dazu. Die Konviktstraße gilt unterdessen als schönstes »Gässle«.

Design im Dreiländereck

Die Reise in den Südwestzipfel des Landes neigt sich dem Ende zu. Bevor sich der Fluss auf schweizerisches Territorium verabschiedet, präsentiert der Grenzort **Weil am Rhein** noch eine spektakuläre Sehenswürdigkeit: Das Vitra Design Museum (www.design-museum.de) widmet sich der Gestaltungskunst und wurde standesgemäß von Frank O. Gehry entworfen. ■

Am Kaiserstuhl – Wein, so weit das Auge reicht

SERVICE & TIPPS

Düsseldorf – Köln – Bonn – Koblenz – Mainz – Mannheim – Heidelberg – Karlsruhe – Baden-Baden –Freiburg im Breisgau

DÜSSELDORF

Kö-Bogen
Zwischen Schauspielhaus und Schadowstraße, Düsseldorf
Gelungenes städtebauliches Großprojekt mit begrünten Bauten und abfallenden Dächern. Ganz in der Nähe des von Daniel Libeskind entworfenen Einkaufszentrums bildet das Dreischeibenhaus als Ikone der Hochhausarchitektur einen reizvollen Kontrast.

Flingern
Genug von Schickimicki an der Kö und Traditionellem in der Altstadt? Dann ab nach Flingern, Düsseldorfs Vorzeige-Hipsterviertel. In der Ackerstraße und den umliegenden Straßen wie Birken-, Hermann-, Linden-, Hoffeld-, Licht- und Flurstraße gibt es inhabergeführte Boutiquen. Das ZAKK (www.zakk.de) ist seit Generationen eine verlässliche Adresse für Subkultur.

Mini-Reportage

Altstadt

Die Düsseldorfer Altstadt firmiert als inoffiziell »längste Theke der Welt«. Spätestens seit dem Durchbruch der ortsansässigen Toten Hosen ist der Begriff zum geflügelten Wort geworden. In den gemütlichen Brauhäusern fließt das dunkle Altbier in beachtlichen Mengen in die Gläser. Der schmackhafte Gerstensaft verdankt Farbe und Aroma den dunklen Darrmalzen. Trotz der optischen Unterschiede verbindet das Alt mit dem 40 Kilometer weiter südlich hergestellten Kölsch eine Gemeinsamkeit: Beide Biere werden obergärig hergestellt. Altbier ist jedoch im Gegensatz zu Kölsch keine geschützte Bezeichnung und wird somit auch in der Umgebung der Landeshauptstadt gebraut. Vier Brauereien sind noch in der Altstadt aktiv. Die beliebtesten Adressen sind das Füchschen (https://fuechschen.de) und das Uerige (www.uerige.de).

Rechte Seite oben: Beliebter Platz vor allem für die Jüngeren – Düsseldorfs »Spanische Treppe« am Burgplatz

TOP 5 Düsseldorf

Medienhafen
https://medienhafen.de
Der südwestlich der City gelegene Medienhafen ist ein Muss für Fans gelungener Architektur. Ein regelrechtes Wahrzeichen ist der Neue Zollhof, den Frank O. Gehry 1999 in unverwechselbarer Manier vollendet hat.

K20/21
Grabbeplatz 5 (K20) und
Ständehausstr. 1 (K21)
✆ (02 11) 838 12 04
www.kunstsammlung.de
Di–Fr 10–18, Sa/So 11–18 Uhr
Das K20 lockt mit der größten Paul-Klee-Sammlung der Welt. Auch die Arbeiten von Matisse, Picasso, Pollock, Warhol, Beuys und vielen weiteren wichtigen Protagonisten von Moderne und Postmoderne tragen zu einem Spitzenplatz in der deutschen Museumslandschaft bei. Das K21 zeigt weitere Disziplinen der Bildenden Künste, vor allem Skulpturen und Videoinstallationen.

Königsallee
www.koenigsallee-duesseldorf.de
Nicht originell, aber dennoch unverzichtbar für einen Eindruck von Düsseldorf: Die Dichte an High-End-Boutiquen ist in NRW einmalig. Auch das Schaulaufen der Schönen und Reichen auf dem Trottoir der Königsallee besitzt Unterhaltungswert.

Rheinboulevard
Untere Rheinwerft
Am Ostufer des Flusses auf der Sonnenseite gelegen, ist Düsseldorf, was die Flaniermeile betrifft, im direkten Vergleich mit dem ewigen Konkurrenten Köln eindeutiger Sieger. Der Boulevard ist Schauplatz sehenswerter Sonnenuntergänge und Austragungsort diverser Festivitäten.

Kunstpalast und NRW-Forum
Ehrenhof
✆ (02 11) 56 64 27 49, www.kunstpalast.de
www.nrw-forum.de
Tägl. außer Mo 11–18, Do/Fr bis 21 Uhr
Eintritt (beide Häuser) € 15/11
Das Doppelmuseum leistet einen wichtigen Beitrag zur Reputation Düsseldorfs als Kunstmetropole. Das NRW-Froum ist für Fotografie, Pop und Digitalkultur verantwortlich, der Kunstpalast zeigt von Rubens bis Gerhard Richter eine gewichtige Sammlung.

Die Installation »in orbit« von Tomás Saraceno im K21

Schloss Benrath
Benrather Schloßallee 100–106
Düsseldorf
www.schloss-benrath.de
Di–Fr 14–16, Sa/So 11–16 Uhr
Eintritt € 14/10 (nur Führungen)
Das 12 km südlich der City gelegene Lustschloss mit geräumigen Gartenanlagen wurde von Kurfürst Karl Theodor von der Pfalz 1756–73 errichtet. Kurioserweise hat das Bauwerk den Reichsfürsten zeitlebens nur einmal gesehen.

Düsseldorfs liebevoll »Kö« genannter Prachtboulevard: die Königsallee

Urban Art Walk
Tickets über www.duesseldorf-tourismus.de
Treffpunkt Ellerstr., Ecke Willi-Becker-Allee, Düsseldorf
Fr/Sa 12 Uhr
Zeitgemäße Form der Stadtführung, die sich den Speerspitzen der Straßenkunst verschrieben hat. Der zweistündige Spaziergang führt zu Werken von Jana&JS, FinDAC, Pixelpancho und L.E.T. Im Preis inbegriffen ist der Besuch des Düsseldorfer Stadtmuseums.

Kulinarische Empfehlung

Nagaya
Klosterstr. 42, Düsseldorf
✆ (02 11) 863 96 36
http://nagaya.de
Di–Sa 12–14 und 19–22 Uhr
Ausgezeichneter Japaner auf Topniveau: Yoshizumi Nagaya lernte bei einem Großmeister der traditionellen und einem Star der modernen Küche. Mit exklusiven Zutaten kreiert er Hochgenuss. ■

In Düsseldorf unverzichtbar: Sushi

Camping- und Stellplatz

Campingplatz Unterbacher See
Kleiner Torfbruch 31, Düsseldorf
GPS: 51.19952, 6.88666
✆ (02 11) 899 20 38
http://unterbachersee.de/camping, April–Okt.
Prächtige Lage an einem schönen See mit kinderfreundlichem Strandbad, das für Gäste keinen Eintritt kostet. Bis in die City sind es mit dem Fahrrad 11 km, bis zur nächsten S-Bahn-Haltestelle (Eller) 4 km.

Stellplatz Rheinterrasse/Tonhalle
Robert-Lehr-Ufer 1, Düsseldorf
GPS: 51.23997, 6.77533
www.goldbeck-parking.de, ganzjährig geöffnet
Gut gelegener Stellplatz am Rande der City direkt am Fluss. Ideal für Camper, die nahe an der Altstadt sein möchten und auf Service-Ausstattung verzichten können. Versteht sich von selbst, dass es in dieser Lage nicht ganz ruhig zugeht.

KÖLN

Belgisches Viertel
Zwischen Aachener Straße, Bahndamm, Venloer Straße und Ring
Im vermutlich schönsten Viertel der Stadt locken nicht nur die Gründerzeitfassaden. Hier reihen sich Boutiquen, Goldschmiede, Galerien, Cafés und Bars eng aneinander.

Ehrenfeld
Ein Stadtteil ohne Sehenswürdigkeiten? Das stimmt. Dafür gehört Ehrenfeld zu den coolsten Ausgehvierteln des Landes. Clubs, Bars, Kneipen und neuerdings immer mehr Restaurants sorgen vor allem von Donnerstag bis Samstag für einen regelrechten Ansturm. Heißer Tipp: Bumann & Sohn (www.bumannundsohn.de).

Mini-Reportage

Dom

Der Kölner Dom ist das Identifikationsobjekt, auf das sich alle Kölner verständigen können. Mit ihrer 157 Meter hohen Doppelspitze gehört die unangefochten meistbesuchte Sehenswürdigkeit Deutschlands zum Weltkulturerbe. Allein die einmalige Baugeschichte füllt ganze Bücher: Im 12. Jahrhundert als würdiges Domizil für den Dreikönigenschrein geplant, konnte der Chor des gigantischen Bauprojekts 1322 geweiht werden. Um das Jahr 1530 allerdings ging dem Erzbistum das Geld aus. So war es im 19. Jahrhundert – im Anschluss an eine abenteuerliche Suche nach den Originalplänen – den protestantischen Preußen überlassen, den Bau fortzusetzen und in Anwesenheit von Kaiser Wilhelm I. 1880 einzuweihen, sagenhafte 632 Jahre nach der Grundsteinlegung. Die Besteigung des Turms, die opulente Schatzkammer und das 2007 von Gerhard Richter angefertigte Fenster im südlichen Querschiff sind Kernbestandteile einer Besichtigung.

Hohe Domkirche Sankt Petrus
Domkloster 4, Köln
✆ (02 21) 92 58 47 20, www.koelner-dom.de
Dom tägl. 6–20 Uhr, Turm tägl. Mai–Sept. 9–18, März/April, Okt. 9–17, Nov.–Feb. 9–16 Uhr, Besteigung € 4/2, Schatzkammer tägl. 10–18 Uhr, Eintritt € 6/3

TOP 5 Köln

Museum Ludwig
Heinrich-Böll-Platz, ✆ (02 21) 22 12 61 65
www.museum-ludwig.de
Tägl. außer Mo 10–18, 1. Do im Monat bis 22 Uhr, Eintritt € 11/7,50, bis 18 J. frei
Hunderte Picassos und Europas wichtigste Pop-Art-Sammlung sind die Aushängeschilder dieses Museums, das auf das Ehepaar Peter und Irene Ludwig zurückgeht. Das Haus ist auch für seine erfolgreichen Wechselausstellungen bekannt.

Dom
S. 41
Deutschlands bekannteste Kirche muss man einmal besucht haben.

Wallraf-Richartz-Museum & Fondation Corboud
Obenmarspforten, am Kölner Rathaus
✆ (02 21) 22 12 11 19
www.wallraf.museum
Tägl. außer Mo 10–18 Uhr, Eintritt € 8/5
Grandiose Dauerausstellung in einem postmodernen Kubus. Die Sammlung deckt vom Mittelalter bis zum Beginn des 20. Jahrhunderts eine enorme Bandbreite ab.

Rheinauhafen
www.rheinauhafen-koeln.de
Mit den auffälligen Kranhäusern, den umgewidmeten Lagerhäusern und anspruchsvollen Neubauten ist der südlich des Doms gelegene Rheinauhafen das gelungenste städtebauliche Projekt der jüngeren Vergangenheit.

Schokoladenmuseum
Am Schokoladenmuseum 1 A
✆ (02 21) 931 88 80
www.schokoladenmuseum.de
Tägl. 10–18 Uhr, Eintritt € 12,50/7,50
Vom Tropenhaus mit authentischen Pflanzen bis zum Schokoladenbrunnen erzählt das Haus die Geschichte der Schokolade auf unterhaltsame Weise – Kostproben inklusive. Das Dach des sehenswerten Gebäudes gestattet exklusive Stadtansichten.

Kölsche Playlist

Spotify-Playlist für Köln-Romantiker
»En unserem Veedel« – Bläck Fööss
»Hey Kölle, do bes e Jeföhl« – Höhner
»Stääne« – Klüngelköpp
»Stadt met K« – Kasalla
»Et jitt kei Wood« – Cat Ballou
»Kölsche Jung« – Brings
»Su lang die Leechter noch brenne« – Miljö
»Och wat wor dat fröher schön doch in Colonia« – Willi Ostermann

Schiffstour auf dem Rhein
Frankenwerft 35, www.k-d.com, April–Okt., tägl. 10.30–18 Uhr
Hohenzollernbrücke, https://dampfschiffahrt-colonia.de
Eine Bootstour ist immer eine gute Belohnung für eine erfolgreiche Stadterkundung. In Köln kann die mittelalterliche Silhouette sich auf diese Weise besonders imposant entfalten, auch bei Dunkelheit.

»Drink doch ene met …«

Köln kann man auch vom Wasser aus erkunden

Brauhaustour
Köln Tourismus
Kardinal-Höffner-Platz 1, Köln
✆ (02 21) 34 64 30
www.köln-brauhaustour.de
Ticket ab € 12
Anekdoten und Histörchen aus dem reichhaltigen Fundus der örtlichen Geschichte – natürlich in Begleitung des ortstypischen Gerstensaftes.

Brauhäuser

Päffgen
Friesenstr. 64–66, Köln
✆ (02 21) 13 54 61
www.paeffgen-koelsch.de
Tägl. 10–24, Fr/Sa bis 0.30 Uhr
Traditionsbrauhaus mit dem wohl besten Kölsch und einmaliger Folklore. Die Küche ist deftig.

Johann Schäfer
Elsaßstr. 60, Köln
✆ (02 21) 16 86 09 75
www.johann-schaefer.de
Tägl. 12–22 Uhr
Das Brauhaus der Zukunft: Mit Bioprodukten aus der Region, dem hausgemachten Südstadtpils, Backsteinambiente und freundlichem Personal ist die Neuerfindung des Genres gelungen. ■

»Köln ist nicht perfekt, aber vollkommen, es ist vollkommen Köln«

Camping- und Stellplatz

Camping Berger
Uferstr. 71, Köln
GPS: 50.89134, 7.024588
✆ (02 21) 935 52 40
www.camping-berger.koeln
Ganzjährig geöffnet (außer Weihnachtsferien)
In der Nähe der »kölschen Riviera« bei Rheinkilometer 681 liegt der älteste Campingplatz Deutschlands. Einigen Urlaubern gefällt es dort so gut, dass sie gar nicht mehr wegwollen. Die Linie 18 (20 Minuten zu Fuß) ermöglicht einen komfortablen Transport in die City.

Campingplatz Stadt Köln
Weidenweg 35, Köln
GPS: 50.90267, 6.99075
✆ (02 21) 83 19 66, www.camping-koeln.de
April–Okt.
Ordentliche Adresse für einen Stadtaufenthalt: Der Campingplatz liegt auf der Sonnenseite des Rheins. Vom Ufer reicht der Blick bis ins Stadtzentrum, das mit dem Fahrrad in 20 Minuten erreichbar ist. Alternativ kann man nach einem Spaziergang über die Rodenkirchener Rheinbrücke die Stadtbahn nehmen.

CAMPINGPLÄTZE IM UMLAND KÖLN/BONN

Campingpark Oberbüschem

Campingplatz

Campingpark im Bergischen Land
Oberbüschem 45, Lindlar
GPS: 51.06839, 7.38433
✆ (022 66) 66 52
www.mein-campingpark.de
Ganzjährig geöffnet
Sehr schöne Anlage mitten im grünen Bergischen Land. Mit modernen Sanitäranlagen, Bolz- und Spielplatz, Hundeauslaufwiese und Feuerstellen. Herrliche Aussicht. Ideal für Tagesausflüge nach Köln und Bonn.

Idylle im Bergischen Land

Campingplatz

Campingplatz Wiehltal
Jahnstr. 14, Wiehl-Bielstein
GPS: 50.96328, 7.50958
✆ (022 62) 72 74 20
http://campingplatz-wiehltal.de
Ganzjährig geöffnet
Kölns Umland ist überraschend grün und alles andere als flach. Das bestätigt ein Besuch dieser gepflegten Anlage, die an Ferien auf dem Bauernhof erinnert. Ein öffentliches Freibad ist direkt nebenan. Darüber hinaus schätzen die Gäste die ruhige Lage und die weitläufigen Rad- und Wanderwege. Hunde sind natürlich erlaubt. Barrierefreier Zugang zu Sanitär- und Gasträumen ist gewährleistet. Außerdem gibt es noch freie Jahres- und Saisonplätze. Ideal auch für Ausflüge in die rheinischen Städte. Geheimtipp: Eine Übernachtung im Campingfass oder im neu gestalteten Bungalow.

Trinkwasserreservoir Wiehltalsperre im Oberbergischen

Campingplatz Wiehltal – Auszeit genießen!

BONN

Kunstinstallation »Ludwig van Beethoven – eine Ode an die Freude«

Beethoven-Haus
Bonngasse 20, Bonn
✆ (02 28) 981 75 25
www.beethoven.de
Tägl. 10–18, im Winter bis 17 Uhr, Eintritt € 10/7
Das Geburtshaus des vielleicht weltweit bedeutendsten Komponisten ist eine Pilgerstätte nicht nur für Klassikfans. Das Haus atmet dank des behutsam erhaltenen Ambientes und mehr als 100 Originalexponaten Geschichte.

Bundeskunsthalle
Helmut-Kohl-Allee 4, Bonn
✆ (02 28) 917 12 00
https://bundeskunsthalle.de
Di/Mi 10–21, Do–So 10–19 Uhr
Eintritt alle zeitgleichen Ausstellungen € 15/10, bis 18 J. frei
Dieses Premiummuseum für Blockbuster-Ausstellungen ist das Herzstück der örtlichen Museumsmeile. Von pompösen Schauen über die Frühgeschichte und große Gegenwartskünstler bis zur Werkschau von Modezaren ist hier fast immer etwas Relevantes zu sehen.

Haus der Geschichte
Willy-Brandt-Allee 14, Bonn
✆ (02 28) 916 50
www.hdg.de
Di–Fr 9–19, Sa/So 10–18 Uhr
Eintritt frei
Wer die komplexe Historie der Bundesrepublik im Zeitraffer sehen möchte, ist in diesem Hause gut aufgehoben. Adenauers Mercedes findet darin ebenso Platz wie ein Trabant aus der DDR. Willy Brandts Nobelpreisurkunde darf es unterdessen mit einer Dokumentation über den Fernsehdauerbrenner »Die Lindenstraße« aufnehmen. Hier

Seit 1949 verbindet die Kennedybrücke Bonn und Beuel

Wahrzeichen der Bundeskunsthalle: drei elegant zugespitzte Lichtkegel, die in einer leuchtend blauen Majolika-Verkleidung erstrahlen

Im Haus der Geschichte verdeutlicht dieser VW T1 das Lebensgefühl der 1970er Jahre

startet zugleich der sehenswerte »Weg der Demokratie«, der zur Villa Hammerschmidt, dem Wasserwerk und anderen Wirkungsstätten der Bonner Republik führt.

Südstadt
Die Bonner Südstadt beherbergt eines der größten zusammenhängenden Ensembles von Gründerzeithäusern Deutschlands. Ein ideales Revier für einen Stadtspaziergang. Eine schöne Route führt von der Poppelsdorfer Allee durch den Venusbergweg links in die Schlossstraße, dann rechts in die Argelanderstraße, wieder nach rechts in die Blücherstraße und nochmal rechts durch den Jagdweg in die Kurfürstenstraße.

Restaurants

Strandhaus
Georgstr. 28, Bonn
✆ (02 28) 369 49 49
www.strandhaus-bonn.de
Di–Sa ab 18 Uhr
Bonns Vorzeigeadresse für Foodies. Gekocht wird auf kreative Weise neudeutsch mit ein paar asiatischen und mediterranen Einflüssen. Das Interieur ist genauso maritim, wie der Name andeutet.

Sassella
Karthäuserplatz 21, Bonn
✆ (02 28) 53 08 15
www.ristorante-sassella.de
Di–Sa 18–22.30 Uhr
Bei diesem äußerst gemütlichen Italiener in Kessenich hat in früheren Zeiten die »Toskana-Fraktion« um Altkanzler Gerhard Schröder und seinen Außenminister Joschka Fischer gespeist. Die von zwei Brüdern geführte Küche mit Spezialitäten Norditaliens bereitet bis heute ungebrochene Freude. ■

Camping- und Stellplatz

Rheincamping Siebengebirgsblick
Remagen-Rolandswerth
GPS: 50.64610, 7.20664
✆ (022 28) 91 06 82, http://siebengebirgsblick.de
April–Okt.

Einen Steinwurf hinter der Landesgrenze nach Rheinland-Pfalz liegt der schönste Campingplatz in der weiteren Umgebung von Bonn. Blick auf den Rhein und das Siebengebirge, Anschluss an die City mit dem Zug.

KOBLENZ

Mini-Reportage

Ehrenbreitstein, Seilbahn und BuGa-Gelände

Die spektakuläre Seilbahn vom Koblenzer Zentrum auf die Anhöhen der anderen Rheinseite war das architektonische Highlight der Bundesgartenschau 2011. Die 16 Panoramakabinen gestatten einen atemberaubenden Blick auf das Obere Mittelrheintal. Dies war zugleich Stein des Anstoßes, denn die UNESCO beklagte eine unzulässige Beeinträchtigung des Welterbes. Eine Schlichtung sieht vor, dass die mit einer Kapazität von 7600 Personen pro Stunde ausgestattete Bahn zunächst bis 2026 weiterfahren darf. Einmal angekommen, befinden sich die Fahrgäste in der Festung Ehrenbreitstein, die in ihrer heutigen Form auf das frühe 19. Jh. datiert. Die Ursprünge der 118 Meter über dem Rhein thronenden Anlage jedoch reichen mehr als 1000 Jahre zurück. Die Festung begeistert nicht nur mit einem vorzüglichen Blick auf die Moselmündung, sondern auch mit virtuellen Inszenierungen. Im Sommer dient Ehrenbreitstein zudem als Kulisse für Veranstaltungen. Wer durch den hübschen Festungspark wandert, gelangt zum Rhein-Mosel-Blick, der mit kühner Architektur anlässlich der Gartenschau angelegt wurde.

Seilbahn
Konrad-Adenauer-Ufer, Koblenz, www.seilbahn-koblenz.de

Kaiser-Wilhelm-Denkmal

Deutsches Eck
www.koblenz-touristik.de
Frei zugänglich
»Castellum apud Confluentes« lautet der lateinische Name für eine römische Befestigung, die am Zusammenfluss von Rhein und Mosel gestanden hat. Daraus ist das Wort Koblenz entstanden. An der gleichen prominenten Stelle hat sich 1216 der Deutsche Orden niedergelassen, was bis heute im Namen der Attraktion verewigt ist. Es ist zugleich Standort des kupfergetriebenen Kaiser-Wilhelm-Denkmals, das im Jahr 1897 feierlich eingeweiht wurde. ■

Campingplatz

Knaus Campingpark Koblenz/Rhein-Mosel
Schartwiesenweg 6
Koblenz
GPS: 50.36654, 7.60554
✆ (02 61) 827 19

www.knauscamp.de
Ganzjährig geöffnet
Beliebte Anlage am Nordufer der Mosel direkt gegenüber vom Deutschen Eck. Gut gepflegt, aber preislich am oberen Ende der Skala.

MAINZ

Gutenbergmuseum
Liebfrauenplatz 5
Mainz
✆ (061 31) 12 26 40
www.gutenberg-museum.de
Di–Sa 9–17, So 11–17 Uhr
Eintritt € 5/2
Mit Johannes Gutenberg (1400–1468) hat ein Mainzer den Buchdruck erfunden und somit die Geschicke der Menschheit maßgeblich geprägt. Das ihm gewidmete Museum existiert bereits seit 1900 und beherbergt unter anderem zwei Originalbibeln.

Dom
Markt 10
Mainz
✆ (061 31) 25 34 12
https://bistummainz.de
Mo–Fr 9–18.30, Sa 12.45–15 und 16–18.30, So 12.45–15 und 16–17 Uhr
Mit der Errichtung des imposanten Bauwerks wurde vor mehr als 1000 Jahren begonnen. Nach einem Brand am Tag der Eröffnung im Jahr 1009 sollte es noch 237 Jahre dauern, ehe das Gotteshaus in Betrieb genommen wurde. Es spiegelt nicht nur die Entwicklung der Romanik wider, sondern auch der Stadt Mainz. Seltsamerweise wird der Dom bei Dunkelheit nicht angestrahlt.

Der Hohe Dom St. Martin zu Mainz in voller Pracht

St. Stephan
Kleine Weißgasse 12, Mainz
✆ (061 31) 23 16 40
https://bistummainz.de
Mo–Sa 10–17, So 12–17 Uhr
Noch ein Sakralbau auf der Liste unverzichtbarer Sehenswürdigkeiten? Ja! Die auf dem gleichnamigen Hügel gelegene Kirche ist berühmt für ihre von Marc Chagall gestalteten Fenster, die mehr als 200 000 Besucher pro Jahr sehen möchten.

Restaurant

Geberts Weinstuben
Frauenlobstr. 94, Mainz
✆ (061 31) 61 16 19
www.geberts-weinstuben.de
Mi–So 11.30–14.30 und 18–24 Uhr
Serviert wird schmackhafte regionale Küche. Gute Weinkarte und ein hübscher Innenhof. ■

Zylindermaschine für das Hochdruckverfahren im Gutenbergmuseum

Wohnmobilstellplatz

Wohnmobilstellplatz Mainz
Dr.-Martin-Luther-King-Weg 21
Mainz
GPS: 49.99850, 8.24716
✆ (01573) 194 97 11
www.wohnmobil-stellplatz-mainz.de
Stadtnaher Wohnmobilstellplatz mit Strom und Versorgungseinrichtungen, aber ohne Sanitäranlagen.

MANNHEIM

Mini-Reportage

Quadratestadt

R 3 1 ist eine Adresse? In Mannheim schon, denn die Innenstadt besitzt einen besonderen Grundriss: Das Territorium wurde im 17. Jahrhundert auf Geheiß von Kurfürst Friedrich IV. in 144 Planquadrate aufgeteilt, wie man es sonst vor allem aus Nordamerika kennt. Es sollte jedoch noch bis 1811 dauern, ehe sich die charakteristische Nummerierung von heute durchsetzen konnte. Dabei ist das sogenannte Schachbrettmuster nicht die einzige Besonderheit der City, befindet sich diese doch auf einer Landzunge zwischen Rhein und Neckar. Außerdem besitzt die Innenstadt durch eingrenzende Straßen die Form eines Hufeisens. In Widerspruch zum Präzision versprechenden Namen handelt es sich übrigens keineswegs um Quadrate: Vielmehr besitzen die Abschnitte den Umriss von Rauten, Trapezen und Rechtecken. Das macht den Stadtentwurf nicht weniger sehenswert – und die Adressen nicht weniger kurios.

Zentrum der Stadt: das Mannheimer Schloss

Mannheimer Schloss
Bismarckstr., Mannheim
✆ (062 21) 65 88 80
www.schloss-mannheim.de
Tägl. außer Mo 10–17 Uhr
Eintritt € 8/4
Die langjährige Residenz der pfälzischen Kurfürsten ist nach Versailles das zweitgrößte Barockschloss Europas. Die komplette Quadratestadt ist auf das Bauwerk ausgerichtet, das einen Museumsflügel beherbergt und ansonsten Sitz der Universität und des Amtsgerichts ist.

Luisenpark
Theodor-Heuss-Anlage 2
Mannheim
✆ (06 21) 41 00 50
www.luisenpark.de
Tägl. 9–20 Uhr, Okt.–April kürzer

Vorbildliche Grünfläche am Rande der City: Der Untere Luisenpark ist ein kostenlos zugänglicher Park in Form eines englischen Landschaftsgartens. Der Obere Luisenpark kommt als eine Art botanischer Vergnügungspark daher, der Eintritt kostet im Sommer € 7,50/3,70 und im Winter € 3,80/1,90.

Restaurant

Familienbetrieb
M2,12, Mannheim
✆ (06 21) 48 49 02 68
Tägl. 11.30–14 und 17–23 Uhr
Bock auf Burger? In diesem Fall bietet sich dieses überregional geschätzte Lokal an, das Fleisch von Bio-Produzenten und auch vegane Varianten im Angebot hat. ■

Campingplatz

Campingplatz Strandbad Mannheim
Strandbadweg 1, Mannheim-Neckarau
GPS: 49.44970, 8.44544
✆ (0176) 55 42 22 68
www.campingplatz-mannheim-strandbad.de
April–Mitte Okt.
Populärer Campingplatz auf der Reißinsel am Rhein mit eigenem Strandbad. Die City ist 5 km entfernt.

HEIDELBERG

Philosophenweg
Über Alte Brücke und den steilen Schlangenweg
www.heidelberg-marketing.de
Neue Einsichten und einmalige Ansichten. Dies gewannen die Dichter und Denker vergangener Zeiten, wenn sie den 4 km langen Rundweg am Nordufer des Neckars absolvierten. Das mag auch bei den Wanderern der Gegenwart der Fall sein. Doch sie müssen sich nicht allein darauf verlassen, da der Parcours zu den wärmsten Gegenden Deutschlands gehört und botanischen Exoten wie japanischer Wollmispel, amerikanischer Zypresse, spanischem Ginster und portugiesischer Kirsche ein unvermutetes Zuhause gibt.

Bergbahn
Talstation Kornmarkt
Heidelberg
www.bergbahn-heidelberg.de
Tägl. 9 – 20 Uhr, im Winter kürzer, Hin- und Rückfahrt € 14/7
Die mit 1,5 km längste Bergbahn Deutschlands bringt ihre Passagiere von der Talstation am Kornmarkt zum Schloss und anschließend über die Station Molkenkur bis zum 560 m hohen Königstuhl – mit Blick auf Heidelberg und das Neckartal. Schön!

Restaurant

Urban Kitchen
Poststraße 36/5, Heidelberg
✆ (062 21) 87 33 82 00, www.urban-kitchen-heidelberg.com
Tägl. 9–1 Uhr
Von veganen Sommerrollen bis zu raffinierten Bowls umfasst die Speisekarte alles, was der moderne Stadtmensch zum Überleben benötigt.

Kulturbrauerei Heidelberg
Leyergasse 6, Heidelberg
✆ (062 21) 50 29 80, https://heidelberger-kulturbrauerei.de
Mo–Do 17–21.30, Fr–So 11.30–22.30 Uhr
Das Interieur changiert zwischen rustikal und opulent, die Küche zwischen traditionell und modern und das Selbstgebraute reicht von klassischem Hellem bis zu Craft Beer. ■

Das Heidelberger Schloss

Mini-Reportage

Ende des 17. Jahrhunderts haben die Franzosen das Heidelberger Schloss im Rahmen der Pfälzischen Erbfolgekriege zerstört. Erstaunlicherweise hat das dem Ruhm des auf das 13. Jahrhundert zurückgehenden Bauwerks keinerlei Abbruch getan: Seit Generationen nehmen Besucher aus aller Welt dessen unvollkommene Existenz zum Anlass für einen Trip nach Heidelberg. Der Anblick des rötlich schimmernden Gesteins während des Sonnenuntergangs übt eine ungebrochene Faszination aus. Schon Nationaldichter wie Goethe und Hölderlin waren bezaubert, was zum Aufstieg der Ruine zur Ikone des romantischen Deutschland beigetragen hat. Vor allem Fundamente und Fassaden haben dem Zahn der Zeit getrotzt und bilden eine perfekte für die seit 1926 ausgetragenen Schlossfestspiele. Außerdem können Besucher einige rekonstruierte Gebäudeteile besichtigen. Im Keller verbirgt sich ein Weinfass mit einem Fassungsvermögen von 221 000 Litern (!). Für einen schönen Blick auf die Ruine bietet sich übrigens der Philosophenweg am nördlichen Neckarufer an.

Stellplatz

Wohnmobilstellplatz Heidelberg
Harbigweg 1–3, Heidelberg
GPS: 49.39219, 8.67024
✆ (062 21) 67 41 96 69
www.wohnmobilstellplatz-heidelberg.com
Gute Anlage mit Strom, Wasser, Biergarten und Minigolf etwa 2 km südwestlich der Innenstadt, gute ÖPNV-Anbindung.

KARLSRUHE

Schloss
Schloss, Karlsruhe
✆ (07 21) 926 65 14
www.landesmuseum.de
Tägl. außer Mo 10–17 Uhr
Eintritt Sammlungen € 8/6, bis 17 J. frei, Turm € 4/1
Das Karlsruher Schloss als Mittelpunkt der Planstadt wurde ursprünglich 1715 angelegt, jedoch im Zweiten Weltkrieg zerstört. Die rekonstruierte Version beherbergt das Badische Landesmuseum. Vom 42 m hohen Aussichtsturm ist die Auslegung der Stadt noch gut zu erkennen. Der großzügige Schlossgarten ist ein willkommenes Relikt aus dem Barockzeitalter.

Karlsruher Schloss

Zentrum für Kunst und Medien
Lorenzstr. 19, Karlsruhe
✆ (07 21) 810 00
https://zkm.de
Mi–So 10–18 Uhr
Das ZKM ist Anlaufstelle für viele künstlerische Gattungen. Es zeigt raumbasierte Künste wie Malerei, Fotografie und Skulptur, der Schwerpunkt liegt jedoch auf den zeitbasierten wie Film, Video, Medienkunst, Musik, Tanz, Theater und Performance. Mit dieser Programmierung schafft es das Haus immer wieder in die Spitzengruppe der deutschen Ausstellungshäuser.

Durlach
6 km östlich der City, Karlsruhe
Der im Osten gelegene Stadtteil Durlach ist älter als Karlsruhe selbst. Als Kurfürst Karl Wilhelm seinen Hof 1715 verlegte, verlagerte sich das städtische Wachstum in das dort entstehende Karlsruhe. In Durlach geblieben sind eine Altstadt mit mittelalterlichem Flair, ein malerischer Marktplatz, die Stadtmauer, enge Gassen und alte Gemäuer.

Karlsruhe-Durlach zur Weihnachtszeit

Restaurant

Badische Weinstuben
Schlossbezirk 6, Karlsruhe
✆ (07 21) 60 78 79
http://badische-weinstuben.de
Tägl. ab 11 Uhr
Maultaschen und andere regionale Spezialitäten im Botanischen Garten am Schloss. ■

Campingplatz

Camping Durlach
Tiengener Str. 40, Durlach-Karlsruhe
GPS: 49.00762, 8.48338
✆ (07 21) 94 30 34 30, www.ka-camping.de
Ganzjährig geöffnet
Schöne Anlage in der Nähe der Durlacher Altstadt. Bei dem neu angelegten Platz wurden erst 2021 alle Service-Einrichtungen in Betrieb genommen.

BADEN-BADEN

Altes Schloss Hohenbaden
Alter Schloßweg 10
Baden-Baden
www.altes-schlosshohenbaden.de
Tagsüber frei zugänglich
1599 nach einem Brand zur Ruine verkommen, hatte das Schloss zu seiner Glanzzeit mehr als 100 Zimmer. Geblieben ist die formidable Lage hoch über der Stadt mit einem tollen Rundblick auf die umliegenden Mittelgebirge.

Festspielhaus
Beim Alten Bahnhof 2
Baden-Baden
✆ (072 21) 301 31 01
www.festspielhaus.de
Ein Haus der Superlative. Auch architektonisch, denn der Bau hat die ungenutzte Bahnhofshalle vergangener Tage einbezogen. So ist das mit 2500 Plätzen zweitgrößte Opernhaus Europas entstanden, das zudem als erstes seiner Art privat betrieben wird. Auf der Bühne geben sich die Granden der verschiedenen Genres die Klinke in die Hand.

Das Festspielhaus in Baden-Baden beeindruckt mit erstklassigen Aufführungen

Mini-Reportage

Glamour in Baden-Baden

Kurhaus, Casino, Festspielhaus und Therme? Das klingt nach Noblesse, Eleganz und High Society. Genau dies verkörpert Baden-Baden spätestens seit der Mitte des 19. Jahrhunderts, als die europäischen Royals den zwischen Rhein und Schwarzwald gelegenen Kurort für sich entdeckten. Nachdem bereits die Römer die bis zu 68 Grad heißen Thermalquellen zu schätzen wussten, war es Kaiserin Sisi von Österreich-Ungarn und Königin Victoria von England vorbehalten, den Ruf Baden-Badens als bevorzugtem Aufenthaltsort der Schönen und Reichen zu zementieren. Fortan zog das Städtchen Adel und Geldadel aus aller Herren Länder an. Besonders prominent waren zuletzt Gäste aus dem arabischen Raum sowie aus Russland vertreten. Auch der frühere US-Präsident Bill Clinton fand Gefallen an dem Ort: »Baden-Baden is so nice you have to name it twice«, soll er bei einem Besuch gesagt haben. Derart viel Zuspruch stärkt das Selbstbewusstsein – und so firmiert Baden-Baden neuerdings recht unbescheiden als »europäische Lebenskulturhauptstadt«. Gleichzeitig bewirbt man sich gemeinsam mit zehn weiteren Kulturorten darum, als »Great Spas of Europe« ins Weltkulturerbe der UNESCO aufgenommen zu werden.

Restaurant

Rizzi
Augustaplatz 1, Baden-Baden
✆ (072 21) 258 38
www.rizzi-baden-baden.de
Tägl. ab 12 Uhr
Auszeit vom Campingtisch gefällig? Dann ab in dieses Lokal, das mediterrane Bio-Küche serviert. Ansprechende Weinkarte, gediegenes Ambiente. ■

Campingplatz

Freizeitcenter Oberrhein
Am Campingpark 1, Rheinmünster
GPS: 48.77320, 8.04008
✆ (072 27) 25 00
www.freizeitcenter-oberrhein.de
Ganzjährig geöffnet
Großzügiger Ferienpark am Rhein 19 km westlich von Baden-Baden mit eigenen Badeseen und reichlich Komfort. Allerdings ganz in der Nähe des Flughafens Karlsruhe/Baden-Baden.

FREIBURG IM BREISGAU

Münster
Münsterplatz, Freiburg
✆ (07 61) 20 27 90
www.freiburgermuenster.info
Mo–Sa 10–17, So 13–19 Uhr
Das imposante Gotteshaus ist mit einem 116 m hohen Turm ausgestattet und üppig mit sakraler Kunst ausstaffiert. Nicht zuletzt wegen des rötlichen Sandsteins gilt das Münster als eine der schönsten Kirchen des Südwestens.

Die Aussicht vom 116 Meter hohen Turm des Freiburger Münsters ist großartig

Schauinsland
Talstation Bohrerstr. 11
Horben
www.schauinslandbahn.de
Die 1284 Meter hohe Erhebung ist Freiburgs Hausberg. Deutschlands längste Umlaufseilbahn katapultiert ihre Passagiere in Windeseile in ein Areal, dass ideal ist zum Wandern, Radfahren oder für andere Freizeitaktivitäten. Bei klarer Sicht reicht der Blick nicht nur bis zum nahen Feldberg, sondern bis in die Schweizer Alpen.

Restaurant

Zum Roten Bären
Oberlinden 12, Freiburg
✆ (07 61) 38 78 70
https://roter-baeren.de
Tägl. 12–14.30 und 18–21.30 Uhr
Seit dem Jahr 1120 ein Gasthof ist das Traditionslokal ein Kandidat für den Ehrentitel des ältesten Lokals des Landes. Die Küche ist auf regionale Weise rustikal. ■

Mit der Schauinslandbahn geht es hoch auf 1284 Meter

Campingplatz

Busses Camping am Möslepark
Waldseestr. 77, Freiburg im Breisgau
GPS: 47.98217, 7.88345
✆ (07 61) 767 93 33, https://camping-freiburg.com
Ganzjährig geöffnet
Parkartiges Gelände mit modernen Sanitäranlagen an den Ausläufern des Schwarzwalds und nur 2,5 km östlich der Freiburger Altstadt.

Mini-Reportage

Die Bächle

Jede Stadt mag ihre Besonderheiten haben, nur wenige aber besitzen ein Alleinstellungsmerkmal wie Freiburgs Bächle. Über diese hieß es 1896 in einer Stadtbeschreibung: »Wer als Fremder Freiburg betritt, wird angenehm überrascht durch die vielen offenen Wasserläufe, welche krystallklar in den Straßen fließen.« Dabei handelt es sich um ein Netz von insgesamt 15,9 Kilometer künstlichen Wasserstraßen, deren Bau schon im 13. Jahrhundert begann. Ursprünglich dienten die von der Dreisam gespeisten Bächle sowohl der Wasserzufuhr als auch dem Abfluss von Regenwasser und der Löschung von Bränden. Auf dem Weg hinaus aus der Stadt wurde das Wasser schließlich zur Bewässerung der Felder eingesetzt. Heute sind die Freiburger Bächle eine Augenweide für Einheimische und Besucher. Sie sind Austragungsort eines eigenwilligen Bootrennens und beliebter Schauplatz von Kriminalromanen. Hinzu kommt eine folkloristische Verwendung als heimtückische Falle für Singles: Wer aus Versehen in eines der Bächle stapft, muss einer örtlichen Legende zufolge einen Freiburger oder eine Freiburgerin heiraten.

Die Bächle, schmale Wasserrinnen, durchfließen die malerischen Gassen der Freiburger Altstadt

TOP 10 1000 PLACES

Roadtrip rheinaufwärts

Eine Reise von Düsseldorf bis zur Grenze mit der Schweiz bordet über vor Highlights: Den Anfang machen historische Städte wie Köln und Bonn, die zwischen Tradition und Moderne changieren. Es folgt die wilde Romantik von Siegengebirge und Mittelrheintal mit schroffen Bergen, trutzigen Burgen, geschichtsträchtigen Festungen und gefährlichen Stromengen. Bald schon erinnern die Pfalzen der Kaiser und die Residenzen der Kurfürsten an zurückliegende Epochen und faszinieren dank extravaganter Behausungen sowie weitläufiger Gartenanlagen bis in die Gegenwart. Weiter südlich rücken Schwarzwald und Vogesen ins Blickfeld. Die Mittelgebirge flankieren den Rhein fortan, wodurch sich das Angebot an Freizeitaktivitäten noch erweitert, ehe mit Breisgau und Kaiserstuhl die mildesten Ecken des Landes erreicht sind. In Weil am Rhein wartet am Ende das Vitra Design Museum.

1 Medienhafen Düsseldorf: Tanzende Türme

Betont modern und fortschrittlich gibt sich die Landeshauptstadt. Die »tanzenden Türme« von Frank O. Gehry mögen das am auffälligsten symbolisieren, doch der Düsseldorfer Medienhafen lockt mit weiteren schwungvollen Bauten.

2 Kölner Brauhäuser: Vom Zappes zum Köbes

Stimmt, der Kölner Dom ist einzigartig. Das gilt aber auch für die Brauhäuser, wo süffiges Kölsch aus dem Zapfhahn fließt, das launische Kellner servieren. Während Touristen hierfür die Altstadt aufsuchen, bevorzugen die Einheimischen ihre »Veedel«.

3 Beethoven-Haus in Bonn: Pilgerstätte für Klassikfans

Mehr als 250 Jahre nachdem er am Rhein das Licht der Welt erblickte, wird Ludwig van Beethoven immer noch weltweit verehrt. Sein Geburtshaus im beschaulich-schönen Bonn ist ein Muss für Bewunderer und Sympathisanten.

4 Drachenfels: Rheinromantik in Reinform

Die Spitze des Drachenfels bei Königswinter ist zwar nur 321 Meter hoch, doch der Ausblick auf Rheintal und Eifel ist formidabel. Der durchaus mühsame Aufstieg auf den schroffen Felsen macht die Geschichten der großen Romantiker greifbar.

TO SEE BEFORE YOU DIE®

5 Deutsches Eck: Zusammenfluss von Rhein und Mosel

Das Deutsche Eck in Koblenz ist nicht nur ein geschichtsträchtiger, sondern auch ein höchst attraktiver Ort. Vor allem seitdem eine Kabinenbahn Passagiere quer über den Rhein hinauf zur Festung Ehrenbreitstein katapultiert.

6 Loreley: Wallendes Haar als Gefahr

Die blonde Loreley hat der Legende zufolge bei Sankt Goarshausen die Schiffskapitäne in den Bann gezogen – mit fatalen Folgen für die Verkehrssicherheit. Faszinierend ist der Felsen an der Stromenge des Rheins bis heute, insbesondere vom Schiff aus.

7 Dom zu Speyer: Die Säulen der Macht

Als Machtzentrum von Kaisern und Bischöfen hat Speyer Geschichte geschrieben. Der Kaiserdom hält diese Epoche auch im 21. Jahrhundert lebendig – neuerdings erstmalig unter der kunsthistorischen Aufsicht einer Dombaumeisterin.

8 Baden-Baden: Glanz und Glamour im Kurort

Dank Kurhaus, Casino und nicht zuletzt der Galopprennbahn gilt Baden-Baden als einer der mondänsten Orte des Landes. Der Inbegriff von Noblesse und Hochkultur ist das Festspielhaus, das Platz für 2500 Besucher bietet.

9 Kaiserstuhl: Mildes Klima und samtige Weine

Eine sanfte Hügellandschaft mit vorzüglichem Fernblick, mildem Klima und edlen Weinen. Das klingt nach idealen Rahmenbedingungen für einen aktiven Genussurlaub, für den der Kaiserstuhl nicht umsonst bekannt ist.

10 Freiburg im Breisgau: Facetten der Lebensfreude

Französisches Flair, mediterranes Klima und mittelalterliche Denkmäler sind Garanten für den hohen Freizeitwert von Freiburg im Breisgau. Auch die vorzügliche Gastronomie und das einzigartige System der »Bächle« sorgen für Genuss.

ROUTE 2

SCHILLERNDER SÜDWESTEN

VOM BODENSEE DURCH DEN SCHWARZWALD NACH STUTTGART (ETWA 410 KM)

Lindau – Friedrichshafen – Meersburg – Unteruhldingen – Insel Mainau – Konstanz (– Blumberg) – Reichenau – Donaueschingen – Titisee – Schluchsee – Feldberg – Todtnau – Schauinsland – Kirchzarten – Haslach im Kinzigtal – Gutach – Ruine Schenkenburg – Alpirsbach – Freudenstadt – Baiersbronn – Calw – Stuttgart

Schwanenflug über dem Bodensee

SCHILLERNDER SÜDWESTEN

VOM BODENSEE DURCH DEN SCHWARZWALD NACH STUTTGART

An der Grenze zu Österreich auf einer Insel gelegen erlaubt Lindau einen Blick bis zu den Schweizer Alpen. Nach diesem vielversprechenden Auftakt führt die Route durch Deutschlands Südwesten vorbei an weiteren Highlights des Bodensees zunächst in Richtung Konstanz. Nach einem Abstecher auf die Insel Reichenau nehmen wir Kurs auf den Schwarzwald, wo neben der Donaumündung und diversen Bergseen auch der fast 1500 Meter hohe Feldberg auf dem Programm steht. Durch idyllische Schwarzwaldstädtchen führt der Weg weiter zur Hermann-Hesse-Stadt Calw, ehe wir mit Stuttgart die vielfach unterschätzte Landeshauptstadt Baden-Württembergs erreichen.

Lediglich 18 der 273 Kilometer Küstenlinie des Bodensees befinden sich auf bayerischem Territorium. Diese aber können sich sehen lassen – und das liegt vor allem an **Lindau** (S. 70 f., www.lindau.de). Die überschaubare Stadt (25 000 Einwohner) ist mit ihrer malerischen Altstadt und der Hafeneinfahrt, die in Kombination mit dem Blau des Sees und dem Schneeweiß der dahinterliegenden Berge zu den schönsten Fotomotiven der Republik gehört, eine wahrlich grandiose Ouvertüre zu einem Roadtrip. Seinen Ursprung hat Lindau auf einer im See gelegenen Insel, auf der sich die komplett unter Denkmalschutz stehende Altstadt ausbreitet. Doch nicht nur die gut erhaltenen Patrizierhäuser ziehen Besucher an, auch die gemütliche Atmosphäre macht die Stadt attraktiv. Aussicht bieten gleich zwei Bauten am Hafen: der Neue Leuchtturm, Wahrzeichen Lindaus, und der quadratische Mangturm aus dem 12. Jahrhundert.

Während der Stadterkundung steht das Gefährt gut auf dem günstig gelegenen und geräumigen Parkplatz für Busse und Wohn-

Die Hafeneinfahrt von Lindau mit Bayerischem Löwen und Neuem Leuchtturm

Mini-Reportage

Pfahlbauten Unteruhldingen

Bei Unteruhldingen befinden sich bemerkenswerte Zeugnisse einer weit zurückliegenden Vergangenheit: die über dem Bodensee errichteten Pfahlbauten. Die etwas fragil aussehenden Gebilde waren vom 5. bis zum 1. Jahrhundert v. Chr. vor allem im Alpenraum verbreitet. Bei Ausgrabungen haben Wissenschaftler Überbleibsel von Behausungen gefunden, deren Ursprung sie in etwa auf das Jahr 3900 v. Chr. datieren. Vor etwa 2900 Jahren scheinen die letzten Menschen die Siedlungen verlassen zu haben, weil sie inzwischen über bessere Behausungen verfügten. Doch bis dahin hatten die Pfahlbauten ihren Bewohnern gute Dienste erwiesen: Der direkte Zugang zum Wasser begünstigte die Jagd nach Fischen und den Transport von Waren über den Bodensee, während die Hochlage auf den Pfählen Schutz vor Hochwasser bot. Ein erheblicher Nachteil allerdings war der schnelle Verschleiß: Alle 15 Jahre mussten die Behausungen neu errichtet werden. Im Zuge der Ausgrabungen zu Beginn des 20. Jahrhunderts haben Anwohner des Bodensees den Bau eines Museums beschlossen. In seiner heutigen Form umfasst das Pfahlbaumuseum 23 Rekonstruktionen inklusive der Verbindungswege. Die zum Teil gut erhaltenen Originale wurden 2011 gemeinsam mit vergleichbaren Siedlungen in die Liste des UNESCO-Weltkulturerbes aufgenommen.

Pfahlbauten Unteruhldingen am Bodensee
Freilichtmuseum und Forschungsinstitut
Strandpromenade 6, Uhldingen-Mühlhofen
✆ (075 56) 92 89 00
www.pfahlbauten.de
April–Sept. tägl. 10–17.30/18, Nov.–März Sa/So 10–16.30/17.30 Uhr, Eintritt € 10/6

mobile (GPS: 47.55173, 9.69286). Von hier folgen wir dem Ufer von Deutschlands größtem Binnensee in Richtung Westen. Schon bald ist die idyllische Halbinsel Wasserburg erreicht, ehe mit **Friedrichshafen** die zweitgrößte Stadt des Nordufers aufwartet. Mit dem Hafen, einem angrenzenden Kieselstrand sowie einer Seefontäne und den dahinterliegenden Alpen ist die Uferpromenade ein Hingucker. Berühmt wurde der Ort durch ganz besondere Flugkörper: Von Friedrichshafen aus eroberten die Zeppeline einst die Welt und noch heute schweben deren Nachfahren hier am Himmel. Das Zeppelin Museum (S. 72) informiert.

Über Immenstaad bringt uns die B 31 auf leicht hügeligem Terrain nach **Meersburg** (S. 73, www.meersburg.de), wobei Fotografen immer wieder auf den Prüfstand gestellt werden: Zu hinreißend sind die Ausblicke über den See auf die Berge – vor allem wenn sich noch Rebstöcke dazugesellen. Meersburg: Kleine Stadt ganz groß. Mit diesen schönen Worten beschreibt sich das 6000-Einwohner-Städtchen gern. Und es stimmt: Ein malerischer Kern mit historischer Bausubstanz, große Schlösser, spannende Museen, um die 20 Kulturdenkmäler, Weinberge mit Blick aufs Wasser, eine hohe Dichte an Lokalen und ein betriebsamer Fährhafen stützen die Illusion, es handele sich um eine veritable Großstadt. Die Kehrseite ist ein zuweilen hohes Publikumsaufkommen. Schließlich finden alle die kleine Stadt »ganz groß«.

Auch die unmittelbare Umgebung hat einiges zu bieten: Nur gut fünf Kilometer entfernt liegt das Pfahlbauten Museum bei

Blütenpracht auf der Insel Mainau im Bodensee

Unteruhldingen und weitere acht Kilometer sind es jeweils bis zum **Kloster und Schloss Salem** (S. 73) und zu den **Bodensee-Thermen Überlingen** (S. 73 f.).

In Meersburg begeben wir uns nun aufs Wasser, und zwar mit der Fähre knapp fünf Kilometer über den sogenannten Überlinger See, den oberen Finger des Bodensees, nach Staad. Damit ist Konstanz schon fast erreicht, doch zuvor lohnt ein weiterer kleiner Abstecher – die Blumeninsel **Mainau** ist ein echtes Highlight.

Ein Highlight: Insel Mainau

Eine Million Tulpen, Hunderte Rhododendronbüsche, gut 11 000 Dahlien und eine hohe Diversität an Rosen. Mit diesen botanischen Reichtümern lockt die Insel Mainau, die wahlweise als Blumeninsel oder wärmster Ort Deutschlands firmiert. Dabei ist das Eiland mit einer Ausdehnung von 1100 mal 610 Metern beträchtlich klein, was jedoch einem Aufenthalt von wenigstens einem Tag nicht im Wege steht. Maßgeblich verantwortlich für seine Schönheit ist Graf Lennart Bernadotte (1909–2004), auf den eine recht lyrische Beschreibung der Insel zurückgeht: »Sie ist eine kokette kleine Dame, diese Mainau, die stets und ständig große Aufmerksamkeit fordert, noch mehr Liebe und vor allem unaufhörlich neue Kleider.« Der Vater des schwedischen Adligen hatte die seinerzeit verwilderte Insel geerbt und keine Verwendung dafür gehabt. So konnte der Sohn Mainau zu einem kleinen Paradies für Pflanzenfreunde umgestalten. Gut eine Million Menschen kommen heute, um über die Frühlingsallee zu flanieren, auf einer italienischen Wassertreppe herumzuscharwenzeln oder das Arboretum zu bewundern. Dabei buhlen subtropische oder gar tropische Gewächse stets um besondere Aufmerksamkeit. Eine unwahrscheinliche, aber dennoch wahre Geschichte. Infos unter https://mainau.de.

Konstanz (S. 74 f., www.konstanz-info.com) ist schon auf Grund seiner spektakulären Lage an See und Fluss ein Highlight, denn hier bahnt sich jenes Gewässer seinen Weg vom Ober- in den Untersee, das andernorts als Rhein in Erscheinung tritt. Zudem hat das mittelalterliche Stadtbild den Zweiten Weltkrieg auf wundersame Weise ohne größere Schäden überstanden. So weiß die am westlichen Ende des Bodensees gelegene Altstadt bis in unsere Zeit mit hübschen Türmchen, alpinen Arkaden und sehenswerten Giebelhäusern zu gefallen. Eigentümergeführte Geschäfte, einladende Cafés, ein lebendiges Kulturleben und der nahe Hafen runden das Bild ab.

Kaum zehn Kilometer weiter führt ein Damm auf die mit einer maximalen Ausdehnung von 1,6 mal 4,5 Kilometern größte Bodenseeinsel, nach **Reichenau** (S. 75, www.reichenau-tourismus.de). Nachdem bereits römische Siedler die Vorzüge zu schätzen wussten, ist Reichenau heute die Heimat von 3200 Einwohnern. Das Eiland ist auch als Klosterinsel bekannt. Dies sind gleichzeitig die finalen Impressionen vom Bodensee, denn die Route verlässt das Gewässer nun, um Kurs auf die Ausläufer des Schwarzwalds zu nehmen.

Unterwegs im Südschwarzwald

Donaueschingen (S. 76, www.donaueschingen.de), auf fast 700 Höhenmetern gelegen, genießt einigen Ruhm als Quellort von Europas längstem Fluss, der Donau. Die Kleinstadt (22 000 Einwohner) weiß aber auch durch imposante Bauwerke zu begeistern, darunter viele Jugendstilgebäude, das blaue Rathaus und das Fürstlich Fürstenbergische Schloss mit seinem weitläufigen Schlosspark.

Blumberg im Schwarzwald

Auf dem Weg von Konstanz nach Donaueschingen lohnt sich der Umweg von 15 Kilometern (bei Geisingen auf der L 185 gen Süden halten und später auf der B 27 wieder gen Norden), um Blumberg einen Besuch abzustatten. Ungewöhnlich: Der staatlich anerkannte Erholungsort (10 000 Einwohner) hat eine Vergangenheit als Bergbaustadt. Zu den Highlights gehören die historische Sauschwänzlebahn (https://sauschwaenzlebahn.de) und das Eisenbahnmuseum.

Es folgt der Aufstieg zum bereits 850 Meter hoch gelegenen **Titisee** (S. 77 ff.), dessen Anblick auch bei Besuchern aus fernen Landen sehr beliebt ist. Und das ist verständlich: Der tiefblaue See breitet sich, umgeben von dichten Nadelwäldern, vor der Kulisse des Feldbergs aus. Von den Ufern des Sees ist die nächste Station bei geeigneten Wetterbedingungen bereits zu sehen. Der Feldberg mit seinem 1493 Meter hohen Gipfel ist das wohl bekannteste Skigebiet Deutschlands außerhalb der Alpen.

Vorher allerdings machen wir einen Abstecher zum **Schluchsee** (S. 77 ff.). Der größte Schwarzwaldsee verdankt seine Existenz einem ehemaligen Gletscher. Heute ist er Deutschlands höchstgelegene Talsperre und einer der saubersten Badeseen des Landes. Doch nicht nur Wassersportler fühlen sich hier wohl, Wanderer können den See auf einem

Blick auf Titisee und Feldberg (im Hintergrund links)

Bootsverleih am Schluchsee

Ideal für einen Tagesausflug: die Todtnauer Wasserfälle

18 Kilometer langen Rundkurs aus allen Perspektiven bewundern.

Der **Feldberg** (S. 77 f.) selbst gestattet bei klarer Sicht einen überwältigenden Fernblick, der bis zu den Berner Alpen reicht. Der weithin sichtbare Fernmeldeturm erinnert hier oben an das Zeitalter der analogen Kommunikation. Der Feldbergpass ist mit einer Höhe von 1231 Metern bis weit ins Frühjahr hinein anfällig für winterliche Straßenverhältnisse.

An der Westflanke führt die Strecke in nur zehn Kilometern ins fast 600 Meter tiefer gelegene **Todtnau** (S. 77 ff., https://todtnau.de). Der kleine Ferienort (4300 Einwohner) bietet sich mit seiner Topographie sommers wie winters als Destination für anspruchsvolle Sportler an. Mit dem auf über 1000 Metern gelegenen **Todtnauberg** besitzt die Gemeinde ihr eigenes kleines Skigebiet, auf halbem Weg nach oben liegen die 97 Meter hohen Todtnauer Wasserfälle.

Für Freunde von Superlativen

Freunde von Superlativen sollten sich die längste Bankliege der Welt nicht entgehen lassen. Sie misst erstaunliche 44 Meter und erlaubt tolle Panoramablicke. Zu erreichen ist sie auf einem markierten Wanderweg ab Todtnauberg.

Über die **Schauinslandstraße** geht die Fahrt durch den Hochschwarzwald weiter in Richtung des gleichnamigen Gipfels, der auch als Hausberg von Freiburg im Breisgau bekannt ist. Bei schlechtem Wetter ist der Besuch des **Schauinsland** (S. 54) keinen Umweg wert und wir bewegen uns über die L 126 direkt in Richtung **Kirchzarten**, das mit seinen 9800 Einwohnern auf nur 380 Metern liegt und daher ein deutlich sanfteres Antlitz zeigt.

Haslach im Kinzigtal

Die Klosterkirche von Alpirsbach

Von der Ruine Schenkenburg bietet sich ein weiter Blick über das Kinzigtal

Vom Kinzigtal über Freudenstadt in die Landeshauptstadt

Nach intensiven Kilometern entlang des Bodensees und durch den Hochschwarzwald folgt nun ein etwas beschaulicherer Abschnitt. Über die N 294 führt die Route vorbei an den Ausläufern Freiburgs nach Waldkirch und weiter nach **Haslach im Kinzigtal**. Ab hier nimmt die Dichte an touristischen Attraktionen langsam wieder zu. Haslach selbst liegt am südlichen Zweig der Deutschen Fachwerkstraße und punktet mit seiner gut erhaltenen Altstadt. Das **Schwarzwälder Freilichtmuseum Vogtsbauernhof in Gutach** (S. 80), zehn Kilometer hinter Haslach, macht auf authentische Weise mit dem kargen Lebensstil früherer Jahrhunderte und den gängigen Trachten vertraut. Zwischen Schiltach und Schenkenzell erlaubt die **Ruine Schenkenburg** (S. 80) wildromantische Aufnahmen in Fantasy-Serien-Optik und in **Alpirsbach** (S. 80) beeindruckt das weithin bekannte Kloster mit seiner monumentalen Schlichtheit.

Gut 100 Kilometer hinter Kirchzarten ist mit **Freudenstadt** (S. 81) das nächste Etappenziel erreicht. Als Ferienstädtchen und Kneippkurort steht es seit Langem hoch im Kurs. Das 24 000-Einwohner-Städtchen scheint für jeden etwas im Angebot zu haben – sei es den größten Marktplatz Deutschlands, das historische Besucherbergwerk oder den Friedrichsturm mit seinem tollen Ausblick über die Stadt. Am wichtigsten aber bleibt die reine Natur der

Die Schwarzwaldhochstraße nach Baden-Baden

Ein Relikt aus der Gründerzeit des Tourismus – so darf die 1930 erstmals mit diesem Namen belegte Straße wohl bezeichnet werden. Angelegt wurde sie seinerzeit, um die damals zahlreich vorhandenen Luxushotels im Nordschwarzwald für die aufkommende Individualmobilität zugänglich zu machen. Damit wurde die Strecke von Baden-Baden (S. 35) nach Freudenstadt zu einer der ersten Ferienstraßen Deutschlands. Noch heute rechtfertigt die Schwarzwaldhochstraße ein oder zwei Extratage abseits der vorgeschlagenen Route – auch wenn sie ihre besten Tage hinter sich zu haben scheint. Wer die gut 60 Kilometer abfährt, passiert unter anderem den Lotharpfad, der die Folgen des gleichnamigen Orkans visualisiert. Später folgt das Naturschutzzentrum Ruhestein. Weitere Attraktionen sind der auf 1028 Metern gelegene Mumselsee, der durch seine makellos runde Form auffällt, sowie die Hornisgrinde, die mit 1164 Metern höchste Erhebung des Nordschwarzwalds. Auf dem weiteren Streckenverlauf in Richtung Baden-Baden häufen sich die noch intakten und die verblichenen Luxushotels. Beeindruckend ist bis heute das Schlosshotel Bühlerhöhe, das 1912 zunächst als Offiziersheim in Betrieb genommen wurde, um später als Kurhaus zu fungieren. Seit 2010 steht es leer. Doch keine Sorge: Spätestens in Baden-Baden lebt der Glamour bis heute fort. Infos unter www.schwarzwald-tourismus.info.

Umgebung. Und für Feinschmecker ist ein Abstecher ins nur sechs Kilometer entfernte **Baiersbronn** (S. 82, www.baiersbronn.de) Pflicht, denn die kleine Stadt (16 000 Einwohner) gilt als Gourmetkapitale Deutschlands.

Über die L 348 erreichen wir langsam die nordöstlichen Flanken des Schwarzwalds. Zuvor aber bittet noch **Calw** (S. 83, www.calw.de) zum Besuch, das sich nach seinem berühmtesten Sohn auch gern als Hermann-Hesse-Stadt ansprechen lässt. Fachwerkfreunde aufgepasst: Allein in der Innenstadt von Calw (24 000 Einwohner) buhlen rund 200 denkmalgeschützte Häuser aus dem ausklingenden 17. Jahrhundert um Aufmerksamkeit. Mit einer Entfernung von 40 Kilometern gehört das in einem Talkessel am Nagold gelegene Städtchen bereits zum erweiterten Speckgürtel Stuttgarts, dem ebenso wohlhabenden wie oftmals unterschätzten Endpunkt dieser Tour.

Die Landeshauptstadt von Baden-Württemberg ist dank Mercedes-Benz und Porsche zugleich die inoffizielle Auto-Kapitale. Trotz seiner 650 000 Einwohner galt **Stuttgart** (S. 84 f., www.stuttgart-tourist.de) lange als graue Maus unter Deutschlands Großstädten – eher betulich, ziemlich konservativ und nicht einmal

Der Stuttgarter Schlossplatz, vom Königsbau aus gesehen

Die gepflegte Altstadt von Calw

Augen- und Gaumenschmaus

auffällig schön. In der jüngeren Vergangenheit aber hat sich das Image gewandelt. Stuttgart hat den Ruf, noch eher unentdeckt und dabei schon angesagt zu sein. So im Bohnenviertel östlich der City: Antiquitätenläden, Künstlerateliers, gemütliche Cafés und urige Weinstuben zeugen hier von Charme und Geschichte gleichermaßen. Auch kulturell hat die Stadt einiges zu bieten, etwa die Staatsgalerie mit Werken von Oskar Schlemmer, Henri Matisse, Pablo Picasso, Joseph Beuys etc., das Landesmuseum Württemberg, eins der größten kulturhistorischen Museen Deutschlands, und die Unesco-Welterbestätte Weissenhofmuseum.

Gourmetkapitale: Baiersbronn bei Freudenstadt

Ein großes Pfund ist die Lage: Stuttgart befindet sich in einem Talkessel, der von beträchtlich hohen Bergen umgeben ist. Rund 20 Kilometer an Treppen ermöglichen die Überwindung der Höhenmeter. Auf Schwäbisch nennt man sie »Stäffele«. Zur Belohnung können sich Fußgänger auf prächtige Ausblicke freuen. Zu den schönsten Aussichtspunkten gehören die Karlshöhe und der Weißenburgpark. ■

SERVICE & TIPPS

Lindau – Wasserburg – Nonnenhorn – Friedrichshafen – Meersburg – Salem – Überlingen – Konstanz – Reichenau – Donaueschingen – Hinterzartener Moor –Titisee – Schluchsee – Feldberg – Todtnau – Gutach – Ruine Schenkenburg – Alpirsbach – Freudenstadt – Baiersbronn – Calw – Stuttgart

LINDAU

Neuer Leuchtturm
Hafeneinfahrt, Lindau
Wechselnde Öffnungszeiten
Eintritt € 2,10
Das 36 m hohe Bauwerk dient seit 1856 nicht nur als Erkennungszeichen, sondern auch als Wahrzeichen. Als eines der wenigen Bauwerke seiner Art verfügt der Leuchtturm über eine Uhr, die in seine Fassade eingebettet ist. 139 Stufen führen zur Aussichtsplattform. Wer dabei Verschnaufpausen benötigt, kann sich an den amüsanten Anekdoten erfreuen, mit denen die Wände ausstaffiert sind.

Mangturm
Hafenplatz 2
Lindau
Mai–Sept. Fr 18.30 Uhr
Eintritt € 10
Der quadratische Steinbau aus dem 12. Jh. war ursprünglich Teil der mittelalterlichen Stadtbefestigung. Der 20 m hohe Turm diente bis zum Bau eines Leuchtturms 1856 als Signalposten. Heute ist das formschöne Gebäude vor allem bekannt für den formidablen Ausblick, den Teilnehmer einer »Märchenstunde« nach der Bewältigung von 89 Stufen genießen.

Mini-Reportage

Altstadt

Bei nur 230 Metern Länge beansprucht die Maximilianstraße doch einen Platz unter den hübschesten Einkaufsstraßen Deutschlands. Gut erhaltene Patrizierhäuser mit markanten Giebeln und kunstvollen Wandbemalungen künden bis heute von der weit zurückreichenden Historie Lindaus, seiner Zünfte und seiner Kaufleute. Auch das Alte Rathaus, ab 1422 im gotischen Stil errichtet, und die innen mit Fresken geschmückte Peterskirche gehören auf die »Bucket List«. Infos unter www.lindau.de.

Ehemals Signalposten und heute Aussichtspunkt: der Mangturm

Weingüter auf dem Weg nach Friedrichshafen

Schmidt am Bodensee
Hattnau 62, Wasserburg
✆ (083 82) 943 21 74
www.schmidt-am-bodensee.de
Tolles Weingut mit schöner Vinothek in Premiumlage.

Winzerhof Gierer
Sonnenbichlstr. 31, Nonnenhorn
✆ (083 82) 895 81, www.winzerhof-gierer.de
Das moderne Weingut ist auf ortstypische Weine wie Müller-Thurgau und Bacchus spezialisiert, hat aber auch Spätburgunder oder Sauvignon Blanc im Angebot. Für die Region bodenständige Preise.

Restaurant

Wissingers im Schlechterbräu
In der Grub 28, Lindau
✆ (083 82) 504 27 42
https://wissingers.de
Tägl. ab 12 Uhr
Bayerische Küche in einem Gebäude aus dem 14. Jh. mit schönem Biergarten. ■

Blick über die Weinreben am Bodensee

Campingplatz

Park Camping Lindau am See
Fraunhoferstr. 20, Lindau
GPS: 47.53748, 9.73024
✆ (083 82) 722 36, http://park-camping.de
April–Okt.
Beliebte Anlage mit Zugang zum Bodensee direkt an der Grenze zu Österreich, 5 km bis zur Altstadt von Lindau.

Mini-Reportage

Zeppelin in Friedrichshafen

Der Traum vom Fliegen hat in Friedrichshafen an Kontur gewonnen. Maßgeblich verantwortlich war Ferdinand Graf von Zeppelin (1838–1917), der in den ersten Jahren des 20. Jahrhunderts den Bau des sogenannten Starrluftschiffs vorantrieb. Anfangs wurde der Adlige belächelt, doch mithilfe von unter anderem Karl Maybach (der auch als Automobilentwickler bekannt wurde) und Claude Dornier (der später Flugzeuge baute) sollte es dem Pionier gelingen, das Luftschiff zu einem vielversprechenden Verkehrsmittel zu entwickeln, das bis heute in leicht modifizierter Form am Himmel zu sehen ist. So blickt Friedrichshafen auf eine große Historie als Entwicklungsstandort für die Luftfahrt zurück. Wer beim Anblick der Luftfahrzeuge nostalgische Gefühle bekommt, ist hier am Bodensee gut aufgehoben. So gibt es einen Zeppelinpfad (www.friedrichshafen.de), der auf einer Strecke von 14 Kilometern neun ausgesuchte Wirkungsstätten des Pioniers miteinander verbindet. Außerdem bittet das Zeppelin Museum zum Besuch, das die Geschichte der Luftschiffe nachzeichnet. Auch die Werft der heutigen Produktionsstätte ist zu besichtigen und nicht zuletzt ist das Bodenseestädtchen Ausgangspunkt für Rundflüge in Zeppelinen, zum Beispiel bis zum Rheinfall bei Schaffhausen.

Zeppelin Museum Friedrichshafen GmbH
Seestr. 22, Friedrichshafen
✆ (075 41) 380 10, www.zeppelin-museum.de
Tägl. außer Mo 10–17 Uhr, Eintritt € 11/6

Deutsche Zeppelin-Reederei GmbH
ZLT Zeppelin Luftschifftechnik GmbH & Co. KG
Messestr.132, Friedrichshafen
✆ (075 41) 590 00, https://zeppelin-nt.de
Mitte März–Mitte Nov. Di und Fr 16 Uhr, vorherige Anmeldung erforderlich, Eintritt mit Führung € 9,50/5,50
Besucher können die Werft besichtigen und unterschiedliche Rundflüge mit dem Zeppelin NT unternehmen (nach Anmeldung, ab € 260 pro Person).

MEERSBURG UND UMGEBUNG

Burg/Altes Schloss
Schlossplatz 10, Meersburg
✆ (075 32) 800 00
www.meersburg.de
www.burg-meersburg.de
Tägl. 9–18.30 Uhr
Eintritt € 12,80/8
Die Meersburg erhebt sich über dem Ufer des Bodensees, ist Namenspatin des Orts und zugleich weithin sichtbares Wahrzeichen der Region. Als solches ist sie schon seit Ende des 19. Jh. für Besucher geöffnet. In mehr als 30 authentisch eingerichteten Räumen – wie Burgküche, Rittersaal und Burgverlies – lassen sich Eindrücke vom Leben im Mittelalter gewinnen. Makabrer Höhepunkt ist die Folterkammer.

Neues Schloss
Schlossplatz 12, Meersburg
✆ (075 32) 807 94 10
www.neues-schloss-meersburg.de
April–Nov. tägl. 9.30–18 Uhr, im Winter kürzer, Eintritt € 6/3
Mit seinem zartrosafarbenen Anstrich, der Rokokofassade und der grandiosen Lage am See zieht das Neue Schloss viel Aufmerksamkeit auf sich. Der Name ist leicht irreführend, denn er bezieht sich auf die alte Meersburg. Tatsächlich wurde mit dem Bau schon 1710 begonnen. Bis 1802 kamen die Fürstbischöfe von Konstanz in den Genuss des Ausblicks, der mit Fug und Recht als schwer zu übertreffen bezeichnet werden kann. Wer auf Prunk steht, darf sich den Festsaal in der Beletage nicht entgehen lassen.

Das Neue Schloss in Meersburg

Vineum
Vorburggasse 11, Meersburg
✆ (075 32) 44 02 61
www.vineum-bodensee.de
Tägl. außer Mo 11–18 Uhr
Eintritt € 8/5
Das moderne Weinerlebnishaus führt mit einer unterhaltsamen Ausstellung in die Geschichte des Rebensafts ein, der an den Ufern des Bodensees schon seit der Römerzeit gedeiht. Zum Angebot gehören auch Führungen und Weinproben.

Kloster und Schloss Salem
Salem
✆ (075 53) 916 53 36
www.salem.de
Tägl. 9.30–18 Uhr
Eintritt € 5/2,50
Der beeindruckende Gebäudekomplex ist nur 10 km von Meersburg und rund 6 km vom Bodensee entfernt und auf jeden Fall einen Umweg wert. Im 12. Jh. als Kloster gegründet ging er 1802 an den Markgrafen von Baden über. Die Familie bewohnt weiterhin einen Flügel. Die anderen Trakte sind seit 1920 Standort eines Eliteinternats. Hier haben unter anderem die Kinder von Thomas Mann und Prinz Philip von England die Schulbank gedrückt. Teile vom Schloss und die sehenswerten Gartenanlagen können im Rahmen von Führungen besichtigt werden.

Bodensee-Thermen Überlingen
Bahnhofstr. 27, Überlingen
✆ (075 51) 301 99 30
www.bodensee-therme.de
Tägl. 10–22 Uhr
Eintritt ab € 12/6,50 für 2 Std.

Erbe der Zisterzienser: Abteigebäude und Garten von Schloss Salem

Wer auf Wellness steht oder eine Badeeinheit außerhalb des Sees für angebracht hält, dürfte sich in dieser Anlage gut aufgehoben fühlen. Für die Anreise mit einem Wohnmobil wird der Reisemobilhafen am Überlinger Krankenhaus empfohlen. ■

Die Therme in Überlingen bietet ihren Gästen einen wunderschönen Blick auf den Bodensee

Campingplatz

Campingplatz Alpenblick
Strandbadstr. 13, Hagnau am Bodensee
GPS: 47.67231, 9.32719
✆ (075 32) 49 57 60
https://campingplatz-alpenblick.de
April–Okt.

5 km vor Meersburg befindet sich der beliebte Platz an einem 100 m breiten Naturstrand und neben der Badestelle Hagnau mit Spielplatz. Sehr saubere Sanitäranlagen. Das Restaurant verfügt über Terrasse und Wintergarten. Schöner Blick auf Alpen und See.

KONSTANZ UND UNTERSEE

Stadtführung »Kardinal Fillastre & das Konstanzer Konzil«
Treffpunkt: Tourist Information am Bahnhof, Konstanz
www.konstanz-tourismus.de
Ausgesuchte Termine
Ticket € 15

Motto-Stadtführungen sind en vogue, da sie das touristische mit dem historischen und kulturellen Erlebnis vereinen. Dieser empfehlenswerte Rundgang führt zurück in das Zeitalter, als Konstanz eine wichtige Rolle beim Fortbestand des Klerus spielte.

Mini-Reportage

Das Konzil

Nicht nur aufgrund seiner Einwohnerzahl von 85 000 fühlt sich Konstanz als Hauptstadt der Bodenseeregion. Nein, auch die Bedeutung in der Vergangenheit trägt dazu bei, war Konstanz doch ab 1414 Gastgeber eines vierjährigen Konzils, das die Zukunft der Katholischen Kirche zementieren sollte. Das Konzilgebäude ruht bis heute in kaum veränderter Form an den Ufern des Sees, wo es unter anderem ein Restaurant beherbergt.

Wirtshaus mit Biergarten

Constanzer Wirtshaus
Spanierstr. 3, Konstanz
✆ (075 31) 363 01 30
www.constanzer-wirtshaus.de
Tägl. 11–0 Uhr
Bodenständiges Wirtshaus mit deftiger Küche in einem ehemaligen Offizierscasino von 1899. Herrlicher Biergarten am Rheinufer.

Auf Reichenau

Kloster Reichenau
Münsterplatz 4, Reichenau
✆ (075 34) 99 50 60
www.reichenau-tourismus.de
https://benediktiner-reichenau.de, Führungen zu ausgesuchten Terminen
Das mächtige Monasterium Reichenau wurde 724 von Benediktinermönchen errichtet. Mehr als 1000 Jahre gehörte es zu den bedeutendsten Klöstern des Alpenraums. 1801 allerdings verließen die letzten Mönche die Anlage. Anders als in den meisten Fällen bedeutete dies jedoch nicht das Ende: Zunächst wurde das Kloster 2000 in die Liste des Weltkulturerbes aufgenommen und seit 2001 lebt wieder eine kleine Gruppe von Benediktinern auf der Insel. Sehenswert ist auch der 1991 nach historischem Vorbild angelegte Kräutergarten.

Eine der drei romanischen Kirchen auf Reichenau: die Basilika St. Georg in Oberzell

Winzerverein Reichenau
Münsterplatz 2 A
Reichenau
✆ (075 34) 293, www.winzerverein-reichenau.de
Mo–Fr mindestens 10–17, Sa 10–14 Uhr
Obwohl die Insel klein ist, nutzen Winzer das günstige Klima schon seit Ewigkeiten zum Weinbau. Der erste Rebstock wurde 818 gepflanzt. Direkt gegenüber dem Kloster bittet heute eine moderne Vinothek zum Besuch. Hier kann man sich den Kofferraum mit für die Region typischen Sorten wie Gutedel und Müller-Thurgau, aber auch mit ungewöhnlichen Tropfen wie Souvignier Gris vollladen. ■

Campingplätze

Camping Klausenhorn
Hornwiesenstr. 40/41, Konstanz-Dingelsdorf
GPS: 47.74617, 9.14722
✆ (075 33) 63 72, www.camping-klausenhorn.de
Mitte April–Mitte Okt.
Familiärer Platz 10 km nördlich von Konstanz auf einer kleinen Landzunge am See, umgeben von Feldern. Yogakurse, Stand-up-Paddeln, Fahrradverleih.

Campingplatz Sandseele
Zum Sandseele 1, Reichenau
GPS: 47.69888, 9.04568
✆ (075 34) 73 84
www.sandseele.de
Mitte März–Mitte Okt.
Kleiner Campingplatz auf der Insel Reichenau. Seit 1969 in Familienbesitz und mit Zugang zum Strand.

DONAUESCHINGEN

Tourist Information
Karlstr. 58, Donaueschingen
✆ (07 71) 85 72 21
www.donaueschingen.de

Fürstlich Fürstenbergisches Schloss
An der Stadtkirche
Donaueschingen
✆ (07 71) 229 67 74 80
https://haus-fuerstenberg.com, www.donaueschingen.de
Führungen zu ausgesuchten Terminen, Eintritt € 10
Das Residenzschloss aus dem Jahr 1723 wirft dank seiner historistischen Bauweise einen Blick zurück auf die bevorzugten Baustile des europäischen Hochadels. Es befindet sich bis heute im Besitz der Familie Fürstenberg.

Mini-Reportage Die Donauquelle

Eine 2800 Kilometer lange Reise ins Schwarze Meer unternimmt das Wasser, das im Schlosspark von Donaueschingen als Karstaufstoßquelle erstmals das Tageslicht erblickt. Die Tatsache, dass der Fluss dabei zehn Länder durchquert, scheint bis heute Ehrfurcht einzuflößen, denn Tag für Tag kommen unzählige Menschen, um den Quelltopf zu begutachten und dem altmodischen Brauch zu frönen, eine Münze ins Wasser zu werfen. Die Frage, ob der Quelltopf den Ruhm tatsächlich verdient, ist dagegen umstritten. Als eigentlicher Entstehungsort der Donau gilt allgemein der Zusammenfluss von Brigach und Breg etwa einen Kilometer weiter östlich. Infos unter www.donaueschingen.de/donauquelle.

Brauereigaststätte

Bräustüble
Postplatz 1–4, Donaueschingen
✆ (07 71) 36 69, www.bräustüble-donaueschingen.de
1283 erhielt Graf Heinrich I. von Fürstenberg die Landgrafenrechte und damit auch die Erlaubnis, Bier zu brauen. Seitdem ist Donaueschingen Standort der Fürstenberg Brauerei. Das Braustüble hält eine Auswahl der Fürstenberg-Biere bereit und serviert regionale deutsche Küche. Besonders schön sitzt es sich draußen. ■

Brauereimuseum der Familie Fürstenberg in der Haldenstraße

Campingplatz

Riedsee-Camping
Am Riedsee 11, Donaueschingen-Pfohren
✆ (07 71) 55 11, www.riedsee-camping.de
Ganzjährig geöffnet
Saubere Anlage am Natursee, freundliche Betreiber. Mit Kiosk, Restaurant und Strandbad. Zeitweise beeinträchtigen allerdings Seegräser und Algen das Vergnügen im Wasser.

RUND UM TITI- UND SCHLUCHSEE, FELDBERG UND TODTNAU

Naturpark Südschwarzwald

Mit einer Fläche von 3940 Quadratkilometern ist der Naturpark der zweitgrößte seiner Art in Deutschland. Entsprechend groß ist das Erholungsangebot sowohl für Aktivurlauber als auch für Müßiggänger. Dabei steht neben der Gesundheit vor allem die Nachhaltigkeit im Vordergrund. Zum Gebiet gehören mit dem Feldberg der höchste Berg des Schwarzwalds, mit dem Titi- und dem Schluchsee zwei der reizvollsten Gewässer und typische Orte wie Todtnau, Hinterzarten oder Schönau. Die Freizeitmöglichkeiten sind gewaltig: Es gibt allein erstaunliche 8300 Kilometer an einheitlich ausgeschilderten Wanderwegen.

Mini-Reportage

Bähnle-Radweg zwischen Bahnhof Neustadt und Schloss Bonndorf
Anspruchsvolle Radstrecken existieren im Schwarzwald zuhauf. Leichtere Touren sind angesichts des Höhenprofils eher die Ausnahme. Eine solche ist der Bähnle-Radweg, der auf den 27 km zwischen Bahnhof Neustadt und Schloss Bonndorf nur 127 Höhenmeter überwindet. Wie der Name verrät, liegt das Geheimnis in der Umnutzung einer ehemaligen Bahnstrecke. Streckenprofil und Beschreibung unter www.hochschwarzwald.de.

Themenwanderung Hinterzartener Moor
Zu den Besonderheiten des Schwarzwalds gehören auch vier Hochmoore, die eine sehr spezialisierte Flora und Fauna beherbergen. Eine von vier Themenwanderungen durch diese eigentümliche Welt beginnt unmittelbar am Bahnhof von Hinterzarten. Mit einer Länge von 2,5 km und ohne nennenswerte Höhenmeter ist sie leicht zu bewältigen. Im Netz steht ein PDF mit wissenswerten Infos und den weiteren Strecken zum Download bereit: www.naturpark-suedschwarzwald.de.

Unterwegs im Hinterzartener Moor

Dreiseenbahn zwischen Titisee und Seebrugg
Eine ebenso hinreißende wie entspannte Methode zur Erkundung der Region ist die Fahrt mit der Dreiseenbahn, die auf einer 19 km langen, eingleisigen Strecke zwischen Titisee und Seebrugg am Schluchsee verkehrt. Von Mai bis Oktober fahren auch die historischen Züge auf der Strecke, die ansonsten zum S-Bahnnetz des Breisgaus gehört. Infos unter www.3seenbahn.de.

Wintersport auf dem Feldberg

Sommerrodeln am Hasenhorn

Skigebiet Feldberg
www.liftverbund-feldberg.de
Mit 1493 m kann es der Feldberg nicht mit der Höhe der Alpengipfel aufnehmen, doch für den Superlativ als Dach des Schwarzwalds reicht es wohl, was sich in einem attraktiven Skigebiet mit 14 Liften und 30 km Pisten niederschlägt. Hinzu kommen 23 Loipen, die bei geeigneter Witterung bis ins fortgeschrittene Frühjahr für Freuden sorgen. Die Winternutzung freilich mindert die optischen Freuden für Wanderer und andere Sportler.

Skifahren, Wandern und Rodeln in Todtnau
17 Skilifte, lange Loipen und urige Berghütten erfüllen die Ansprüche von Wintersportlern. Über die Stübenwasenspur können Langläufer und im Sommer auch Wanderer auf einer schönen Strecke zum höchsten Feldberggipfel gelangen. Die 2,9 km lange Hasenhorn Sommerrodelbahn (https://hasenhorn-rodelbahn.de) ist eine Option für Familienspaß.

Mini-Reportage

Besucher aus aller Herren Länder auf der Jagd nach Kuckucksuhren

Schon wegen der einmaligen Kulisse stehen der Titisee und der gleichnamige Ort am Ostufer bei Reisenden hoch im Kurs und an Bord der Boote sind Menschen aus aller Herren Länder zu sehen. Der örtliche Einzelhandel fällt unterdessen durch ein erstaunlich umfangreiches Sortiment an Kuckucksuhren auf. In Geschäften wie »Brunner, Welt der 1000 Uhren« (www.cuckoo-clock.store) sind die verschiedenen Bauarten erhältlich – von mechanischen Tageswerken über sogenannte Wochenwerke bis hin zu Quarzuhren – und die Hersteller rufen Preise von bis zu 1000 Euro auf. Dafür aber bekommen die Käufer einen traditionellen Qualitätsgegenstand, der sich natürlich auch in einer hippen Stadtwohnung gut macht. Höchste Zeit für eine Renaissance der Kuckucksuhr als Zubehör für Hipster.

Schwarzwälder Kirschtorte

Nach der Kuckucksuhr noch ein Klischee gefällig? Nun, für diesen Fall wäre da ja noch die Schwarzwälder Kirschtorte, ohne die ein deutscher Konditor, der etwas auf sich hält, nicht auskommt. Die wichtigsten Zutaten für die sehr ansehnliche Komposition: ein Biskuitboden mit Schokolade, der mit Kirschwasser aromatisiert wird, eine aromatisierte Kirschfüllung, Sahne oder Buttercreme und natürlich Kirschen sowie Schokoladenraspeln als Verzierung. Trotz der eindeutigen Namensgebung ist es keineswegs gesichert, dass die Torte ihren Ursprung tatsächlich im Schwarzwald hat. Fest steht allerdings, dass die namensgebende Region ihrer wohl bekanntesten kulinarischen Errungenschaft mit einem Kirschtortenfestival huldigt. Dieses wird Ende April in Todtnauberg ausgetragen, wo Konditoren von nah und fern um den Ehrentitel der schönsten Schwarzwälder Kirschtorte streiten. Wer nicht vor Ort im Kurhaus sein kann, muss sich nicht grämen: die Website www.kirschtorte.de enthält genug Informationen für eigene Gehversuche als Tortenbäcker.

Heideggerweg in Todtnauberg
www.hochschwarzwald.de
Martin Heidegger gilt bis heute als bekanntester Einwohner von Todtnauberg. Dem Philosophen ist ein eigener Wanderweg gewidmet, der in gebührender Entfernung Blicke auf sein Wohnhaus gestattet, das sich noch immer im Besitz der Familie befindet. Der Rundweg ist 6,2 km lang.

Restaurant

Aftersteger Mühle
Talstraße 14, Todtnau
www.ksweingut.de
Fr/Sa ab 17, So ab 11.30 Uhr
Freundliches Lokal in der Nähe der Todtnauer Wasserfälle, das zum Weingut Kiefer-Seufert gehört. Die kleine Karte ist mit viel Liebe zusammengestellt. ■

Todtnauberg gestattet Blicke in die Ferne

Campingplätze

Camping Schluchsee
Gewann Zeltplatz 1, Schluchsee
GPS: 47.82429, 8.17002
✆ (076 56) 573
www.camping-schluchsee.de
Ganzjährig geöffnet
Mittelgroßer Platz an den Ufern des Sees.

Terrassencamping Sandbank
Seerundweg 9, Titisee
GPS: 47.88843, 8.14200
✆ (076 51) 972 48 48, www.camping-sandbank.de
April–Okt.
Saubere Anlage in Hanglage mit Seeblick, verteilt auf mehrere Terrassen. Im Sommer kann es eng werden.

ZWISCHEN HASLACH UND FREUDENSTADT

Kreuzgang im Kloster Alpirsbach

Schwarzwälder Freilichtmuseum Vogtsbauernhof
Gutach (Schwarzwaldbahn)
✆ (078 31) 935 60
www.vogtsbauernhof.de
April–Okt tägl. 9–18, Aug. bis 19 Uhr, Eintritt € 10/5,50
In Schwarzwaldhöfen und -häusern erfahren Besucher, wie in den letzten 600 Jahren im Schwarzwald gewohnt, gelebt und gearbeitet wurde. Hinzu kommen vielfältige Vorführungen.

Ruine Schenkenburg
Bahnhofstr. 27
Schenkenzell
https://schenkenburg.de
Jederzeit frei zugänglich
Von der zwischen 1220 und 1250 erbauten Burg stehen noch Teile des Palas, der zum Teil bis ins dritte Stockwerk erhalten ist, sowie der Stumpf des Bergfrieds.

Kloster Alpirsbach
Klosterplatz, Alpirsbach
✆ (074 44) 510 61
www.kloster-alpirsbach.de
Mai–Nov. Mo–Sa 10–17.30, So 11–17.30 Uhr, sonst kürzer
Eintritt € 7/3,50
Das beeindruckende Kloster aus dem 11. Jahrhundert liegt in einer idyllischen Talerweiterung der Kinzig. ■

Gusseiserner Herd im Schwarzwälder Freilichtmuseum Vogtsbauernhof …

… und originale Schwarzwaldhäuser, wie es sie früher gab

FREUDENSTADT UND UMGEBUNG

Entspannte Sommerstimmung auf dem Freudenstädter Marktplatz

Adventure Golf
Karl-von-Hahn-Str. 136
Freudenstadt
https://adventure-golf-freudenstadt.de
Mai–Sept. Mo–Fr 13–20, Sa/So 10–20 Uhr, sonst kürzer
Eintritt € 8/7
Berührungsängste mit dem vornehmen Golfsport? In diesem Fall könnte sich Adventure Golf als attraktive Lösung andienen: Die 18 Bahnen mit einer Länge zwischen 15 und 25 m fordern mehr Geschicklichkeit als Minigolf – und bieten dabei eine kleine Einführung in die touristischen Attraktionen der Region. Für die ganze Familie.

Nationalpark Schwarzwald

2014 ins Leben gerufen ist der Nationalpark nicht nur jung, sondern mit gut 100 Quadratkilometern auch vergleichsweise klein. Weil der Schutz der Natur oberste Prämisse ist, werden keine Attraktionen in den Vordergrund gestellt, die es abzuarbeiten gäbe. Dafür lockt der Wald auf seine ursprünglichste Manier. Ein unverzichtbares Highlight freilich ist der in Baden-Württembergs ältestem Bannwald gelegene Wildsee, der wie ein dunkles Auge in das Schönmünztal eingebettet ist. Eine 5 km lange Wanderung führt vom Nationalparkzentrum Ruhestein (25 km nordwestl. von Freudenstadt) dorthin. Wer ein Zelt mitnimmt, kann in einem von sechs Trekkingcamps nächtigen. Infos unter www.nationalpark-schwarzwald.de.

Mini-Reportage

Mini-Reportage

Gourmetrestaurants in Baiersbronn

Schon seit dem 18. Jahrhundert existieren auf den Schwarzwaldhöhen in Baiersbronn Hotels. Spätestens seit den 1990er Jahren aber darf sich das zur Gemeinde Freudenstadt zählende Städtchen auch als deutsche Feinschmeckerkapitale fühlen. Angefangen hat es im Hotel Traube Tonbach, das 1789 als Übernachtungsstätte für Handwerker und Monteure eröffnete. Exakt 203 Jahre sollte es dauern, ehe der Guide Michelin die zum Hause gehörende Schwarzwaldstube (www.traube-tonbach.de) mit drei Sternen dekorierte.

Deutlich schneller gelang dem Hotel Bareiss (www.bareiss.com) ein vergleichbarer Aufstieg: 1951 eröffnet konnte sich die Küche des gleichnamigen Restaurants 1982 einen ersten Michelin-Stern erkochen. 1984 folgte der zweite, ehe unter der Ägide von Claus-Peter Lumpp 2007 höchste Gourmet-Ehren verliehen wurden. Im Kielsog der beiden Feinschmeckertempel gelang es dem Restaurant Schlossberg im Hotel Sackmann (www.hotel-sackmann.de), einen Michelin-Stern zu erlangen.

Im Restaurant »Bareiss« kocht Claus-Peter Lumpp

Insbesondere die Schwarzwaldstube allerdings hatte zuletzt Probleme: Zunächst musste der langjährige Küchenchef Harald Wohlfahrt, unter dessen Führung das Haus 25 Mal in Folge die höchste Auszeichnung erhielt, seinen Hut nehmen. 2020 schließlich brannte die ehrwürdige Stube aus, doch inzwischen steht das temporaire als vorübergehende Heimstatt der Stube fast an selber Stelle.

Torsten Michel hat 2017 die Küchenleitung der Schwarzwaldstube übernommen und erfolgreich die drei Michelin-Sterne verteidigt

Barfußpark
Silberwaldstr., Dornstetten
(9 km östl. von Freudenstadt)
www.barfusspark.de
Sie wissen nicht, was so ein Kneippkurort eigentlich ist? Dann ab in den Barfußpark, wo ein 2,4 km langer Parcours den Besucher mit dem wohltuenden Effekt von Bädern unterschiedlicher Temperatur bekannt macht. ■

Im Barfußpark fühlt man mit den Füßen

Campingplatz

Naturcamping Langenwald
Straßburger Str. 167, Freudenstadt
GPS: 48.45819, 8.37502
✆ (074 41) 28 62, https://camping-langenwald.de

April–Okt.
Liebevoll betriebener Campingplatz in der freien Natur mit solarbeheiztem Schwimmbad und anderen Annehmlichkeiten.

Hermann Hesse in Calw

Die Romane »Steppenwolf«, »Glasperlenspiel« oder »Narziß und Goldmund« gehören unumstritten zum Kanon der Weltliteratur. Ihr Autor Hermann Hesse hat am 2. Juli 1877 in Calw das Licht der Welt erblickt. Obwohl ihn seine Karriere als Dichter, Denker, Systemkritiker und Widerstandskämpfer bald in ferne Gefilde führte, blieb der spätere Literaturnobelpreisträger (1946) seiner Heimatstadt gedanklich treu. Er bezeichnete Calw als »schönste Stadt von allen, die ich kenne«. Der so gepriesene Geburtsort bedankte sich 28 Jahre nach Hesses Tod (1962) mit der Einrichtung eines Museums. Es befindet sich im Geburtshaus am Marktplatz, das zugleich ein Musterbeispiel für das örtliche Fachwerk darstellt. Das Hermann Hesse Museum ist für Anhänger des Schriftstellers natürlich ein Muss, zumal es von dessen Herausgeber beim Suhrkamp-Verlag konzipiert wurde. Es gewährt Einblicke in Briefe und Ausgaben, aber auch in die verschiedenen Lebensphasen. Wer sich anschließend noch in Hesses Calw umsehen möchte, findet vor Ort einen Flyer mit diversen Stationen.

Herrmann-Hesse-Statue mit dem Titel »Zwischen Verweilen und Aufbruch« von Kurt Tassotti an der Nikolausbrücke

Hermann Hesse Museum
Marktplatz 30, Calw
www.calw.de/Hermann-Hesse-Museum
Neueröffnung nach Renovierung im Frühjahr 2023

STUTTGART

Bohnenviertel
www.stuttgart-tourist.de/a-bohnenviertel-stuttgart
Angesagtes Viertel mit kleinen Läden und Ateliers.

Auf der Jagd nach kostbaren Antiquitäten ist man im Bohnenviertel richtig

TOP 5 Stuttgart

Altes Schloss
Schillerplatz 6
✆ (07 11) 89 53 51 11, www.landesmuseum-stuttgart.de
Di/Mi 10–17, Do 10–21, Fr–So 10–18 Uhr, Eintritt € 14/10,50
Repräsentativer Prunkbau mit Württembergischen Landesmuseum.

Cannstatter Wasen
Festgelände am Neckar, Stuttgart-Bad Cannstatt
www.cannstatter-volksfest.de
Ende Sept./Anfang Okt.
Nach dem Oktoberfest das zweitgrößte Volksfest des Landes.

Staatsgalerie
Konrad-Adenauer-Str. 30–32
✆ (07 11) 47 04 02 50, www.staatsgalerie.de
Tägl. außer Mo 10–17, Do bis 20 Uhr, Eintritt € 7/5
Großmeister der Moderne.

Porsche-Museum
Porscheplatz 1
✆ 0800-356 09 11, www.porsche.com
Tägl. außer Mo 9–18 Uhr, Eintritt € 10/5
Formschöne Sportwagen in elaborierter Architektur.

Mercedes-Benz-Museum
Mercedesstr. 100
✆ (07 11) 173 00 00, www.mercedes-benz.com
Tägl. außer Mo 9–18 Uhr, Eintritt 10/5 €
1500 Exponate zur Geschichte des Automobils seit 1886.

Aussichtspunkte
Karlshöhe mit dem Biergarten Tschechen und Söhne
www.biergarten-karlshoehe.com
Weißenburgpark mit Teehaus
www.teehaus-stuttgart.de

Stadtbibliothek
Mailänder Platz 1, Stuttgart
✆ (07 11) 21 69 11 00
www1.stuttgart.de/stadtbibliothek
Tägl. außer So 10–21 Uhr
Ein architektonisches Fanal in direkter Nähe zum Hauptbahnhof: Die neue Stadtbibliothek stammt aus dem Atelier des Koreaners Eun Young Yi, der einen von außen betrachtet eher schnöden Würfel errichtet hat. Von innen aber ist der konsequent weiße Bau eine Augenweide. Mit Dachterrasse und Café.

Prototypen im Stuttgarter Mercedes-Benz-Museum

Weißenhofsiedlung am Killesberg in Stuttgart

Gemütlich speisen im Außenbereich der Weinstube Fröhlich

Weissenhofmuseum
Rathenaustr. 1
Stuttgart
✆ (07 11) 257 91 87
www.weissenhofmuseum.de
Di–Do 11–18, Fr–So 10–18 Uhr
Eintritt € 5/2
1927 wurde das im Norden der Stadt gelegene Areal zu einer Spielwiese für Architekten, die ihre Vision für das Wohnen der Zukunft realisieren durften. Als Kurator konnte Ludwig Mies van der Rohe 17 »charakteristischste Vertreter der modernen Bewegung« aus fünf Ländern für das Projekt begeistern. Die beiden Entwürfe von Le Corbusier gehören zum Weltkulturerbe, in einem davon befindet sich das Weissenhofmuseum.

Frühstück & Tapas

Hüftengold
Olgastr. 44, Stuttgart
✆ (07 11) 248 69 88
https://hueftengold.de
Tägl. ab 8, Sa/So ab 10 Uhr
Premiumadresse für das beste Frühstück der Stadt, abends Tapas.

Restaurants

Stäffele
Buschlestr. 2 A/B, Stuttgart
✆ (07 11) 66 41 90
www.staeffele.de, Mo–Fr ab 11.30, Sa/So ab 18 Uhr
Schwäbische Spezialitäten in alpinem Ambiente. Diese Stuttgarter Institution vereint fünf Lokale unter einem Dach.

Weinstube Fröhlich
Leonhardstr. 5, Stuttgart
✆ (07 11) 24 24 71
www.weinstube-froehlich.de
Di–Sa ab 17.30 Uhr
Traditionsreiches Haus, das seit seiner Eröffnung 1963 nichts von seiner Gemütlichkeit eingebüßt hat. Die gehobenen regionalen Gerichte kommen bei geeignetem Wetter auch im hauseigenen Garten auf den Tisch. ■

Campingplatz

Campingplatz Cannstatter Wasen
Mercedesstr. 40, Stuttgart
GPS: 48.79432, 9.22042
✆ (07 11) 55 66 96, www.campingplatz-stuttgart.de

Ganzjährig geöffnet
Günstige Lage am Neckar mit City, Stadion und Automuseen in Reichweite. Dafür der begrenzte Charme eines Stadtcampingplatzes.

Schleife durch Baden-Württemberg

Vom Ostufer des Bodensees entlang der Nordküste bis zu den lieblichen Inseln und ins historische Konstanz. Das ist der verheißungsvolle Auftakt dieser Strecke, die zwar in Bayern beginnt, aber schon nach wenigen Kilometern nur noch durch Baden-Württemberg führt. Auf dem Weg in den Schwarzwald fällt der Blick regelmäßig auf die Alpen. Wer in Deutschlands Vorzeigemittelgebirge angekommen ist, kann sich an den Flanken des fast 1500 Meter hohen Feldbergs »austoben«. Alternativ locken herrliche Bergseen mit den entsprechenden Freizeitmöglichkeiten. Nach einem Intermezzo in der Feinschmeckerhochburg Baiersbronn führt die Strecke über die Hesse-Stadt Calw weiter nach Stuttgart. Die lange als verschlafen verrufene Landeshauptstadt hat sich zu einer abwechslungsreichen Metropole gemausert, die noch dazu von Bergen umgeben ist.

1 Lindau: Hafenstadt am Bodensee

Ein historischer und sehr malerischer Stadtkern, der sich auf einer Bodenseeinsel befindet. Eine grandios inszenierte Hafeneinfahrt und dazu im Hintergrund sehr dekorativ die Alpen. Mit diesem Portfolio lockt das in Südwestbayern gelegene Städtchen.

2 Meersburg: Prachtschloss im Weinberg

Kleine Stadt ganz groß: Diese Beschreibung trifft auf Meersburg uneingeschränkt zu. Das Neue Schloss besticht durch seine grandiose Lage mit Blick auf den Bodensee. Rund um den Ort gedeiht der Wein – und am Seeufer wartet die Fähre nach Konstanz.

3 Mainau: Mediterran mild

Mainau ist als Blumeninsel bekannt – und das völlig zu Recht: Das im Bodensee gelegene Eiland besticht durch die wärmsten Temperaturen des Landes, was eine fast schon mediterrane Vegetation begünstigt, die in herrlichen Parks gepflegt wird.

4 Konstanz: Einladende Bodensee-Kapitale

Vom Obersee bahnt sich das Wasser des Rheins bei Konstanz seinen Weg in den Untersee. Diese strategisch bedeutende Lage hat schon im frühen Mittelalter zum Bau einer prosperierenden Stadt geführt – heute erfreut die Konstanzer Altstadt.

To See Before You Die®

5 Reichenau: Fruchtbare Klosterinsel

Die im Untersee gelegene Insel gilt als außergewöhnlich fruchtbar. Neben Wein und Gemüse gedieh hier schon früh das geistige Leben, dem das Eiland im 8. Jahrhundert die Gründung eines Klosters verdankt, das heute zum Weltkulturerbe zählt.

6 Titisee: Schwarzwälder Originale

Besucher aus aller Welt kommen an den Titisee, um auf dem Gewässer zu rudern, den Ausblick auf den Feldberg zu genießen – oder sich vor Ort mit den Geheimnissen der Kuckucksuhr vertraut zu machen. Eine interessante Mischung.

7 Baiersbronn: Hochburg der Feinschmecker

Mit der Schwarzwaldstube im Hotel Traube Tonbach und dem Restaurant Bareiss besitzt das kleine Baiersbronn gleich zwei Restaurants mit drei Michelin-Sternen. Eine in Deutschland einzigartige Versuchung für Gourmets mit dickem Geldbeutel.

8 Calw: Die Heimat Hermann Hesses

Mit Hermann Hesse stammt einer der bedeutendsten Literaten aus dem Städtchen Calw. Wer vor Ort zwischen den Fachwerkhäusern umherspaziert, kann sich vorstellen, warum der Nobelpreisträger seiner Heimat zumindest geistig stets die Treue gehalten hat.

9 Stuttgart: Autos »Made in Germany«

Motorisierte Kraftprotze aus Baden-Württemberg sind überall in der Welt begehrt. Das Mercedes-Benz-Museum zeichnet die Historie der exklusiven Marke anhand von 1500 Exponaten nach, die in einer eleganten Umgebung inszeniert werden.

10 Stuttgart: Ein Fanal der Moderne

Von Walter Gropius über Le Corbusier bis zu Mies van der Rohe haben die großen Architekten der Moderne in der am Rande von Stuttgart gelegenen Weissenhofsiedlung ihre Vorstellungen von zeitgenössischem Wohnen realisiert.

ROUTE 3

ENTLANG DER DEUTSCHEN ALPEN

STERNSTUNDEN IM ALPENVORLAND (ETWA 460 KM)

Lindau – Scheidegg – Oberstaufen – Großer Alpsee – Immenstadt (– Oberstdorf) – Bad Hindelang – Pfronten – Weißensee – Füssen – Schlösser Neuschwanstein und Hohenschwangau – Oberammergau – Garmisch-Partenkirchen – Mittenwald – Walchensee – Kloster Benediktbeuern – Bad Tölz – Tegernsee – Chiemsee – Reit im Winkl – Bad Reichenhall – Nationalpark Berchtesgaden mit Berchtesgaden und Königssee

Mit dem Fahrrad am Alpsee entlang

Mit dem Wohnmobil in den Alpen

In Serpentinen schlängelt sich die Alpenstraße B 308 Richtung Scheidegg

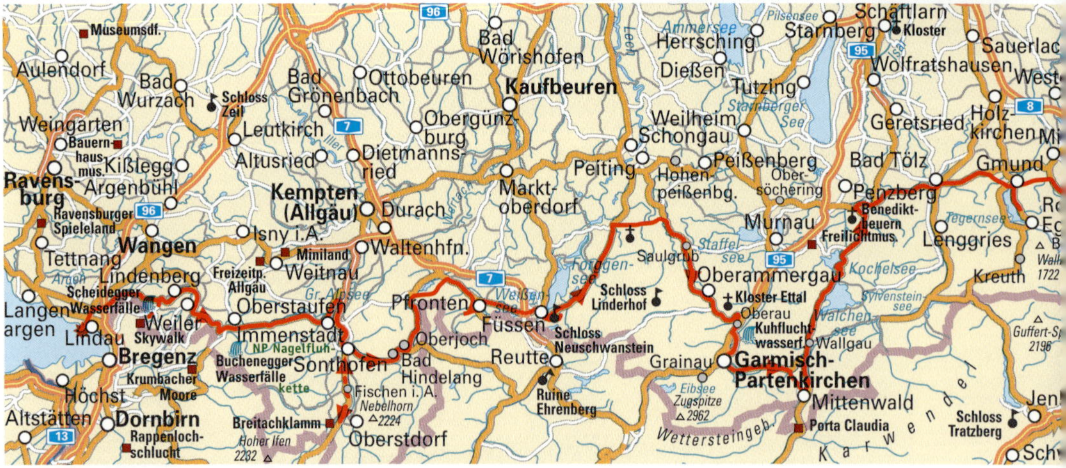

ENTLANG DER DEUTSCHEN ALPEN

STERNSTUNDEN IM ALPENVORLAND

Lindau ist nicht nur für einen Trip in Richtung Westen ein vorzüglicher Ausgangspunkt. Nein, auch ein Roadtrip entlang der bayerischen Alpen kann in dem kleinen Paradies am Bodensee starten. Die Route ähnelt der Deutschen Alpenstraße, die jedoch eher auf die Bedürfnisse von Cabrio-Spaßfahrern zugeschnitten ist, während sich die vorliegende Variante an den Präferenzen von Wohnmobilnutzern orientiert – Straßen mit weniger Serpentinen und eine Strecke, die an allen wichtigen Sehenswürdigkeiten sowie viel Natur vorbeiführt.

Nach dem Start in **Lindau** (S. 70 f., www.lindau.de) am lieblichen Bodensee gelangen wir direkt in alpinere Gefilde: Über die B 308 geht es in Richtung Scheidegg und schon nach wenigen Kilometern warten die ersten Serpentinen, die durch dicht bewaldetes Gebiet zu den viel fotografierten **Scheidegger Wasserfällen** (S. 102) führen. Ein Zwischenstopp in der hiesigen **Rohrachschlucht**, die in die Liste der hundert schönsten Geotope Bayerns gewählt wurde, lohnt schon allein wegen der wildromantischen Flusslandschaft. Der kleine Kneipp- und Heilklimatische Kurort **Scheidegg** (S. 102, 4300 Einwohner) selbst bezeichnet sich gern als »Sonnenterrasse«.

Skywalk Allgäu: ein Erlebnis

Von Scheidegg aus bietet sich mit dem Skywalk Allgäu eine naturnahe Erlebnissehenswürdigkeit an: Ein Baumwipfelpfad erlaubt die Erkundung heimischer Wälder aus unbekannten Perspektiven. Dabei eröffnet sich ein Rundblick, der nicht nur Flachländer entzückt.

Skywalk Allgäu Naturerlebnispark
Oberschwenden 25, Scheidegg (ca. 5 km vom Ort selbst entfernt)
✆ (083 81) 896 18 00, www.skywalk-allgaeu.de
Ende März–Anfang Nov. tägl. 10–18 Uhr
Eintritt € 12/9,50 (Parken € 3,50)

Mini-Reportage

Naturpark Nagelfluhkette

Nie gehört von der Nagelfluhkette? Das kann sein, denn im Grunde handelt es sich um einen Oberbegriff für drei parallel verlaufende Schichtkämme mit Höhen zwischen 1491 und 1834 Metern. Südlich von Oberstaufen firmiert unter diesem Namen seit 2014 zugleich der erste grenzüberschreitende deutsch-österreichische Naturpark. Tatsächlich hat sich die Natur bei der Gestaltung einiges einfallen lassen: Bergwälder grenzen an Alpflächen, ganz in der Nähe wechseln sich Moore und Feuchtwiesen ab, während sich andernorts Schluchtwälder an Bäche schmiegen. Der noch neue Status als Naturpark leistet einen wichtigen Beitrag dazu, das Areal durch ein gut gepflegtes Wanderwegenetz für Besucher zugänglich und erlebbar zu machen. Zu den Highlights gehören die Buchenegger Wasserfälle und die Krumbacher Moore, die allein 52 geschützte Arten beherbergen. Wer die Gegend besser kennenlernen möchte, kann zum Beispiel den 16 Kilometer langen Balderschwanger Zeitweg in Angriff nehmen, der dank der familiengerechten Infotafeln auch pädagogischen Wert besitzt. Infos unter https://nagelfluhkette.info.

Hier, auf mehr als 800 Metern Höhe, versuchen allerdings auch einige wenig nachhaltige Attraktionen wie ein Reptilienzoo ein paar Euro abzugreifen.

Nächste Station ist **Oberstaufen**. Der altehrwürdige Urlaubsort besitzt schon seit 1453 Marktrecht und darf sich seit Ende des 19. Jahrhunderts auch als Luftkurort bezeichnen. Und wo wir schon beim Thema sind: Oberstaufen ist Deutschlands einziger zertifizierter Schrothkurort – diese Kur ist ein anerkanntes Heilverfahren, das auf Trink- und Trockentagen basiert.

Wassersport im Allgäu

Die Route nähert sich nun dem **Großen Alpsee** (S. 103 f.), dessen Umfang von acht Kilometern zwar Raum gibt für einen rund 11 Kilometer langen, schönen Uferweg zum Spazieren und Joggen, jedoch nicht auf ein

wirklich »großes« Gewässer hindeutet. Das Rätsel löst sich nur einen Steinwurf weiter auf, denn kurz vor Immenstadt liegt der ebenfalls von der Konstanzer Ach gespeiste Kleine Alpsee. Das Areal bietet in seiner Gesamtheit vielseitige Freizeitmöglichkeiten zu Lande, im Wasser und in der Luft.

Immenstadt (S. 103 f., 15 000 Einwohner) selbst sticht unter den vielen beliebten Ferienorten des Alpenvorlands nicht nur durch seine Lage am Großen Alpsee hervor, sondern verfügt als Residenzstadt auch über ein ansehnliches Stadtschloss. Zudem ist der historisch gewachsene Stadtkern mit vielen aufwendig gestalteten Brunnen und Plätzen gesegnet.

Der smaragdgrüne Alpsee – der liebste Badesee von König Ludwig II.

Dick eingepackt: Bei der Schrothkur ist Wärme besonders wichtig

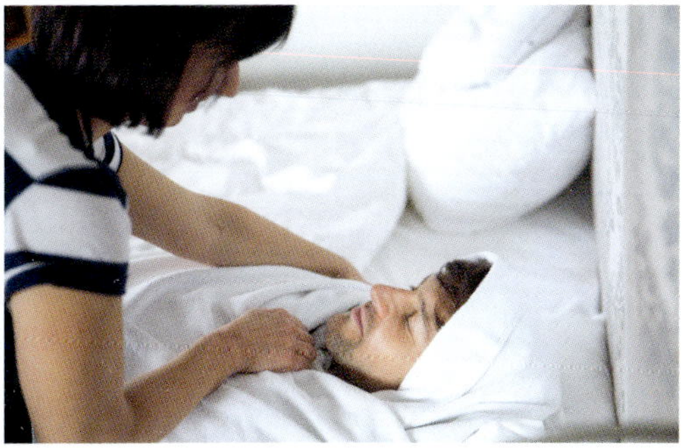

Das Stadtschloss von Immenstadt stammt aus dem 16. Jahrhundert

Bekannte Wintersportorte

Nur zehn Kilometer südlich liegt Sonthofen und hier hat man die Wahl: Wer Land gewinnen möchte oder gerade eine fahrerische Herausforderung sucht, fährt zügig in Richtung Osten. Wer im »Slow-Travel-Modus« unterwegs ist, macht einen Abstecher nach **Oberstdorf**.

Abstecher nach Oberstdorf

Landesweit ist Oberstdorf bekannt für seine Skisprungschanze, die am vorletzten Tag des Jahres Sehnsucht nach Winter weckt. Doch auch ohne verschneite Landschaften hat Deutschlands südlichste Gemeinde (9700 Einwohner) einige Argumente für einen Besuch in petto: Das 2224 Meter hohe Nebelhorn (www.ok-bergbahnen.com) drängt sich für Expeditionen in die Allgäuer Hochalpen geradezu auf. Auch nimmt hier oben die mit siebeneinhalb Kilometern längste Talabfahrt des Landes ihren Lauf. Im Sommer ist derweil der Hindelanger Klettersteig eine verlässliche Herausforderung für geübte Bergsteiger. Wer das schlichte Wandern bevorzugt, findet hier ein Netz von 200 Kilometern gut ausgeschilderter Wege mit unterschiedlichem Anspruchsprofil. Eine Besonderheit ist zudem die Bundesstraße 19, die ins österreichische Kleinwalsertal führt. Dort bildet die Gemeinde Mittenberg eine sogenannte funktionelle Exklave: Aufgrund der umliegenden Gebirgsmassive ist das Tal nur über Bayern mit dem Auto erreichbar. Schwer zugänglich ist auch das Haldenwanger Eck: Die südlichste Stelle Deutschlands befindet sich 17 Kilometer südwestlich des Ortskerns von Oberstdorf auf 1931 Metern Höhe und ist nur im Rahmen einer Bergtour erreichbar. Wer es auf seiner persönlichen »Bucket List« abhaken möchte, muss also hart arbeiten.

Sonnenuntergang in den Bergen bei Bad Hindelang

»Slow Travel als Idealzustand«

Es folgt der Ferienort **Bad Hindelang**, der nicht nur Heilklimatischer Kurort und Kneippheilbad ist, sondern auch als Portal zum **Oberjochpass** dient. Zwar flößt im internationalen Vergleich weder die Höhendifferenz von 300 Metern noch die Passhöhe von 1178 Metern Ehrfurcht ein, doch die schiere Zahl von 106 Kurven taugt sehr wohl für ein Erlebnis von bleibendem Wert.

Im Ort Oberjoch trennen wir uns von der B 308, die ins Tannheimer Tal und damit nach Österreich hineinführt, um nun auf der B 310 parallel zum Flüsschen Wertach in den gleichnamigen Ort zu fahren. Von dort geht es östlich vorbei am Grüntensee zum Luftkurort Nesselwang und dann nach **Pfronten** (S. 104 f., www.pfronten.de), einer weiteren Wintersporthochburg, in der bis 1987 sogar Ski-Weltcup-Rennen ausgetragen wurden. Im Sommer dient der Ort als Ausgangsbasis für avancierte Outdoor-Aktivitäten in der Allgäuer und Tiroler Bergwelt. Hochalpine Gipfel wie der Breitenberg (1838 m) und der Aggenstein (1986 m) bilden einen reizvollen Kontrast zum offenen Voralpenland. Wanderer können hier in die Wandertrilogie Allgäu einsteigen, ein Netz aus 800 Kilometern gut ausgebauten Wegen, das vor allem zu mehrtägigen Wanderungen animiert.

Seeidylle und Märchenschloss

Auf der Weiterfahrt passieren wir den idyllischen **Weißensee** (mit Liegewiese in der Nordwestecke) und nun geht es nicht mehr ausschließlich um den Zauber der Alpen. Nein, tatsächlich nimmt die Vorfreude auf ein Bauwerk zu, dessen Existenz auch aus heutiger Sicht ziemlich unwahrscheinlich ist: Schloss Neuschwanstein. Doch zuvor steht noch eine Stippvisite in **Füssen** (S. 106, www.fuessen.de) auf dem Programm. Die höchstgelegene Stadt Bayerns (15 000 Einwohner) befindet sich auf 808 Metern und ist bekannt für das Hohe Schloss sowie seine privilegierte Lage am Lech mit Blick auf die Berge zwischen Forggensee, Weißensee, Hopfensee und Bannwaldsee. Das Gros der Touristen freilich kommt, um sich die nahe gelegenen **Schlösser Neuschwanstein** (S. 96) und **Hohenschwangau** anzusehen.

Mini-Reportage

Schloss Neuschwanstein

Noch vor dem Kölner Dom oder dem Brandenburger Tor dürfte Schloss Neuschwanstein das bekannteste Bauwerk Deutschlands sein, wobei diese Berühmtheit besondere Facetten zeigt. Sehr auffällig ist, dass es überwiegend Urlauber aus fernen Ländern sind, die sich vom Märchenschloss Ludwigs II. (1845–1886) angezogen fühlen. Innerhalb Deutschlands hingegen hält sich das Interesse in Grenzen: In einem Land, in dem ungezählte mittelalterliche Schlösser, Burgen oder deren Ruinen bis in die Gegenwart überlebt haben, vermag ein historisierendes Märchenschloss mit unbestreitbar kitschigen Bauelementen schlichtweg keine Massenhysterie auszulösen. Anders in den USA, wo der Bau als Vorlage für die Schlösser in den Themenparks von Disney gedient hat. Zudem hat Andy Warhol das vor der Kulisse der Alpen postierte Schloss in einem Print zum idealtypischen Bild Deutschlands erhoben. Beides hat dazu geführt, dass vor allem wenig informierte Touristen aus Amerika, Asien oder den arabischen Ländern Neuschwanstein verklären. Kunsthistoriker beschreiben den Baustil eher abfällig als »romantischen Eklektizismus« oder »Historismus«, während eineinhalb Millionen Besucher pro Jahr ihre eigene Sprache sprechen. Bleibt abzuwarten, ob das für die angestrebte Aufnahme der sogenannten »Ludwig-Schlösser« (Neuschwanstein, Linderhof und Herrenchiemsee) in die Liste des Weltkulturerbes der UNESCO genügt.

Schloss Neuschwanstein
Alpseestr. 12, 87645 Hohenschwangau
✆ (083 62) 93 08 30
www.ticket-center-hohenschwangau.de
www.neuschwanstein.de
Tägl. 9–18 Uhr, Eintritt € 15

Einmal um die Ammergauer Alpen herum

Unsere Tour führt nun in Richtung des mächtigen Ammergebirges, doch wir umfahren den auch als Ammergauer Alpen bekannten Gebirgszug in einem weiten Bogen, der sich bei **Oberammergau** schließt. Der Ort (knapp 6000 Einwohner) ist vor allem für seine alle zehn Jahre stattfindenden Passionsspiele bekannt (www.passionsspiele-oberammergau.de). Diese wurden 1634 ursprünglich ins Leben gerufen, um den Opfern eines Pestausbruchs zu gedenken.

Seit dem 17. Jahrhundert werden in Oberammergau die Passionsspiele aufgeführt

Die Kuhfluchtwasserfälle auf dem Weg nach Garmisch-Partenkirchen

Gut, die reine Wassermenge kann nicht mit den Niagarafällen mithalten, doch die Kuhfluchtwasserfälle zwischen Oberammergau und Garmisch-Partenkirchen wissen auf ihre Weise zu beeindrucken: Mit einer Fallhöhe von 270 Metern, die auf drei Stufen verteilt sind, gehören sie zu den höchsten Deutschlands. Von einem kleinen Parkplatz in Mühldörfel (GPS: 47.53006, 11.11999) führt ein Wanderweg in gut 25 Minuten zu den Wasserfällen. Unterwegs wartet für geschundene Füße eine Kneippstation. Infos unter www.kuhflucht-wasserfaelle.de.

Noch mehr Berge und Seen

Die Höhepunkte reihen sich weiterhin in dichter Abfolge aneinander. Der nächste Stopp ist mit **Garmisch-Partenkirchen** (S. 107 f., www.gapa.de) Deutschlands neben Oberstdorf bekanntester Wintersportort. Der Zusammenschluss aus ursprünglich zwei Orten verdankt einen Großteil seines internationalen Ruhms der Austragung der Olympischen Winterspiele von 1936, der Kandahar-Abfahrt und der Skisprungschanze, auf der Hasardeure um Ehrentitel streiten, während der Rest des Landes seinen Neujahrskater kuriert.

Glamourös! Mondän! Schick! Unerreicht! Zur Beschreibung von Garmisch-Partenkirchen verwendet man gern kräftige Adjektive. Tatsächlich ist Deutschlands Vorzeigeferienort in

Die Olympiaschanze in Garmisch-Partenkirchen

den Alpen mit vielen Superlativen gesegnet. Am offensichtlichsten ist die Lage zu Füßen der **Zugspitze** (S. 108), dicht gefolgt von herrlichen Wanderungen und spektakulären Attraktionen, die wahlweise von Menschenhand – etwa die Aussichtsplattform an der Alpspitzbahn – oder wie die Partnachklamm von der Natur geschaffen sind. Argumente satt für einen ausführlichen Aufenthalt.

Keine 20 Kilometer weiter lockt mit **Mittenwald** die nächste Attraktion. Der von imposanten Bergen umgebene Ort (8000 Einwohner) liegt auf über 900 Metern und darf sich deshalb Deutschlands höchstgelegener Luftkurort nennen. Der Karwendel (2749 m) und der gleichnamige Naturpark (www.karwendel.org) bilden die Hintergrundkulisse zum historischen Ortsbild, das viele Einflüsse aus dem nahen Tirol aufweist. Kurioses Alleinstellungsmerkmal ist Mittenwalds lange Geschichte als Zentrum des Geigenbaus, was in einem eigens zu diesem Zweck eingerichteten Museum (www.geigenbaumuseum-mittenwald.de) dokumentiert ist.

Panoramarundweg im Karwendelgebirge

Campingplatz unmittelbar am Walchensee

Unterwegs zwischen Kochelsee und Bad Tölz: Kloster Benediktbeuern

Die beeindruckende Klosteranlage aus dem 8. Jahrhundert wurde von Benediktinern errichtet, heute wird sie von den Salesianern Don Boscos betrieben. Wer mag, kann hier eine längere Auszeit nehmen.

Kloster Benediktbeuern
Don-Bosco-Str. 1, Benediktbeuern
✆ (088 57) 880, www.kloster-benediktbeuern.de

Blick vom Herzogstand auf Kochel- und Walchensee

Im weiteren Verlauf der Strecke steht mit dem **Walchensee** abermals ein Gewässer im Blickpunkt. Mit einer Tiefe von 190 Metern und einem Umfang von 27 Kilometern gehört er zu den größten Alpenseen des Landes. Ein Sehnsuchtsort, der dank der Herzogstandbahn (www.herzogstandbahn.de) noch an Attraktivität gewinnt. Unnötig zu erwähnen, das oben neben einem sensationellen Ausblick abermals eine gut kuratierte Auswahl an Wanderwegen wartet.

Herausforderung am Steuer: der Kesselbergpass

Eigentlich wäre es nach all der Pracht nun mal an der Zeit für etwas Hässliches, doch nach dem fahrerisch anspruchsvollen **Kesselbergpass** und dem **Kochelsee** sowie dem **Kloster Benediktbeuern** mag auch **Bad Tölz** (www.bad-toelz.de) nicht damit aufwarten. Bei nur 50 Kilometern Entfernung zur bayerischen Kapitale ist das Städtchen (18000 Einwohner) fast so etwas wie ein schmucker Vorort Münchens. Die wunderbar erhaltene Altstadt und die Lage an der Isar mit den Bergen im Hintergrund machen Bad Tölz recht unwiderstehlich.

Auch im weiteren Verlauf glänzt die Route mit immer neuen Highlights, denn nicht lange und der **Tegernsee** (S. 109, www.tegernsee.com) buhlt um die Gunst der Besucher. Idyllische Dörfer mit malerischen Zwiebeltürmen, luxuriöse Domizile und dazu die Faszination des permanenten Wechselspiels zwischen See und den oft schneebedeckten Bergen im Hintergrund – diese Kombination macht den Tegernsee zu einer der begehrtesten Wohn- und Ferienregionen des Landes. Wer es an die Ufer des grob gesagt sechs mal zwei Kilometer großen Gewässers geschafft hat, der hat es zu etwas gebracht. Doch keine Angst: Auch Camper sind willkommen.

The Notwist

Bayerische Volksmusik in allen Ehren, aber zum Vanlife der Gegenwart passen Blashornklänge und Volksweisen nicht wirklich. Auf tolle Musik aus der Region müssen Reisende dennoch nicht verzichten, stammt doch mit The Notwist Deutschlands seit Jahrzehnten verlässlichste Indie-Band aus Weilheim in Oberbayern. Diese fünf Songs der Brüder Markus und Micha Acher eignen sich perfekt zum Kennenlernen des umfangreichen Gesamtwerks:

»Pilots« (»Neon Golden«, 2002)
»Pick up the Phone« (»Neon Golden«, 2002)
»Ship« (Single, 2020)
»Run, Run, Run« (gleichnamige EP, 2014)
»Kong« (»Close to the Glass«, 2014)

Vorbei am ebenfalls sehr fotogenen und badetauglichen **Schliersee** geht der Weg nach **Bayrischzell** (1600 Einwohner), wo uns der 1123 Meter hohe **Sudelfeldpass** in das gleichnamige Skigebiet (www.sudelfeld.de) führt. Die bislang so erfolgreiche Dramaturgie der Reise verlangt nun mal wieder nach einem Wasserfall – und der taucht an der Ostflanke auf, und zwar in Gestalt der **Tatzlwurmfälle** (www.tourismus-oberaudorf.de).

Von hier aus ist es nicht mehr weit bis zum **Chiemsee** (S. 110 f., www.chiemsee-alpenland.de), der zusammen mit seinem direkten Umland genügend Stoff für einen ganzen Urlaub parat hält. Der größte See Bayerns und der drittgrößte Deutschlands bietet mit seiner 64 Kilometer langen Uferlinie und den drei völlig unterschiedlichen Inseln Herren-, Frauen- und Krautinsel enorm viele Möglichkeiten zur Erkundung. Besonders berühmt ist das Schloss Herrenchiemsee.

Nach einer kurvigen Strecke erreichen wir mit **Reit im Winkl** einen weiteren von der Natur gesegneten Flecken. Das idyllische

Wanderer am Gipfelkreuz des Watzmanns im Nationalpark Berchtesgaden

Bergdorf liegt in einem weiten Tal mit Blick auf die Gipfel des Wilden und Zahmen Kaiser. Hier bietet sich eine gute Gelegenheit, mal auf andere Weise mit der Alpennatur in Kontakt zu treten: Im örtlichen Barfußpark können Besucher vom feuchten Waldboden bis zum weichen Moos Natur erspüren (www.reitimwinkl.de).

Vorbei an der Biathlon-Hochburg **Ruhpolding** erreichen wir die Salzstadt **Bad Reichenhall,** die schon fast ein Vorort der österreichischen Prachtstadt Salzburg ist. Eingebettet in ein malerisches Bergpanorama erfreut sich die Kurstadt großer Beliebtheit. Bis nach **Berchtesgaden** (S. 112 f.) im hintersten Südostwinkel Deutschlands sind es jetzt nur noch 20 schöne Minuten. Das Berchtesgadener Land mit dem 2713 Meter hohen **Watzmann** und dem traumhaften **Königssee** ist ein fulminanter Abschluss dieser Tour. ■

→ Anschluss an Route 4 möglich.

Gradierhaus und Königlicher Kurgarten von Bad Reichenhall

SERVICE & TIPPS

Scheidegg – Immenstadt und Großer Alpsee (– Bad Wurzach) – Pfronten (– Fürstäbtliche Residenz Kempten) – Füssen – Garmisch-Partenkirchen mit Partnachklamm und Zugspitze (– Schloss Linderhof) – Tegernsee – Chiemsee – Berchtesgaden und Berchtesgadener Land

SCHEIDEGG

Scheidegger Wasserfälle
Fürstenmühle 1, Scheidegg
✆ (083 81) 894 22 33
www.scheideggerwasserfaelle.de, www.scheidegg.de
Im Winter geschl., Eintritt € 4,50/3
2021 sind die Scheidegger Wasserfälle Schauplatz der Landesgartenschau Lindau (Mai bis September). Sie werden vom Wasser des Rickenbachs gespeist und stürzen über zwei jeweils 22 und 18 Meter hohe Gesteinsstufen in die Tiefe. Besucher können dem Spektakel von mehreren Aussichtspunkten aus beiwohnen.

Imposant: die Scheidegger Wasserfälle

Alpenfreibad
Scheidegg in Richtung Scheffau, ca. 1 km nach dem Ortsausgang links
www.scheidegg.de
Mitte Mai–Sept. tägl. 9–19 Uhr
Eintritt € 3,50/2,50
Sehr schönes Schwimmbad mit von Quellwasser gespeistem Naturbecken und Sonnenwiese mit Blick auf die Alpen.

Restaurant

Fünfländerblick
Am Blasenberg 10, Scheidegg
✆ (083 81) 16 09
www.fünfländerblick.de
Mi–Sa 11–14 und ab 17 Uhr (im Sommer auch Mo/Di), So ab 11 Uhr
Familiengeführte Gaststätte mit bayerischer Küche und schöner Sonnenterrasse. Üppige Portionen. ■

Die Allgäuer Käsestraße

14 Sennereien, die ihre Milch von Bauern aus der Region beziehen, gehören zur Allgäuer Käsestraße, die dem Erhalt alter Traditionen dient. Nahe Scheidegg können sich Besucher auf die Sennerei Bremenried (Bregenzer Str. 96, Weiler im Allgäu, kaese-bestellung.de) und die Dorfsennerei Böserscheidegg (Böserscheidegg 12, Scheidegg, https://kaeserei-boeserscheidegg.de) freuen. Infos unter www.allgäuer-käsestrasse.de.

Stellplatz

Wohnmobilstellplatz Scheidegg
Am Hammerweiher 1
Scheidegg
GPS: 47.57252, 9.84507
www.scheidegg.de
Sonderfläche am Kurhaus mit Platz für 22 Fahrzeuge. Inklusive Stromversorgung sowie Ver- und Entsorgungsstation, keine Reservierung.

IMMENSTADT UND BAD WURZACH

Mittelalterlicher Stadtkern mit Schloss
www.alpsee-gruenten.de
www.schloss-immenstadt.de
Das Zentrum von Immenstadt ist mehr als 660 Jahre alt. Das Herz schlägt am hübschen Marienplatz, wo Zwiebeltürme und aufwendig gestaltete Häusergiebel um Aufmerksamkeit konkurrieren. Dreh- und Angelpunkt ist das heute vielfältig genutzte Schloss.

Großer Alpsee
www.alpsee-immenstadt.de
Joggen auf dem 11 km langen Rundweg, Stand-up-Paddeln, Kitesurfen oder einfach nur Schwimmen und auf der Liegewiese abhängen – für all diese Freizeitaktivitäten eignet sich der größte Natursee des All-

Moorerlebniswelt Wurzacher Ried

Mystisches Moor und erholsamer Genuss: Das Wurzacher Ried beherbergt das größte intakte Hochmoor Mitteleuropas mit einer einmaligen Natur. Ein Spaziergang auf dem Torflehrpfad, eine Fahrt mit dem historischen Torfbähnle und ein Besuch der Erlebnisausstellung »Moor-Extrem« entführen den Besucher in die mystische Moorerlebniswelt. Die Vitalium-Therme mit neuer, moderner Moorbade- und Saunalandschaft ist eine Oase der Ruhe und Entspannung. Zum Komplex gehört ein Wohnmobilstellplatz. Infos unter www.bad-wurzach.de.

Wohnmobilstellplatz Vitalium-Therme Bad Wurzach
Riedhalde/An der Thermalquelle 1, Bad Wurzach
54 km nordwestl. von Oberstaufen, 61 km nordwestl. von Immenstadt
GPS: 47.5453, 9.5414, www.stellplatz-bad-wurzach.de
Ruhiger Wohnmobilstellplatz mit 17 Standplätzen direkt am Naturschutzgebiet Wurzacher Ried, neben der Vitalium-Therme und dem neuen Hallenbad. Auf erhöhtem, aber ebenen Gelände gelegen, ist er idealer Ausgangspunkt für aussichtsreiche Wanderungen und vielfältige Radrunden. In wenigen Gehminuten Entfernung lädt die hübsche Innenstadt mit zahlreichen Geschäften zum Bummeln ein.

Wiederkäuer auf dem Mittagberg

gäus vortrefflich. Strandbad und See-Café (https://seecafé-hauser.de) runden das Angebot ab. Wer mag kann auch angeln.

Mittagbahn
Mittagstr. 30, Immenstadt
www.mittagbahn.de
Tageskarte € 25/15
Einen formidablen Rundblick erlaubt der nahe Mittagberg (1451 m), der zu Fuß oder mit der Bergbahn zu erreichen ist. Oben warten zu jeder Jahreszeit alpine Aktivitäten.

Gaststätte

Schlosswirtschaft
Marienplatz 12, Immenstadt
✆ (083 23) 207 88 40
www.schlosswirtschaft.com
Di–Sa ab 11.30 Uhr
Allgäuer Klassiker und moderne Gerichte mit Zutaten aus der Region. ■

Campingplatz

Alpsee Camping
Seestr. 25, Immenstadt, GPS: 47.57272, 10.19260
✆ (083 23) 77 26, www.alpsee-camping.de
Ganzjährig geöffnet
Mittelgroße Anlage am Ostufer des Sees mit Freibad, modernen Sanitäranlagen und guter Ausstattung.

PFRONTEN

Ortswanderung
Der Name ist irreführend, denn dieser Parcours ist, anders als man vermuten könnte, kein Rundgang durch einen Ort. Vielmehr handelt es sich um eine Talwanderung durch alle 13 Ortsteile. Auf 17,3 leichten Kilometern warten zahlreiche Kapellen, die Kirche St. Nikolaus und der örtliche Alpengarten. Ruhebänke erlauben Pausen mit Ausblick. Start- und Endpunkt sind flexibel wählbar, Abkürzungen möglich. Streckenbeschreibung unter www.pfronten.de.

Yoga am Berg
Auf dem Breitenberg
Ticket ab € 46
Die heilende Kraft der Berge zur Stärkung von Körper und Geist nutzen – das ist das Konzept dieser Trainingseinheit auf dem Breitenberg. Hoch geht es mit der Bergbahn (Talstation: Tiroler Str. 176, Pfronten), nach

Allgäuer Bilderbuch-panorama: Pfronten am Fuße des Breitenbergs

vollbrachten Übungen gibt es zur Belohnung ein Frühstück. Ausgewählte Termine sind bei der Tourist Information (Vilstalstr. 2, ✆ 083 63-698 88) und unter www.pfronten.de zu buchen.

Burgruine Falkenstein
Mit dem Auto (ca. 9 km ab Pfronten) und im Rahmen der anspruchsvollen Königstraum-Wanderung zu erreichen
www.pfronten.de
Deutschlands höchstgelegene Burgruine liegt auf 1277 m. Zum Panorama gehört auch Schloss Neuschwanstein, dessen Glanz und Gloria König Ludwig II. an Ort und Stelle überbieten wollte – es sollte bei einem Traum bleiben.

Eine grandiose Aussicht hat man von der Burgruine Falkenstein bei Pfronten

Fürstäbtliche Residenz Kempten

Ein Muss für Fans von Prunkarchitektur: Monumentaler Klosterkomplex, der im 17. und 18. Jh. am Standort eines zerstörten mittelalterlichen Benediktinerklosters errichtet wurde. Einzigartig ist die Vermengung sakraler und profaner Elemente.

Fürstäbtliche Residenz Kempten
35 km nordwestl. von Pfronten, Residenzplatz 4–6, Kempten
www.schloesser.bayern.de, tägl. außer Mo 9–16 Uhr

Wirtshaus mit Brauerei

Braugasthof Falkenstein
Allgäuer Str. 28, Pfronten
✆ (083 63) 96 06 58, www.braugasthof-falkenstein.de
Tägl. 11–23 Uhr
Gekocht wird nach traditionellen Rezepten und mit den besten Zutaten aus der Region, dazu gibt es selbst gebraute Gerstensäfte und Musik von Mundartformationen. ■

Campingplatz

Camping Pfronten
Tiroler Str. 184, Pfronten, GPS: 47.56444, 10.58581
✆ (083 63) 83 53, www.camping-pfronten.de
Mitte Mai–Anfang Okt.
Intime Anlage, die von der Familie geführt wird, und 3 km vom Ort entfernt mitten im Grünen liegt.

FÜSSEN

Staatsgalerie im Hohen Schloss
Magnusplatz 10, Füssen
✆ (083 62) 94 01 62, www.stadt-fuessen.de/staatsgalerie
Tägl. außer Mo 11–17, im Winter Fr–So 13–16 Uhr
Eintritt € 6/4
Über der Altstadt thront auf dem Schlossberg ein sehenswerter Bau: Das wehrhafte Burgschloss wurde 1504 nach einer wechselvollen Geschichte vollendet. Es beherbergt heute die Staatsgalerie, die sich der Kunst zur Zeitenwende des 15. und 16. Jh. im Allgäu und in Bayerisch-Schwaben widmet.

Wallfahrtskirche St. Coloman
5 km östl. von Füssen
Colomanstr., Schwangau
https://pg-forggensee.de
Sehenswertes Gotteshaus, das bei Schwangau auf freiem Feld steht. Bei gutem Wetter kann man die Kirche so ablichten, dass die Alpen und Neuschwanstein im Hintergrund zu sehen sind. Das gibt ohne Ende Likes.

Die Barockkirche St. Coloman bei Schwangau

Bootstour auf dem Forggensee
Anleger Weidachstr. 74, Füssen
✆ (083 62) 300 29 50, www.forggensee-schifffahrt.de
Ticket € 9–13
Nur Weniges kann in Sachen Entspannung mit einer Bootstour mithalten. Die Passagiere haben hier die Wahl zwischen Rundfahrten von 60 oder 120 Minuten Dauer. Da es sich um Linienfahrten über den 12 km langen Forggensee handelt, sind Zwischenstopps mit Ausstieg möglich. Unterwegs fällt unter normalen Umständen auch der Blick auf Schloss Neuschwanstein.

Zum Schloss Neuschwanstei (vgl. S. 96) sind es nur gut 3 km!

Ristorante

Il Pescatore
Franziskanergasse 13, Füssen
✆ (083 62) 92 43 43
http://ilpescatore-fuessen.de
Tägl. außer Mi ab 11.30, Do ab 17.30 Uhr
In einer Stadt mit italienischem Flair darf man auch schon mal Schlemmen wie im Stiefel. Hausgemachte Pasta, saisonale Karte. ■

Mini-Reportage

Altstadt

Die heutige Fußgängerzone von Füssen liegt auf der Trasse der römischen Via Claudia Augusta, die ihres Zeichens die älteste Verbindung zwischen Po und Donau ist. Die Alpenquerung brachte mehr als 500 Jahre lang römische Kultur in das Alpenstädtchen. Es mag auch daran liegen, dass man der Altstadt mit ihren Gassen und Plätzen italienisches Flair attestiert. Infos unter www.fuessen.de.

Campingplatz

Camping Brunnen
Seestr. 81, Schwangau/Brunnen
GPS: 47.59746, 10.73690
✆ (083 62) 82 73, www.camping-brunnen.de

Ganzjährig geöffnet
Fünf-Sterne-Anlage am Ostufer des Forggensees. Direkter Zugang zum See und ungestörter Blick auf die Berge. In den Sommerferien häufig früh ausgebucht.

GARMISCH-PARTENKIRCHEN

AlpspiX
Am Kreuzeckbahnhof
Garmisch-Partenkirchen
✆ (088 21) 79 70
www.alpspitze.org
Aussichtsplattform jederzeit frei begehbar
Ticket Alpspitzbahn und die anderen Bahnen von »Garmisch Classic« € 30/24
Ein bisschen Nervenkitzel gefällig? Dann ab zu dieser kühnen Konstruktion, die in 2057 m Höhe in der Luft zu schweben scheint – mit Blick auf die Zugspitze. Die atemberaubende Aussichtsplattform befindet sich 20 m über der Bergstation der Alpspitzbahn.

Abstecher nach Schloss Linderhof

Wer den extravaganten Geschmack von König Ludwig II. von Bayern mag, der darf sich dieses im Stil des Neorokoko zwischen 1870 und 1886 errichtete Bauwerk nicht entgehen lassen. Es verfügt über einen pompösen Park, den Carl von Effner 1868 entworfen hat, und wurde – anders als die beiden anderen Schlösser des Märchenkönigs – bereits zu dessen Lebzeiten fertiggestellt.

Schloss Linderhof
26 km westl. von Garmisch-Partenkirchen
Graswangtal bei Ettal
www.schlosslinderhof.de
Tägl. 8.30–17.30 Uhr, im Winter kürzer
Eintritt € 10/9

Partnachklamm
Einstieg zur Wanderung: Karl-und-Martin-Neuner-Platz
Garmisch-Partenkirchen
www.partnachklamm-info.de
Tägl. 8–20, im Winter bis 18 Uhr
Eintritt € 6/3
Auf einer Länge von 700 m hat sich der Wildbach Partnach eine bis zu 80 m tiefe Schlucht gegraben. Je nach Wasserstand beeindruckt diese mit tosenden Wasserfällen und rasanten Stromschnellen. Das Areal ist schon seit 1912 erschlossen und gehört zu den besonders populären Naturattraktionen. Wer einigermaßen ungestört sein möchte, sollte daher früh aufstehen. Die knapp 6 km lange Wanderung ab Olympia-Skistadion ist auch für Familien durchaus gut machbar.

Königswanderung
Start am Wanderparkplatz Elmau, 15 km östl. vom Zentrum von Garmisch-Partenkirchen
www.gapa.de
Anspruchsvolle Wanderung über 20 km und 1100 Höhenmeter zum **Königshaus am Schachen**. Das Domizil wurde 1869 von König Ludwig II. von Bayern in Auftrag gegeben und 1870 in 1866 Metern Höhe fertiggestellt. In der Abgeschiedenheit der Berge pflegte der Monarch am 25. August seinen Geburtstag zu feiern. Nicht weit vom Schloss liegt ein um 1900 angelegter botanischer Garten.

Nichts für Leute mit Höhenangst: die Aussichtsplattform AlpspiX

Mini-Reportage

Zugspitze

In den meisten Alpenländern würde ein Berg mit einer Höhe von weniger als 3000 Metern wenig hermachen. Doch der Ehrentitel als höchster Gipfel Deutschlands macht die exakt 2962 Meter hohe Zugspitze zu einem Publikumsmagneten, der dem Ansturm zuletzt kaum noch gewachsen war. Im Zeitalter der »Bucket Lists« gehört es zum guten Ton, so viele Sehenswürdigkeiten wie möglich abzuhaken – und dann kann es eng werden auf einem bequem erreichbaren Gipfel. Zur Auswahl stehen eine moderne Kabinenbahn und die herrlich nostalgische Zahnradbahn von 1930. Doch die Zugspitze ist nicht allein wegen ihrer statistischen Überlegenheit ein beliebtes Ziel. So haben aufmerksame Alpinisten festgestellt, dass vom Gipfelplateau 400 weitere Bergspitzen in vier Ländern zu erkennen sind. Überhaupt ist der Berg international, denn die Westflanke gehört zu Österreich. Während die Deutschland zugewandte Seite des Bergs zum Skifahren zu schroff ist, befindet sich auf der Südseite mit dem Zugspitzgletscher ein attraktives Skigebiet. Dieses allerdings ist auch von der Tiroler Seite aus per Lift zu erreichen. Darüber hinaus können sich Wintersportler auf Naturschneebahnen dem Rodelsport widmen oder in einem Iglu-Dorf nächtigen. Bei allem Vergnügungsangebot kann der Winter hier doch unbarmherzig zuschlagen: Auf dem Gipfel lagen schon fast acht Meter Schnee und die tiefste gemessene Temperatur beträgt minus 35,6 Grad.

Zugspitzbahnhof Garmisch-Partenkirchen
Olympiastr. 31
Garmisch-Partenkirchen

Seilbahn Zugspitze
Am Eibsee 6, Grainau
https://zugspitze.de
Ticket € 61/32

Restaurant

Joseph Naus Stub'n
Klammstr. 19
Garmisch-Partenkirchen
✆ (088 21) 90 10
www.hotel-zugspitze.de
Tägl. 18–21 Uhr
Modernes Lokal mit kreativer neudeutscher Küche im Hotel Zugspitze. Preislich interessant sind die Bib-Gourmand-Menüs.

Wirtshaus

Braustüberl Garmisch
Fürstenstr. 23
Garmisch-Partenkirchen
✆ (088 21) 23 12
www.braeustueberl-garmisch.de
Tägl. ab 10 Uhr
Geschichtsträchtiges Lokal mit rustikaler Küche und Bier in bayerischen Maßeinheiten. ■

Campingplatz

Camping Resort Zugspitze
Griesener Str. 9, Grainau
GSP: 47.47781, 11.053562
✆ (088 21) 943 91 15, www.perfect-camping.de

Ganzjährig geöffnet
Vornehmer Platz mit allen Annehmlichkeiten zu Füßen von Deutschlands höchstem Berg. Mit Panoramasauna und Massageservice.

TEGERNSEE

Seeumrundung
Die Umrundung des Tegernsees entspricht bei seinem Umfang von knapp über 21 km ziemlich genau der Strecke eines Halbmarathons. Ideal für einen gemütlichen Fahrradausflug oder eine ebenso geartete Wanderung – oder Trainingsgebiet für ambitionierte Läufer. Parcours zum Download auf www.tegernsee.com.

Tegernseer Seeschifffahrt
Diverse Anleger
www.seenschifffahrt.de

Wandern am Wallberg im Herbst

Große Rundfahrt € 16,60
Eine Schifffahrt ist die entspannteste Art den See und seine Dörfer zu erkunden. Durch den Linienverkehr sind Touren nach dem Hop-on-Hop-off-Prinzip populär.

Wallberg
Mit dem Gipfel auf 1722 m ist der in den bayerischen Voralpen gelegene Wallberg universell einsetzbar. Die Wallbergbahn benötigt kaum zehn Minuten für den Weg hinauf (www.wallbergbahn.de). Neben wunderbaren Wanderstrecken lockt eine 6 km lange Rodelbahn, die zu den längsten des Landes zählt. Wer schon immer mal Gleitschirm fliegen wollte, hat hier die Möglichkeit, an einem Tandemflug teilzunehmen (https://doppelsitzerflug.de).

Tegernseer Hütte
Zwischen Roß- und Buchstein
http://tegernseerhuette.de
Spektakuläre Hütte auf über 1600 m mit Restaurant und Übernachtungsmöglichkeit in einem Wanderrevier fernab der Zivilisation. Routen mit diversen Schwierigkeitsgraden und unterschiedlichen Ausgangspunkten auf der Website.

Bräustüberl Tegernsee

Traditionslokal

Herzogliches Bräustüberl Tegernsee
Schlossplatz 1, Tegernsee
✆ (080 22) 41 41
www.braustuberl.de
Tägl. 9–23 Uhr
Haxe, Leberkäse, Fassbier und danach ein Schnaps. So stellt man sich die Nahrungsaufnahme im tiefsten Bayern vor – und genau so ist sie auch in diesem Traditionslokal. ■

Campingplatz

Camping Wallberg
Rainerweg 10, Kreuth-Weißach
GSP: 47.68914, 11.75051
✆ (080 22) 53 71, www.campingplatz-wallberg.de

Ganzjährig geöffnet
Beliebter Platz mit Blick auf den Wallberg. Eigenes Restaurant mit bayerischer Küche. Etwas in die Jahre gekommene Sanitäranlagen. Gute Lage.

CHIEMSEE

Herreninsel mit Schloss Herrenchiemsee
Herrenchiemsee, ganzjährig erreichbar per Linienschiff
✆ (080 51) 688 70
www.herrenchiemsee.de
Schloss und ehemaliges Kloster tägl. 9–18 Uhr, im Winter kürzer, Eintritt € 9/8 (alle Attraktionen auf der Insel)
Niemand kann König Ludwig II. vorwerfen, dass er keine Spuren hinterlassen hat. Auf der mit 238 ha größten Insel des Chiemsees kündet mit Herrenchiemsee ein nach dem Vorbild von Versailles zwischen 1878 und 1886 erbautes Märchenschloss nebst großzügiger Gartenanlage von Wohlstand und Geschmack des Königs. Direkt am Anlegesteg wartet zudem das ehemalige Kloster Augustiner-Chorherrenstift auf Besucher. Hier befinden sich heute ein Verfassungsmuseum und die historischen Säle der Chiemseemaler-Galerie.

Fraueninsel
Abtei Frauenwörth
Frauenchiemsee
✆ (080 54) 90 71 59
www.frauenwoerth.de
Das wesentlich kleinere Eiland ist deutlich dichter besiedelt als die Herreninsel. Als romantisches Kleinod hat die Fraueninsel Generationen von Dichtern, Denkern und Malern angezogen, die sich auch an den blühenden Gärten zu erfreuen wussten. Architektonisches Highlight des Gesamtkunstwerks ist das 1200 Jahre alte Kloster Frauenwörth mit seinem strahlend weißen Campanile und hübschem Klosterladen. Ein Muss ist der Rundgang über das 600 mal 300 m große Eiland.

Chiemsee Schifffahrt
www.chiemsee-schifffahrt.de
Große Chiemseetour € 13,80/ 6,90
Liniendienst mit außerordentlich hohem touristischen Wert. Diverse Touren sind mit der Chiemseebahn kombinierbar.

Kletterwald Prien
Harrasser Str. 39
Prien am Chiemsee

Paradeschlafzimmer im Neuen Schloss Herrenchiemsee

Blick auf die Fraueninsel

Glockenturm des Klosters auf der Fraueninsel

✆ (080 51) 965 08 85
www.kletterwald-prien.de
Wechselnde Öffnungszeiten
Eintritt € 24/10
Reif für ein kleines Abenteuer? Dann könnte dieser Kletterwald die Lösung sein, denn die Bewältigung des Parcours ist auch im abgesicherten Modus eine Mutprobe. Kinder bewältigen diese meist besser als Erwachsene.

Wirtshaus

Chiemseer Wirtshaus
Hauptstr. 32, Chieming
✆ (086 64) 92 82 50
www.chiemseer-wirtshaus.de
Tägl. 11–23 Uhr
Bayerische Küche und frisch gezapfter Gerstensaft in der Nähe des Bootsanlegers Chieming. Mit Biergarten.

Café & Restaurant

Café Inselblick Aisching
Seeplatz 9, Gstadt
✆ (080 54) 78 15
www.cafe-inselblick.de
Tägl. ab 9 Uhr
Populäres Lokal mit Blick auf den See und einer Karte, die sowohl »Forelle Müllerin« als auch moderne Bowls umfasst. ■

Aus dem römischen Stützpunkt »Bedaium« ist das heutige Seebruck am Chiemsee entstanden

Schifffahrt auf dem Chiemsee

Campingplatz

Camping Seehäusl
Beim Seehäusl 1, Chieming
GPS: 47.90199, 12.52050
✆ (086 64) 303, www.camping-seehaeusl.de
April–Okt.
Intime Anlage direkt am See mit eigenem Steg. Weitere Vorzüge: Liegewiese, Sonnenterrasse und kostenlose Tretboote.

BERCHTESGADEN UND BERCHTESGADENER LAND

Rutschenspaß im Salzbergwerk Berchtesgaden

Salzbergwerk
Bergwerkstr. 83
Berchtesgaden
✆ (086 52) 600 20
www.salzbergwerk.de
Tägl. April–Okt. 9–17, Nov.–März 11–15 Uhr
Eintritt € 18,50/10
Wie eine »Kathedrale im Erdreich« präsentiert sich das Besucherbergwerk, das zugleich Deutschlands älteste Förderstätte für den begehrten Rohstoff ist. Auf einem unterirdischen Parcours können sich Besucher bei effektvoller Beleuchtung darüber informieren, was es mit dem Abbau von Salz auf sich hat.

Jenner
Talstation Jennerbahn
Jennerbahnstr. 18
Schönau am Königssee
✆ (086 52) 958 10
www.jennerbahn.de
Tägl. mindestens 9–16 Uhr, im Sommer länger
Berg- und Talfahrt € 32/15
Der wunderbare Aussichtspunkt auf dem 1874 Meter hohen Jenner ist seit 2019 durch die neue Jennerbahn erschlossen. Von Schönau am Königssee bringt diese Besucher binnen 20 Minuten in Gipfelnähe. Von hier oben eröffnet sich ein Panorama, das neben den Berchtesgadener Bergen auch den Königssee umfasst. Von der Bergstation aus sind Wanderwege und Skigebiet nicht weit.

Königssee
Schifffahrt Königssee
Seestr. 55, Schönau am Königssee
✆ (086 52) 963 60
www.seenschifffahrt.de
Hin- und Rückfahrt nach Salet im Süden des Sees € 20,20
Zwischen den Hängen von Hagengebirge und Watzmann liegt mit dem Königssee eine der fotogensten Attraktionen der deutschen Alpen. Die Flanken der umliegenden Berge fallen so steil ab, dass es keinen

Aus den Kabinen der Jennerbahn hat man einen wundervollen Ausblick auf den Königssee

Mini-Reportage

Nationalpark Berchtesgadener Land

Deutschlands einziger alpiner Nationalpark begeistert mit Höhenunterschieden von mehr als 2000 Metern. Tiefster Punkt ist die Oberfläche des Königssees (602 Meter), höchster Gipfel ist der Watzmann (2713 Meter). Das 208 Quadratkilometer große Schutzgelände ist die Heimat vieler seltener Arten, so leben hier Alpenmurmeltier und Alpensteinbock sowie mehr als 100 Vogelarten. Besucher können den Park auf einem 260 Kilometer langen Netz von Wanderwegen erkunden. Tiefere Einsichten gewährt das in Berchtesgaden errichtete Haus der Berge.

Haus der Berge
Hanielstr. 7, Berchtesgaden
✆ (086 52) 979 06 00, www.berchtesgaden.de
Tägl. 9–17 Uhr

Mini-Reportage

Obersalzberg

Berchtesgaden ist mit vielen natürlichen Vorzügen gesegnet. Nüchtern betrachtet gehört dazu natürlich auch der Hausberg, der sich östlich des Städtchens aufbaut. Gemeinhin wird er mit dem Namen Obersalzberg bedacht, wobei sich diese Bezeichnung eigentlich auf einen Ortsteil von Berchtesgaden bezieht. In Obersalzberg verbrachte Adolf Hitler seit 1923 seine Ferien, weshalb das Gebiet, das sich rein geografisch auf dem Kehlstein befindet, untrennbar mit der Geschichte des Nationalsozialismus verbunden ist. Nach 1933 wurde Hitlers Wohnsitz, der »Berghof«, neben Berlin zum zweiten Regierungssitz. Der Kehlstein erhielt den offiziellen Status als »Führersperrgebiet Obersalzberg«. Wie umgehen mit einer solch schweren historischen Last? Diese Frage blieb lange ungeklärt. Seit 1999 aber empfängt die Dokumentation Obersalzberg interessierte Besucher. Das Haus versteht sich als Ort der Erinnerung und des Lernens. Dabei sind neben einer Dauerausstellung auch Wechselausstellungen behilflich.

Dokumentation Obersalzberg
Salzbergstr. 41, Berchtesgaden
✆ (086 52) 94 79 60
www.obersalzberg.de
April–Okt. tägl. 9–17, Nov.–März Di–So 10–15 Uhr, Eintritt € 3/2

abgesicherten Uferweg gibt. So bleiben für die Erkundung des 8 km langen Gewässers nur die von Elektromotoren angetriebenen Wasserfahrzeuge der Königsseeschifffahrt.

Röthbach-Wasserfall
www.berchtesgaden.de
Von der Anlegestelle Salet am südlichen Ufer des Königssees sind es bis zum Röthbachwasserfall knapp 5 km zu Fuß. Mit 470 m Höhe erreicht der Wasserfall den Spitzenplatz in ganz Deutschland. Am ansehnlichsten ist er im fortgeschrittenen Frühjahr, wenn sich das Schmelzwasser vor dem Hintergrund einer nahezu senkrechten Felswand seinen Weg von den Gipfeln der Berge ins Tal sucht. Die Attraktion, die nur einen Steinwurf von der österreichischen Grenze entfernt ist, gehört zum Gebiet des Nationalparks Berchtesgaden und bleibt von Touristenmassen weitgehend verschont, da sie nur mit größeren Anstrengungen zu erreichen ist.

Restaurant

Berchtesgadener Esszimmer
Nonntal 7, Berchtesgaden
✆ (086 52) 655 43 01, https://esszimmer-berchtesgaden.com
Gehobene Küche mit spürbarem Einfluss alpenländischer Traditionen und einigen spannenden vegetarischen Gerichten. Der Weinkeller ist zu einem guten Teil mit österreichischen Tropfen gefüllt.

Brauhaus

Bräustüberl Berchtesgaden
Bräuhausstr. 13, Berchtesgaden
✆ (086 52) 97 67 24, https://braeustueberl-berchtesgaden.de
Bayerische Spezialitäten von Weißwürstchen bis zur Haxe. Dazu fließt das vom Hofbrauhaus Berchtesgaden vor Ort gebraute Bier in Strömen. ■

Campingplatz

Camping-Resort Allweglehen
Allweggasse 4, Berchtesgaden
GPS: 47.64730, 13.03964
✆ (086 52) 23 96, www.allweglehen.de
Ganzjährig geöffnet
Beliebter Campingplatz mit Blick auf die Berge. Die Sanitäranlagen sind modern, die Atmosphäre ist familiär. Mit Wellnessbereich und Restaurant.

Entlang der deutschen Alpen

Von Höhepunkt zu Höhepunkt. Anders lässt sich ein Roadtrip entlang der deutschen Alpen kaum beschreiben. Das gilt dank der Bergstraßen und der noch zahlreicheren Bergbahnen auch in der ursprünglichen Bedeutung des Wortes. Mehr noch aber im übertragenen Sinne, denn zwischen dem Ostufer des Bodensees und dem Südostzipfel der Republik bei Berchtesgaden reihen sich Attraktionen unterschiedlichster Art in hoher Frequenz aneinander. Die Reise beginnt in der Hafenstadt Lindau, um über mal kurvenreiche und dann wieder einfach zu befahrende Straßen in die Wintersporthochburgen Oberstdorf und Garmisch-Partenkirchen zu führen. Unterwegs sorgen malerische Städtchen wie Mittenwald oder Füssen für Abwechslung – und natürlich ist auch der Besuch von Schloss Neuschwanstein eingeplant. Stattliche Seen runden das makellose Urlaubsangebot des südlichen Bayerns ab.

1 Oberstdorf: Hoch hinaus

Bekannt ist das bayerische Wintersportzentrum als Auftaktort der Vierschanzentournee. Wer noch höher hinaus will, kann den Aufstieg auf das 2214 Meter hohe Nebelhorn in Erwägung ziehen – optional auch per Seilbahn. Auch sonst schätzen Wanderer Deutschlands südlichste Gemeinde.

2 Füssen: Die Gassen der Altstadt

Mittelalterliche Gassen sowie die alten Handelsplätze am Kornhaus und am Brotmarkt prägen den Charme der autofreien Altstadt von Füssen. Hoch über der bayerischen Kleinstadt thront auf einem Hügel das Hohe Schloss, ein Bau der deutschen Spätgotik.

3 Neuschwanstein: Romantik wie im Märchen

Unzählige Besucher aus aller Welt bewundern das Märchenschloss König Ludwigs II. mit viel Hingabe, wobei der Prunkbau aus dem 19. Jahrhundert als Inbegriff einer romantischen Burg des Mittelalters vor allem die Fantasie beflügelt.

4 Zugspitze: Überragende Fernsicht

Deutschlands höchster Berg lockt nicht nur mit diesem Superlativ, denn die bei Garmisch-Partenkirchen gelegene Zugspitze bietet vielfältige Freizeitmöglichkeiten, wobei der bis zu 250 Kilometer weit reichende Fernblick heraussticht.

To See Before You Die®

5 Partnachklamm: Getöse zwischen Felswänden

Der Spaziergang ab dem Olympia-Skistadion von Garmisch-Partenkirchen wird mit Spektakel belohnt: In der Partnachklamm herrscht niemals Ruhe, denn unter lautem Getöse bahnt sich das Wasser des Wildbachs seinen Weg ins Tal hinab.

6 Mittenwald: Geigenbau und Gondelbahn

Auf mehr als 2200 Metern Höhe erlaubt die Bergstation der Karwendelbahn Einblicke in alpine Bergwelten. Im Tal lockt Mittenwald derweil mit bunten Häusern und einer langen Historie als Hochburg der Geigenbauer, die in einem Museum präsentiert wird.

7 Tegernsee: Gewässer mit Bergpanorama

Einer der saubersten Seen des Landes vor der Kulisse der Alpen mit fünf reizvollen Ortschaften und einem gut ausgebauten Rundumradweg: Das schreit geradezu nach einem erholsamen Aufenthalt mit vielfältigen Aktivitäten und Entdeckungen.

8 Chiemsee: Wundersame Inselwelten

Mit einer Oberfläche von 82 Quadratkilometern drängt sich der ruhige Chiemsee seit Generationen für die Sommerfrische auf – zumal er mit der pompösen Herreninsel und der bewohnten Fraueninsel zwei ganz unterschiedliche Inseln sein Eigen nennt.

9 Salzbergwerk Berchtesgaden: Weißes Gold

Das einst so kostbare Salz hat dem malerischen Städtchen Berchtesgaden schon früh zu Wohlstand verholfen. Heute zeigt das Bergwerk in rund 130 Metern Tiefe als unterirdischer Erlebnispark bei effektvoller Beleuchtung, was es damit auf sich hat.

10 Berchtesgadener Land: Nationalpark mit Königssee

Im äußersten Südosten des Landes präsentieren sich die Alpen nicht nur von ihrer schönsten, sondern zum Teil auch von ihrer unzugänglichsten Seite, was am Südufer des Königssees Spielraum für individuelle Abenteuer lässt.

ROUTE 4

RUNDKURS DURCH SÜDBAYERN

TRAUMHAFTE DONAU, IDYLLISCHE ISAR UND URWALD

(ETWA 800 KM)

München – Wasserburg – Burghausen – Bad Füssing – Neuburg – Passau – Nationalpark Bayerischer Wald – Zwiesel – Straubing – Regensburg – Weltenburger Enge – Ingolstadt – Neuburg an der Donau – Donauwörth – Günzburg – Ulm – Augsburg – Ammersee – Kloster Andechs – Starnberger See – München

München-Panorama vor den schneebedeckten Alpen

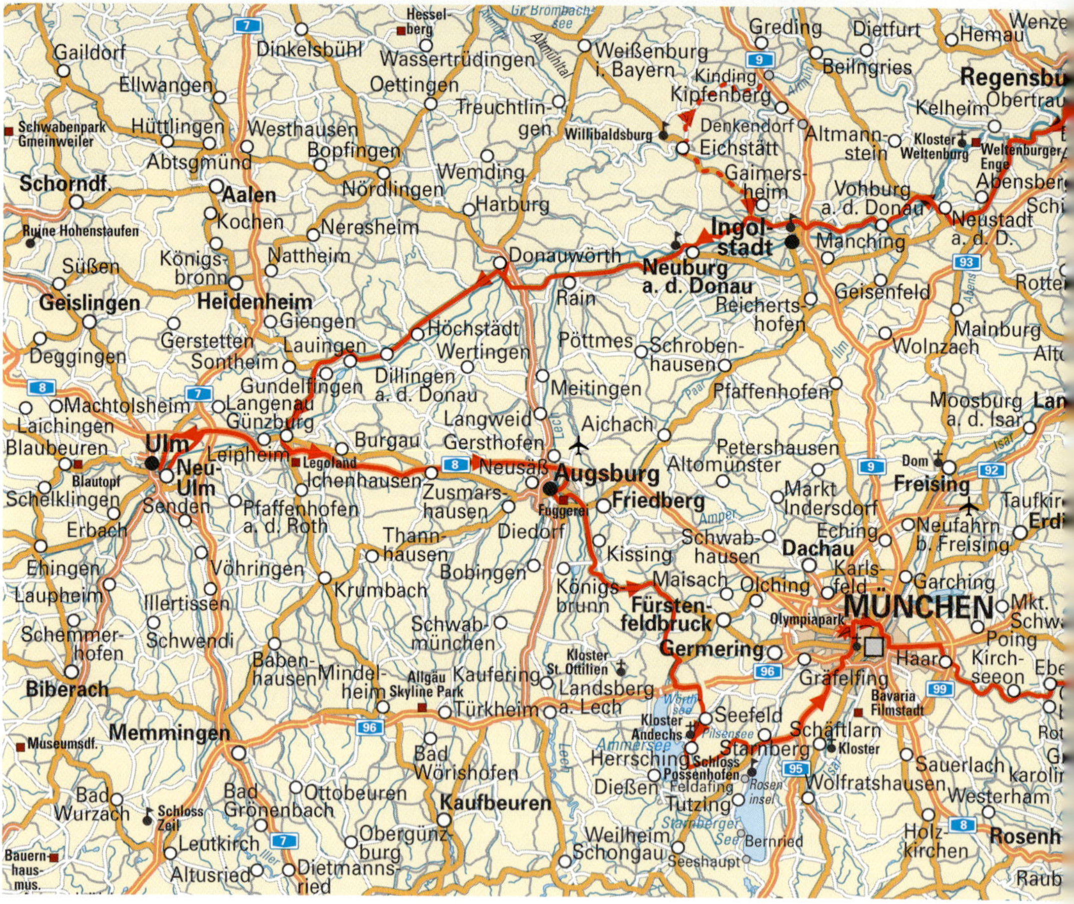

RUNDKURS DURCH SÜDBAYERN

TRAUMHAFTE DONAU, IDYLLISCHE ISAR UND URWALD

Kaum eine Millionenstadt hat ein solch attraktives Umland wie München. Ein idealer Ausgangspunkt für einen Roadtrip durch ein Bayern, das nicht mehr zum Alpenvorland gehört, aber auch die Grenzen zum fränkischen Norden des Freistaats nur touchiert. In diesem Herzland freilich reihen sich Attraktionen genug aneinander: Inn und Donau, der Nationalpark Bayerischer Wald und historische Städte wie Regensburg, Passau und Ulm bilden da nur die Speerspitze. Obwohl die Landeshauptstadt ein schöner Start- und/oder Endpunkt ist, tut es der Dramaturgie der Strecke auch keinen Abbruch andernorts einzusteigen.

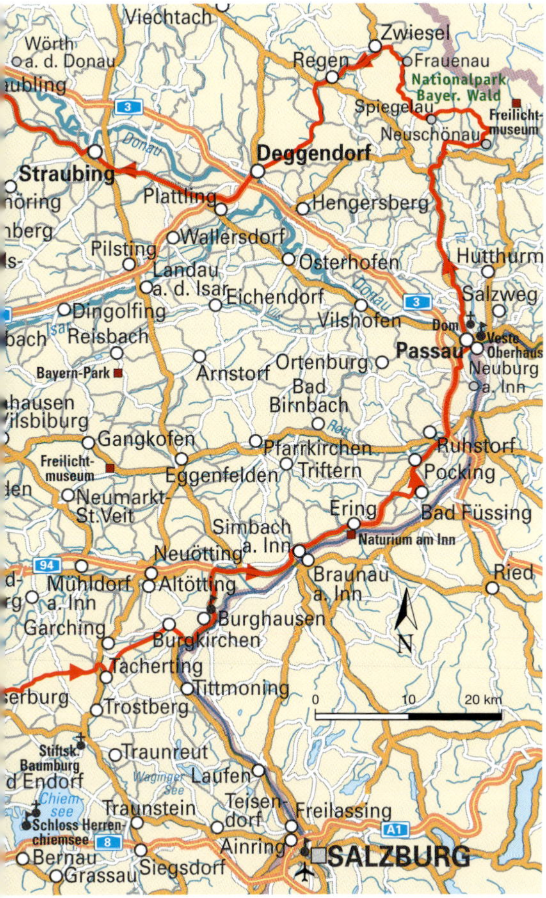

Die **bayerische Landeshauptstadt** (S. 128 ff., www.muenchen.travel) verfügt über großes Selbstvertrauen. Das mag am gepflegten Erscheinungsbild liegen, für das Deutschlands drittgrößte Metropole (knapp 1,5 Mio. Einwohner) bekannt ist. Vielleicht aber auch an der großen Wirtschaftskraft, der bevorzugten Lage nahe den Alpenseen und dem Blick auf die Berge sowie einer allgemeinen Aura des Erfolgs. Außerdem wäre da noch das Oktoberfest, das weite Teile der Weltbevölkerung mindestens einmal besuchen möchten. Unter diesen Umständen ist es zu verkraften, dass München auch als gutbürgerliche Stadt gilt, die vor allem für junge Leute möglicherweise etwas langweiliger ist als vergleichbare Städte. Dies umso mehr, da es an Attraktionen und Kultur nicht mangelt, man denke nur an den Englischen Garten, Schloss Nymphenburg, den Viktualienmarkt und die Pinakotheken. Für viele Einheimische wie Besucher ist auch die rege Biergartenkultur ein wichtiger Faktor.

Im Schloss Nymphenburg

Mini-Reportage

Burg Burghausen

Die längste Burg der Welt? Das klingt beeindruckend. Und das ist die Burg zu Burghausen nicht erst, seitdem sie im Guinnessbuch der Rekorde als solche eingetragen ist. Über bemerkenswerte 1051 Meter erstrecken sich die Außenmauern der Burg auf einem schmalen Bergrücken zwischen der Salzach und deren Altwasserarm, der heute als Wöhrsee firmiert. Der Standort hat den Adligen Bayerns zugesagt, die sich hier bereits im 11. Jahrhundert niederließen. Die frühen Domizile allerdings wurden erst während der Regentschaft Herzog Heinrichs XIII. (1255–90) zu einer veritablen Residenz ausgebaut. In der Folge wurde die Hauptburg sukzessive um fünf Vorhöfe erweitert. Lange Zeit diente die Anlage dem Adelsgeschlecht der Wittelsbacher, die sich nicht nur einer Behausung von enormer Größe, sondern auch von beachtlicher Sicherheit erfreuten. Zu besichtigen sind die fünf großen Höfe mit sehenswerten Wehrmauern, Toren und Türmen sowie die mächtige Kernburg um den inneren Burghof an der Südspitze des Burgbergs. Hier sind auch das Staatliche Burgmuseum, das Stadtmuseum Burghausen und das Besucherzentrum untergebracht. Im Rentmeisterstock im fünften Vorhof befindet sich das Haus der Fotografie – Dr.-Robert-Gerlich-Museum.

Burg Burghausen
Parken: Curaplatz, Burghausen (90 kostenlose Plätze)
www.burg-burghausen.de
Burggelände jederzeit frei zugänglich
Staatliches Burgmuseum in der Hauptburg tägl. April–Sept. 9–18, Okt.–März 10–16 Uhr
Eintritt € 10/8 (alle Attraktionen), bis 18 J. frei

Mittelalterlicher Auftakt

Wir verlassen München in Richtung Osten mit einem klaren Ziel vor Augen: Es geht von der Isar an den **Inn**. Gespeist von Wasser aus den österreichischen Alpen bahnt sich dieser in sicherem Abstand zur Metropole seinen eher umständlichen Weg in Richtung Norden. An einer Stelle holt der Fluss so weit aus, dass sich die dortige Landzunge als Standort für eine Siedlung anbot.

So geschehen im frühen Mittelalter, als **Wasserburg** (12 000 Einwohner, www.wasserburg.de) im 11. Jahrhundert erstmals urkundlich erwähnt wurde. Das historische Stadtbild mit Toren, bunten und leicht schiefen Häusern, Wandmalereien und einladenden Plätzen ist sehr gut erhalten. Eine weniger offensichtliche Attraktion sind die acht Bierkeller, die

Inmitten der großen Schleife des Inns liegt das mittelalterliche Stadtensemble von Wasserburg

Kleine Stube des Herzogs auf Burg Burghausen

einst zur Kühlung des Gerstensaftes verwendet wurden. Über Schnaiting und Garching an der Alz erreichen wir **Burghausen** an der Salzach, die wenig später in den Inn mündet.

Dem Inn folgen

Bald darauf übernimmt der Inn seine Funktion als Grenzfluss zu Österreich. Doch nicht nur das, denn die Auen des Gewässers waren Anlass zur Gründung des **Naturium**, eines binationalen Naturschutzgebiets, das eine Verlangsamung des Reisetempos wert ist.

Bad Füssing (S. 130, www.badfuessing.com) hat seinen Ruhm dem 56 Grad warmen Thermalwasser zu verdanken, das hier aus dem Boden sprudelt. Kurioserweise stieß man erst 1938 während der Suche nach Erdöl auf die heißen Quellen, die den Ort seitdem massiv

Unterwegs: Naturium am Inn

Der Untere Inn wurde über die Jahre an zahlreichen Stellen aufgestaut. Die so entstandenen Lebensräume entsprechen zwar nicht mehr dem ursprünglichen Wildfluss, sind aber nicht minder faszinierend. Die Flussauen des Inns haben fantasievolle Menschen bereits als »bayerische Camargue« bezeichnet. Schlickbänke wechseln sich mit ausgedehnten Schilfufern ab, andernorts erfreuen mit Weiden bewachsene Inseln und unberührte Auwälder das Auge. Das als Europareservat bezeichnete Gebiet erstreckt sich grenzüberschreitend über 55 Flusskilometer von der Salzach- bis zur Rottmündung. Es ist die Heimat von rund 300 Vogelarten und eignet sich für diverse Freizeitaktivitäten. Ein dichtes Netz an autofreien Wegen animiert zu Wanderungen oder Fahrradtouren – eine ideale Ergänzung zu Wellnesstagen in Bad Füssing. Das Besucherzentrum befindet sich in Ering.

Besucherzentrum Naturium am Inn
Innwerkstr. 15, Ering

✆ (085 73) 13 60, www.naturium-am-inn.eu
Tägl. 9–17, im Winter 10–16 Uhr

Ein Urwald in Europa: Auf dem Hans-Watzlik-Hain Urwalderlebnisweg im Nationalpark Bayerischer Wald ragen über 50 Meter hohe Baumriesen in den Himmel

Innenhof des Schlosses Neuburg, das direkt an der Donau liegt

Blick über Passau

verändert haben. Mit zweieinhalb Millionen Übernachtungen pro Jahr ist das Städtchen (7700 Einwohner) einer der führende Kurorte Europas. Die Lage an den Ufern des Inns und das beschauliche Lebenstempo tragen das ihrige zur Lebensqualität der Besucher während ihres Aufenthalts bei.

Nach 517 Kilometern endet die Reise des Inns nun bald: In Passau mündet das von Gletscherwasser gespeiste Gewässer in die Donau. Vorher allerdings passiert es noch das Städtchen **Neuburg**, wo das gleichnamige Schloss (https://landkreisgalerie.de/schloss-neuburg) seit fast 1000 Jahren den Launen der Zivilisationsgeschichte trotzt.

Über Passau in die Einsamkeit

Mit **Passau** (S. 131 f.) steht schon das nächste Highlight vor der Tür. Dreiflüssestadt! Grenzstadt! Universitätsstadt – sowie Hochburg der Zivilisation. Und dabei mit 53000 Einwohnern doch überschaubar geblieben. In Passau münden Inn und Ilz in die Donau. Diese besondere Konstellation hat die Stadt zu einem strategisch wichtigen Ort gemacht. Besonders begehrt ist die Landzunge am Südufer der Donau, auf der sich die historische Innenstadt ausbreitet. Passau ist berühmt für seine prächtige Silhouette, seinen betont bayerischen Zungenschlag und seine zuweilen südländische Atmosphäre, die auch den rund 12000 Studenten zusagt.

»Letzter Urwald Europas«

Ach ja, und nicht zu vergessen ist Passau auch noch das Einfallstor zum **Bayerischen Wald** (S. 133 f.) und dem gleichnamigen Nationalpark. 1970 ins Leben gerufen war dieser der erste seiner Art in Deutschland. Auch wenn die Landschaft nicht mit den Alpen mithalten kann, verdient der Bayerische Wald diese Klassifizierung doch, umso mehr da er als »letzter Urwald Europas« firmiert. Ein ideales Revier also für Slow Travel, die bevorzugte Reiseart vieler Wohnmobilbesitzer. Kernidee des Nationalparks ist der Naturschutz – das versteht sich von selbst. Deshalb existieren innerhalb der Grenzen kaum Straßen, was als Einladung zur Erkundung per pedes oder im Sattel des Mountainbikes gelten darf.

Einen ersten Eindruck können sich Besucher jedoch auch motorisiert machen. Ab Neuschönau im Süden des Areals passieren drei Straßen teilweise den Park, wobei wir uns für die pragmatisch benannte Nationalparkstraße entscheiden, die durch dichten Wald in Richtung Spiegelau führt. Am Ortsausgang von **Neuschönau** befinden sich zu Füßen des fünfthöchsten Gipfels des Mittelgebirges, dem 1373 Meter hohen Lusen, gleich mehrere Einrichtungen, die Besuchern die Besonderheiten des Bayerischen Walds nahebringen. Dazu gehören ein Tierfreigelände, das Nationalparkzentrum Lusen (www.nationalpark-bayerischer-wald.bayern.de) mit dem Hans-Eisenmann-Haus sowie ein Baumwipfelpfad (www.baumwipfelpfade.de). Ab Spiegelau sind es dann noch 20 Kilometer bis zum Luftkurort **Zwiesel** (S. 134), wo unter anderem eine Dampfbierbrauerei zu besichtigen ist. Zur Vertiefung der Glasthematik bietet sich ein Besuch im Glasmuseum im benachbarten **Frauenau** (S. 134) an.

Gläser aus dem Bayerischen Wald

Schon mal von Spiegelau oder Schott Zwiesel gehört? Bestimmt, denn die unter diesem Namen verkauften Produkte sind Weltmarken und gehören (gemeinsam mit ein paar anderen Marken) zum Standardsortiment der gehobenen Gastronomie. Beide Produzenten sind für Gläser bekannt, in denen vor allem Wein, aber auch jedes andere Getränk besonders gut zur Geltung kommt. Beide eint zudem, dass ihre Ursprünge im Bayerischen Wald liegen. Schon im frühen 16. Jahrhundert war die Region bekannt für ihre Glashütten, die unter anderem die seinerzeit noch raren Spiegel herstellten. Bis heute hat sich das traditionsreiche Handwerk hier gehalten: Rund 20 Betriebe befassen sich auf unterschiedliche Weise mit der Herstellung von Glasprodukten. Dazu gehören auch Künstler wie Magdalena Paukner (www.magdalena-paukner.de) in Lindberg. Zwiesel Glas (www.zwiesel-glas.com) betreibt einen Werksverkauf, auf den vor Ort die weltweit größte Glaspyramide aufmerksam macht. Und ein Betrieb wie Joska (www.joska.com) ermöglicht es Besuchern, sich selbst an der Kunst des Glasblasens zu versuchen. Nur die Marke Spiegelau ist aus dem Bayerischen Wald verschwunden: Das Unternehmen wurde vom österreichischen Marktführer Riedel geschluckt und 2008 die Produktion vor Ort eingestellt. So oder so lohnt sich die Investition in gute Gläser. So viel steht fest, wenn man sich erst mal mit der Materie befasst. Infos unter www.bayerischer-wald.de.

Mini-Reportage

An der Donau entlang

Über das Örtchen Regen erfolgt die Abfahrt zur Donau, wo wir in westlicher Richtung gen **Straubing** fahren. »Die Stadt ist hübsch, licht und freundlich«, bekannte bereits im Jahr 1819 der Königlich Bayerische Hofrat Joseph August Schultes – und dem ist wenig hinzuzufügen. Ein Rundgang durch das mittelalterliche Zentrum erfreut vor allem dank der farbenfroh gestrichenen Patrizierhäuser, die vom frühen Wohlstand der örtlichen Kaufleute künden.

Wem dies gefällt, der sollte sich am nächsten Reiseziel noch wohler fühlen, denn **Regensburg** (S. 135 f., https://tourismus.regensburg.de) ist die größte fast vollständig erhaltene mittelalterliche Stadt der Republik. Begünstigt durch ihre wunderbare Lage in Alpennähe und an der Donau siedelten sich hier schon früh wohlhabende Kaufleute an. Ihre bunten Patrizierhäuser und ein Dutzend Geschlechtertürme (S. 136), der Dom St. Peter, die Steinerne Brücke über die Donau und all die anderen Baudenkmäler sind im Krieg nicht zerstört worden. Gemeinsam verleihen sie Regensburg bis heute eine unverwechselbare und in Deutschland einzigartige Anmut. Dabei ist die Stadt (155 000 Einwohner) alles andere als museal – dafür sorgen allein die mehr als 20 000 Studenten.

Nach einem schwelgerischen Besuch in der viertgrößten Stadt Bayerns geht es weiter in Richtung Südwesten, wo sich die Donau ihren Lauf durch eine sehenswerte Felsformation gebahnt hat. Die **Weltenburger Enge**, eine bis zu 80 Meter hohe Kalksteinformation, die den mächtigen Fluss auf eine Breite von 110 Metern begrenzt, ist seit 2020 als nationales Naturmonument ausgewiesen. Ganz in der Nähe sollte auch das **Kloster Weltenburg** (S. 137) gebührende Beachtung finden.

Theresienplatz und Stadtturm von Straubing

Das MINILAND im LEGOLAND® Günzburg begeistert Groß und Klein

Abstecher nach Eichstätt

Es liegt nicht ganz auf dem Weg, dennoch bietet sich hinter Ingolstadt sehr wohl ein Abstecher nach Eichstätt (www.eichstaett.de) an. Der Bischofssitz im Altmühltal (vgl. Tour 5) fällt vor allem durch sein barockes Stadtbild und die vielen Sakralbauten auf. Bei einer übersichtlichen Einwohnerzahl von knapp 14 000 Menschen konnte sich das idealtypische Bild vom Leben in einer Kleinstadt hier bis in die Gegenwart erhalten. Eben dieses ist in der Krimireihe des ortsansässigen Journalisten Richard Auer eindringlich beschrieben.

Wer Zeit hat, kann auch im Altmühltal übernachten: Zum **Campingplatz Kratzmühle** (S. 139) ist es ebenso weit wie nach Ingolstadt, nämlich rund 27 Kilometer.

Der Rundkurs durch Bayern geht weiter in Richtung **Ingolstadt** (S. 138 f., www.ingolstadt-tourismus.de). Der Ort findet meist in Zusammenhang mit einem führenden Automobilsteller oder seinem Fußballverein Erwähnung, hat aber noch mehr Argumente für einen Stopover parat. Die 1200 Jahre Geschichte der Stadt an der Donau haben so einige sehenswerte Monumente zurückgelassen – darunter zahlreiche Festungsbauten, die auch erklären, warum sich die Ingolstädter selbst gern »Schanzer« nennen.

Mittlerweile steht fest, dass das historische Erbe Bayerns gewaltig ist. Wer noch mehr Beweise sucht, findet diese zum Beispiel in **Neuburg an der Donau**, wo ein mächtiges Renaissanceschloss (www.schloesser.bayern.de) mit angegliedertem Englischen Garten über dem Fluss thront. **Donauwörth** (mit dem Käthe-Kruse-Puppen-Museum, www.donauwoerth.de) und **Günzburg** (mit dem LEGOLAND®, www.legoland.de) locken auf dem Weg nach Ulm mit familienfreundlichen Attraktionen.

Ulm: Stippvisite in Baden-Württemberg

Die Unistadt **Ulm** (S. 140 f., https://tourismus.ulm.de) selbst liegt freilich am baden-württembergischen Ufer der Donau, doch zugleich firmiert der stolze Standort des welthöchsten Kirchturms mit dem bayerischen Neu-Ulm am Ostufer als Zweilandstadt. Ulm (125 000 Einwohner) verdankt seine Bekanntheit vor allem dem Münster bzw. dessen hohem Turm. Dass die Stadt früh eine Hochburg der Zivilisation war, zeigt sich schon darin, dass sie ab 850 als Königspfalz diente; weitere Belege sind die unter deutschen Städten älteste Verfassung und ein auf 1641 datiertes Stadttheater.

Über Augsburg und die Seen zurück nach München

Mit **Augsburg** (S. 142, www.augsburg-tourismus.de) steuern wir ein letztes Mal eine Großstadt an. Wahlweise als Renaissance- oder Fuggerstadt bezeichnet, begeistert das freundliche Augsburg nicht zuletzt mit seinen Biergärten. Schon zu Römerzeiten bevölkerten 10 000 Menschen die Stadt (heute 300 000 Einwohner), war sie doch eine wichtige Station an der Via Claudia Augusta. Die Handelsstraße, die Rom mit den nördlich der Alpen gelegenen Territorien verband, verlief genau dort, wo heute die repräsentative Maximilianstraße um Aufmerksamkeit buhlt. In unserer Zeit steht die drittgrößte Stadt Bayerns für eine angenehme Mischung aus historischem Erscheinungsbild und zeitgenössischer Lebensfreude. Mit ihren verwinkelten Gassen, kleinen Restaurants und inhabergeführten Geschäften ist die Augsburger Altstadt um die Lechkanäle sehr attraktiv.

Der Augsburger Rathausplatz, angestrahlt von der untergehenden Sonne

Damit schließt sich der Kreis so langsam, denn wir nähern uns bereits wieder dem Alpenvorland – und damit den zauberhaften Seen. Nach vielen Begegnungen mit Inn, Donau und Lech ist es nun an der Zeit für Abwechslung, die der lang gestreckte **Ammersee** (www.bayregio-ammersee.de) bietet. Die Umrundung auf einem 46 Kilometer langen Radweg bietet sich hier ebenso an wie Tiefenentspannung am Seeufer. Ein Genuss sind die Bootstouren mit den Linienschiffen (www.seenschifffahrt.de). Krönender Höhepunkt ist der Besuch des Heiligen Bergs Bayerns, wie sich das **Kloster Andechs** (www.andechs.de) nicht nur wegen seiner legendären Klosterbrauerei nennt.

Dießen am südwestlichen Ufer des Ammersees

Mini-Reportage

Fuggerei in Augsburg: Die ersten Sozialwohnungen des Planeten

Der Sozialstaat ist eine Erfindung der Moderne. Oder? Nun, gewisse Elemente sind keineswegs so neu, wie viele vielleicht denken, denn diverse karitative Einstellungen/Einrichtungen waren schon in früheren Jahrhunderten durchaus üblich. Ein gutes Beispiel ist die Fuggerei in Augsburg, die als älteste Sozialsiedlung der Welt gilt. Gestiftet wurde sie im Jahr 1521 von Jakob Fugger, dessen Familie durch den Baumwollhandel mit Italien reich geworden war. Jakob Fugger (1459–1525) war darüber hinaus auch als Bankier und Montanunternehmer erfolgreich. Um den Bürgern seiner Stadt etwas zurückzugeben, hat er bedürftigen Augsburger Bürgern ein Dach über dem Kopf angeboten. Ein Modell, das zum Teil erst deutlich später in vielen Regionen des Planeten Nachahmung gefunden hat. Die Reihenhaussiedlung besteht aus 67 Häusern mit 140 Wohneinheiten und wird bis heute aus dem Stiftungsvermögen des Gründers finanziert. Wer in einer der rund 60 Quadratmeter großen Wohneinheiten leben möchte, muss katholischer Augsburger mit makellosem Leumund sein. Die Mieter müssen zusätzlich zu den Nebenkosten in Höhe von 85 Euro pro Monat lediglich den symbolischen Betrag eines Rheinischen Guldens (heute inflationsunbereinigt etwa 88 Cent) zahlen.

Fuggerei
Jakoberstr. 26, Augsburg
✆ (08 21) 31 98 81 14, www.fugger.de
Tägl. 9–18, im Winter bis 16 Uhr, Eintritt € 6,50/3

Auf einem Hügel an der Ostseite des Ammersees: Kloster Andechs

Von Andechs ist es nur einen Katzensprung bis zum größeren und noch attraktiveren **Starnberger See** (S. 143, www.bayregio-starnberger-see.de), heute das favorisierte Ausflugziel der Münchener und schon vor Jahrhunderten von privilegierten Zeitgenossen geschätzt – so hat Prinzessin Sisi weite Teile ihrer Jugend in Schloss Possenhofen verbracht.

Die Seele baumeln lassen an dem klaren Gewässer mit den ersten Alpenketten im Hintergrund – das ist ein würdiger Abschluss für einen Roadtrip. Oder ein guter Moment, abermals ein paar Tage München dranzuhängen. ■

SERVICE & TIPPS

München – Bad Füssing – Passau – Bayerischer Wald mit Frauenau, Zwiesel und Spiegelau – Regensburg – Kloster Weltenburg – Ingolstadt – Ulm – Augsburg – Starnberger See

MÜNCHEN

Das weltbekannte Hofbräuhaus zählt zu den beliebtesten Touristenattraktionen Münchens

Westend
U-Bahn: Schwanthalerhöhe
Als gediegene Residenzstadt und Wirtschaftsmotor ist München bekannt. Als Brutstätte der Subkultur eher nicht. Das will aber nicht heißen, dass es in der bajuwarischen Kapitale keine hippen Stadtviertel gibt. Wer sich überzeugen möchte, muss nur die auch als Westend bekannte Schwanthalerhöhe besuchen: Streetart, originelle Cafés wie das Dupont (www.cafedupont.eu) oder das Westend (www.cafe-westend.com) und eine kunstvolle Treppe aus dem Atelier von Olafur Eliasson (Innenhof von KPMG, Ganghoferstr. 29) sprechen eine kreative Sprache.

Tram 19
www.muenchen.de
Keine Lust auf Hop-on-Hop-off-Busse? In diesem Fall eignet sich die Tramlinie 19 als Ersatz. Die Bahn fährt von Pasing über Hauptbahnhof und Nationaltheater, um durch die Maximilianstraße zur Endstation Berg am Laim zu gelangen. Unterwegs reihen sich die Sehenswürdigkeiten aneinander – und dies zum Preis eines normalen ÖPNV-Tickets.

Münchner Weißwurst

Der Legende nach ist die Weißwurst 1857 entstanden, weil zur Stabilisierung der Wurst nur noch Darm erhältlich war, der beim Braten aufplatzte. So wurde das aus Kalbsfleisch, Schweinespeck und Eischnee bestehende und mit Zwiebeln, Petersilie, Pfeffer, Salz, Kardamom und ein wenig Ingwer gewürzte Fleischprodukt auf schonende Weise im Kochtopf zubereitet. Der Verzehr ist einfach: Die Wurst längs aufschneiden, das Fleisch auslösen, in mundgerechte Stücke schneiden und mit süßem Senf, Brezen sowie gegebenenfalls einem Weißbier aufessen.

Eisbachwelle
Berühmt gewordenes Phänomen am Südende des Englischen Gartens mit ganzjährigem Publikumszuspruch: Surfer üben sich fotogen auf einer Welle am Eisbach mitten in der Stadt.

Müllersches Volksbad
Rosenheimer Str. 1, München
www.swm.de
Tägl. 7.30–23 Uhr, Eintritt ab € 5
Das im Jugendstil errichtete öffentliche Schwimmbad von

Müllersches Volksbad

TOP 9 München

Englischer Garten
Am Nordende der Altstadt an der Isar
www.muenchen.de
Stadtpark von enormen Ausmaßen mit ebenso weitläufigen Biergärten, nach dem Oktoberfest die vielleicht meistgenannte Attraktion.

Marienplatz
Zentraler Platz der Innenstadt, Ausgangspunkt der Maximilianstraße (Fußgängerzone) und Standort des Neuen Rathauses.

Hofbräuhaus
Platzl 9, www.hofbraeuhaus.de
Tägl. 9–0 Uhr
Legendäres Brauhaus, in dem der Gerstensaft in Strömen fließt, Eigentum des Freistaats Bayern und Pilgerstätte von Touristen aus aller Herren Länder.

Viktualienmarkt
www.viktualienmarkt-muenchen.de
Untersch. Öffnungszeiten je nach Stand
Anziehungspunkt für Genießer und Feinschmecker, die sich vor Ort sowohl mit regionalen Produkten als auch mit internationalen Delikatessen eindecken.

Peterskirche
Rindermarkt 1, tägl. mindestens 9–18 Uhr
Turmbesteigung € 3/1
Die älteste Pfarrkirche der Stadt dient mit ihrem Turm, liebevoll »Alter Peter« genannt, auch als Wahrzeichen und – nach Bewältigung von 300 Stufen – als Aussichtsplattform mit Alpenblick.

Olympiaturm und Stadion
www.olympiapark.de
Der im Nordwesten der Stadt gelegene Komplex mit dem markanten Stadiondach ist seit dem Ende der Olympischen Spiele 1972 Leibesbetätigung und Freizeitgestaltung vorbehalten.

Frauenkirche
Frauenplatz 12, ✆ (089) 290 08 20
www.muenchner-dom.de
Tägl. außer So 8–17 Uhr
Spätgotisches Gotteshaus aus dem 15. Jh., dessen charakteristische Türme gern als Fotomotiv genutzt werden – vor allem wenn der Blick bis zu den schneebedeckten Bergen reicht.

Schloss Nymphenburg
Schloss Nymphenburg 1
www.schloss-nymphenburg.de
Tägl. 9–18, im Winter 10–16 Uhr
Park im Winter geschl.
Eintritt € 15/13, unter 18 J. frei
Die großzügig angelegte Sommerresidenz der Wittelsbacher aus dem 17. und 18. Jh. begeistert mit kunsthistorischen Schätzen und einer elaborierten Gartenanlage.

Pinakotheken
Barer Str. 27–40
www.pinakothek.de
Di/Mi 10–20.30, Do–So 10–18 Uhr
Eintritt ab € 7
Alte, Neue und Pinakothek der Moderne bilden im Kunstareal ein kunsthistorisches Schwergewicht von europaweitem Rang.

1901 mit neobarocken Elementen ist nicht nur Badegelegenheit und Wellnessadresse, sondern auch Sehenswürdigkeit.

Eisdiele

Der verrückte Eismacher
Amalienstr. 77, München
www.dvem.de
Hochgradig exotische Geschmacksrichtungen mit Bier oder Obazda rechtfertigen den Celebrity-Status dieses Produzenten. Drei Eisläden.

Brauhaus

Augustinerkeller
Arnulfstr. 52, München
✆ (089) 59 43 93
www.augustinerkeller.de
Tägl. 10–1 Uhr
Inbegriff von Brauhausgemütlichkeit und folkloristischer Biergartenfreude mit geringerem Touristenfallenfaktor als manch vergleichbares Lokal. In der beliebten Maxvorstadt gelegen. ■

Campingplatz

Campingplatz München Thalkirchen
Zentralländstr. 49, München
✆ (089) 723 17 07, http://campingplatz-thalkirchen.de
Mitte März–Okt.
Campingplätze sind nicht Münchens Kernkompetenz. Diese Anlage liegt bei Obersendling an der Isar in der Nähe der S-Bahn (Siemenswerke). Veraltete Sanitäranlagen.

BAD FÜSSING

Die drei Thermen
In den Genuss des schwefelhaltigen Heilwassers kommen Besucher in drei großflächigen Thermen, wobei Therme 1 (www.thermeeins.de), Europatherme (www.europatherme.de) und Johannesbad (www.johannesbad-therme.de) jeweils einen eigenen Charakter zeigen.

Spa-Park in Bad Füssing

Kino
Kurhausstr. 2 und Sonnenstr. 4
Bad Füssing
http://kino-bad-fuessing.de
Mit der Filmgalerie und dem Kino im Großen Kurhaus besitzt das kleine Bad Füssing gleich zwei preisgekrönte Lichtspielhäuser, die sich vom Streaming-Alltag abheben.

Restaurant

Glockenturm
Thermalbadstr. 4
Bad Füssing
✆ (085 31) 95 70
www.hotel-holzapfel.de
Mi–Sa 18–22, So 12–14 Uhr
Klassische Küche der Region mit jahreszeitlichen Variationen in gediegenem Ambiente. ■

Campingplatz

Camping Holmernhof
Am Tennispark 10, Bad Füssing
GPS: 48.35900, 13.30936
✆ (085 31) 247 40, www.holmernhof-camping.de
Ganzjährig geöffnet
Hochwertige Anlage mit großzügigen Stellplätzen, modernen Sanitäranlagen, eigenem Biergarten und Wellnesspaketen. Am Ortsrand gelegen.

PASSAU

Stadtführung Passaus Glanz und Elend
Treffpunkt Rathausturm Passau
https://tourismus.passau.de
Tägl. 14 Uhr (1 Std. 45 Min.)
Ticket € 13/6
Eine besondere Besichtigungstour: Führung mit kostümierten Schauspielern, die das Barockzeitalter wiederbeleben.

Dom St. Stephan
Domplatz 7, Passau
✆ (08 51) 39 30
www.bistum-passau.de
Tägl. 6.30–18 Uhr
Sehenswerter Sakralbau mit weißen Türmen und blaugrünen Kuppeln. Der Dom gilt als vielleicht schönste Barockkirche nördlich der Alpen. In seinem prunkvollen Innern verbirgt sich die mit 17 974 Pfeifen und 233 Registern größte Domorgel der Welt.

Die Veste Niederhaus an der Donau in Passau und darüber die Veste Oberhaus auf dem St. Georgsberg

Veste Oberhaus
Oberhaus 125, Passau
✆ (08 51) 39 68 00
www.oberhausmuseum.de
Mo, Do/Fr 9–17, Sa/So 10–18 Uhr, Eintritt € 5/4
Die 1219 auf dem Georgsberg am Nordufer der Donau gegründete Burganlage gehört zu den größten Europas und rückt entsprechend häufig ins Blickfeld. Das beeindruckende Bauwerk mit seiner langen Historie ist heute ein Ort der Kultur mit Museum, Burgfestspielen und Sommerkino. Hinzu kommt der unumstritten schönste Blick auf Passau.

Mini-Reportage

Altstadt

Was bleibt in Passau neben dem vielen Wasser besonders in Erinnerung? Richtig, die Altstadt, die aufgrund des spärlichen Platzes nur sehr enge Gassen zulässt. Oftmals sind diese mit Kopfsteinpflaster ausgelegt. Hier stehen im Wechsel ehrwürdige Bürgerhäuser und schöne Patrizierbauten, deren pastellfarbener Anstrich dem Stadtbild etwas Sanftes verleiht. Die Inn-Promenade nicht vergessen. Infos unter https://tourismus.passau.de.

Passau am Dreiflüsseeck

Rathausturm

Dreiflüsseeck
Passau
Am Zusammenfluss der drei Flüsse bietet sich ein recht einmaliges Schauspiel: Das Wasser des Inns, der von den Gletschern der Schweizer Alpen gespeist wird, ist grün. Die Donau, die im Schwarzwald ihren Lauf nimmt, hat eine recht konventionelle Farbe, die zwischen blau und braun changiert. Hinzu kommt das Wasser der Ilz, das aus einem Moorgebiet kommt und entsprechend schwarz eingefärbt ist. So entsteht in der Donau ein Farbgemisch aus drei Wasserfarben.

Schiffstour auf der Donau
Höllgasse 26, Passau
✆ (08 51) 92 92 92
www.donauschifffahrt.eu
Fahrten April–Okt., in der Hauptsaison alle 30 Min.
Ticket € 10/5 (45 Min.)

Die größte Orgel Europas im Dom St. Stephan

Die Highlights von Passau inklusive Zusammenfluss von Ilz, Inn und Donau sehen die Besucher an Bord der Ausflugsschiffe bei allen Standardfahrten. Saisonal kommen diverse andere Touren hinzu. Wer mag, kann sogar eine Tagestour bis ins österreichische Linz unternehmen.

Restaurant

Culinarium
Lederergasse 16, Passau
✆ (08 51) 98 90 82 70
www.culinarium-passau.de
Das vielleicht beste Restaurant der Stadt erfreut mit mediterraner Küche, die heimische, orientalische und asiatische Einflüsse zulässt. ■

Stellplatz

Wohnmobilstellplatz Racklau
Regensburger Str. 14
Passau
GPS: 48.57429, 13.42866

In Ermangelung eines voll ausgestatteten Wohnmobilplatzes in Passau greifen Besucher liebend gern auf diese kostenlose Alternative zurück. Keine Ver- und Entsorgungseinrichtungen.

BAYERISCHER WALD

Acht-Tausender-Tour
Lust auf eine besondere Herausforderung, ohne gleich einen Ultramarathon hinzulegen? In diesem Fall bietet sich außerhalb des Nationalparks eine Wanderung an, die innerhalb eines Tages über acht Berge mit einer Höhe von wenigstens 1000 Metern führt. Die 16 km lange Strecke beginnt am Berggasthof Eck, um anschließend die Gipfel von Mühlriegel (1080 m), Ödriegel (1156 m), Schwarzeck (1238 m), Reischflecksattel (1126 m), Heugstatt (1261 m), Enzian (1285 m) und Kleinem Arber (1384 m) zu passieren. Krönender Abschluss ist die Besteigung des Großen Arber (1453 m). Das klingt schlimm und ist tatsächlich eine ernstzunehmende Sache. Die Summe von 1044 Höhenmetern aber hält sich noch im Rahmen. Außerdem bitten unterwegs sechs urige Berghütten zur Einkehr. Bei der Wanderung handelt es sich um eine Etappe des sogenannten Goldsteigs. Von Mitte Mai bis Ende

Radarkuppel am Großen Arber mit abgesteckten Wanderwegen

Bayerischer Wald

Mini-Reportage

Eine fast urtümliche Landschaft am Rande der Republik. Sanft ansteigende und dabei beträchtlich hohe Berge, in denen sich der Schnee lange halten kann. Eine fast schon meditative Stille. So ungefähr klingen typische Beschreibungen des Bayerischen Walds. Weil die Region ohne spektakuläre Sehenswürdigkeiten auskommt, ist sie vom Massentourismus bislang weitgehend verschont geblieben.
Für Menschen, die die Natur lieben, ist der Bayerische Wald ein Kraftort, der besonders innerhalb der Grenzen von Deutschlands ältestem, gleichnamigen **Nationalpark** einen enormen Erholungswert besitzt. Wer hier unterwegs ist, darf kein landschaftliches Spektakel vom Schlage des Grand Canyon oder auch nur der nahen Alpen erwarten. Vielmehr handelt es sich um ein Schutzgebiet, das so weit wie möglich in seinen Urzustand zurückgeführt werden soll. Gemeinsam mit dem Böhmerwald im angrenzenden Tschechien gilt der Bayerische Wald dabei als größte zusammenhängende Waldfläche Europas. Ein prächtiges Stück Natur, das es zu schützen gilt. Infos unter www.bayerischer-wald.de, www.nationalpark-bayerischer-wald.bayern.de.

Über natürliche Steinstufen geht es auf den Lusen

Oktober ermöglicht der örtliche Wanderbus den Transfer. Infos unter www.goldsteig-wandern.de.

Wanderung über die Himmelsleiter auf den Lusen
www.bayerischer-wald.de
Strecke 7 km, Dauer 4 Std., Höhenunterschied 530 m
Vom Startpunkt an der Igelbus-Haltestelle Fredenbrücke führt diese Wanderung zu der Felsformation Teufelsloch. Anschließend geht es über die Steinstufen der Himmelsleiter (»Sommerweg«) zum Gipfel des Lusen (1373 m). Ganz in der Nähe bittet der Lusenwirt (http://lusenwirt.de) unter dem Motto »Gastfreundschaft auf hohem Niveau« zur Einkehr. Zurück zum Ausgangspunkt geht es entweder per pedes oder alternativ mit dem Igelbus (ab Lusenparkplatz).

Staatliches Museum zur Geschichte der Glaskultur
Am Museumspark 1
Frauenau
✆ (099 26) 94 10 20, http://glasmuseum-frauenau.de
Tägl. außer Mo 9–17 Uhr
Eintritt € 5 (So € 1), bis 18 J. frei
Die Besucher begeben sich auf eine Reise durch die Kulturgeschichte des Glases von den Anfängen im Zweistromland bis heute.

Erste Dampfbierbrauerei W. Pfeffer
Regener Str. 9
Zwiesel
✆ (099 22) 846 60
www.dampfbier.de
Führung Di, Do und Fr 14 Uhr
Führung inkl. Getränk € 5,80
Obergärige Bierspezialität, die 1889 unter erheblicher Kohlesäureentwicklung in Kellergewölben aus Gerstenmalz kreiert wurde.

Weißwurstäquator

Kulinarisches Schaufenster – Schmankerl aus der Region
Info-Zentrum 1
Zwiesel
✆ (099 22) 869 88 10
www.arberland-bayerischer-wald.de, www.zwiesel.de
Mo–Fr 10–18, Sa 9–13 Uhr
Angenehm schrullige Attraktion: Der 49. Breitengrad gilt als offizielle Demarkationslinie, die den Weißwurst essenden Süden der Republik vom enthaltsamen Norden trennt. In Zwiesel wurde die bis dato eher imaginäre Linie 2013 in Form eines Denkmals sichtbar gemacht und mit einer Picknickbank gewürdigt. Das benachbarte Kulinarische Schaufenster sorgt für Speis und Trank. ■

Campingplatz

Camping am Nationalpark
Bergstr. 44, Spiegelau-Klingenbrunn
GPS: 48.91688, 13.33130
✆ (085 53) 727, www.camping-nationalpark.de

Ganzjährig geöffnet
Kleiner Campingplatz zwischen Klingenbrunn und Spiegelau mit familiärer Atmosphäre. Saubere, aber ein bisschen in die Jahre gekommene Sanitäranlagen.

REGENSBURG

Kopfsteingepflastert: Altstadtgasse in Regensburg

Dom St. Peter
Domplatz 1, Regensburg
www.bistum-regensburg.de
Tägl. Juni–Aug. 6.30–19, sonst 6.30–17/18 Uhr
Mit seinen 105 m hohen Türmen ist der Dom unumstrittener Mittelpunkt der Stadtsilhouette. Mit dem Bau wurde 1275 im gotischen Stil begonnen, 175 Jahre später konnte die erste Messe darin gehalten werden. Bis heute ist er nicht nur die spirituelle Heimat des Bistums Regensburg, sondern auch Wirkungsstätte der Regensburger Domspatzen. Der berühmte Chor ist seit mehr als 1000 Jahren für die liturgische Gestaltung des Gottesdienstes verantwortlich.

Steinerne Brücke

Steinerne Brücke
Die Regensburger Architekten des Mittelalters haben neben dem Vertikalbau auch den Brückenschlag beherrscht: Die Steinerne Brücke über die Donau gilt seit ihrer Fertigstellung im Jahr 1146 als Meisterwerk der Baukunst. Weil das 336 m lange Bauwerk lange Zeit die einzige Flussquerung zwischen Ulm und Wien darstellte, war sie zugleich von erheblicher wirtschaftlicher Bedeutung. Die Donaubrücke mit ihren steinernen Rundbögen war eines von vielen Argumenten, welche die UNESCO dazu bewogen haben, der Altstadt von Regensburg den Status eines Weltkulturerbes zu verleihen.

Donauinseln mit Biergärten

Oma in da Antn
Badstr. 32, Regensburg
✆ (09 41) 20 90 94 00
http://oma-plüsch.de

Alte Linde
Müllerstr. 1, Regensburg
✆ (09 41) 880 80
www.altelinde-regensburg.de
Die Donau erhält im Stadtgebiet von Regensburg Zuwachs

Weltkulturerbe der UNESCO: Regensburger Altstadt mit Dom St. Peter

Außengastronomie mit Blick auf St. Peter

vom Fluss Regen, der sein Wasser aus dem Bayerischen Wald bezieht. Kurz vor dem Zusammenfluss bildet die Donau zwei Inseln: Die eine trägt den Namen Stadtamhof, die andere ist in den Unteren und Oberen Wöhrd unterteilt. Die Inseln gehören zu den schönsten Arealen Regensburgs und sind nicht zuletzt wegen der Biergärten **Oma in da Antn** und **Alte Linde** auf dem Oberen Wöhrd sehr beliebt. Der Blick auf die Altstadt ist formidabel.

Bernard Schnupftabakfabrik
Gesandtenstr. 5, Regensburg
www.regensburg.de
www.schmalzlerfranzl.de
Führungen Fr–So 14.30 Uhr (Karten im Café Anna)
Eintritt € 5/2,50

Regensburg war nicht nur im Mittelalter eine wohlhabende und innovative Stadt. Dies zeigt ein Blick in das Firmengebäude der Schnupftabakfabrik Bernard, die im sogenannten Zanthaus und dem angrenzenden Ingolstetter Haus untergebracht ist. Beide Kaufmannshäuser wurden zu Beginn des 19. Jh. zur Produktionsstätte für das typisch bayerische Ge-

Mini-Reportage

Grandiose Geschlechtertürme

Eine mittelalterliche Skyline? Das gab es vor allem in San Gimignano und anderen Orten Italiens, wo wohlhabende Patrizierfamilien schon im 13. Jahrhundert damit begonnen haben, sogenannte Geschlechtertürme (für ihr jeweiliges Adelsgeschlecht) zu errichten. Sie waren Ausdruck von Wohlstand – und Auslöser für lyrische Vergleiche mit den Wolkenkratzern späterer Jahrhunderte. Treffender allerdings ist die Feststellung einer Analogie zu Regensburg, deren Kaufleute stets enge Handelsbeziehungen zu Italien unterhielten und dortige Gepflogenheiten übernommen haben. So ist im 13. Jahrhundert auch in Bayern eine Stadtsilhouette entstanden, aus der einst zwei Dutzend Türme hervorragten. Ein Phänomen übrigens, das auch in Nürnberg oder Konstanz zu beobachten war. Allerdings hat nur in Regensburg ein Großteil der Geschlechtertürme die Jahrhunderte überstanden. Bis heute bereichern zwölf ehemalige Statussymbole die Innenstadt. Die meisten befinden sich in Privatbesitz. Man schmückt sich eben offenbar immer noch gern mit den repräsentativen Bauten. Der bekannteste Vertreter ist der Goldene Turm von 1260, der seit dem 17. Jahrhundert nach einer Gaststätte benannt ist. Der 50 Meter hohe Prachtbau bildet eine löbliche Ausnahme von der örtlichen Regel, denn er gehört keinem Millionär. Viel mehr befindet sich darin seit 1985 ein Studentenwohnheim. Schöner kann man den Wandel einer Gesellschaft vom Elitären zum Egalitären wohl kaum illustrieren.

Informationen zu den Geschlechtertürmen im Alten Rathaus
Rathausplatz 4, Regensburg
✆ (09 41) 507 44 10
https://tourismus.regensburg.de

nussmittel umgemodelt. Ein Teil der Räumlichkeiten dient heute als Museum, in dem es noch immer nach der einst hergestellten Ware duftet.

Wurstlokal

Wurstkuchl
Thundorferstr. 3
Regensburg
✆ (09 41) 46 62 10
www.wurstkuchl.de
Tägl. 10–17, Sa bis 18 Uhr
Neben der Steinernen Brücke werden seit mehr als 500 Jahren über dem offenen Holzkohlegrill die ebenso charakteristischen wie schmackhaften Würstchen zubereitet. Dazu gibt es köstlichen Senf aus eigener Produktion.

Restaurant

Storstad
Watmarkt 5
Regensburg
✆ (09 41) 59 99 30 00
https://storstad.de
Tägl. außer Mo 12–14 und ab 18 Uhr
Kulinarisch hochwertig ist dieses Lokal, das sich auf moderne skandinavische Küche spezialisiert hat. Schöner Bonus: Es befindet sich im fünften Stock einer mittelalterlichen Patrizierburg. Der Blick auf die mittelalterliche Silhouette der Stadt ist kostenlos. ■

Auf dem Weg nach Ingolstadt: Kloster Weltenburg

Die Benediktinerabtei Weltenburg liegt außergewöhnlich schön auf einer Landzunge, die an drei Seiten von der Donau umgeben ist. Die geschichtsträchtige Anlage ist mehr als 1000 Jahre alt. Während all dieser Jahre konnten sich die Bewohner am Anblick der von bis zu 80 Meter hohen Felsen eingerahmten Weltenburger Enge, des sogenannten Donaudurchbruchs, erfreuen. Bis heute leben Mönche in dem Kloster, die unter anderem ein Gästehaus und eine Klosterschänke betreiben.

Kloster Weltenburg
Asamstr. 32, Kelheim-Weltenburg
✆ (094 41) 675 70, www.kloster-weltenburg.de

Campingplatz

Azur Camping
Weinweg 40, Regensburg, GPS: 49.02812, 12.05900
✆ (09 41) 27 00 25, www.azur-camping.de
Ganzjährig geöffnet
Populärer Platz westlich der Stadt in schöner Lage an der Donau und mit modernen Sanitäranlagen. Weitere Pluspunkte sind der kleine Laden und der Gemeinschaftsgrillplatz. Mit dem Fahrrad dauert es rund eine Viertelstunde bis in die 3,5 km entfernte City. Frei- und Hallenbad sind um die Ecke.

INGOLSTADT

Altstadtrundgang
Download der Strecke über
www.ingolstadt-tourismus.de
Dauer des Rundgangs 1,5–2 Std.
Ausgeschilderte Tour, die anhand von 25 Stationen den Aufstieg der erstmals 806 als »Ingoldesstat« erwähnten Siedlung zur Residenzstadt erklärt. Startpunkt ist das Alte Rathaus, zu den Highlights gehören das gotische Neue Schloss, das Münster und das Pfründnerhaus, das im 15. Jh. für die Armen der Stadt errichtet wurde.

Der Platz vorm Ingolstädter Rathaus ist ein beliebter Treffpunkt

Festungsrundgang
Download der Strecke unter
www.ingolstadt-tourismus.de
Dauer des Rundgangs 2–3 Std.
Fußballfans wissen es: Die Ingolstädter nennen sich selbst vorzugsweise »Schanzer«. Das geht zurück auf die Tradition der Donaustadt als strategisch wichtiger Punkt an Handelswegen und Flussübergang. »Auf der Schanz«, so heißt es, hielten tapfere Soldaten und wehrhafte Bürger etwaigen Angriffen stand. Dabei war ein über Jahrhunderte gewachsenes System an Festungsbauten behilflich, das deutschlandweit kaum irgendwo so gut erhalten ist. Ein beschilderter Rundgang (7 km) führt vorbei an diversen sehenswerten Bauten, zu denen allen voran die ehemalige Bayerische Landesfestung zählt. Ausgangspunkt der Tour ist der Brückenkopf an der Konrad-Adenauer-Brücke.

Audi Forum/Museum Mobile
Auto-Union-Str. 1
Ingolstadt
www.audi.de

Oldtimer faszinieren auch jüngere Besucher des Audi Forums

Die Landsfestung diente der Verteidigung von Ingolstadt

Mo–Fr 9–17, Sa/So 10–16 Uhr, Eintritt ab € 5/2,50
Unterhaltsames, multimediales Museum, das dem Automobil huldigt und den Autokauf zum Event aufwertet. Besonders schön ist die Museumsabteilung für Oldtimer.

Lokal mit Biergarten

Das Mo
Neue Galerie, Bergbräustr. 7
Ingolstadt
✆ (08 41) 339 60
https://dasmo.chayns.net
Tägl. ab 10.30 Uhr
Das helle Lokal mit gemütlichem Biergarten, der auch überdachte Plätze bietet, serviert traditionelle und moderne Gerichte. Manchmal finden Events statt, auch Fußball wird auf großen Bildschirmen übertragen. ■

Campingplätze

Azur Camping
Am Auwaldsee 1, Ingolstadt, GPS: 48.75371, 11.46405
✆ (08 41) 961 16 16, www.azur-camping.de
Ganzjährig geöffnet
Großer Campingplatz am einladenden Auwaldsee mit sanierten Sanitäranlagen sowie eigenem Restaurant. 3,5 km südöstlich von Ingolstadt City.

Campingplatz Kratzmühle
Gut 30 km nördl. von Ingolstadt
Mühlweg 2, Kinding
GPS: 49.00380, 11.45181
✆ (084 61) 641 70
https://kratzmuehle.de
Ganzjährig geöffnet
Ab Ingolstadt lockt ein mehrtägiger Abstecher ins schöne Altmühltal (vgl. S. 125 und Tour 5), das zu den unentdeckten Urlaubsgegenden Deutschlands zählt. Dieser idyllisch gelegene und familienfreundliche Platz direkt an der Altmühl befindet sich mitten im Naturpark und dabei zugleich in der Nähe attraktiver Städte.

ULM

Münster
Münsterplatz 1, Ulm
✆ (07 31) 379 94 50
www.ulmer-muenster.de
Turm tägl. 10–17 Uhr
Eintritt € 5/2,50
Mit einer Höhe von 161 Metern besitzt das Ulmer Münster den weltweit höchsten Kirchturm – und das, obwohl es bei Baubeginn 1377 noch keine verlässlichen Berechnungsmethoden gab. Nach gut anderthalb Jahrhunderten war der Sakralbau fertig, doch seine ihm ursprünglich zugedachte Funktion als katholische Kirche sollte er nur kurz wahrnehmen: Seit 1530 ist das Münster das weltweit größte protestantische Gotteshaus. Im Mittelalter haben hier bis zu 20 000 Menschen an Messen teilgenommen. Die 748 Stufen bis zur obersten Aussichtsplattform auf 148 m sind eine veritable Herausforderung.

Fischer- und Gerberviertel
Rund um Schwörhausgasse, Auf der Insel und Fischergasse Ulm
Das Flüsschen Blau mündet in der City aus Nordwesten kommend in die Donau. Hier sind im Mittelalter Fachwerkhäuser, malerische Gassen und gemütliche Gaststätten entstanden, die dem Viertel einen eigenen Anstrich verleihen. Noch im 19. Jahrhundert war es das Quartier der Schiffsleute, Gerber und Donaufischer und die Häuser dienten als Wohn- und Arbeitsstätten zugleich. Bekanntestes Monument ist das sogenannte »Schiefe Haus« (Schwörhausgasse 6) von 1443.

Museum Brot und Kunst Forum Welternährung
Salzstadelgasse 10, Ulm
✆ (07 31) 14 00 90, https://museumbrotundkunst.de
Mo 10–15, Di–So 10–17 Uhr
In einem Renaissancegebäude von 1592/93, ursprünglich ein Lagerhaus für Getreide und Salz, hat sich ein ganz spezielles Museum installiert. Die Sammlung mit Objekten aus kultur-, sozial- und technikgeschicht-

Der höchste Kirchturm der Welt: der Turm des Ulmer Münsters

Historische Häuser im berühmten Fischerviertel

lichen Zusammenhängen widmet sich dem Thema Brot und Nahrung. Eine große Rolle spielt dabei die Kunst. Gezeigt werden Werke vom 15. bis ins 21. Jahrhundert, die Künstler reichen von Stoskopff über Chagall, Pechstein und Picasso bis zu Lüpertz und Jankowski. Im dritten Obergeschoss regt eine dokumentarisch-künstlerische Medieninstallation zum Nachdenken über die verschiedenen Aspekte der Welternährung ein.

Restaurant

Treibgut
Friedrichsau 50, Ulm
✆ (07 31) 206 40 00
https://hotel.lago-ulm.de
Tägl. ab 17 Uhr
Innovative Kompositionen aus eigener Metzgerei, Bäckerei, Patisserie und Brauerei. Selbst der Honig stammt vom Dach des Hotel Lago. Hier ist das Treibgut die preiswerte Alternative zum Sternelokal Seestern. ■

Foyer im Museum Brot und Kunst

Campingplatz

Heidehof Camping
Gut 20 km nordwestl. von Ulm
Heidehofstr. 50, Laichingen-Machtolsheim
GPS: 48.47768, 9.74586
✆ (073 33) 64 08, www.camping-heidehof.de
April–Sept.
Kleiner Abstecher auf die Schwäbische Alb gefällig? Dafür dient sich dieser Viersterneplatz mit vielen familienfreundlichen Einrichtungen an. Zahlreiche attraktive Ausflugsziele liegen in der Nähe.

AUGSBURG

Führung UNESCO-Welterbe Wassernutzung
✆ (08 21) 502 07 21
www.augsburg-tourismus.de
Sa 11.30 Uhr ab Rathaus Augsburg, Ticket € 12/10
Wassertürme, Kanäle, Brunnen: In Augsburg hat die Wasserwirtschaft schon früh einen hohen Standard erreicht. Seit 2019 stehen 22 Objekte des Wassermanagement-Systems auf der Liste des UNESCO-Weltkulturerbes. Eine spezielle Führung erläutert, was es damit auf sich hat.

Augsburger Puppenkiste
Spitalgasse 15, Augsburg
✆ (08 21) 450 34 50, www.augsburger-puppenkiste.com
Die Vorstellungen des Marionettentheaters wirken im Digitalzeitalter wie aus der Zeit gefallen und haben gerade deshalb nichts von der Faszination verloren, die sie schon bei der Uraufführung 1948 ausgeübt haben. Mit hauseigenem Museum.

Brauhaus

Braustüberl zum Thorbräu
Wertachbrucker-Tor-Str. 9
Augsburg
✆ (08 21) 365 62
www.thorbraeu-stueberl.de
Tägl. ab 11 Uhr
Ein Brauhaus mit über 430 Jahren auf dem Buckel: Hausgemachte Biere, tolle Kaasspatzen, üppige Veggie-Burger und die üblichen Fleischgerichte.

Der Kasperl aus der »Augsburger Puppenkiste«

Biergarten

Lug ins Land
Am Lueginsland 5
Augsburg
✆ (08 21) 34 58 30
www.oblingers-luginsland.de
Bei gutem Wetter tägl. ab 11 Uhr
Wunderbarer Biergarten unter Kastanien an der alten Stadtmauer. ■

Der Hochablass am Lech steht als Teil des Wassermanagement-Systems auf der Liste des UNESCO-Weltkulturerbes

Campingplatz

Campingplatz Bella Augusta
Mühlhauser Str. 54 B, Augsburg
GPS: 48.41188, 10.92381
✆ (08 21) 70 75 75, www.bella-augusta.de
Ganzjährig geöffnet
Der familiengeführte Platz liegt an einem Badesee, leider auch in der Nähe der Autobahn. 6 km nördlich der Augsburger City.

STARNBERGER SEE

Seeumrundung

Fahrradverleih Fritz Schreiber
Bahnhofstr. 13, Seeshaupt
✆ (088 01) 395 02 91
www.zweirad-starnbergersee.de, Rad € 28 pro Tag
Der knapp 50 km lange Inselweg eignet sich perfekt zur naturnahen Erkundung des Sees und all seiner landschaftlichen, architektonischen und touristischen Reize.

Mit dem Schiff zur Roseninsel
Abfahrt: Glockensteg, am Ufer gegenüber der Roseninsel
www.roseninsel.bayern
Mai–Okt. meist 10–18 Uhr
Ticket € 5/3
Das winzige Eiland ist 170 m vom Westufer des Sees entfernt. König Maximilian II. von Bayern ließ sich hier ein ruhiges Sommerdomizil schaffen. Das »pompejanisch-bayerische Casino« und der von Peter Joseph Lenné entworfene Garten sind bis heute zu bewundern. Sehr romantisch!

Renaissanceschloss Possenhofen
Pöcking-Possenhofen
www.bayregio-starnberger-see.de
Das Bauwerk ist in erster Linie dafür bekannt, einst die Heimat von Kaiserin Elisabeth von Österreich gewesen zu sein. Eine erste Version allerdings datiert bereits aus dem Jahr 1536. Nach einer wechselvollen Geschichte wurden in den 1980er Jahren Eigentumswohnungen eingerichtet, weshalb der Bau nur von außen im Vorbeigehen besichtigt werden kann.

Museum der Phantasie
Am Hirschgarten 1, Bernried
✆ (081 58) 99 70 55
www.buchheimmuseum.de
Tägl. außer Mo 10–18 Uhr
Eintritt € 10/5
Hochwertige Privatsammlung des Tausendsassas Lothar-Günther Buchheim (1918–2007) mit Werken wichtiger Expressionisten wie Emil Nolde, Ernst Ludwig Kirchner und Max Pechstein in einem ausdrucksstarken Bau.

Der Starnberger See wurde bis ins 19. Jahrhundert »Würmsee« genannt, die heutige Bezeichnung geht auf das Jahr 1962 zurück

Restaurant

Restaurant Kaiserin Elisabeth
Golfhotel Kaiserin Elisabeth
Tutzinger Str. 2, Feldafing
✆ (081 57) 930 90
www.kaiserin-elisabeth.de
Wenn schon Sisi, dann richtig: Dieses Lokal befindet sich an einem der Lieblingsorte der Kaiserin. Auf den Teller kommt unter anderem Fisch aus dem See, Renke nach Matjesart. ■

Campingplatz

Camping Seeshaupt
St. Heinricher Str. 127, Seeshaupt
GPS: 47.82002, 11.32316
✆ (088 01) 914 68 80
https://camping-seeshaupt.com
April–Sept.
Gepflegter Platz mit Seezugang und Liegewiesen am Südzipfel des Sees. Moderne Sanitäranlagen.

Bayern abseits der Alpen

Wer die Vorzüge Bayerns genießen möchte, muss dafür nicht zwangsweise die Alpen oder deren Vorland aufsuchen. Schließlich weiß der Freistaat neben der Metropole München auch weitläufige Flusstäler, großflächige Naturschutzgebiete und kleinere Stadtperlen wie Passau und Regensburg innerhalb seiner Grenzen. Die beiden letztgenannten Städte eint ihre Lage an der Donau. Und auch ein Umweg durch den wunderbar ruhigen Bayerischen Wald führt von einem Ziel zum anderen. Wandern und Waldbaden gehören zu den bevorzugten Aktivitäten in Europas größtem zusammenhängenden Waldgebiet. Weiter in Richtung Donauquelle warten mit Ingolstadt und – am baden-württembergischen Donauufer – Ulm zwei interessante Städte. Vorbei an Augsburg mit seinen herrlichen Biergärten geht es abschließend ins Land der fünf Seen, die sich gegenseitig mit attraktiven Kulissen überbieten.

1 Englischer Garten: Münchens größter Park

Wer gern schaut oder gesehen wird, ist in dem ebenso weitläufigen wie vielseitigen Park gut aufgehoben – sei es auf den Grünflächen, in den Biergärten oder an der Eisbachwelle, dem vielleicht begehrtesten Binnenland-Surfspot des Planeten.

2 Pinakothek der Moderne: Ein Highlight in Münchens Kunstareal

Manche Dinge werden nie langweilig. Dazu gehören die Werke von Max Beckmann, Pablo Picasso, Salvador Dalí oder Andy Warhol, die das Ausstellungshaus der Superlative zusammen mit rund 20 000 weiteren Exponaten beherbergt.

3 Burghausen: Eine Burg der Superlative

Über viele Jahrhunderte hinweg ist auf einem Hügel hoch über dem Grenzfluss Salzach eine Burganlage entstanden. Ihre enormen Ausmaße ermächtigen sie zum Tragen des inoffiziellen Titels der größten Burganlage Deutschlands.

4 Passau: Stadt an drei Flüssen

Die mächtige Donau verleiht dem historischen Stadtbild Passaus einen einzigartigen Feinschliff. Doch auch die deutlich schmaleren Flüsse Inn und Ilz prägen die Stadt. Am Zusammenfluss der drei Gewässer färbt sich die Donau in vielen Nuancen.

To See Before You Die®

5 Regensburg: Lebenswert seit Generationen
Die Steinerne Brücke. Die herrlichen Donauinseln. Der Dom, die bunten Patrizierhäuser und die mittelalterlichen Türme nach italienischem Vorbild. All das macht Regensburg zu einer der schönsten und lebenswertesten Städte des Landes.

6 Ingolstadt: Vorsprung durch Mobilität
Die fünfgrößte Stadt Bayerns wird zu Unrecht häufig übersehen. Durchaus bekannt ist allerdings das Audi Forum, wo die weltweit begehrte Marke die Vorzüge von Ingenieurskunst und Design »Made in Germany« wirkungsvoll inszeniert.

7 Ulm: Monumentales Münster
Mit seinem 161 Meter aufragenden Turm gilt das Ulmer Münster als höchster Sakralbau des Planeten. Neben diesem Superlativ lockt die traditionsreiche Stadt mit mittelalterlichen Ecken wie dem malerischen Fischer- und Gerberviertel.

8 Augsburg: Vorbildliche Fuggersiedlung
Im frühen 16. Jahrhundert war Augsburg der Wohnort von Jakob Fugger. Der seinerzeit vielleicht reichste Erdenbürger hat der Gesellschaft mit der heute nach ihm benannten Siedlung etwas zurückgegeben: das erste Projekt des sozialen Wohnungsbaus.

9 Fünfseenland: Naherholung vom Feinsten
Hübsche Dörfer, klares Wasser und mit den ersten Alpenketten im Hintergrund eine kaum schlagbare Kulisse: Die Münchner wissen, warum sie den Starnberger See und seine vier kleineren Geschwister als beliebtestes Ausflugsrevier auserkoren haben.

10 Andechs: Bierseliges Kloster
Zwischen dem Starnberger See und dem Ammersee baut sich auf einem Hügel des geschichtsträchtige Kloster Andechs auf, das landesweit auch für den vor Ort gebrauten Gerstensaft berühmt ist: ein Doppelbock mit sieben Prozent Alkohol.

ROUTE 5

RUNDKURS DURCH NORDBAYERN

BIERFRANKEN, CHURFRANKEN UND WEINFRANKEN

(ETWA 720 KM)

Nürnberg – Enderndorf am See und Großer Brombachsee – Treuchtlingen – Altmühlsee – Ansbach – Rothenburg ob der Tauber – Bad Mergentheim – Miltenberg – Großostheim – Aschaffenburg – Naturpark Spessart – Würzburg – Bamberg – Kulmbach – Bayreuth – Buttenheim – Forchheim – Erlangen – Nürnberg

RUNDKURS DURCH NORDBAYERN

BIERFRANKEN, CHURFRANKEN UND WEINFRANKEN

Der Norden Bayerns ist so etwas wie ein Gegenentwurf zum Süden. Sanfte Hügellandschaften prägen die Landschaft anstelle von Bergen und Seen. Außerdem bedienen sich die Menschen eines hörbar anderen Zungenschlags: Das »R« wird gerollt, denn wir sind in Franken. Das ist und bleibt etwas anderes als Bayern, auch wenn Napoleon weite Teile des einst stolzen

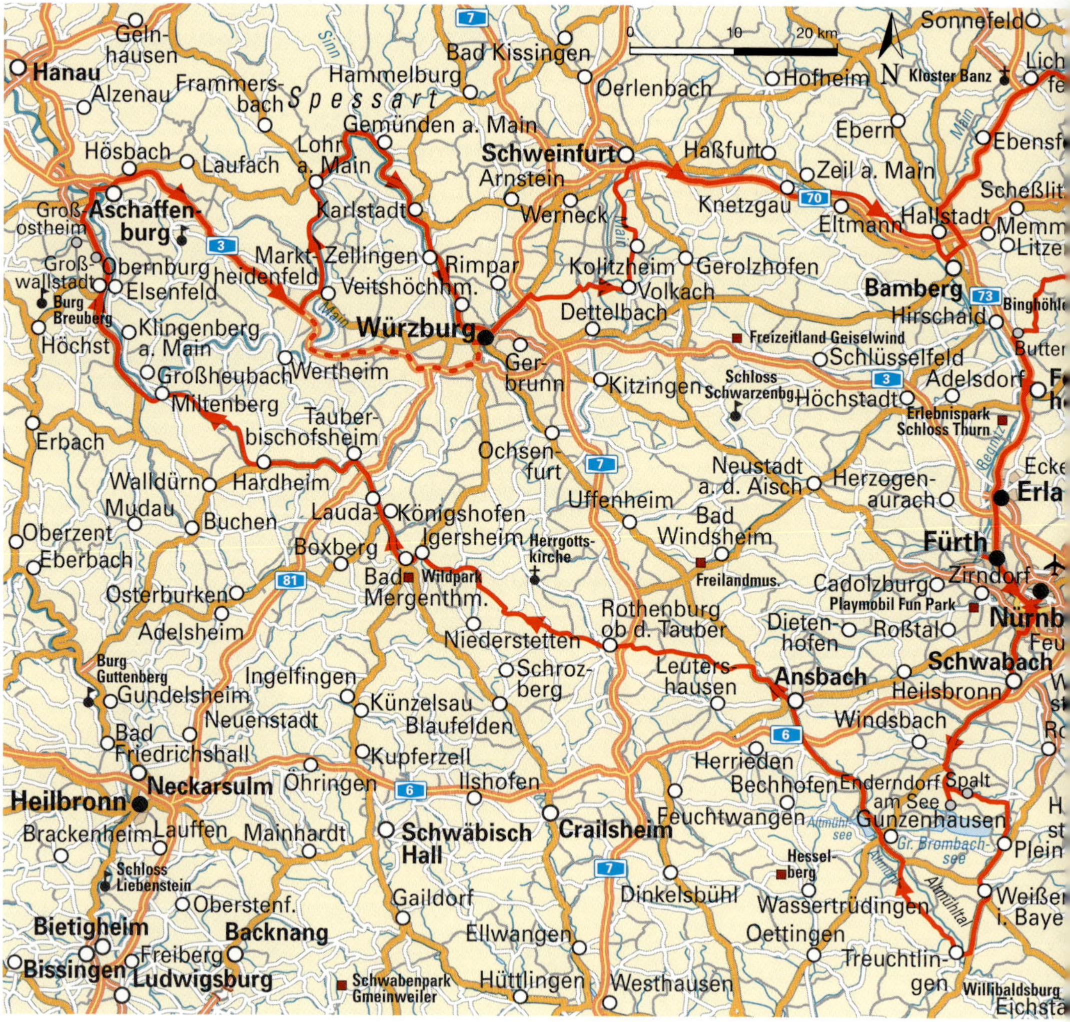

Herzogtums dem Freistaat zugesprochen hat. Selbst bei einem Roadtrip durch Franken sind gewisse Animositäten gegenüber den Münchnern spürbar. Ein Impuls, der bei Fußballspielen zwischen dem 1. FC Nürnberg und Bayern München besonders heftig zu Tage tritt.

Nürnberg (S. 160 ff., https://tourismus.nuernberg.de) ist trotz seiner 520 000 Einwohner eine der entspanntesten deutschen Großstädte. Die lebensfreudige Kapitale Frankens zeigt dabei viele verschiedene Gesichter: Unmittelbar hinter dem Hauptbahnhof fängt der Handwerkerhof traditionsorientierte Touristen auf. Dahinter breitet sich die Innenstadt mit Fußgängerzone aus. Richtig schön wird es weiter nördlich, wo die Pegnitz durch die Stadt fließt, um zwei Inseln mit ehrwürdiger Bebauung einzurahmen. Es folgen Frauenkirche und Markt, ehe an der Kaiserburg der höchste Punkt der Innenstadt erreicht ist. Mit dem Wöhrder See befindet sich die Naherholung direkt vor der Tür. Doch nicht nur mit ihm. Wer die Stadt an der Pegnitz nicht gerade in Richtung Fürth und Erlangen verlässt, ist fix im Grünen. Ja, sogar richtig auf dem »platten Land«.

Nürnberg-Panorama mit der Sebalduskirche

Mini-Reportage

Fränkisches Seenland: eine künstliche Seenplatte

Wer sich im Fränkischen Seenland aufhält, hört merkwürdig häufig vom »Landtagsbeschluss von 1970«. Was es damit auf sich hat? Nun, in diesem Jahr wurde die Anlage der künstlichen Seenlandschaft vom Bayerischen Landtag verabschiedet. Hauptziel war die Ermöglichung eines Ausgleichs zwischen dem wasserreichen Süden Bayerns und dem deutlich trockeneren Norden. Zentrales Bauwerk ist eine Talsperre im heutigen Brombachsee, der sein Wasser über einen künstlichen Zufluss aus der Altmühl erhält. Die touristischen Qualitäten der Seenplatte waren zunächst nur ein Nebenprodukt und wurden erst in der jüngeren Vergangenheit so richtig entdeckt. Heute sind die Seen der Region, zu denen unter anderem der Brombach- und der Altmühlsee zählen, ein populäres Freizeitgebiet mit Badegelegenheiten, Wassersportanlagen und vielem mehr. Tipp: Wer sich sportlich unterfordert fühlt, kann sich im Fahrradsattel an einem hübschen Anstieg mit 50 Metern Höhenunterschied abarbeiten, der zum Eingang des Abenteuerwalds am Brombachsee und dem dortigen Stellplatz führt.

Durch das Altmühltal

Wir fahren über Schwabach und Spalt nach **Enderndorf**, das seit 2000 den Zusatz »am See« im Namen führt, denn in dem Jahr wurde der **Große Brombachsee** eingeweiht. Seitdem sich der Stausee über einen Kanal, den Altmühlüberleiter, mit Wasser gefüllt hat, ist er zu einer beliebten Freizeitdestination geworden. Von nah und fern kommen Menschen zum Schwimmen – etwa am Hopfenstrand am Kleinen Brombachsee – und Stand-up-Paddeln, aber auch zum Segeln, Wind- und Kitesurfen. Strandbad, Staumauer, Wakepark, die weite Wasserfläche und der Radweg zur Seeumrundung – all dies hat dazu beigetragen, dass dieser See zu einer populären Anlaufstation für naturnahen Urlaub geworden ist. Gute Campingplätze, die Linienschifffahrt (www.msbrombachsee.com) und der Abenteuerwald Enderndorf (S. 163) liefern weitere Argumente. Ein wunderbares Gebiet zum Runterkommen – auch weil sich nicht eine Sehenswürdigkeit nach der anderen aufdrängt.

Kitesurfer am Großen Brombachsee

Treuchtlingen: Flussidylle mit Thermalbad

Da wir nun schon im Entschleunigungsmodus sind, machen wir einen Abstecher Richtung Süden nach **Treuchtlingen** (S. 163 f., www.tourismus-treuchtlingen.de). Das Städtchen (13 000 Einwohner) war lange Zeit das Drehkreuz der bayerischen D-Züge. Im Kurpark erinnert eine Dampflokomotive vom Typ 01 an diese Ära. Eile aber scheint heute kein dominantes Element der Tagesgestaltung zu sein: Die Thermenstadt im Altmühltal (S. 163 f.) verbreitet eine fast schon stoische Ruhe. Im Renaissanceschloss aus der Mitte des 16. Jahrhunderts befindet sich die Kur- und Tourist Information.

Das Renaissanceschloss von Treuchtlingen

Stadtkirche mit Markt (oben) und Rokoko-Festspiele in Ansbach

Weiter geht es in Richtung Gunzenhausen, wo sich mit dem **Altmühlsee** (S. 164) bereits das nächste Gewässer andient. Der vier Kilometer lange und bis 1700 Meter breite See verdankt seine Existenz einer Staumauer, die seit 1985 auch den Freizeitwert steigert. Neben Wassersport gehört die Ornithologie zum touristischen Portfolio: Die mit einem Aussichtsturm ausgestattete Vogelinsel wird über das Jahr gesehen von mehr als 300 Arten angeflogen.

Derart tiefenentspannt, kann ein wenig Kleinstadt nicht schaden. Gut also, dass mit **Ansbach** (41 000 Einwohner, www.ansbach.de) ein Juwel aus dieser Kategorie um die Ecke ist. Markgräfliche Residenz, Hofgarten, Orangerie, eine ehemalige Hofkanzlei sowie eine Fürstengruft deuten auf ein touristisches Schwergewicht mit großer Vergangenheit hin. In dieses Narrativ passt auch das kulturelle Highlight auf dem Ansbacher Kulturkalender: Die Rokoko-Festspiele steigen jedes Jahr an einem verlängerten Wochenende Anfang Juli.

Ein Must-see: Rothenburg ob der Tauber

Nun sind es kaum mehr als 30 Kilometer Richtung Westen bis nach **Rothenburg ob der Tauber** (S. 165 f., www.rothenburg-tourismus.de), das zu den schönsten Städtchen Deutschlands zählt. Kaum irgendwo ergänzen sich süddeutsche Lebensfreude und ein vollständig erhaltenes mittelalterliches Stadtbild so harmonisch wie hier. Das hat sich allerdings

Weihnachten für alle: Käthe Wohlfahrt in Rothenburg ob der Tauber

Für manch einen etwas verstörend: ein Schaufenster voller Weihnachtsaccessoires im Sommer. Der Prototyp für das Ganzjahresweihnachtsbedarf-Fachgeschäft befindet sich in Rothenburg, denn hier sind Firmensitz und Flagship-Store von Käthe Wohlfahrt ansässig. Begünstigt vom Ruhm des örtlichen Weihnachtsmarkts weihnachtet es in direkter Nachbarschaft zum historischen Rathaus und dem zauberhaften Marktplatz bereits seit 1977 unentwegt. Anders als es von draußen den Anschein erweckt, beschränkt sich das Geschäft nicht auf einen einzelnen Raum. Vielmehr verbirgt sich hinter der Eingangstür ein katakombenartiges Weihnachtsdorf mit angegliedertem Weihnachtsmuseum, das Besucher immer tiefer in ein Paralleluniversum aus handgemachten Nussknackern, Miniaturholzkarussells, Schneekugeln und Krippen zieht. Eine durchaus spezielle Erfahrung.

Weihnachtsdorf
Herrngasse 1, Rothenburg ob der Tauber
www.kaethe-wohlfahrt.com
Tägl. geöffnet

Mini-Reportage

auch in weiten Teilen der Welt herumgesprochen, weshalb der Besuch vor allem in der Nebensaison Freude bereitet – dann ist Rothenburg großartig.

Wer in dem 11 000-Einwohner-Städtchen unterwegs ist, trifft unweigerlich irgendwann auf den Mittelpunkt. Der weitläufige Marktplatz ist umgeben von herrschaftlichen Häusern. Auch gestattet er Zutritt zum stattlichen Rathaus, das mit einer Schautreppe und einer komplexen Renaissancefassade beeindruckt. Wer das einzigartige Ensemble von oben betrachten möchte, kann die 220 Treppenstufen hinaufsteigen, die zur Aussichtsplattform des Rathausturms führen. In der Vorweihnachtszeit steigt der Duft von Backwaren und Glühwein bis nach hier oben hinauf. Immer dann ist der Marktplatz Mittelpunkt des Reiterlesmarkts. Rothenburgs reizender Weihnachtsmarkt blickt auf eine Tradition von mehr als 500 Jahren zurück.

Wegen seiner grandiosen Silhouette wurde Rothenburg schon im 16. Jahrhundert als »fränkisches Jerusalem« bezeichnet. Ein wesentliches Element der Skyline ist die Stadtmauer, deren sechs Türme in früheren Zeiten

Das mittelalterliche Rothenburg ob der Tauber liegt an der berühmten Romantischen Straße

Ein- und Austritt erlaubten. Die Mauer ist bis heute vollständig erhalten – und fast in Gänze rund um die Uhr zu begehen. Auf Informationstafeln erzählen ortskundige Autoren Geschichten über die Historie Rothenburgs, wobei es auch um die insgesamt 42 Türme in der Stadt geht. Wer sich mit allen Facetten auseinandersetzen möchte, sollte zweieinhalb Stunden für den vier Kilometer langen Parcours rund um die Altstadt einplanen.

Durchs romantische Taubertal

Durch das Tal der Tauber führt der Weg nun in den fränkischen Teil von Baden-Württemberg, wo mit **Bad Mergentheim** der größte Kurort des Bundeslandes wartet. Attraktionen sind die ebenso hübsche wie belebte Innenstadt, die Solymar-Therme (www.solymar-therme.de) und natürlich das mächtige Residenzschloss (www.schloss-mergentheim.de). Hier befand sich vom 16. bis ins frühe 19. Jahrhundert die Residenz des Deutschen Ordens, dem vor Ort auch ein Museum gewidmet ist. Umgeben ist das Schloss von einem wunderbaren Park im Stil eines englischen Gartens. Erst bei Tauberbischofsheim verlassen wir die Tauber, die bei Wertheim in den Main mündet.

Ehemaliges Deutschordensschloss mit Schlosskirche in Bad Mergentheim

Immer am Main entlang

Auch wir steuern den Main an, allerdings weiter flussabwärts. Über Hardheim geht es nach **Miltenberg** (S. 167, www.miltenberg.de). Die historische Kleinstadt am Main kann zwar nicht ganz mit Rothenburg mithalten, doch dafür haben sich die Vorzüge des 9000-Einwohner-Städtchens auch noch nicht bis in den hintersten Winkel des Planeten herumgesprochen. Miltenberg gehört gerade noch so eben zu Bayern, doch liegt es so weit im Nordwesten des Freistaats, dass es in der Landeshauptstadt nicht viel Beachtung findet. Der mittelalterliche Kern ist fast vollständig erhalten. An der autofreien Hauptstraße reiht sich ein Fachwerkhaus ans nächste – in den meisten befinden sich Kneipen, Cafés und Restaurants sowie inhabergeführte Geschäfte.

Der historische Marktplatz in Miltenberg

Entspanntes Treiben in der Altstadt von Miltenberg

Eine gewaltige Vierflügelanlage am Ufer des Mains: Schloss Johannisburg in Aschaffenburg

Während der Ort von greifbarer Geschichte geprägt ist, machen der Main, Weindörfer und Wanderwege das Umland attraktiv. Miltenberg ist Hauptort einer Region, die sich in jüngerer Vergangenheit als **Churfranken** (www.churfranken.de) vermarktet. In der vom Klima begünstigten Gegend sind einige der besten Winzer des Landes ansässig. Selbst rote Burgundertrauben gedeihen in der Nähe des Mains vorzüglich.

Die folgenden Kilometer mainabwärts führen durch überwiegend kleinere Orte, in denen sich mittelständische Betriebe und im Falle von Großwallstadt auch Handballvereine wohlfühlen. Obwohl auch dieser Landstrich zu Weinfranken zählt, müssen Bierfreunde hier nicht auf ihr Lieblingsgetränk verzichten: In **Großostheim** stellt die Brauerei Eder & Heylands (www.eders.de) das weithin geschätzte Schlappeseppel her. Das dazugehörige Lokal ist auch für seine Küche bekannt (https://eder-keller.de).

Aschaffenburg: Residenzstadt am Main

Bald sind die Ausläufer von **Aschaffenburg** (70 000 Einwohner) erreicht. Die Stadt profitiert von der schönen Lage am Main, wo vor allem Schloss Johannisburg (www.schloesser.bayern.de) ins Auge sticht. Die Vierflügelanlage, die zwischen 1605 und 1614 errichtet wurde, zählt zu den bedeutendsten Schlossbauten der deutschen Renaissance. Als wäre das nicht genug, beherbergt das Haus als Zweigstelle der Bayerischen Staatsgemäldesammlungen zudem zahlreiche Werke von Lucas Cranach dem Älteren.

»Umständliche« Mainbögen

Um nicht dieselbe (wenn auch schönere) Strecke zweimal zu fahren, wählen wir nun die A 3 bis zur Ausfahrt Wertheim, wo der Main abermals einen – Verkehrsplaner würden sagen: umständlichen – Bogen gen Norden schlägt, mit dem er den **Naturpark Spessart** touchiert.

Reisende, die sich den Mainbogen sparen möchten, fahren noch vier Ausfahrten weiter direkt bis nach **Würzburg** (S. 168 f., www.wuerzburg.de). Wer hier jemals mit dem Zug vorbeigekommen ist, dem dürfte nicht entgangen sein, dass die Weinberge quasi bis in die City reichen. Noch bekannter ist Würzburg (130000 Einwohner) freilich für die Residenz und die Festung Marienberg. Große hoheitliche, geistliche und wirtschaftliche Bedeutung hatte die Stadt bereits im Mittelalter. Das können Besucher bis heute vom Stadtbild ablesen, obwohl dieses im Zweiten Weltkrieg sehr gelitten hat. Zwar sind viele Konkurrenten an der 128000-Einwohner-Stadt vorbeigezogen, doch geblieben ist ein bedeutender Hochschulstandort mit Attraktionen von internationalem Rang. Als Einstieg bietet sich die Passage der Alten Mainbrücke an, die in ihrer jetzigen Form aus dem 15. Jahrhundert stammt und gegenwärtig Fußgängern und Radfahrern vorbehalten ist.

Auch hinter Würzburg bemüht sich der Main nicht um Gradlinigkeit. Vor allem bei **Volkach** bildet der Fluss eine aberwitzige

Wandern im Naturpark Spessart

Der nördlich des Mains gelegene Spessart ist ein Musterbeispiel für einen intakten deutschen Wald. Im zentralen Hochspessart sind auch heute noch 85 Prozent der Fläche bewaldet, wobei »hoch« relativ ist: Höchste Erhebung ist der Geiersberg mit 586 Metern. Hauptverantwortlich für den guten Zustand des Walds ist die Vergangenheit der Region als kurmainzisches Jagdgebiet. So konnten mehrere Hundert Jahre alte Eichenbestände und hoch aufragende »Buchen-Dome« bis in die Gegenwart überleben. Es versteht sich von selbst, dass Wanderungen die beste Art sind, diese Natur zu erleben. Infos unter www.naturpark-spessart.de.

Statue des heiligen Bruno auf der Alten Mainbrücke in Würzburg, im Hintergrund die Festung Marienberg

Bambergs berühmtes Wahrzeichen: der Bamberger Reiter im Kaiserdom

Unbedingt ansehen: Bambergs Altstadt

Dom und Altstadt von Bamberg zählen zum UNESCO-Weltkulturerbe

Schleife: An einer Stelle verjüngt sich das Land zu einer kaum mehr als 100 Meter breiten Stelle, nur um anschließend wieder eine großflächige Zunge zu bilden. Auf dem Weg nach Bamberg markieren Altarme und Flussauen immer wieder Rückzugsräume, in denen sich nicht nur Tiere verlieren können.

In Oberfranken geht es auch im 21. Jahrhundert noch beschaulich zu. Das ist zugleich eine der Qualitäten **Bambergs** (S. 170 f., www.bamberg.info), das mit nur 80 000 Einwohnern weit entfernt scheint von der Hektik einer Großstadt. Ein Blick auf die Altstadt, die in ihrer Gesamtheit zum Weltkulturerbe gehört, bestätigt diesen Eindruck. Eine herrliche Kulisse für schwelgerische Spaziergänge. Idyllische Sträßchen, schmucke Häuser, Schätze wie der örtliche Dom und die Neue Residenz begegnen dem Flaneur und immer wieder rücken die Arme der Regnitz ins Blickfeld. Wasser übrigens ist in Bamberg auch in anderer Hinsicht von Bedeutung: Es wird in neun Brauereien zur Herstellung von Bier verwendet, unter anderem auch für das charakteristische Rauchbier.

Eine großzügige Schleife durch Oberfranken

Ein Zwischenstopp in der ehrwürdigen Markgrafenstadt **Kulmbach** (27 000 Einwohner, www.kulmbach.de) wird mit dem Anblick der Plassenburg belohnt. Zu Füßen der Hohenzollernfestung werden immer wieder rauschhafte Feste wie die Kulmbacher Bierwoche ausgetragen.

Mit **Bayreuth** (S. 172 f., www.bayreuth-tourismus.de) ist dann das letzte größere Etappenziel erreicht. Obschon die Stadt nur 75 000 Einwohner zählt, ist sie ein touristisches Schwergewicht. Wagner, Oper und Barock erweisen sich schon lange als erfolgreiches Trio, das vor allem ein kulturell interessiertes Publikum anzieht. Weltberühmt ist die Stadt durch die alljährlich im Festspielhaus auf dem Grünen Hügel stattfindenden Richard-Wagner-Festspiele, doch auch das barocke Markgräfliche Opernhaus sowie die Parks und Gärten können sich sehen lassen.

Der Bayreuther Luitpoldplatz im Frühling

Kulmbacher Altstadt

Innenhof der Plassenburg, die majestätisch über Kulmbach thront

Durch die Fränkische Schweiz

Der Weg zurück zum Ausgangspunkt führt durch jenes Gebiet, das die Reiseschriftsteller des 19. Jahrhunderts wegen der vielen Burgen und der zum Teil schroffen Felsen mit viel Gespür für Übertreibung als »Fränkische Schweiz« bezeichnet haben. Die zwischen Bayreuth, Bamberg und Nürnberg gelegene Region ist zudem für ihre hohe Dichte an Brauereien und Brennereien bekannt. Drei Orte sind noch als Haltestationen zu empfehlen: das bierselige **Buttenheim, Forchheim** mit ein paar hübschen Fotomotiven im gut erhaltenen historischen Kern und schließlich die Unistadt **Erlangen**, eine der besterhaltenen barocken Planstädte Deutschlands. Hier reizen insbesondere das Markgräfliche Schloss mit dem wunderschönen Schlossgarten und die lebendige Atmosphäre. ■

Unterwegs in Buttenheim vorbei

Ein wahres Dorfidyll: Buttenheim mit seinen kaum mehr als 3000 Einwohnern rühmt sich gleich zwei eigener Brauereien (Löwenbräu, https://loewenbraeu-buttenheim.de, und St. Georgen, www.georgenbraeu.de), diverser Biergärten und fränkischer Keller sowie einer reizvollen Umgebung. Dabei hat der Ort auch einen signifikanten Beitrag zur Weltgeschichte geleistet: In Buttenheim hat mit Levy Strauss der spätere Erfinder der Jeans das Licht der Welt erblickt. In seinem Geburtshaus erläutert ein Museum (www.levi-strauss-museum.de), was es damit auf sich hat.

Historische Schmiedekunst vor einem Fachwerkhaus in Forchheim

SERVICE & TIPPS

Nürnberg – Altmühltal – Rothenburg ob der Tauber – Miltenberg – Würzburg – Bamberg – Bayreuth

NÜRNBERG

Gostenhof
Nürnberg
www.in-goho.de
Nürnberg ist nicht nur eine historische Stadt. Das beweist westlich der City Gostenhof, im Volksmund auch GoHo genannt. Das hippe Viertel war früher verschrien, kommt aber heute mit angesagten Kneipen und Cafés, Vintage- und Designshops, Buchhandlungen und anderen Indikatoren für gepflegtes Stadtleben daher. Schön auch der eigene Wochenmarkt (Do 10–18 Uhr).

Tour durch die Felsengänge
Bergstr. 19, Treffpunkt und Eingang beim Albrecht-Dürer-Denkmal, Nürnberg
✆ (09 11) 244 98 59
www.historische-felsengaenge.de
Mo–Fr 11–17 Uhr zur vollen Stunde, im Winter seltener
Weit unterhalb der Stadtoberfläche verbirgt sich eine kaum bekannte Attraktion: die Felsengänge, ein Labyrinth von Kellergängen, das sich überwiegend unter der nördlichen Altstadt ausbreitet. Die Anlagen dienten im Mittelalter, als es 42 Brauereien in der Stadt gab, der Lagerung von Bier.

Nürnberger Lebkuchen: ein echtes Original

Hier wohnten und arbeiteten die Gerber: die Weißgerbergasse in der Nürnberger Altstadt

Cafés in der Einkaufsstraße

TOP 7 Nürnberg

Kaiserburg
Auf der Burg 17
✆ (09 11) 244 65 90
www.kaiserburg-nuernberg.de
Tägl. 9–18, Okt.–März nur bis 16 Uhr
Eine der bedeutendsten Kaiserpfalzen des Mittelalters und das unangefochtene Wahrzeichen der Stadt. Führungen und schöner Ausblick.

Neues Museum – Staatliches Museum für Kunst und Design
Klarissenplatz
✆ (09 11) 240 20 69, www.nmn.de
Tägl. außer Mo 10–18 Uhr, Eintritt € 5/4
Kunst und Design ab den 1950er Jahren bis in die unmittelbare Gegenwart in einem kongenialen Bau mit schillernder Glasfassade.

Handwerkerhof
Eingang an der Frauentormauer, nahe dem Hauptbahnhof
Areal zu Ehren der Gewerke vergangener Zeiten. Fachwerkhäuser, enge Gassen und urige Gaststätten, ein bisschen touristisch.

Henkersteg und Trödelmarktinsel
Kunstvoller Holzsteg mit Überdachung, der am ehemaligen Wohnsitz des Henkers seinen Lauf nimmt. Er verbindet die Insel Trödelmarkt mit dem Stadtteil St. Lorenz.

Germanisches Nationalmuseum
Eingang über die Straße der Menschenrechte, Kartäusergasse 1
✆ (09 11) 133 10, www.gnm.de
Tägl. außer Mo 10–18, Mi bis 21 Uhr
Eintritt € 8/5
Kulturhistorisch bedeutendes Museum für germanische Kunst mit rund 20 000 ausgestellten Exponaten und einer Sammlung, die etwa eine Million Objekte umfasst.

Lebkuchen
Der Christkindlmarkt ist Nürnbergs größter Anziehungspunkt, der Lebkuchen ein zeitloser Exportschlager. Wer ihn vor Ort kaufen möchte, ist in dieser Backstube gut aufgehoben:
Lebkuchen Schmidt, Plobenhofstr. 6
www.lebkuchen-schmidt.com
✆ (09 11) 22 55 68
Mo–Fr 9–18.30, Sa 9–16 Uhr

Drei im Weck
Das örtliche Streetfood besteht aus einem mit Rostbratwürstchen belegten Brötchen. Es ist an nahezu jeder Ecke erhältlich.

Doku-Zentrum Reichsparteitagsgelände
Bayernstr. 110, Nürnberg
Tram 6: Dutzendteich, Tram 8: Luitpoldhain
www.museen.nuernberg.de/dokuzentrum
Mo–Fr 9–18, Sa/So 10–18 Uhr
Nachdem Hitler Nürnberg zum Ausrichtungsort der Reichsparteitage auserkoren hatte, baute Albert Speer im Südosten der Stadt auf größenwahnsinnigen 11 km² unter anderem eine Kongresshalle für 50 000 Menschen und die 2 km lange »Große Straße« für Aufmärsche. Vieles blieb unvollendet, darunter das »Deutsche Stadion« für 400 000 Menschen. Im Nordflügel der Kongresshalle ist heute das Dokumentationszentrum untergebracht, das eine Dauerausstellung mit dem Titel »Faszination und Gewalt« beherbergt.

Im Altstadthof wird neben Rotbier auch Whisky destilliert

Brauerei und Gaststätte

Hausbrauerei Altstadthof
Bergstr. 19–21, Nürnberg
✆ (09 11) 244 98 59, www.hausbrauerei-altstadthof.de
Tägl. 11–0, Fr/Sa bis 1 Uhr
Das hauseigene Rotbier ist eine Sensation. Als Grundlage bietet das Restaurant schmackhafte Hausmannskost an.

Wurstküche

Zum Gulden Stern
Zirkelschmiedsgasse 26
Nürnberg
✆ (09 11) 205 92 88
Tägl. 11–22 Uhr
www.bratwurstkueche.de
Seit 1419 die »älteste Wurstküche der Welt«. Die Bratwürste werden frisch über dem Buchenholzfeuer zubereitet. Die Zutaten für die Gerichte stammen von Familienbetrieben aus der Region. ■

Das Dokumentationszentrum auf dem ehemaligen Reichsparteitagsgelände informiert über den Nationalsozialismus

Camping- und Stellplatz

Knaus Campingpark
Hans-Kalb-Str. 56, Nürnberg
GPS: 49.42329, 11.12193
✆ (09 11) 981 27 17
www.knauscamp.de/nuernberg
Ganzjährig geöffnet
Komfortabler Campingplatz im Südosten Nürnbergs. Bis zum Hauptbahnhof sind es etwa 5 km, das Fußballstadion und ein Freibad sind direkt in der Nähe.

Wohnmobilstellplatz Gustav-Heinemann-Straße
Gustav-Heinemann-Str. 50, Nürnberg
GPS: 49.45927, 11.11279
https://tourismus.nuernberg.de
Der Wöhrder See im Osten der Stadt ist ein hübsches Naherholungsgebiet. Hier ermöglicht ein kostenloser Stellplatz ohne Versorgungseinrichtungen einen preisgünstigen Aufenthalt.

ALTMÜHLTAL

Abenteuerwald Enderndorf
Zum Igelsbachsee 1
Spalt – Enderndorf am See
✆ (091 75) 90 72 57, http://enderndorf.abenteuer-wald.com
Reservierung erforderlich, online oder telefonisch
Eintritt ab € 20/13
Am Igelsbachsee, einem Seitenarm des Brombachsees, lockt der Erlebnis-Kletterpark mit verschiedenen Kletterstationen, Zip- und Fly-Line.

Altmühltherme Treuchtlingen
Bürgermeister-Döbler-Allee 12
Treuchtlingen
✆ (091 42) 960 20
www.altmuehltherme.de
Tägl. 9–21 Uhr
Eintritt € 8,90–14,90

Genuss in der Altmühltherme

Mini-Reportage

Altmühltal

Nachdem sie elf Kilometer nordöstlich von Rothenburg entspringt, bahnt sich die Altmühl einen 227 Kilometer langen Weg bis zur Mündung in die Donau bei Kelheim, wobei der mäandernde Fluss etwa ab Gunzenhausen Teil des nach ihm benannten Naturparks Altmühltal ist. Der Freizeitwert des Tals ist hoch, insbesondere für Besucher, die einen unaufgeregten Urlaub mit sportlicher Erholung und günstigem Genuss suchen. Dieses Anforderungsprofil erfüllt das Altmühltal, gerade weil es ohne spektakuläre Canyons, Wasserfälle oder ähnlich publikumswirksame Attraktionen auskommt. Dafür gehören 20 zertifizierte Rundwanderwege zum grünen Portfolio. Infos unter www.naturpark-altmuehltal.de.

Wildgänse am Altmühlsee

Attraktive Wellnesseinrichtung mit Thermalbecken (auch draußen), Saunalandschaft, Salzlounge und Familienbecken.

LBV Umweltstation Altmühlsee
Schlossstr. 2, Muhr am See
✆ (098 31) 48 20
https://altmuehlsee.lbv.de
www.fraenkisches-seenland.de
Der LBV betreut das Naturschutzgebiet Vogelinsel und bietet ein vielseitiges Umweltbildungsprogramm.

Fränkischer Wasserradweg

Der Fränkische Wasserradweg führt über 460 Kilometer durch das Fränkische Seenland. Radfahrer kommen unterwegs sowohl durch Teile von Weinfranken als auch von Bierfranken. Auf der genannten Website sind Fahrradverleihstationen verlinkt, dort sind auch die Ladestationen für E-Bikes verortet. Bei More 4 Fun (www.more-4-fun.de/fahrraeder) in Gunzenhausen kostet ein Trekkingbike mit 24 Gängen € 80 pro Woche, ein Pedelec € 105. Organisierte Fahrradreisen auf dem Fränkischen Wasserradweg bietet das Unternehmen Heimatrausch (www.heimatrausch.de) an, wobei Gepäcktransport, Übernachtung und Kartenmaterial inklusive sind.

Tourismusverband Fränkisches Seenland
Hafnermarkt 13, Gunzenhausen
✆ (098 31) 50 01 27, www.fraenkischer-wasserradweg.de

Mini-Reportage

Restaurant

Restaurant Strandblick
Seestr. 19
Gunzenhausen-Schlungenhof
✆ (098 31) 884 83 69
Ausflugslokal mit guter Küche und ambitionierter Weinkarte am Altmühlsee, besonders schön im Licht des abendlichen Sonnenuntergangs. ■

Camping- und Stellplatz

SeeCamping Langlau
Seestr. 30, Pfofeld-Langlau
GPS: 49.12707, 10.86452
✆ (098 34) 969 69, www.zv-brombachsee.de
Ganzjährig geöffnet
Der Campingplatz mit Badestrand am Kleinen Brombachsee liegt sehr schön und ruhig. Die Sanitäranlagen sind nicht übermäßig modern, aber sauber. Mit kleinem Laden.

Reisemobil-Stellplatz am Kurpark
Kästleinsmühlenstr. 20, Treuchtlingen
GPS: 48.96119, 10.92128
✆ (091 42) 96 00 60, www.tourismus-treuchtlingen.de
Ein Wohnmobilplatz im Kurpark? Diese Traumkombination kann Treuchtlingen allen Wellness-Fans anbieten. Die mit vielen Freizeitmöglichkeiten ausgestattete Anlage erfreut zudem mit günstigen Preisen.

ROTHENBURG OB DER TAUBER

Das Plönlein in der Dämmerung
Untere Schmiedgasse
Rothenburg ob der Tauber
Die wahrscheinlich bekannteste Attraktion der Stadt ist das Plönlein. Hinter dem Begriff verbirgt sich ein relativ kleiner Platz, an den sich ein ockerfarbenes Fachwerkhaus schmiegt. Während davor leise ein Springbrunnen sprudelt, bauen sich im Hintergrund zwei mächtige Stadttore auf. Ein so märchenhafter Anblick, dass die Disney-Studios schon früh darauf aufmerksam wurden. Im Original des Animationsfilms »Pinocchio« von 1940 dient das Plönlein als Kulisse. Entsprechend groß ist der Andrang.

Burggarten
Alte Burg
Rothenburg ob der Tauber
Eintritt frei
Eine Burg fehlt in der Stadt von heute. Als Überbleibsel der längst verblichenen Stauferburg gibt es jedoch einen Burggarten, der mit Rosenstöcken und anderen Gewächsen beeindruckt. Wer durch das Burgtor schreitet, kann links und rechts an den Aussichtskanzeln umwerfende Ausblicke

Rotling und Tauberschwarz verkosten

Direkt am Plönlein befindet sich das historische Gasthaus Glocke (www.glocke-rothenburg.de), das einer bekannten Winzerfamilie gehört. Albert Thürauf ist ein echter Weinfreak, der es sich zur Aufgabe gemacht hat, die historischen Rebsorten Frankens zu rekultivieren. Das Resultat sind interessante Weine wie der Tauberschwarz und der Rotling. Im Rahmen von Führungen erklärt der Patron auf informative und unterhaltsame Weise, was es damit auf sich hat. Die Trockenbeerenauslesen sind umwerfend.

Rothenburg und das Plönlein im Sonnenschein

Burggarten mit Blick auf die Altstadt

Wer sich für mittelalterliche Folterinstrumente interessiert, ist im Kriminalmuseum richtig

über das Taubertal genießen. Übrigens: In den Wohngebieten Rothenburgs gedeihen an vielen Orten prächtige Rosen.

Mittelalterliches Kriminalmuseum
Burggasse 3–5
Rothenburg ob der Tauber
✆ (098 61) 53 59
www.kriminalmuseum.eu
Tägl. 10–18 Uhr
Eintritt € 8/4
Schandmasken, Daumenschrauben und weitere Foltergeräte sind die Hauptattraktionen des Mittelalterlichen Kriminalmuseums. Die Ausstellung befindet sich in dem wunderbaren Gebäude des einstigen Johanniterklosters direkt neben der Johanniterkirche. Die Besucher können sich unter anderem mit den Verhörprotokollen der Hexenprozesse befassen. Für gruselige Selfies steht ein Pranger im Hof. Nichts für schwache Nerven!

Restaurant

Zur Höll
Burggasse 8
Rothenburg ob der Tauber
✆ (098 61) 42 29
www.hoell-rothenburg.de
Tägl. außer So 17–23 Uhr
Köstliche fränkische Küche von Rostbratwürsten über Wild mit Klößen bis zu Kaasspatzen. Da Rothenburg noch zu Weinfranken gehört, werden die Gerichte vorzugsweise von einem Schoppen Riesling, Silvaner oder Spätburgunder begleitet. Die Getränke sind im Vergleich zu den Metropolen dieser Welt ausgesprochen preiswert: 0,25 Liter eines sehr vorzeigbaren Weins kommen auf vier bis fünf Euro. ■

Campingplatz

Campingplatz Tauberromantik
Detwang 39, Rothenburg ob der Tauber
GPS: 49.38778, 10.16854
✆ (098 61) 61 91, www.camping-tauberromantik.de
Mitte April–Okt.
Komfortabler Campingplatz im schönen Taubertal mit Wiesenplätzen nur anderthalb Kilometer nördlich der Stadt.

MILTENBERG

Historisches Rathaus
Hauptstr. 137, Miltenberg
Das historische Rathaus stammt aus dem Jahr 1378. An den Außenwänden sind die Hochwassermarkierungen früherer Jahrhunderte zu sehen. Sie sind weit über Kopfhöhe angebracht.

Schaffelbrunserbrunnen
Miltenberg
Das meistfotografierte Objekt von Miltenberg ist weder ein Bauwerk noch eine natürliche Attraktion – und alt ist es auch nicht. Denn dieser Titel geht an den Schaffelbrunserbrunnen, der nahe dem Mainufer drei fröhlich urinierende Herren zeigt. Geschmackssache.

Gasthaus

Gasthaus zum Riesen
Hauptstr. 219, Miltenberg
✆ (093 71) 98 99 48
www.riesen-miltenberg.de
Mo–Do, Sa 17.30–23, So 11.30–14 Uhr
An der Gabelung von Hauptstraße und Riesengasse steht Deutschlands angeblich ältestes Gasthaus und strahlt urdeutsche Gastlichkeit aus. Das Essen ist deftig und das Bier fließt in Strömen.

Jüdischer Friedhof

Mini-Reportage

Miltenberg konnte schon früh von seiner strategisch guten Lage im sogenannten Mainknie profitieren. Im Mittelalter war zudem der Miltenberger Buntsandstein begehrt. So entwickelte sich die Stadt zu einem wohlhabenden Handelsposten mit vielen jüdischen Einwohnern, die für die Abwicklung der Geldgeschäfte zuständig waren. Noch heute befindet sich am Stadtrand, jedoch innerhalb der Stadtmauer, ein jüdischer Friedhof.

Weingut mit Verkauf

Weingut Rudolf Fürst
Hohenlindenweg 46
Bürgstadt am Main
✆ (093 71) 86 42
www.weingut-rudolf-fuerst.de
Mo–Fr 9–12 und 14–17, Sa 10–15 Uhr
Eines der besten Weingüter des Landes. Vor allem der Spätburgunder und der seltene Frühburgunder sind in weiten Teilen der Welt begehrt. ■

Campingplatz

Campingplatz Mainwiese
Mainwiese, Miltenberg, GPS: 49.70302, 9.25339
✆ (093 71) 39 85
https://campingplatz-miltenberg.de
April–Sept.
Direkt am Main befindet sich diese Anlage mit allen Basisfunktionen. Lediglich die Mainbrücke trennt die Gäste vom historischen Städtchen.

WÜRZBURG

Sie lebten eher unbescheiden – die ehemalige Residenz der Würzburger Fürstbischöfe

Fürstbischöfliche Residenz
Residenzplatz 2, Würzburg
✆ (09 31) 35 51 70
www.residenz-wuerzburg.de
Tägl. 9–18, im Winter nur 10–16.30 Uhr, Eintritt € 9/8
Nach den Domen zu Aachen und Speyer war die Würzburger Residenz 1981 das dritte deutsche Monument, das die UNESCO ins Welterbe aufgenommen hat. Allein dies sagt viel aus über das unter der Leitung von Barock-Stararchitekt Balthasar Neumann zwischen 1720 und 1744 entstandene Gotteshaus. Kurz zusammengefasst, spiegelt der Prunkbau die tonangebenden architektonischen Strömungen der Zeit wider, indem er Einflüsse aus der französischen Schlossarchitektur mit dem Wiener Barock und dem norditalienischen Palast- und Sakralbau kombiniert.

Festung Marienberg
Festung Marienberg, Würzburg
✆ (09 31) 20 59 40
www.schloesser.bayern.de
https://museum-franken.de
Außenbereich tägl. außer Mo 9–18, im Winter nur 10–16.30 Uhr, Eintritt € 4/3
Museum für Franken tägl. außer Mo 10–17, im Winter nur bis 16 Uhr, Eintritt € 5/4
Weithin sichtbar thront auf dem Marienberg ein Gebäudekomplex, der während seiner mehr als 1000 Jahre dauernden Geschichte sowohl als Festung

Zur Messe im Würzburger Dom

Festung Marienberg bei Würzburg

wie auch als Schloss gedient hat. Heute befindet sich in der Anlage das Museum für Franken/Staatliches Museum für Kunst- und Kulturgeschichte, dessen Betätigungsfeld sich von selbst erklärt.

Dom
Domstr. 40, Würzburg
✆ (09 31) 38 66 29 00
www.dom-wuerzburg.de
Tägl. außer So 9.30–17.30 Uhr
Eleganter Sakralbau mit zwei Türmen, die an italienische Campanile erinnern. Mit dem Bau der viertgrößten romanischen Kirche Deutschlands wurde im 11. Jh. begonnen.

Brauhaus

Würzburger Hofbräukeller
Jägerstr. 17, Würzburg
✆ (09 31) 429 70, www.wuerzburger-hofbraeukeller.de
Tägl. 11–0 Uhr
Brauhaus mit Biergarten und zünftigen Gerichten, darunter auch vegetarische Optionen.

Weingut

Juliusspital
Klinikstr. 1, Würzburg
✆ (09 31) 393 14 01
www.juliusspital-weingut.de
Verkostungen und Führungen
Die Kombination aus Krankenhaus, Seniorenstift und Eliteweingut ist sicherlich ungewöhnlich und geht auf einen Würzbürger Fürstbischof aus dem 16. Jh. zurück. Das Weingut ist Mitglied des VDP (Verband Deutscher Prädikatsweingüter) und bietet in aufsteigender Abfolge vier Klassen an: Gutswein, Ortswein, Erste Lage und Großes Gewächs. ■

Der Bocksbeutel

Mini-Reportage

Alleinstellungsmerkmale, oder im Marketingjargon von heute »Unique Selling Points«, sind gefragter denn je. So gesehen passt der Fränkische Bocksbeutel bestens in unsere Zeit, denn die mutmaßlich vom Weinbeutel inspirierte Flaschenform dient als Indikator für Qualitätswein aus Franken. Schon 1728 beschloss der Würzburger Stadtrat, dass die Rebensäfte der Premiumlage Würzburger Stein ausschließlich in dem markanten Behältnis abgefüllt werden sollten. Das funktionierte so gut, dass die Winzer Markenschutz für die bauchförmige Flasche beantragten. Dies aber scheiterte am Europäischen Gerichtshof, der unter anderem auf ähnliche Formen verwies, die in Portugal gebräuchlich sind. Rückblickend mag dies eine Art Todesurteil für den Bocksbeutel gewesen sein, denn in den zurückliegenden Jahren bieten immer mehr Winzer Riesling, Silvaner und Konsorten in anderen Flaschen an. Diese sind in der Herstellung günstiger. Vor allem aber können Besitzer von Weinregalen sie auch fachgerecht lagern. Was das betrifft, ist der Bocksbeutel etwas störrisch. Vielleicht auch deshalb kommen nur noch 30 Prozent aller Weine in die traditionelle Flasche. Andererseits verbirgt sich in ihr ein gutes Argument dafür, den edlen Tropfen nicht zu alt werden zu lassen. Infos unter www.gwf-frankenwein.de.

Campingplatz

Kalte Quelle
Winterhäuser Str. 160, Würzburg
GPS: 49.74383, 9.98512
✆ (09 31) 655 98, www.kalte-quelle.de
Ganzjährig geöffnet

Rund 9 km südlich von Würzburg liegt die voll ausgestattete, aber recht einfache Anlage unmittelbar am Main. Es ist die beste Option vor Ort. Je nach Windrichtung kann sich die nahe A3 bemerkbar machen.

BAMBERG

Mini-Reportage

Altstadt

Schöne Altstädte sind in Bayern keine Seltenheit, doch die Bamberger gehört allein deshalb zu den imposantesten, weil sie im Zweiten Weltkrieg von Zerstörungen verschont geblieben ist. Daher können 2400 denkmalgeschützte Bauwerke aus Romanik, Gotik, Renaissance, Barock und Rokoko ein einmaliges Gesamtkunstwerk bilden, das über einen Zeitraum von mehr als 1000 Jahren gewachsen ist. Mittelpunkt ist das Alte Rathaus, das auf einer mit Hilfe von Pfählen künstlich in der Regnitz errichteten Insel steht.

itour Guide
Verleih der Geräte mit App bei der Tourist Information:
Geyerswörthstr. 5, Bamberg
✆ (09 51) 297 62 00
www.bamberg.info
Mo–Fr 9–18, Sa 9.30–16, So 9.30–14.30 Uhr, Leihgebühr € 8,50
Bei dem GPS-basierten Rundgang durch die Bamberger Altstadt erfahren Besucher eine Menge über die örtlichen Sehenswürdigkeiten. Gibt es auch als App fürs eigene Smartphone (iOs oder Android).

Bamberger Dom
Domplatz 2, Bamberg
✆ (09 51) 502 25 12
www.bamberger-dom.de
Nov.–März Mo–Mi 9–17, Do/Fr 9.30–17, Sa 9–16.30, So 13–17 Uhr, April–Okt. jeweils bis 18, Sa 9–11.30 und 13–16.30 Uhr
Hoch über die Dächer der Altstadt hinaus ragt der Dom St. Peter und St. Georg mit seinen vier beeindruckenden Türmen. Der Grundstein wurde ursprünglich schon 1002 gelegt, doch Brände erzwangen zweimal den Neuaufbau. Der zweite, 1237, wurde von einer Seite zur anderen durchgeführt, sodass die Türme im Osten romanisch, die im Westen gotisch sind, was den Übergang dieser Epochen auf einmalige Weise bezeugt.

Neue Residenz
Domplatz 8, Bamberg
✆ (09 51) 51 93 90
www.schloesser.bayern.de
Tägl. 9–18, im Winter nur 10–16 Uhr, Eintritt € 6/3
Der Domplatz ist der imposanteste Platz der Stadt. Hier befindet sich auch die Neue Residenz. Über 40 Prunkräume (toll: der mit Fresken verzierte Kaisersaal) dienen heute wechselnden Kunstausstellungen. Wertvolle Werke der Bayerischen Staatsgemäldesammlungen werden in der Barock- und der Altdeutschen Galerie gezeigt.

E. T. A. Hoffmann-Haus
Schillerplatz 26, Bamberg
www.etahg.de/bamberg
Mai–Okt. tägl. außer Mo 13–17 Uhr, Eintritt € 5/2,50
Der mehrfach talentierte Literat, Komponist und Zeichner Ernst Theodor Amadeus Hoffmann verbrachte zwischen 1808 und 1813 fünf Lebensjahre in einem nur 3,5 m breiten Häuschen. Diese ist heute deutschlandweit die einzige Gedenkstätte, die ausschließlich an den Dichter erinnert.

Fränkisches Brauereimuseum
Michelsberg 10 F, Bamberg
✆ (09 51) 530 16

Prunk kennzeichnet die Räume der Neuen Residenz

Rauchbier

Ein Bier mit ausgeprägten Rauchnoten? Dieses Geschmackserlebnis gilt heute als durchaus speziell. Früher allerdings waren Rauchnoten absolut geläufig, weil das Malz vor dem Brauprozess oft künstlich über Feuer getrocknet werden musste. Als im Zuge der Industrialisierung andere Verfahren möglich wurden, haben die Braumeister darauf dankend zurückgegriffen. Nur in Bamberg nicht, wo die Bierhersteller Schlenkerla (www.schlenkerla.de) und Spezial (https://brauerei-spezial.de) an der liebgewonnenen Tradition festgehalten haben. Daher gilt das Rauchbier mittlerweile als kulinarisches Erbe Bambergs, das in den Brauhäusern der beiden Produzenten in Strömen fließt.

www.brauereimuseum.de
April–Okt. Mi–Fr 13–17, Sa/So 11–17 Uhr
Eintritt € 4/3,50
In Franken gehen die Menschen nicht in, sondern »auf« den Keller. Warum? Weil sich dort die schönsten Biergärten befinden. Angelegt wurden sie über den kühlen Kellergewölben, wo der Gerstensaft früher gelagert werden musste. Diese Anekdote und andere Geheimnisse des fränkischen Brauereiwesens erläutert das Museum in einer ehemaligen Benediktinerbrauerei aus dem 12. Jh.

Statue von E. T. A. Hoffmann mit seiner Katze Murr (Bildhauer: Reinhard Klesse) auf dem E. T. A.-Hoffmann-Platz

Restaurant und Weinhaus

Weinhaus Messerschmitt
Lange Str. 41, Bamberg
✆ (09 51) 29 78 00
www.hotel-messerschmitt.de
Mo–Sa 12–14, Mo–Do und Sa auch 18–23 Uhr
Dieses Weinhaus widmet sich schon seit 1832 dem Rebensaft. Aus der Küche kommen frische Mainfische und heimische Wildgerichte. Wer unbedingt möchte, kann dazu auch Bamberger Fassbier trinken. ■

Camping- und Stellplatz

Campingplatz Insel
Am Campingplatz 1, Bamberg
GPS: 49.86221, 10.91812
✆ (09 51) 563 20, www.campinginsel.de
Ganzjährig geöffnet
Lust auf ein paar Tage direkt an der Regnitz? Dann sollte diese Anlage die Lösung sein: Das parkähnliche Ambiente, moderne Sanitäranlagen und zuvorkommende Mitarbeiter sind gute Argumente. Bis nach Bamberg sind es nur 4 km. Mit Fahrradverleih und Restaurant mit regionaler Küche.

Stellplatz Heinrichsdamm
Heinrichsdamm 33, Bamberg
GPS: 49.88631, 10.90321
www.stadtwerke-bamberg.de
Kleiner Stellplatz am rechten Regnitzarm. Die von den örtlichen Stadtwerken betriebene Anlage für 25 Wohnmobile befindet sich in weniger als 2 km Entfernung zur City. Die Stromversorgung erfolgt mit Ökostrom, auch Frischwasserversorgung und Abwasserentsorgung sind vorhanden. Kostenloses WLAN.

BAYREUTH

Markgräfliches Opernhaus
Opernstr. 14, Bayreuth
✆ (09 21) 759 69 22
www.opernhaus-bayreuth.com
www.bayreuth-wilhelmine.de
Besichtigung tägl. 9–18, im Winter nur 10–16 Uhr, Einlasszeiten alle 45 Min.
Der prunkvolle Saal gilt als eines der am besten erhaltenen barocken Hoftheater. Das Theater wurde nach dem Vorbild der renommierten Opernhäuser von Wien und Dresden errichtet und befindet sich seit 2012 als »einzigartiges Monument der Fest- und Musikkultur des 18. Jh.« auf der Liste des Weltkulturerbes und wird natürlich weiterhin bespielt.

Bayreuther Festspielhaus
Festspielhügel 1–2, Bayreuth
✆ (09 21) 787 80
www.bayreuther-festspiele.de
Das Festspielhaus, 1872–75 von Otto Brückwald nach Entwürfen von Richard Wagner errichtet, wird alljährlich nur während der Bayreuther Festspiele vom 25. Juli bis 28. August bespielt. Die Akustik ist herausragend.

Eremitage mit Altem Schloss und Neuem Schloss
Bayreuth, ✆ (09 21) 75 96 90
www.bayreuth-wilhelmine.de
Neues Schloss tägl. 9–18, im Winter nur 10–16 Uhr
Hofgarten jederzeit frei zugänglich
Die historische Parkanlage Eremitage wurde im späten 17. Jh. zunächst als eine Art Vergnügungspark für den Markgrafen und seine Gäste gegründet. Seinerzeit sorgten Lust-, Grotten- und Brunnenhaus für

Neues Schloss in der Eremitage

Pilgerziel der Wagner-Fans: das Festspielhaus in Bayreuth

Innenraum des Markgräflichen Opernhauses

Mini-Reportage

Mr. Bayreuth: Eine Stadt im Zeichen von Richard Wagner

Kaum eine andere deutsche Stadt dürfte so eng mit einer einzigen Person und deren Betätigung in Verbindung gebracht werden wie Bayreuth mit Richard Wagner und der Oper. Der Universalkünstler (1813–1883) hat von 1872 bis 1881 in der Stadt gelebt und hier maßgeblich an der Entstehung seines Festspielhauses, das seinen finalen zehn Opern gewidmet sein sollte, mitgewirkt. Die Bayreuther Festspiele oder auch Richard-Wagner-Festspiele finden seit 1876 zunächst in loser Folge und seit 1951 regelmäßig statt. Sie sind nicht nur ein Höhepunkt im deutschen Kulturkalender, sondern auch ein Event mit hohem Glamourfaktor für die Granden aus Politik, Gesellschaft und Kulturleben. Wer das Glück hat, Karten zu ergattern, wird vor Ort mit mehreren von Wagners wichtigsten Innovationen konfrontiert: Er betrachtete seine Opern weniger als Musikaufführungen, denn als ganzheitliches Erlebnis, dessen Aufführung er mit detaillierten Anweisungen steuerte. So sollte das Orchester in einem Graben spielen, damit sich das Publikum auf die Darsteller konzentrieren konnte. Neben den Festspielen (in der Regel 25. Juli bis 28. August) ehrt man den Komponisten in Bayreuth auch mit einem Museum (www.wagnermuseum.de), das in Sonderausstellungen durchaus kritisch ist und unter anderem Wagners Antisemitismus thematisiert hat. Der »Walk of Wagner« führt vom Haus Wahnfried, dem ehemaligen Wohnhaus, vorbei am Museum bis zum Festspielhaus.

Vergnügen. Später wurde die weitläufige Anlage am östlichen Stadtrand mit Wasserspielen, künstlichen Ruinen und einem Sonnentempel aufgewertet. Im Park stehen das Alte Schloss und das deutlich größere Neue Schloss.

Restaurant

Oskar am Markt
Maximilianstr. 33
Bayreuth
✆ (09 21) 516 05 53
www.oskar-bayreuth.de
Tägl. 8–1, So ab 9 Uhr

Wer bayerische Küche, fränkische Gastfreundschaft und Tradition zu schätzen weiß, wird an diesem zentral gelegenen Lokal kaum vorbeikommen. Auf der Karte steht auch Modernes wie Chia-Joghurt und Smoothies. ■

Stellplatz

Wohnmobilstellplatz Lohengrin-Therme
Kurpromenade 5, Bayreuth
GPS: 49.94190, 11.63545
✆ (09 21) 79 24 00
www.lohengrin-therme.de

Wohnmobilplatz direkt neben der Therme, deren Sanitäranlagen während der Öffnungszeiten benutzt werden dürfen. An Ort und Stelle fährt ein Bus ins Zentrum. Ver- und Entsorgungsanlagen sind in der Gebühr inbegriffen.

TOP 10 1000 PLACES

Franken: Das andere Bayern

Jeder weiß, dass die Franken für sich eine Sonderrolle in Deutschlands größtem Bundesland beanspruchen. Zu Recht, denn der Norden Bayerns ist entschieden anders. Dies beweist bereits der Tourauftakt in Nürnberg, wo moderne Urbanität auf eine reichhaltige Historie trifft. Weiter geht es zur Altmühl, die sich träge ihren Weg durch weitläufige Landschaften bahnt – um en passant ein paar Stauseen zu speisen. Während Rothenburg ob der Tauber zu den bevorzugten Adressen von Besuchern aus Übersee gehört, müssen diese das churfränkische Städtchen Miltenberg erst noch entdecken. Wir befinden uns nun bereits am Main, an dessen Ufern mit Aschaffenburg und Würzburg prominente Residenzstädte liegen. Auch Bamberg und Bayreuth wissen abschließend mit Welterbestätten beziehungsweise weltberühmten Festspielen eigene Akzente zu setzen.

1 Nürnberg: Zauberhafte Altstadt

Die fränkische Metropole hat sich fein herausgeputzt: Erster Vorbote ist der Handwerkerhof, ehe die zauberhaften Pegnitz-Inseln übernehmen. Der historische Henkersteg sowie die Kirchen St. Lorenz und St. Sebald runden eine erste Stadttour ab.

2 Majestätische Kaiserburg: Nürnbergs Wahrzeichen

Weithin sichtbares Wahrzeichen, Aussichtsplattform mit Fernblick und historische Kaiserpfalz – so das Profil der Kaiserburg in Schlagworten. Faszinierend ist die autarke Wasserversorgung dank eines 47 Meter tiefen Schachts.

3 Altmühltal: Malerisch mäandernder Fluss

Südwestlich von Nürnberg breitet sich eine noch wenig bekannte Seenplatte aus, die ihre Existenz der Altmühl und einem System aus Staumauern und Kanälen verdankt. Das Wasserreservoir ist zugleich ein vorzügliches Freizeitrevier, vor allem für Camper.

4 Rothenburg ob der Tauber: Reichlich Romantik

Sie haben das mittelalterliche Städtchen bisher gemieden, weil es vor allem das Fernweh von Besuchern aus Übersee stillt? Ein Fehler, denn Rothenburg ist tatsächlich einer der schönsten Orte des Landes. Vor allem in der Nebensaison.

To See Before You Die®

5 Miltenberg: Mittelalter am Main

Der geschichtsträchtige Ort am Mainknie überzeugt mit einem intakten Stadtbild, das sich aus auffälligen Toren, engen Gassen und farbenfrohen Fachwerkhäusern zusammensetzt. Zu den Highlights gehört Deutschlands ältestes Gasthaus.

6 Schloss Johannisburg: Der Hingucker in Aschaffenburg

Die monumentale Vierflügelanlage erhebt sich auf beeindruckende Weise an den Ufern des Mains und punktet zudem mit der europaweit größten Cranach-Sammlung und einer Kollektion von Architekturmodellen aus Kork.

7 Würzburg: Festung Marienberg

Die Residenzstadt am Main genießt eine Sonderstellung unter den deutschen Großstädten: Vom Bahnhof geht es direkt in die Weinberge. Oben auf dem Felsplateau erhebt sich die mächtige Festung Marienberg mit dem Mainfränkischen Museum.

8 Bamberg: Beachtenswerte Altstadt

Die von der Regnitz eingerahmte Altstadt des beschaulichen Bamberg sonnt sich im Glanz des UNESCO-Weltkulturerbes. Besonders beachtenswert ist das Rathaus, das seine unwahrscheinliche Existenz einer eigenen, künstlich geschaffenen Insel verdankt.

9 Bamberger Dom: Teil des Weltkulturerbes

Der Bamberger Dom hat es mit seiner mehr als 1000-jährigen Baugeschichte zu Ruhm und Ehre gebracht. Zum Gesamtensemble gehört auch ein Kapitelhaus, dessen Entwurf auf den berühmten Barockbaumeister Balthasar Neumann zurückgeht.

10 Bayreuth: Grandioses Festspielhaus

Kaum eine Stadt ist so eng mit einem Event verbunden wie Bayreuth mit seinen Festspielen. Die 1800 Besucher fassende Hauptspielstätte ist auch einen Besuch wert, wenn gerade keine Wagner-Interpretationen auf dem Programm stehen.

ROUTE 6

BEST OF THE EAST

SPEKTAKULÄRE LANDSCHAFTEN UND KULTURELLE HOCHBURGEN (ETWA 1000 KM)

Erfurt – Weimar – Jena – Dornburger Schlösser – Naumburg – Freyburg – Geiseltalsee – Leipzig – Elbsandsteingebirge mit dem Nationalpark Sächsische Schweiz – Dresden – Spreewald – Potsdam – Naturpark Fläming – Wittenberg – Gartenreich Dessau-Wörlitz – Dessau-Roßlau – Quedlinburg – Wernigerode – Braunlage – Rappbodetalsperre – Nationalpark Hainich – Erfurt

ROUTE 6

Stendal
Rathenow
Premnitz
Müden (Aller)
Wathlingen
Meinersen
Uetze
Mühlenmuseum
Erse-Park Uetze
Gifhorn
Trippigleben
Oebisfelde
Mieste
Gardelegen
Tangermünde
Klosterkirche
Tangerhütte
Burgdorf
Edemissen
Wolfsburg
Miesterhorst
Brandenburg
Genthin
Lehrte
Lehre
Wegenstedt
Uthmöden
Angern
Cobbel
Parchen
Karow
Sehnde
Peine
Braunschweig
Querenhorst
Haldensleben
Burg
Vechelde
Königslutter
Helmstedt
Wolmirstedt
Schellerten
Wolfenbüttel
Eulenspiegelmuseum
Magdeburg
Dom
Belzig
Hildesheim
Salzgitter
Schöppenstedt
Schöningen
Liebenburg
Schladen
Dedeleben
Wanzleben
Oschersleben
Gommern
Bockenem
Schloss Westerburg
Schönebeck
Zerbst
Langelsheim
Goslar
Vienenburg
Halberstadt
Egeln
Barby
Naturpark Fläming
Möllensdorf
Seesen (Harz)
Bad Harzburg
Calbe
Roßlau
Coswig
Kreiensen
Zellerfeld
Nationalpark
Staßfurt
Gartenreich Dessau Wörlitz
Kalefeld
Clausthal
Brocken 1141
Wernigerode
Nienburg
Dessau
Aken (Elbe)
Wörlitz
Lutherstadt Wittenberg
Hochharz
Blankenburg (Harz)
Quedlinburg
Bernburg
Biosphärenreservat Mittelelbe
Northeim
Rappbodetalsperre
Thale
Aschersleben
Köthen
Osterode a. Harz
Nationalpark Harz
Braunlage
Hexentanzplatz
Ballenstedt
Gräfenhainichen
Hettstedt
Katlenburg
Herzberg
Bad Lauterberg
Harzgerode
Wolfen
Walkenried
Bitterfeld
Sandersdorf
Bad Sachsa
Niedersachswerfen
Bergbaumuseum
Helbra
Lutherstadt Eisleben
Halle (Saale)
Duderstadt
Günzerode
Nordhausen
Delitzsch
Bleicherode
Sangerhausen
Teutschenthal
Worbis
Kyffhäuser-Denkmal
Bad Frankenhausen
Querfurt
Schkeuditz
Taucha
Heilbad Heiligenstadt
Leinefelde
Dingelstädt
Artern
Merseburg
Markranstädt
Leipzig
Sondershausen
Roßleben
Geiseltalsee
Markkleeberg
Bad Sooden
Greußen
Weißenfels
Eschwege
Mühlhausen/Thüringen
Weißensee
Kölleda
Freyburg
Saale-Unstrut
Naumburg
Böhlen
Kitzscher
Wehretal
Weberstedt
Sömmerda
Groitzsch
Schönstedt
Rudelsburg
Großheringen
Lucka
Borna
Lauterbach
Bad Langensalza
Ettersburg
Dornburger Schlösser
Zeitz
Meuselwitz
Nationalpark Hainich
Erfurt
Weimar
Apolda
Eisenberg
Altenburg
Eisenach
Gotha
Dom
Jena
Hermsdorf
Penig
Heringen
Ruhla
Schloss Friedenstein
Drei Gleichen
Bad Berka
Schmölln
Miniaturenpark »mini-a-thür«
Inselberg
Ohrdruf
Blankenhain
Meerane
Bad Salzungen
Arnstadt
Kahla
Gera
Crimmitschau
Glauchau
Zwergen-Park
Wasserfall Trusetal
Gräfenroda
Stadtilm
Neustadt a. d. Orla
Weida
Lichtenstein
Breitungen
Schmalkalden
Heidecksburg
Ruine Frankenberg
Rudolstadt
Werdau
Saalfeld
Zwickau
Museumsdorf
Steinbach-Hallenberg
Ilmenau
Bad Blankenburg
Talsp. Zeulenroda
Zeulenroda
Talsp. Hohenwarte
Göltzschtalbrücke
Reichenbach

BEST OF THE EAST

SPEKTAKULÄRE LANDSCHAFTEN UND KULTURELLE HOCHBURGEN

Diese Route ist so angelegt, dass möglichst viele Attraktionen des Ostens angesteuert werden. Die Tour beschränkt sich auf das Gebiet südlich von Berlin und würdigt dabei kleine Kulturstätten ebenso wie die unberührte Natur von Harz, Fläming und Sächsischer Schweiz. Mit Erfurt, Leipzig, Dresden, Potsdam und Dessau hat die Rundreise auch für Stadtfans einiges im Angebot.

Im Nationalpark Harz

Lag **Erfurt** (S. 192 f., www.erfurt-tourismus.de) lange Zeit ein bisschen ab vom Schuss, so ist die Stadt dank der ICE-Linie Berlin–München neuerdings deutlich dichter an weite Teile des Landes herangerückt. Bei genauerem Hinsehen ist die Hauptstadt Thüringens (215 000 Einwohner) aber auch ein guter Ausgangspunkt für einen Roadtrip. Nur die wenigsten wissen, dass Erfurt über eine der schönsten Altstädte der Republik verfügt und inzwischen sogar ein ziemlich hippes Pflaster ist – etwa mit dem Kreativzentrum Zughafen im ehemaligen Güterbahnhof. Enge Gassen, die mit Kopfsteinpflaster ausgelegt sind, nicht weniger als 22 Kirchen, bunte Häuschen und ein lebendiger Einzelhandel – all dies vereint die Altstadt von Erfurt auf engem Raum. Ebenso geschichtsträchtig wie fotogen ist das Ensemble aus Dom und Severikirche und sehr schön ist auch das sogenannte Andreasviertel am Nordrand der Altstadt, das nach der Wende liebevoll restauriert wurde. In der Waagegasse zieht die Alte Synagoge (https://juedisches-leben.erfurt.de) alle Aufmerksamkeit auf sich. Sie gehört zu den wenigen erhaltenen mittelalterlichen Synagogen ihrer Art und darf sich als ältestes bis zum Dach erhaltenes jüdisches Gotteshaus Europas bezeichnen.

Die erste Zwischenstation auf der Route ist in kaum mehr als 20 Minuten Entfernung **Weimar** (S. 194 f., www.weimar-touristinformation.de). Trotz ihrer überschaubaren Größe (65 000 Einwohner) gilt die Stadt als intellektuelles Schwergewicht und kulturelle Hochburg. Dichterfürsten, Komponisten, Maler und avantgardistische Architekten

Der größte Platz Erfurts beeindruckt mit dem einmaligen Ensemble aus Mariendom und Stiftskirche St. Severi

Goethes Gartenhaus im Park an der Ilm zählt zu den wichtigsten Weimarer Sehenswürdigkeiten

haben hier gelebt, gewirkt und ihre Spuren hinterlassen. Bach, Goethe, Nietzsche und das Bauhaus sind nur einige der großen Namen, die immer wieder in Verbindung mit Weimar fallen. Die Kulturstätten der Weimarer Klassik stehen denn auch auf der Liste des UNESCO-Weltkulturerbes. Parks und andere Grünflächen sorgen dafür, dass ein Besuch nicht zu kopflastig wird. Die prächtig restaurierte Altstadt lädt zu schwelgerischen Stunden ein.

In der Universitätsstadt **Jena** (110 000 Einwohner) steht mit dem Zeiss-Planetarium das dienstälteste Projektionsplanetarium der Welt, das mittels einer digitalen Ganzkuppelprojektion einen außergewöhnlich

Auf den Spuren der Weimarer Republik

Die Weimarer Republik war ein Neuanfang und ein Experiment mit bekanntermaßen verheerendem Ausgang. Deutschlands erste parlamentarische Demokratie konnte im November 1918 auf Initiative mutiger Frauen und Männer nach Ende des Ersten Weltkriegs ihren Lauf nehmen. Um Abstand zu der politisch überhitzten Reichshauptstadt Berlin zu gewinnen, tagte die Deutsche Nationalversammlung vom 6. Februar 1919 bis zum 21. Mai 1920 in Weimar. So wurde die Stadt zum Namensgeber jenes Interregnums, das durch die Machtübernahme der Nationalsozialisten am 30. Januar 1933 jäh beendet wurde. Trotz aller Schwierigkeiten wird die Weimarer Republik bis heute auch mit einer Aufbruchsstimmung in Verbindung gebracht – nicht zuletzt, weil die »Goldenen Zwanziger« in die Epoche fallen. Vor Ort allerdings sollte es 100 Jahre dauern, ehe ein Museum die Thematisierung jener Zeit übernahm: 2019 eröffnete das Haus der Weimarer Republik. Es befindet sich in der ehemaligen Kunsthalle, die zu diesem Zweck umgebaut wurde. In Weimar tragen noch weitere Orte zur Erzählung der Geschichte bei. Dazu gehören das Haus Am Horn, das Museum Neues Weimar, das Nietzsche-Archiv, aber auch das Stadtmuseum, das Nationaltheater und das ehemalige Gauforum.

Haus der Weimarer Republik – Forum für Demokratie
Theaterplatz 4, Weimar
✆ (036 43) 908 90 24, https://hdwr.de
Tägl. außer Mo 10–17 Uhr, Eintritt € 5/3,50

Mini-Reportage

detaillierten Sternenhimmel zeigen kann. Wahrzeichen ist der 159 Meter hohe Jentower (https://jentower.de), der noch aus DDR-Zeiten stammt. Die Modernität der selbst erklärten »Lichtstadt« soll nicht darüber hinwegtäuschen, dass Jena schon im 9. Jahrhundert urkundlich erwähnt wurde, seit 1558 Universitätsstandort ist und eine sehenswerte Altstadt besitzt, der schon Goethe und Schiller einiges abgewinnen konnten.

Wein, Natur und Kultur an Saale und Unstrut

Nach den drei so unterschiedlichen Städten wird es nun Zeit für etwas mehr Grün. Gut also, dass die Saale, die schon durch Jena fließt, flussabwärts zum Schauplatz vielfältiger Attraktionen wird. Zunächst sind dies die **Dornburger Schlösser** (S. 196), drei ganz verschiedenartige Residenzen, die bei dem gleichnamigen Ort über der Saale thronen. Nach einigen Bögen setzt der Fluss seine Reise auf dem Territorium von Sachsen-Anhalt fort, wo die trutzige **Rudelsburg** (www.rudelsburg.info) einen Gruß aus dem 11. Jahrhundert sendet. Bald darauf fließt in Naumburg die Unstrut in die Saale. Beide Täler gemeinsam bilden bekanntlich ein Weingebiet, dessen Rebstöcke auf Terrassen gedeihen. Augenschmaus und Gaumenfreude zugleich.

Naumburg (S. 196) selbst ist in erster Linie als Bischofssitz mit mittelalterlicher Altstadt bekannt – und natürlich für den Dom, der seit 2018 einen Eintrag auf der Liste des UNESCO-Weltkulturerbes für sich beanspruchen kann.

Burg Saaleck liegt nur wenige Hundert Meter entfernt von der Rudelsburg

Das Alte Schloss von Dornburg stammt aus dem 16. Jahrhundert

Nicht unerwähnt soll bleiben, dass Friedrich Nietzsche einen großen Teil seiner Kindheit und Jugend in dem Städtchen (32000 Einwohner) verbracht hat.

In Naumburg wechseln wir den Fluss, um für ein Weilchen der Unstrut zu folgen. Nach wenigen Kilometern stromaufwärts werden die umliegenden Hügel immer steiler. Das sind die Vorboten des regionalen Weinbauzentrums **Freyburg** (S. 197), seines Zeichens auch Standort der weithin bekannten Rotkäppchen-Kellerei. Das Städtchen (knapp 5000 Einwohner) ist hübsch eingebettet in Weinberge und darf sich mit dem Prädikat eines staatlich anerkannten Erholungsortes schmücken. Nicht zuletzt dank seiner schönen Stadtmauer atmet der Ort Geschichte.

Nach der genussvollen Fahrt durchs Weinland verlockt der **Geiseltalsee** (S. 184) zu einem bisschen Urlaub am Wasser.

Mini-Reportage

Die Winelands der Region Saale-Unstrut

Heiße Sommertage legen sich über eine wildromantische Landschaft. Auf ziemlich unzugänglichen Terrassen gedeihen Rebstöcke. Innovative Winzer laden zur Verkostung in die Kellergewölbe ihrer Anwesen, wo überraschend spritzige Weine lagern. Und der Freizeitwert ist ganz allgemein: hoch. Diese Beschreibung würde sicherlich auf prominente Weinregionen wie das kalifornische Napa Valley und die südafrikanischen Winelands bei Kapstadt zutreffen. Doch ein Trip ans andere Ende der Welt ist für eine Erfahrung dieser Art nicht zwingend erforderlich: Im Südwesten Sachsen-Anhalts lockt mit Saale-Unstrut ein noch wenig entdecktes Weinanbaugebiet, das mit solchen Eigenschaften aufwarten kann. Allerdings ist die Region mit knapp unter 800 Hektar Anbaufläche zugegebenermaßen eher klein und einige Weinberge befinden sich auf dem Grund Thüringens (120 Hektar) bzw. Brandenburgs (10 Hektar) – doch wen stört das. Die nördlichste Qualitätsweinregion Deutschlands verdankt ihre Existenz den beiden gleichnamigen Flüssen, die nach einer Reise durch zerklüftete Täler bei Naumburg zusammenfließen. Wichtigste Rebsorten sind Müller-Thurgau und Silvaner, die beide beständig besser werden. Infos unter www.saale-unstrut-tourismus.de.

Der Geiseltalsee

Der Braunkohletagebau ist und war in Sachsen-Anhalt weit verbreitet. Als direkte Folge ist der Geiseltalsee entstanden. Mit einer Oberfläche von 19 Quadratkilometern gehört er zu den fünfzehn größten Gewässern Deutschlands – ideal für Wassersport oder ein erfrischendes Bad. Auch Tauchen, Segeln und Stand-up-Paddeln gehören zum touristischen Portfolio. Infos unter www.geiseltalsee.de.

Von Leipzig nach Dresden

Nächstes Etappenziel ist mit **Leipzig** (S. 198 f., www.leipzig.travel/de) eine der interessantesten, vielseitigsten und geschichtsträchtigsten Städte Deutschlands. Es wird gern als »das neue Berlin« bezeichnet. Was damit gemeint ist: Leipzig hat einen ähnlichen kulturellen Reichtum und blickt auf eine vergleichbare Historie zurück. Eine Kombination, die in Verbindung mit einem Hang zur Avantgarde große Anziehungskraft ausübt. Anders als Berlin ist Leipzig noch nicht ins Visier von Massentourismus und Investoren geraten und ist mit 560 000 Einwohnern bedeutend kleiner. Es ermöglicht ein vielseitiges Stadterlebnis, so wie es Goethe im Faust bereits mit einem anderen Referenzort beschrieben hat: »Mein Leipzig lob' ich mir! Es ist ein klein Paris und bildet seine Leute.« Leipzig bietet genug Stoff für mehrere abwechslungsreiche Tage, die durch schöne Campingplätze an Seen weiter aufgewertet werden.

Nun steht eine der spektakulärsten Landschaften Mitteleuropas auf der Agenda: das **Elbsandsteingebirge** (S. 200 f.) am Oberlauf der Elbe, das teils zu Sachsen, teils zu Nordböhmen (Tschechien) gehört. Fast unwirklich anmutende Tafelberge, bizarre Schluchten, Felsnadeln, Ebenen und Wälder fügen sich zu einem bemerkenswerten Biotop zusammen. Das Mittelgebirge beherbergt den **Nationalpark Sächsische Schweiz** (S. 200, www.saechsische-schweiz.de) und den Nationalpark Böhmische Schweiz. Bekannteste Sehenswürdigkeit ist die sogenannte **Bastei**, eine Felsformation zwischen Wehlen und Rathen. Das Nationalparkzentrum befindet sich in **Bad Schandau**, wo auch zahlreiche Wanderwege starten.

Dresden: Barock oder doch lieber abgerockt?

Damit das Wechselspiel aus naturnahen und urbanen Erlebnissen nicht aus den Fugen gerät, erwartet uns nun mit **Dresden** (S. 202 f., www.dresden.de) die nächste großartige Stadt. Die altehrwürdige Elbmetropole bietet neben berühmten Zeugen vergangener Tage und erheblichen Kulturschätzen auch eine zeitgenössische Facette – der 545 000-Einwohner-Stadt gelingt der Spagat zwischen Hoch- und Subkultur. Natürlich dominiert im »Elbflorenz« die Grandezza der Vergangenheit mit Zwinger, Residenzschloss oder Japanischem Palais, die das Stadtbild ebenso prägen wie die Elbe. Doch obwohl die Dresdner die Relikte des Barock unter der Ägide von August dem Starken als selbstverständlich hinnehmen und die wiederaufgebaute Frauenkirche hingebungsvoll umarmen, lässt die Neustadt viele Freiräume für Kreative. Eine spannende Mischung.

Brühlsche Terrasse in Dresden

Blick auf Leipzig und das Neue Rathaus

Kanufahrt durch den Spreewald bei Lübben

Von der Spree an die Havel

Nun führt die Strecke über die A 13 in Richtung Norden, wo mit dem **Spreewald** (S. 204) wieder die Natur Oberhand gewinnt. Auf den verschlungenen stillen Kanälen staken die Fährfrauen und -männer die Besucher mit dem Kahn durch die lagunenartige Landschaft. Ab **Lübben**, wo es gleich mehrere Bootsverleihe gibt, eignen sich die Wasserstraßen vorzüglich für eine Kanutour. Doch das zwischen Lübben, Lübbenau, Straupitz und den Ausläufern von Cottbus gelegene UNESCO-Biosphärengebiet ist auch von einem

Die Spreewaldgurke

Einige Lebensmittel werden durch das Zusammenspiel von hoher Produktqualität, cleverem Marketing und einer Verpackung mit hohem Wiedererkennungswert zu wahren Ikonen. Das trifft auch für die Spreewaldgurke zu, die im herkömmlichen Einmachglas und als Einzelexemplar in der Dose angeboten wird. Das Gemüse gedeiht im Spreewald auf einer erstaunlich großen Anbaufläche von 500 Hektar. Die Ursprünge gehen auf das 16. Jahrhundert zurück, als niederländische Tuchfabrikanten in das Städtchen Lübbenau zogen. Vor Ort stellten sie schnell fest, dass die mitgebrachten Gurkensamen hier besonders gut gediehen. Lübbenau ist bis heute der beste Ort für Einkauf und Verkostung der Spezialität, die auf der örtlichen »Gurkenmeile« in diversen Variationen angeboten wird.

Gurkenmeile – Großer Hafen Lübbenau
Dammstr. 77 A, Lübbenau
www.grosser-kahnhafen.de
Mo–Sa 9–18, So 9–17 Uhr

dichten Netz aus Wander- und Radwegen durchzogen.

Wer »Spree« hört, denkt natürlich an Berlin, das Etappenziel von Tour 7 ist. Wir steuern stattdessen das ungleich beschaulichere und zugleich grünere **Potsdam** (S. 205 f., www.potsdamtourismus.de) an, das seinerseits über die Havel mit Berlin verbunden ist. Schloss Sanssouci und viele andere Baudenkmäler bilden gemeinsam mit der örtlichen Filmkultur ein spannendes Terrain für einen Aufenthalt, wobei auch die vielen Parks und die attraktive Natur rundum – samt Brandenburger Seen – nicht zu vernachlässigen sind. Die Stadt mit ihren 180 000 Einwohnern hat Besuchern viel zu bieten.

→ Anschluss an Route 7 möglich.

Schöne Aus- und Ansichten: Schloss Babelsberg inmitten der Seenlandschaft um das Glienicker Horn

Sanssouci »Ohne Sorge«

Den prachtvollen Grottensaal im Neuen Palais Sanssouci zieren mehr als 24 000 Minerale, Steine, Edelsteine, Fossilien und Muscheln

Ausdruck der Italiensehnsucht Friedrich Wilhelms IV.: das Orangerieschloss im Park Sanssouci

1517 schlug Martin Luther seine 95 Thesen an die Schlosskirche zu Wittenberg

Welterbe im Dreierpack

Von der brandenburgischen Prachtstadt führt der Weg in die Region Dessau/Wörlitz/Wittenberg vorbei am **Naturpark Fläming** (S. 206), einem der vielen weitläufigen Erholungsgebiete der Region. Im Grunde handelt es sich beim Fläming um eine leichte Anhöhe, die sich vom Südwesten Brandenburgs bis in den Osten Sachsen-Anhalts erstreckt. Findlinge, Wiesentäler und Quellgebiete wechseln sich auf einem 100 mal 30 bis 50 Kilometer breiten Landstreifen ab. Eine gute Anlaufstelle ist **Möllensdorf**, weil der verschlafene Ort an mehreren Wanderrouten liegt. Außerdem ist es von hier nur ein Katzensprung bis nach **Wittenberg**, wo vier Luthergedenkstätten zum UNESCO-Welterbe zählen.

Sonnenaufgang im Fläming

Mini-Reportage

Martin Luther und Wittenberg

Vor allem im 16. Jahrhundert war Wittenberg ein politisches und geistliches Zentrum von großer Bedeutung. Schon 1502 war hier mit der Leucorea eine Universität gegründet worden, wo der seinerzeit noch weitgehend unbekannte Martin Luther (1483–1546) im Jahr 1508 einen Lehrstuhl erhielt. So nahm jene Entwicklung ihren Lauf, die 1517 in der Veröffentlichung der 95 Thesen und der Reformation kulminierte – was bekanntlich nicht nur die geistliche Welt nachhaltig veränderte. Das Erbe des Vordenkers des Protestantismus trägt Wittenberg seit 1938 im Namen. Die Lutherstadt (45 000 Einwohner, https://lutherstadt-wittenberg.de) verdankt dem Augustinermönch gleich mehrere Einträge auf der Liste des UNESCO-Weltkulturerbes. Auch an die Türe der Schlosskirche (Schlossplatz) schlug Luther seine Thesen. In der Stadtkirche St. Marien (Kirchplatz 20) pflegte der Reformator zu predigen; den hiesigen Reformationsaltar hat Lucas Cranach der Ältere gestaltet. Das Lutherhaus (Collegienstr. 54, www.martinluther.de) schließlich wurde im Zuge der Reformation als Augustinerkloster aufgelöst. Es diente der späteren Familie Luther als Wohnhaus und ist heute das weltweit größte reformationsgeschichtliche Museum. Es dokumentiert auch die Schattenseiten Luthers, der bekennender Antisemit und Verfechter von Hexenverurteilungen war. Zum Weltkulturerbe gehört auch das Melanchthonhaus (Collegienstr. 60), wo mit Philipp Melanchthon ein weiterer Vordenker der Reformation lebte.

Traditionelles »Frühlings-erwachen« in Wörlitz

UNESCO-Weltkulturerbe: die Altstadt von Quedlinburg

Auch das nächste Etappenziel, das keine halbe Stunde entfernt liegt, konnte einen Eintrag auf dieser Liste ergattern: Das **Gartenreich Dessau-Wörlitz** (S. 206 f.), ein Landschaftspark im XL-Format, gehört seit dem Jahr 2000 zum Weltkulturerbe. Die 142 Quadratkilometer große Kulturlandschaft schmiegt sich im **Biosphärenreservat Mittelelbe** (S. 207) an den Fluss. Das Gartenreich ist gemeinsam mit den Bauhaus-Entwürfen ein schillerndes Beispiel dafür, was Architektur und Gartenbaukunst für den Menschen bedeuten können. Denn von Wörlitz sind es nur noch gut 15 Kilometer bis zur Bauhausstadt Dessau, wo mehrere Bauten zur UNESCO-Welterbestätte Bauhaus (S. 207) gehören: das Bauhausgebäude, die Meister- und die Laubenganghäuser.

Das Dessau der Vergangenheit gibt es dem Namen nach nicht mehr: 2007 ist die Stadt an der Mulde fusioniert mit Roßlau, das sich nahebei am Nordufer der Elbe befindet. Seitdem firmiert die 80000-Einwohner-Kommune als **Dessau-Roßlau** (S. 206 f., http://tourismus.dessau-rosslau.de). Geblieben freilich sind die große Bauhaustradition und die Vorzüge der Region.

Durch den Harz zurück nach Erfurt

Auf unserem Weg zum höchsten Mittelgebirge Deutschlands passieren wir das sehenswerte Fachwerkstädtchen **Quedlinburg** (S. 208, www.quedlinburg-info.de). Der über 1000 Jahre alte Ort am Nordostrand des Harzes begeistert mit einem historischen Stadtbild. Die ältesten Gebäude sind im Stil der Romanik erbaut. Hinzu kommen nicht weniger als 2069 Fachwerkhäuser sowie Villen aus Gründerzeit und im Jugendstil.

Der Erholungsort **Wernigerode**, das Wintersportzentrum **Braunlage** (S. 208), das zugleich Luftkurort ist und auf einer Höhe von 600 bis 971 Metern auch die klassische Sommerfrische ermöglicht, sowie die **Rappbodetalsperre** mit der höchsten Staumauer Deutschlands sind nur einige von vielen möglichen Anlaufstellen im **Harz** (S. 208, www.harzinfo.de). Der 1141 Meter hohe **Brocken** (S. 208) überragt die Landschaft, was allerdings mit ziemlich garstigem Wetter einhergehen kann. Der Harz bietet ausreichend Attraktionen für einen ganzen Urlaub und beherbergt einen Nationalpark, drei Naturparks (Harz Niedersachsen, Harz Sachsen-Anhalt und Südharz) sowie das Biosphärenreservat Karstlandschaft Südharz. Wanderern stehen hier ebenso wie anderen Besuchern viele Möglichkeiten offen.

Nationalpark Hainich: Natur Natur sein lassen!

Kurz vor Vollendung der Runde wartet dann vor den Toren Erfurts noch ein wohlbehütetes Geheimnis: Das Territorium des 1997 zum Nationalpark gekürten **Hainich** (S. 209) war jahrzehntelang militärisches Sperrgebiet. Weil das Areal kaum je betreten wurde, konnten sich hier die Waldbestände ungestört von äußeren Einwirkungen entwickeln. So können Wanderer zum Beispiel ab dem Nationalparkzentrum in dichte Buchenwälder abtauchen. Für ein paar Stunden – oder aber auch für Tage. Wer anschließend nach **Erfurt** zurückkehren möchte, muss keine 50 Kilometer zurücklegen. ■

Das Schloss Wernigerode, ursprünglich eine mittelalterliche Burg, erhebt sich über der Stadt

Die Fußgängerbrücke Titan RT spannt sich 483 Meter über das Bode-Staubecken im Rappbodetal

SERVICE & TIPPS

Erfurt – Weimar – Jena – Dornburger Schlösser – Naumburg – Freyburg – Leipzig – Elbsandsteingebirge – Dresden (– Radebeul – Meißen) – Spreewald – Potsdam – Naturpark Fläming – Dessau-Roßlau und Wörlitz – Der Harz – Nationalpark Hainich

ERFURT

Krämerbrücke
Unangefochtene Topattraktion und Wahrzeichen zugleich: Die Krämerbrücke führt auf einzigartige Weise über die Gera, denn sie ist durchgehend mit bewohnten Häusern bebaut. Ein aus Holz errichteter Vorgänger wurde 1325 durch einen Steinbau ersetzt. Auf der 120 m langen Brücke stehen insgesamt 32 Häuser. Ursprünglich ruhten an den Brückenköpfen zwei Kirchen, von denen heute nur noch die östliche Ägidienkirche existiert. Vom Turm aus eröffnet sich ein hübscher Ausblick (tägl. außer Mo 11–17 Uhr). Auf der Brücke befinden sich Galerien und kleine Geschäfte mit authentischen Produkten. So, wie man es sich in Italien vorstellt, aber wie es auch in Thüringen ist.

Zitadelle Petersberg
Petersberg 3, Erfurt
www.erfurt-tourismus.de
Ausstellung im Kommandantenhaus tägl. außer Mo 9–20, im Winter 10–18 Uhr
Eintritt € 7/4
Hoch über der Altstadt liegt auf dem Petersberg die einzige weitgehend erhaltene barocke Stadtfestung Mitteleuropas. Die sternförmig angelegte Zitadelle galt als uneinnehmbar. Seit 1990 wird sie mit viel Liebe zum Detail wiederaufgebaut. Zuletzt wurden die Arbeiten intensiviert, um das Bauwerk als Austragungsort der Bundesgartenschau 2021 herzurichten. Im April 2021 hat ein nagelneues Besucherzentrum seine Pforten geöffnet. Hier erhält man auch die Tickets für die Ausstellung zum Petersberg im Kommandantenhaus und für die Führungen, die unter anderem durch die Horchgänge gehen.

Abendspaziergang mit Schauspieler
Treffpunkt hinter der Erfurt Tourist Information (Benediktsplatz 1) am Till-Eulenspiegel-Denkmal, April–Okt. Do–Sa 20 Uhr, Dauer 2 Std., Tickets € 10/7

Erfurts bekanntestes Wahrzeichen: die durchgängig bebaute und bewohnte Krämerbrücke

Wehrhaft: die Zitadelle Petersberg hoch über der Altstadt von Erfurt

Etwas Besonderes gefällig? Dann könnte eine abendliche Stadtführung unter Leitung eines »Erfurter Weibsbildes« (Tratschweib, Gemahlin des Ratsherrn) oder eines Nachtwächters die Lösung sein. Beide sind kostümiert und für launische Darbietungen bekannt.

Café und Bistro

Mundlandung
Krämerbrücke 28, Erfurt
✆ (03 61) 644 38 44
https://mundlandung.com

Tägl. 10–18, Fr/Sa bis 20 Uhr
Sympathisches Café in Premiumlage mit moderner Karte und Gerichten aus der Region. ■

Außengastronomie der Mundlandung auf der Krämerbrücke

Campingplatz

Campingpark Erfurt
Rudolstädter Str. 83 C, Erfurt, GPS: 50.96734, 11.06754
✆ (0176) 95 53 17 46, https://campingpark-erfurt.de

Ganzjährig geöffnet
Moderner Platz mit großzügigen Parzellen in der Nähe der Stadt. Ein Glücksfall!

WEIMAR

Gedenkstätte Buchenwald
Weimar
✆ (036 43) 43 02 00
www.buchenwald.de
Tägl. außer Mo 10–18, im Winter bis 16 Uhr
Auch die dunkelste Epoche der deutschen Geschichte ist in Weimar bis heute präsent: Am nordwestlich der Stadt gelegenen Ettersberg befand sich unter dem nationalsozialistischen Regime das Konzentrationslager Buchenwald. Mehr als 266 000 Menschen waren hier als Zwangsarbeiter interniert, über 66 000 von ihnen haben ihr Leben verloren. Der Besuch der Gedenkstätte geht durch Mark und Bein.

Schloss Belvedere
Belvedere, Weimar
✆ (036 43) 54 54 00
www.klassik-stiftung.de
April–Okt. tägl. außer Mo 10–18 Uhr
Eintritt € 6,50/2,50
Barocke Sommerresidenz der Familie von Sachsen-Weimar auf einer Anhöhe südlich der

Schloss und Park Belvedere

Mahnmal deutscher Geschichte: Gedenkstätte Buchenwald

Ein hübscher Platz im Herzen von Weimar: der Markt

Der weltberühmte Rokokosaal der Herzogin Anna Amalia Bibliothek in Weimar

Stadt. Weitläufiger Park mit Orangerie sowie Lust- und Irrgarten. Im Schloss: Museum für das Kunsthandwerk des 18. Jh.

Imbiss

Teufels Bratwurst
Marktplatz, Weimar
www.bratwurst-weimar.de
Der ultimative Snack aus Thüringen kommt an dieser Bude am Markt formvollendet mit Brötchen und Senf auf die Hand. ■

TOP 4 Weimar

Schillers Wohnhaus und Schiller-Museum
Schillerstr. 12
✆ (036 43) 54 54 00, www.klassik-stiftung.de
Wohnhaus tägl. außer Mo 9.30–18, im Winter nur bis 16 Uhr, Museum tägl. außer Mo 13–17, im Winter 9.30–16 Uhr
Eintritt Wohnhaus € 8/3, Museum € 3,50/1, verschiedene Kombikarten mit anderen Einrichtungen in Weimar
Hier verbrachte Friedrich Schiller seine letzten drei Lebensjahre und schrieb unter anderem den »Wilhelm Tell«, bevor er 1805 in seinem Arbeitszimmer starb. Das Museum wurde an der Nordseite des Wohnhauses angebaut.

Goethe-Nationalmuseum mit Wohnhaus
Frauenplan 1
✆ (036 43) 54 54 00, www.klassik-stiftung.de
Tägl. außer Mo 9.30–18, im Winter nur bis 16 Uhr
Eintritt € 12,50/4
Das bedeutendste Museum zu Leben und Werk Johann Wolfgang von Goethes mit dem Wohnhaus des Dichters, das zahlreiche originale Einrichtungsgegenstände beherbergt.

Herzogin Anna Amalia Bibliothek
Platz der Demokratie 1
✆ (036 43) 54 54 00, www.klassik-stiftung.de
Tägl. außer Mo 9–14.30 Uhr, Eintritt € 8/3
Bibliotheken sind langweilig? Nein! Dieses historische Gebäude verfügt über einen erstaunlichen Rokokosaal von 1766, in dem neben 40 000 Büchern auch zahlreiche dekorative Objekte Platz finden.

Bauhaus Museum
Stéphane-Hessel-Platz 1
✆ (036 43) 54 54 00, www.klassik-stiftung.de
Tägl. außer Di 9.30–18 Uhr, Eintritt € 10/3,50
1919 hat Walter Gropius das Staatliche Bauhaus in Weimar gegründet. Seit dem 100-jährigen Jubiläum zeigt sich die weltweit älteste Bauhaus-Sammlung in neuem Gewand.

Campingplatz

Camping Ettersburg
Badteichweg 1, Ettersburg
GPS: 51.03603, 11.29001
https://camping-weimar.de, ganzjährig geöffnet
Familienbetrieb nur 8 km vor der Stadt mit viel Grün und eigenem Schwimmbad.

AN SAALE UND UNSTRUT

Dornburger Rokokoschloss mit Schlossgarten

Dornburger Schlösser
Museum Dornburger Schlösser
Max-Krehan-Str. 2
Dornburg-Camburg
✆ (03 64 27) 21 51 30
www.thueringerschloesser.de
www.dornburg-saale.eu
April–Okt. tägl. außer Mi 10–17 Uhr
Eintritt Rokoko- und Renaissanceschloss jeweils € 2,50, zusammen € 4
Drei Schlösser mit drei völlig verschiedenen Gesichtern – ein einzigartiges Ensemble auf einem Felsen hoch über dem Saaletal. Gemeinsam nennen die Einheimischen das Alte Schloss (nur bei Veranstaltungen zu besuchen), das Rokoko- und das Renaissanceschloss denn auch »Balkon Thüringens« – auf ihm sonnten sich schon die Herzöge von Sachsen-Weimar-Eisenach. Insgesamt sind hier mehr als 800 Jahre Geschichte erhalten. Der Museumsrundgang beginnt im Renaissanceschloss und führt nach einem kurzen Spaziergang in den Gärten durch das Rokokoschloss. Im Marstall ist das Bauhaus-Werkstatt-Museum untergebracht.

Mini-Reportage

Ferienregion Saale-Unstrut

Von Memleben über Freyburg, Naumburg und Bad Kösen bis nach Bad Sulza führt auf einer Strecke von rund 60 Kilometern die Weinstraße Saale-Unstrut. Diese ist im weitesten Sinne identisch mit einer Ferienregion, in der sich kulinarische Freuden und klassische Sehenswürdigkeiten zu einem spannenden Erlebnis ergänzen. Wer mag, kann Teile der Strecke auf Wander- und Radwegen oder im Kanu – dessen Benutzung die sanftmütigen Flüsse auch Anfängern gestatten – zurücklegen. Bei Wanderungen vorbei an jahrhundertealten Trockenmauern kommen romantische Weinberghäuschen und mittelalterliche Burgen in den Blick. An den Ufern von Saale und Unstrut haben die Besucher auch Gelegenheit, an Weinproben teilzunehmen. Infos unter www.saale-unstrut-tourismus.de.

Naumburger Dom
Domplatz 19, Naumburg
✆ (034 45) 230 11 33
www.naumburger-dom.de
April–Okt. Mo–Sa 8–18, So 11–18, Nov.–März Mo–Sa 10–16, So 12–16 Uhr
Als eines der bedeutendsten europäischen Bauwerke des

Hochmittelalters genießt der Dom seit 2018 den Status eines UNESCO-Weltkulturerbes. Eine Besonderheit ist die im Zuge der Reformation vorgenommene Umwidmung vom katholischen zum protestantischen Gotteshaus. Wichtigstes Baumerkmal ist der aus dem 13. Jh. stammende Westchor, der mit einem Lettner mit zwölf Stifterfiguren ausgestattet ist.

Freyburger Fremdenverkehrsverein
Markt 2, Freyburg/Unstrut
✆ (03 44 64) 272 60
www.freyburg-tourismus.de
Mo–Fr 9–12 und 13–17, Sa 8–14 Uhr

Rotkäppchen-Mumm Sektkellereien
Sektkellereistr. 5
Freyburg/Unstrut
✆ (03 44 64) 340
www.rotkaeppchen.de
Führungen Mo–Sa 10–16, So 11–16 Uhr, Ticket € 4
Eine Erfolgsgeschichte bereits in der DDR: Im Gegensatz zu vielen anderen Marken konnte sich der ehemalige Staatsbetrieb auch auf dem freien Markt behaupten. Die imposanten Kelleranlagen reichen bis fünf Stockwerke unter die Erde.

Beliebt bei feierlichen Anlässen: Rotkäppchen Sekt

Restaurant und Weingut

Thüringer Weinstube – Dein Restaurant im Weingut Zahn
15 km südwestl. von Naumburg
Weinbergstr. 16, Großheringen
✆ (03 44 66) 203 56, https://restaurant.erlebnisweingut.de
Feb.–20. Dez. Mi–So 11–22 Uhr
Das Haus gilt als eines der besten Restaurants in der Weinbauregion. Wer mag, kann ein Picknick im Weinberg zu sich nehmen, vorzugsweise mit gut gekühltem Silvaner vom Gut. ■

Dom St. Peter und Paul in Naumburg – seit 2018 UNESCO-Welterbe

Stellplatz

Wohnmobilstellplatz Schleusenblick
Wasserstr. 22, Freyburg
GPS: 51.21213, 11.77375
✆ (03 44 64) 366 11
www.pension-freyburg.de
Intimer Stellplatz mit den wichtigsten Versorgungseinrichtungen bei einer Freyburger Pension, in zentraler Lage am Fluss.

LEIPZIG

Museum der bildenden Künste
Katharinenstr. 10, Leipzig
✆ (03 41) 21 69 90
https://mdbk.de
Di, Do–So 10–18, Mi 12–20 Uhr, Eintritt € 10/7
Werke vom Spätmittelalter bis in die Gegenwart auf 7000 m² mit Exponaten von so unterschiedlichen Größen wie Lucas Cranach dem Älteren, Max Beckmann und Neo Rauch.

Panometer
Richard-Lehmann-Str. 114 Leipzig
✆ (03 41) 355 53 40
www.panometer.de
Tägl. 10–17 Uhr
Eintritt € 11,50/6
Vor der Erfindung des Kinos haben Panoramen die spektakulärsten Bilder gezeigt. Wenn ein Künstler wie Yadegar Asisi im früheren Gasometer die 360°-Panoramen (Länge 105 m, Höhe 35 m) bespielt, haben diese auch im fortgeschrittenen Digitalzeitalter ihren Reiz.

Thomaskirche
Thomaskirchhof 18, Leipzig
✆ (03 41) 22 22 40
www.thomaskirche.org
Tägl. 12–16 Uhr
Das Gotteshaus wird von einem markanten achteckigen Turmaufbau aus dem 14. Jh.

TOP 4 Leipzig

Nikolaikirche
Nikolaikirchhof 3
www.nikolaikirche.de, tägl. außer So 10–18 Uhr
Dieses Gotteshaus war Schauplatz der Friedensgebete, die 1989 zu den friedlichen Montagsdemonstrationen führten und letztlich das Ende des DDR-Regimes einläuteten.

Passagensystem
Ausgeklügeltes System von Durchhöfen, das kluge Köpfe schon im Mittelalter geschaffen haben. Wo früher Pferdekutschen unterwegs waren, befinden sich nun noble Einkaufspassagen. Bestes Beispiel: der barocke Barthels Hof von 1750 (Hainstr. 1, http://barthelshof.de)

Auerbachs Keller
Mädler Passage, Grimmaische Str. 2–4
✆ (03 41) 21 61 00, www.auerbachs-keller-leipzig.de
Tägl. 12–22 Uhr
Weltbekanntes Weinlokal, seit Goethe sich hier am Rebensaft gelabt hat. Genug Säle für eine ganze kulinarische Urlaubswoche. Verbrieftes Eröffnungsjahr: 1525.

Grassimuseum
Johannisplatz 5–11
✆ (03 41) 222 91 00, www.grassimuseum.de
Tägl. außer Mo 10–18 Uhr, Eintritt € 8/5
Ein einzigartiger Dreiklang: Das Museum für Angewandte Kunst, das Museum für Völkerkunde zu Leipzig und das Musikinstrumentenmuseum der Universität Leipzig firmieren unter einem Dach als Grassi-Museum. Auch der Gebäudekomplex ist ein Kunstwerk, er wurde in den ausklingenden 1920er Jahren im Art-déco-Stil errichtet.

Deckenverzierung der Thomaskirche

Ehemalige Baumwollspinnerei in Leipzig-Lindenau, heute Heimat von Galerien, Ateliers und Restaurants

geprägt und ist die Heimat des Thomanerchors.

Notenspur
https://notenspur-leipzig.de
Leipzig ist von enormer Bedeutung für die Geschichte der klassischen Musik. Bach, Mendelssohn Bartholdy, Robert und Clara Schumann, Wagner und einige mehr haben hier gewirkt. Dieser Weg versteht sich als begehbarer Leitfaden zu den Wirkungsstätten der Komponisten und Musiker. Natürlich spielen auch Gewandhausorchester und Thomanerchor eine Rolle. Die Notenspur ist 5,3 km lang und besteht aus 23 Etappenzielen. Nach dem Erfolg der ersten Tour stehen mittlerweile drei weitere zur Auswahl: Notenrad, Notenbogen und Notenweg.

Baumwollspinnerei
Spinnereistr. 7, Leipzig
✆ (03 41) 498 02 22
www.spinnerei.de
Di–Sa 11–18 Uhr
Ein Epizentrum der deutschen Kunstszene. Im Jahr 1884 gegründet war die Anlage zeitweilig die größte kontinentaleuropäische Fabrik der Branche. Nachdem der Betrieb 1993 eingestellt worden war, zogen Künstler in das Bauwerk ein, um hier ihre Ateliers einzurichten. Viele Malerstars der Neuen Leipziger Schule, darunter Neo Rauch, Tom Fabritius und Tilo Baumgärtel, haben hier ihre Werkstätten. Gut ein Dutzend Galerien ergänzen das Portfolio.

Cospudener See im Neuseenland
12 km südl. der Leipziger City
www.leipzigseen.de
Sehr beliebter Freizeitsee der Leipziger: Mit einer Uferlänge von mehr als 10 km ist der ehemalige Braunkohletagebau ein ideales Revier zum Schwimmen, Picknicken und Kitesurfen.

Restaurant

Drogerie Leipzig
Schillerweg 36, Leipzig
✆ (03 41) 22 28 64 66
www.drogerie-leipzig.net
Mo–Do 18–24, Fr/Sa ab 17.30 Uhr
Wie der Name andeutet, befand sich in dem Haus aus dem frühen 19. Jh. lange Zeit eine Drogerie. Heute ist es Restaurant, Café und Kunstort zugleich. ■

Campingplatz

Campingplatz am Kulkwitzer See
Seestr. 1, Leipzig
GPS: 51.31354, 12.25587
✆ (03 41) 71 07 70
www.leipzigseen.de
April–Okt.
Etwa 8 km südwestlich der Stadt lockt ein weiterer populärer See, den die Leipziger »Kulki« nennen. Das Gewässer befindet sich in einem 1960 stillgelegten Braunkohletagebau und ist bis zu 32 m tief. Vor allem Wassersportler kommen hier voll auf ihre Kosten, doch das Strandbad lädt auch zum Faulenzen ein. Gute Versorgungsinfrastruktur, gepflegte Sanitäranlagen.

ELBSANDSTEINGEBIRGE

Fantastischer Ausblick auf das Elbtal von der Festung Königstein

Festung Königstein
Königstein
✆ (03 50 21) 646 07
www.festung-koenigstein.de
Tägl. 9–18 Uhr
Eintritt € 12/10
Eine Elbschleife flussaufwärts von der Bastei entfernt thront hoch über dem Fluss diese enorme Wehranlage. In den mehr als 750 Jahren ihrer Existenz war sie bereits Kloster, Staatsgefängnis, Kriegsgefangenenlager, Lazarett und vieles mehr. Heute ist die Anlage, an der viele Epochen ablesbar sind, eine der meistbesuchten Attraktionen des Landes.

Bastei
Lohmen
GPS: 50.96651 14.06573
www.saechsische-schweiz.de
Parkticket pro Wohnmobil für 1 Tag € 11
Unwirkliche Felsnadeln, die nur von einer ebenso unwahrscheinlichen Brücke zusammengehalten werden. So ließe

Mini-Reportage

Nationalpark Sächsische Schweiz

Das 93 Quadratkilometer große Schutzgebiet wurde 1990 noch von der DDR-Regierung zum Nationalpark erklärt. Der Rückzugsraum für Flora und Fauna birgt dank der Sandsteinnadeln, Felsriffe, Buchenwälder und Wildbäche große Reize für Wanderer, Radfahrer und Kletterer.

Nationalparkzentrum
Dresdner Str. 2 B
Bad Schandau
✆ (035 02) 25 02 40
www.nationalpark-saechsische-schweiz.de
April–Okt. 9–18 Uhr

sich der erste Eindruck von der Bastei beschreiben, die dank ihrer Fotogenität, ihrer Einzigartigkeit und ihrer Aussicht zur Topattraktion aufgestiegen ist. Ach ja: Wer die Brücke überquert, gelangt zur Ruine der **Felsenburg Neurathen**, der größten mittelalterlichen Felsenburg der Region.

Kirnitzschtalbahn
Fahrplan unter www.ovps.de
Einzelticket € 6
Die historische, meterspurige Bahn von 1898 fährt auf einer Strecke von 8 km von Bad Schandau zum Lichtenhainer Wasserfall quer durch die wundersamen Welten des Elbsandsteingebirges.

Forellenräucherei
Amselgrund 6
Kurort Rathen
www.forellenräucherei-rathen.de
Ostern–Okt. tägl. mindestens 11–18 Uhr, im Winter bei schönem Wetter Sa/So 11–16 Uhr
Frisch geräucherte Forellen, Fischbrötchen sowie kalte und warme Getränke an einem Teich mit Zugang zu Wanderwegen. So schön einfach kann das Leben sein. ■

Fisch aus lokaler Räucherei

Die Kirnitzschtalbahn auf ihrem Weg vom Lichtenhainer Wasserfall in den Stadtpark von Bad Schandau

Kanufahren vor der Lokomotive, einer beliebten Kletterformation bei Rathen

Campingplatz

Kleine Bergoase
Obere Str. 19, Sebnitz
GPS: 50.93529, 14.21069
www.berg-oase.de

Ganzjährig geöffnet
Kleiner Campingplatz am Rande der Natur mit Panoramaausblick und gutem Zugang zu den nahen Wandergebieten im Kirnitzschtal.

DRESDEN

Die Gartenanlage des Dresdner Zwingers entstand nach französischem Vorbild

Residenzschloss
Taschenberg 2, Dresden
✆ (03 51) 49 14 20 00
www.skd.museum
Tägl. außer Di 10–18 Uhr
Eintritt (außer Historisches Grünes Gewölbe) € 14/10,50, bis 16 J. frei
Zeitticket Historisches Grünes Gewölbe € 12/9, bis 16 J. frei
Der Renaissancebau im Zentrum war Sitz der Sächsischen Kurfürsten und Könige. Heute ist er ein viel bewunderter Museumsstandort und beherbergt das Historische und das Neue Grüne Gewölbe, das Kupferstich-Kabinett, die Rüstkammer mit Türckischer Cammer und das Münzkabinett.

Zwinger
Sophienstraße, Dresden
✆ (03 51) 49 14 20 00
www.der-dresdner-zwinger.de
Innenhof, Außengalerien und Gartenanlage tägl. 6–22.30, im Winter bis 20 Uhr frei zugänglich
Gemäldegalerie Alte Meister und Skulpturensammlung bis 1800, Porzellansammlung, Mathematisch-Physikalischer Salon tägl. außer Mo 10–17, Fr bis 20 Uhr, Eintritt € 14/10,50, bis 16 J. frei
Bis heute das prägende Element des Dresdner Stadtbildes. Der Zwinger ist ein barockes Gesamtkunstwerk mit elaborierter Architektur, filigranen Plastiken und bedeutenden Gemälden, das auch für seine Grünanlagen berühmt ist. In der Orangerie standen einst 1159 Orangenbäume.

Semperoper
Theaterplatz 2, Dresden
✆ (03 51) 491 17 05, 320 73 60 (Führungen)
www.semperoper.de
www.semperoper-erleben.de
Das wohl bekannteste Opernhaus des Landes stammt aus dem Jahr 1869, ist nach seinem Architekten Gottfried Semper benannt und beheimatet die Sächsische Staatsoper Dresden. Die Opern-, Konzert- und Ballettaufführungen sind oft ausverkauft, tagsüber werden Führungen durch das Haus angeboten.

Der SemperOpernball in Dresden

Radebeul und Meißen

Sächsisches Staatsweingut Schloss Wackerbarth
12 km nordwestl. der Dresdner City
Wackerbarthstr. 1, Radebeul
✆ (03 51) 895 50
www.schloss-wackerbarth.de
Gutsmarkt tägl. 10/11–19 Uhr
Gasthaus April–Dez. Di–Sa 12–21, So 10–21 Uhr
Der sächsische Wein ist gut, hochpreisig und er gedeiht bei Neigungen von 50 bis 60 Grad am nördlichen Elbufer. Das sächsische Staatsweingut Schloss Wackerbarth in Radebeul gehört zu den Vorzeigebetrieben. Mit Gutsmarkt und Gasthaus.

Albrechtsburg Meissen
27 km nordwestl. der Dresdner City, Domplatz 1, Meißen
www.albrechtsburg-meissen.de
Tägl. 10–18, im Winter bis 17 Uhr, Eintritt € 10/8
Wenige Kilometer flussabwärts hat August der Starke in der Albrechtsburg, dem vermutlich ältesten Schloss Deutschlands, eine Manufaktur errichten lassen, auf der Meißens Weltruf als Porzellanstadt bis heute fußt.

Mini-Reportage

Der Neuaufbau der Frauenkirche

Im Prinzip ist es eine Erfolgsgeschichte, denn noch 1993 war die in der Nacht vom 13. auf den 14. Februar 1945 im Zuge der Luftangriffe auf Dresden zerstörte Frauenkirche nicht mehr als eine Ruine und das nähere Umfeld der Innenstadt glich so etwas einer urbanen Brache. Bald darauf begann mit Hilfe von Spendengeldern der Wiederaufbau der Frauenkirche, der 2005 abgeschlossen wurde. Auch das Areal rund um den Neumarkt wurde fast vollständig wiederaufgebaut: Pastellfarbene Bauten im Stil des 19. Jahrhunderts, gediegene Luxushotels und das Grand Café Coselpalais rufen hier heute Bewunderung hervor. So richtig harmonisch allerdings will sich das Ensemble nicht ins Gesamtbild einfügen, denn die Bebauung beschränkt sich doch sehr auf die Imitation des historischen Vorbilds aus der Zeit vor dem Zweiten Weltkrieg. Einige Einheimische sprechen hinter vorgehaltener Hand von einer Art »Disneyland«, das die Epochen von Nationalsozialismus und DDR verberge und somit vortäusche, dass sich die Geschichte nicht so abgespielt hat, wie sie tatsächlich war. Für Brüche allerdings muss man nicht allzu weit gehen: Der 2017 umgebaute Kulturpalast etwa ist ein Aushängeschild sozialistischer Schönheitsideale geblieben – und als solches ein zeitgeschichtliches Monument, das die nahen Neubauten zu fragen scheint: »Wer seid ihr denn?«. Infos unter www.frauenkirche-dresden.de und www.kulturpalast-dresden.de.

Japanisches Palais
Palaisplatz 11, Dresden
✆ (03 51) 49 14 20 00
www.skd.museum
Tägl. außer Mo 10–18 Uhr
Eintritt € 4/2
Kulturstätte ersten Ranges am Neustädter Elbufer. August der Starke (1670–1733) wollte hier ursprünglich ein überwiegend aus Porzellan bestehendes Schloss einrichten – so ist es nicht ganz gekommen. Heute beherbergt das Palais die Senckenberg Naturhistorischen Sammlungen und das Museum für Völkerkunde.

Neustadt
Auf der anderen Seite der Elbe ist man froh, dass Dresden sich seine Vielfalt bewahrt. Hier in der Neustadt, die ihren Namen einer Stadterweiterung im 18. Jh. verdankt und inzwischen viel älter als die wiederaufgebaute Altstadt ist, möchte man sich nicht darauf beschränken, die barocke Grandezza abzufeiern. Schließlich gibt es eine Gegenwart – mit eigenen Geschichten. Besonders angesagt ist die Äußere Neustadt, wo am Straßenkreuz zwischen Louisen- und Alaunstraße ein geschlossenes Gründerzeitviertel lockt. Nostalgiker besuchen gern den Ostpol (Königsbrücker Str. 47, www.ost-pol.de), einen Club mit viel DDR-Flair.

Restaurant

Lila Soße
Alaunstr. 70, Dresden
✆ (03 51) 803 67 23
www.lilasosse.de
Mo–Fr ab 16, Sa/So ab 12 Uhr
Junge deutsche Küche, die nicht vor dem Ungewöhnlichen zurückschreckt. Das Umfeld besticht durch geschmackvollen »shabby chic«. ■

Campingplatz

Campingplatz Dresden-Mockritz
Boderitzerstr. 30, Dresden
GPS: 51.01454, 13.74725
✆ (03 51) 471 52 50, www.cbm-camping.de/dresden
Ganzjährig geöffnet
Ebenso ruhiger wie zentrumsnaher Campingplatz mit komfortablen Stellplätzen, modernen Sanitäranlagen und Pool.

SPREEWALD

Holländermühle
Laasower Str. 11 A
Straupitz
✆ (03 54 75) 169 97, www.windmuehle-straupitz.de
Im Spreewaldort Straupitz steht mit der sogenannten Holländermühle die letzte funktionierende Dreifachwindmühle Europas. Die 1850 entstandene Kornmühle funktioniert seit 1885 auch als Säge- und seit 1910 als Ölmühle. Mit Hofladen.

Wasserwandern
Wasserwandern lautet der Fachterminus für längere Ausflüge im Kanu. Mögliche Strecken sind in einem Flyer verzeichnet, der zum Download (www.spreewald.de, Suchbegriff: Wasserwandern) bereitsteht. Die Vorstellung gewinnt dadurch noch an Reiz, dass es in der Wildnis zahlreiche Übernachtungsmöglichkeiten gibt. Ein guter Ausgangspunkt ist der Ort Lübben.

Boots- und Zweiradverleih Gebauer
Lindenstr. 18, Lübben
✆ (035 46) 71 94, www.spreewald-bootsverleih.de
April–Sept. 9–18, Okt. 10–17 Uhr
Verleiht Kajaks, Canadier und Ruderboote sowie Cityräder, Mountain- und E-Bikes.

Holländerwindmühle in Straupitz

Mini-Reportage: Biosphärenreservat Spreewald

Im Südosten von Brandenburg haben Natur und Mensch in einem (seltenen) gelungenen Zusammenspiel eine bemerkenswerte Kulturlandschaft geformt: Auf ihrem Weg von der Quelle zur Mündung in die Havel bei Berlin durchquert die Spree ein Feuchtgebiet, in dem sich der Flusslauf verzweigt und das durch den Bau von Kanälen deutlich erweitert wurde. Entstanden ist eine für den Naturschutz bedeutende Auen- und Moorlandschaft. Wassersport steht hier ganz oben auf der Liste der Aktivitäten. Kahnfahrten werden überall angeboten. Infos unter www.spreewald.de.

Restaurant

Linari im Schloss Lübbenau
Schlossbezirk 6
Lübbenau/Spreewald
✆ (035 42) 87 30
www.schloss-luebbenau.de
Tägl. 14–17 und 18–21.30 Uhr
Gehobene Küche aus frischen Erzeugnissen der Region mit bezahlbaren Menüs in dem gediegenen Ambiente eines Schlosses. ■

Campingplatz

Kneipp- und Erlebniscamping an den Spreewaldfließen
Vetschauer Str. 1 A, Burg/Spreewald
GPS: 51.82712, 14.14145
✆ (03 56 03) 75 09 66, https://caravan-kurcamping.de
März–Dez.
Dieser recht kleine Campingplatz befindet sich mitten im Biosphärenreservat. Zum Angebot gehören auch Massagen, eine Holzofensauna und Kneippbäder.

POTSDAM

Schloss und Park Sanssouci
Maulbeerallee, Potsdam
✆ (03 31) 969 42 00
www.spsg.de
Schloss tägl. außer Mo 10–18 Uhr, Eintritt € 14/10
Park tägl. 8 Uhr bis zum Einbruch der Dunkelheit
Eintritt frei
Das Lustschloss Friedrichs II. gilt dank seiner original ausgestatteten Räume und der charakteristischen Lage auf Weinbauterrassen als Hauptwerk des deutschen Rokoko. Sehr beeindruckend sind auch die prachtvolle Bildergalerie und das Schloss Neue Kammern. Der Garten mit der prächtigen Fontäne im Zentrum ist ein Genuss.

Holländisches Viertel
Mittelstraße, Potsdam
www.potsdamtourismus.de
Das einzige geschlossene Bauensemble im holländischen Stil außerhalb der Niederlande entstand, als der Ausbau der Garnisonstadt Potsdam von Handwerkern aus dem Nachbarland vorangetrieben

Im Holländischen Viertel

Mini-Reportage

Film in Potsdam

Schon 1911 wurde in Babelsberg – im Osten Potsdams – das erste deutsche Filmstudio gebaut. Seitdem ist Potsdam die unumstrittene Filmkapitale Deutschlands. UFA, DEFA und eine Vielzahl von Produktionsfirmen haben hier nicht nur unzählige Spielfilme, sondern auch Dokumentationen gedreht. Ein großer Pluspunkt ist dabei die Nähe zu Berlin, das mit seiner schier unerschöpflichen Vielfalt an Kulissen enorme Möglichkeiten bietet. Das Filmstudio Babelsberg (www.studiobabelsberg.com) ist das größte seiner Art in Europa und eine tragende Säule der Filmindustrie. Hier wurde mit Fritz Langs »Metropolis« ein Meilenstein der Filmgeschichte gedreht. Zuletzt bescherte die Serie »Babylon Berlin« dem Standort abermals internationale Aufmerksamkeit. Damit nicht eines Tages der Nachwuchs ausbleibt, bildet die Filmuniversität Babelsberg Konrad Wolf (www.filmuniversitaet.de) die Spezialisten der Zukunft aus. Einen Blick zurück in die ruhmreiche Vergangenheit wirft unterdessen das Filmmuseum Potsdam (www.filmmuseum-potsdam.de). Wer das Ganze in der Verpackung eines Themenparks erleben möchte, ist im Filmpark Babelsberg (www.filmpark-babelsberg.de) gut aufgehoben.

Schauplatz der spektakulärsten Agenten-Deals während des Kalten Kriegs: die Glienicker Brücke

wurde. Die 150 Backsteinhäuser aus der Mitte des 18. Jahrhunderts beherbergen heute Geschäfte, Cafés und Bars.

Glienicker Brücke
Berliner Straße, Potsdam
Mitten auf der 1907 errichten Brücke verlief während des Kalten Kriegs die Grenze zwischen West-Berlin und der DDR. Bekanntheit erlangte das Bauwerk, weil hier zwischen 1962 und 1986 hochrangige Agenten ausgetauscht wurden. Da kann leicht in Vergessenheit geraten, dass die Brücke nicht nur über die Havel führt, sondern auch den Blick auf Schloss und Park Babelsberg eröffnet.

Restaurant

Assaggi
Luisenplatz 3, Potsdam
✆ (03 31) 28 79 54 52
www.assaggi-potsdam.de
Tägl. 12–24 Uhr
Italienisch geht immer. Dieser Favorit der Einheimischen liegt zudem um die Ecke von Schloss Sanssouci und begeistert mit freundlichem Service und wechselnder Tageskarte. ■

Campingplatz

Campingpark Sanssouci
An der Pirschheide 41, Potsdam
GPS: 52.36233, 13.01011
✆ (03 31) 951 09 88, www.camping-potsdam.de
Ganzjährig geöffnet
Schöner Platz am Ufer des Templiner Sees mit Strand. Wegen seiner Lage 5 km außerhalb des Zentrums gut zur Erkundung und zur Erholung geeignet.

DESSAU-ROSSLAU UND WÖRLITZ

Naturpark Fläming Sachsen-Anhalt

Erholung im Einklang mit der Natur – das ist das Konzept des etwa 50 mal 20 Kilometer großen Naturparks Fläming in Sachsen-Anhalt, der seit 2005 unter Schutz steht. Die Hügellandschaft nördlich von Dessau und Wittenberg ist dank ihrer durchweg dünnen Besiedlung ein kleines Paradies für allerlei Aktivitäten: Wandern, Radfahren, Reiten, Schwimmen – und natürlich Campen.

Naturpark Fläming e.V.
Schloßstr. 13, Coswig
✆ (03 49 03) 59 56 00, https://naturpark-flaeming.de

Gartenreich Dessau-Wörlitz
Kulturstiftung Dessau-Wörlitz
Schloss Großkühnau
Ebenhanstr. 8
Dessau-Roßlau
✆ (03 40) 64 61 50
www.gartenreich.de
Der Park wurde in der zweiten Hälfte des 18. Jh. von Leopold III. Friedrich Franz von Anhalt-Dessau ins Leben gerufen. Als Fürst der Aufklärung war er dem Barockgarten abgeneigt, weshalb er das Gartenreich eher an englische Vorbilder anlehnte. Allein durch seine

schiere Größe genießt es eine Sonderstellung unter Deutschlands Gärten. Zum Park gehören diverse Schlösser, Kirchen und andere historische Bauten. Am bekanntesten sind die Wörlitzer Anlagen, die zum überwiegenden Teil zwischen 1769 und 1773 entstanden sind. Für Deutschlands schönste Gärten war das Konzept der Aufklärung seinerzeit völlig neu. So begnügten sich die Wörlitzer Anlagen nicht mehr mit der Anmutung, vielmehr sollten die Vegetation und andere gestalterische Elemente auch einen konkreten Nutzen besitzen. Im Mittelpunkt stand fortan der Mensch.

Bauhaus Dessau

Das Staatliche Bauhaus ist der Inbegriff für die Architektur der Moderne. 1919 von Walter Gropius gegründet, zog die Kunstschule 1925 nach Dessau. Hier wurde am 4. Dezember 1926 das Bauhausgebäude eingeweiht. Der von Gropius selbst entworfene Bau ist dank seiner ebenso dezidierten wie simplen Formensprache und seiner funktionalistischen Leichtigkeit zu einer Ikone aufgestiegen, auf die sich Generationen nachfolgender Baumeister bezogen haben. In Dessau aber wurden Alltagsgegenstände wie Sitzmöbel revolutioniert: So hat der Ungar Marcel Breuer hier seinen Clubsessel B 3 gestaltet, während der Niederländer Mart Stam und der spätere Großmeister Ludwig Mies van der Rohe die ersten Freischwinger vorstellen konnten. Die Dessauer Jahre sollten die letzte Blütezeit der Strömung sein, denn kurz nach dem Umzug in die Hauptstadt wurde die Einrichtung 1933 von den Nationalsozialisten zur Selbstschließung gezwungen. Geblieben sind unter anderem das Bauhausgebäude und die Meisterhaussiedlung. In diesem ebenfalls von Gropius entworfenen Ensemble wohnten die Lehrer der Schule, darunter Lyonel Feininger, Wassily Kandinsky, Paul Klee sowie Gropius und Mies persönlich. Auch das Konsumgebäude Dessau-Törten ist zu besichtigen. Das Bauhaus Museum Dessau wurde erst im September 2019 eröffnet, während die Sammlung der Stiftung Bauhaus Dessau zuvor nur eingeschränkt im Bauhausgebäude gezeigt werden konnte. Infos unter www.bauhaus-dessau.de.

Bauhausgebäude, Meisterhaussiedlung und Konsumgebäude Dessau-Törten
Tägl. 10–17 Uhr, Konsumgebäude Jan./Feb. geschl., Kombiticket historische Bauten € 15/11

Bauhaus Museum Dessau
Mies-van-der-Rohe-Platz 1, tägl. außer Mo 10–18 Uhr, Eintritt € 8,50/5,50

Biosphärenreservat Mittelelbe Auenhaus
Am Kapenschlösschen
Oranienbaum-Wörlitz
✆ (03 49 04) 42 10
www.mittelelbe.com
Mo–Fr 10–17, im Winter bis 16, Sa/So 11–17 Uhr
Eintritt frei
Eine der letzten naturnahen Flusslandschaften Mitteleuropas breitet sich nahe Dessau an Elbe und Mulde aus. Die Auen umfassen Binnendünen und Feuchtwiesen ebenso wie kapitale Eichen und weitläufige Wiesen – genug für den Status »UNESCO-Biosphärenreservat Mittelelbe«. Tiefere Einblicke in die einzigartige Flora und Fauna erlaubt das Auenhaus. ■

Moorfrosch im Biosphärenreservat Mittelelbe

DER HARZ

Brocken
Brockenplateau, Wernigerode
✆ (03 94 55) 50 00
www.brockenhaus-harz.de
Tägl. 9.30–17 Uhr
Eintritt € 7/5
Der Anblick des Berges mit dem trutzigen Brockenhaus ist weithin bekannt. Mal ist seine Kuppe im Schnee versunken, mal steckt sie tief im Nebel, dann wieder dient sie zur Illustration der Reize der Natur. Der Brocken ist sowohl Herausforderung für Wanderer und Radfahrer als auch auch Zielort der nostalgischen Brockenbahn (www.hsb-wr.de), die mithilfe einer Dampflok von den Harzer Schmalspurbahnen betrieben wird.

Wurmberg in Braunlage
www.wurmberg-seilbahn.de
www.bikepark-braunlage.de
Höchster Punkt im Luftkur- und Wintersportort Braunlage ist der über die gleichnamige Seilbahn erreichbare Wurmberg. Ein Highlight ist hier der Bikepark mit insgesamt über 10 000 m Streckenlänge.

Harzer-Hexen-Stieg
www.harzinfo.de
Dieser Wanderweg der Superlative ist in seiner einfachsten Version 94 km lang. Standardmäßig besteht die Wandertour aus fünf Tagesetappen, die jedoch um mehrere Extratouren erweitert werden können. Rein inhaltlich vereint der Harzer-Hexen-Stieg Themen aus Natur, Geologie, Geschichte und Kultur.

Teil der Harz-Folklore: die Brockenhexe

Mit der Brockenbahn geht es auf den Brocken hinauf

Brauhaus

Brauhaus Lüdde
Blasiistr. 14, Quedlinburg
✆ (039 46) 70 52 06, www.restaurant-quedlinburg.de
Mo–Sa 12–23, So 12–17 Uhr
Rustikales Brauhaus mit ebensolcher Kost in einem Bau aus dem Jahr 1876. ■

Campingplatz

Campingplatz im Waldwinkel
Kunzental 2, Walkenried, GPS: 51.64473, 10.66919
✆ (055 86) 10 48
www.campingplatz-im-waldwinkel.de
Ganzjährig geöffnet
Mittelgroßes Terrain mit beheiztem Schwimmbad im Luftkurort Zorge. Verschiedene Wanderwege führen hier vorbei.

NATIONALPARK HAINICH

Nationalparkzentrum mit Baumkronenpfad
Thiemsburg 1, Schönstedt
✆ (036 03) 82 58 43
www.baumkronen-pfad.de
Tägl. 10–19, Nov.–März nur bis 16 Uhr, Eintritt € 7/5
Wie sieht die Welt eigentlich kurz unterhalb der Baumwipfel aus? Diese Frage beantwortet der Baumkronenpfad, der auf einer Länge von 540 m an den dünneren Zweigen vorbeiführt. Das Nationalparkzentrum widmet sich unterdessen den bodenständigeren Themen, wie zum Beispiel der örtlichen Flora und Fauna.

Urwaldpfad
Harsbergstr. 4, Lauterbach (bei der Jugendherberge)
Wenig Zeit für die Schönheit des Urwalds? Dann ist dieser mit zehn Lernstationen auf einer Strecke von 1,6 km ausgestattete Lehrpfad eine gute Lösung. ■

Mit viel urtümlichem Wald ist der Nationalpark Hainich ideal zum Wandern

Urwald in Thüringen

Mini-Reportage

Das Konzept von Nationalparks in Deutschland sieht den Schutz unberührter Landschaften für kommende Generationen vor. Dieses Anforderungsprofil kann der Hainich besonders gut erfüllen, weil ein großer Teil lange Zeit militärisches Sperrgebiet war, sodass sich die Wildnis vielerorts unbedrängt entfalten konnte. Experten sprechen denn auch von Zuständen, die zum Teil an das Ideal eines Urwalds heranreichen. Im Mittelpunkt steht meist die Buche, deren dichtes Blätterdach das Waldgefühl besonders intensiv macht. Infos unter www.nationalpark-hainich.de.

Campingplatz

Campingplatz am Tor zum Hainich
Hainichstr. 22, Weberstedt, GPS: 51.10580, 10.51899
✆ (03 60 22) 986 90, www.camping-hainich.de
Ganzjährig geöffnet
Campen am Rande des Nationalparks? Das ist auf diesem freundlichen Areal mit allem Basiskomfort möglich. Das dichte Netz an Wanderwegen beginnt quasi vor der Tür.

Attraktives Ostdeutschland

Bei näherem Hinsehen wird schnell klar: Die neuen Bundesländer besitzen eine außerordentliche Vielfalt an Attraktionen. Mithilfe einer großräumigen Schleife lassen sich diese zu einer Tour verbinden. Los geht es im noch weithin unentdeckten Erfurt, ehe im nahen Weimar ein Wiedersehen mit deutschen Klassikern wartet. Weiter geht es durch die Täler von Saale und Unstrut nach Leipzig, das bis heute noch nicht darunter gelitten hat, als das »neue Berlin« zu gelten. Durch das unwirklich schöne Elbsandsteingebirge führt der Weg ins stolze Dresden, das seinerseits einen schrillen Kontrast zum beschaulichen Spreewald darstellt. Es folgen das herrschaftliche Potsdam und Dessau, das sich wie kaum eine andere Stadt um die Architektur der Moderne verdient gemacht hat. Zum Abschluss der Tour bittet mit dem Brocken noch der höchste Berg Norddeutschlands zum Besuch.

1 Erfurt: Altstadt neu entdeckt

Thüringens Hauptstadt befindet sich an der noch neuen ICE-Strecke Berlin–München. Das könnte Erfurt auch in touristischer Hinsicht zum Durchbruch verhelfen – und das wäre nicht nur wegen der einzigartigen, bewohnten Krämerbrücke wohlverdient.

2 Weimar: Klassik und mehr

Wirkungsstätte von Goethe und Schiller, Wohnort Johann Sebastian Bachs und eine eigene Epoche in der Geschichte der Republik – das sind gute Argumente für den Besuch der großen Kleinstadt, doch da gibt es noch mehr, etwa die prächtig restaurierte Altstadt.

3 Unstruttal: Rotkäppchen und Rebensaft

Weinregionen gehören zu den populärsten Anlaufstellen für Urlauber. Im Tal der Unstrut gibt es diesbezüglich wesentlich mehr zu entdecken als nur den Rotkäppchen-Sekt, der Freyburg schon zu DDR-Zeiten berühmt gemacht hat.

4 Auerbachs Keller: Goethe in Leipzig

Natürlich ist Goethes Stammlokal zu Studienzeiten vor allem aus dem »Faust« bekannt, doch Auerbachs Keller besitzt neben der literarischen Komponente auch eine historische: Er wird 2025 stolze 500 Jahre alt und ist immer noch frisch.

To See Before You Die®

5 **Elbsandsteingebirge: Bastei und Brücke**
Die bizarre Felsformation lässt an ferne Länder denken. In Wahrheit aber ist die sogenannte Bastei ein besonders sehenswerter Abschnitt des Elbsandsteingebirges, der noch dazu über eine Brücke auf höchst dramatische Weise erschlossen ist.

6 **Dresden: Liebliches Elbtal**
Kaum ein Fluss gestattet einen solch ansehnlichen Blick auf eine Stadt, wie die Elbe auf Dresden. Das Elbflorenz war sogar selbstbewusst genug, auf den Titel des Weltkulturerbes zu verzichten, um die umstrittene Waldschlösschenbrücke zu ermöglichen.

7 **Spreewald: Gurken und Wasserstraßen**
Ein System aus immerhin fast 1000 Kilometern Wasserstraßen durchzieht das Feuchtgebiet im Süden Brandenburgs. Dies ist zwar keine Hinterlassenschaft niederländischer Siedler, die schmackhafte Spreewaldgurke hingegen sehr wohl.

8 **Sanssouci: Pracht in Potsdam**
Im Zeichen der Aufklärung vor den Toren der preußischen Hauptstadt im Stile des Rokoko entstanden ist Schloss Sanssouci ein Kniefall vor den Idealen der Grande Nation. Das gilt für den Palast und die weitläufigen Parkanlagen gleichermaßen.

9 **Dessau: Der Funktionalismus des Bauhauses**
Der simple, funktionalistische Stil der Bauhaus-Architekten gehört bis in die Gegenwart zu den wichtigsten Inspirationsquellen für Baumeister. Eine erste Blütephase erlebte das Bauhaus in den 1920er Jahren in der seinerzeit aufblühenden Industriestadt Dessau.

10 **Harz: Der Brocken**
Mit 1141 Metern ist der Brocken der höchste Gipfel Norddeutschlands. Neben vielen schönen Wanderrevieren und einer von Dampflokomotiven befahrenen historischen Eisenbahnstrecke trägt auch das zuweilen garstige Wetter zu seiner Reputation bei.

154

ROUTE 7

EINE RUNDE DURCH NORDOSTDEUTSCHLAND

FLUSSAUEN, SEENPLATTEN UND EINE HERRLICHE KÜSTE (ETWA 1100 KM)

Berlin – Biosphärenreservat Schorfheide-Chorin mit Weltnaturerbe Grumsin – Angermünde – Templin – Norduckermärkische Seenlandschaft – Burg Stargard – Neubrandenburg – Anklam – Usedom – Greifswald – Stralsund – Rügen – Fischland-Darß-Zingst – Rostock – Warnemünde – Wismar – Schwerin – Mecklenburgische Seenplatte mit Nationalpark Müritz – Neuruppin – Berlin

Ostsee
Maribo
Nykøbing
Falster
Lolland
Wittow
Putgarten
Kap Arkona
Tromper Wiek
Dranske
Kloster
Hiddensee
Vitte
Nationalpark Vorpommersche Boddenlandschaft
Lohme
Nationalpark
Stubbenkammer Königsstuhl
Jasmund
Sagard
Sassnitz
Rügen
Prora
Bergen
Ostseebad Binz
Jagdschloss Granitz
Ostseebad Sellin
Freesenort
Ostseebad Prerow a. Darß
Ostseebad Zingst
Fischland-Darß-Zingst
Pramort
Zingst
Wieck a. Darß
Barth
Ostseebad Ahrenshoop
Saaler Bodden
Samtens
Altefähr
Putbus
Vilm
Fischland
Dierhagen
Saal
Damgarten
Löbnitz
Stralsund
Poseritz
Thiessow
Mecklenburger Bucht
Seeheilbad Graal-Müritz
Freilichtmus.
Ribnitz
Greifswalder Bodden
Miltzow
Warnemünde
Ostseebad Kühlungsborn
Börgerende
Markgrafenheide
Rostock
Hist. techn. Museum
Peenemünde
Karlshagen
Pommersche Bucht
Heiligendamm
Tribsees
Grimmen
Dom
Greifswald
Zinnowitz
Zempin
Ostseebad Rerik
Wustrow
Kröpelin
Bad Doberan
Bargeshagen
Wolgast
Usedom
Ückeritz
Boiensdorf
Poel
Neubukow
Tessin
Gnoien
Loitz
Heringsdorf
Schwaan
Laage
Demmin
Jarmen
Wismar
Dargun
O.-Lilienthal-Gedenkstätte
Zirchow
Anklam
Usedom
Stettiner Haff
Bützow
Neukloster
Metelsdorf
Bad Kleinen
Warin
Dom
Güstrow
Lalendorf
Teterow
Ueckermünde
Burg Schlitz
Malchin
Boldekow
Altentreptow
Eggesin
Brüel
Archäol. Landesmus.
Sternberg
Reuterstadt Stavenhagen
Friedland
Ferdinandshof
Torgelow
Cambs
Krakow am See
Dahmen
Schwerin
Mecklenburgische Seenplatte
Sadelkow
Freilichtmuseum
Wendisch Waren
Nationalpark
Neubrandenburg
Crivitz
Grabowhöfe
Groß Gievitz
Pampow
Alt Schwerin
Wisentgehege
Pasewalk
Malchow
Waren (Müritz)
Penzlin
Burg Stargard
Woldegk
Strasburg (Uckermark)
Agrarhist. Mus.
Lübz
Plauer See
Schloss Klink
Rastow
Plau
Göhren-Lebbin
Neustadt-Glewe
Parchim
Leizen
Röbel
Neustrelitz
Müritz
Möllenbeck
Feldberg
Prenzlau
Ludwigslust
Altes Schloss
Stepenitz
Feldberger Seenlandschaft
Carwitz
Schmölln
Grabow
Mirow
Triepkendorf
Boitzenburg
Unteruckersee
Eldena
Wulfersdorf
Ravensbrück
Lychen
Fürstenberg
KZ-Gedenkstätte
Nationalpark Unteres Odertal
Karstädt
Pritzwalk
Wittstock/Dosse
Schloss Rheinsberg
Templin
Greiffenberg
Perleberg
Rheinsberg
Schwedt/Oder
Wittenberge
Biosphärenreservat Schorfheide-Chorin
Angermünde
Joachimsthal
Altkünkendorf
Grumsin
Gransee
Zehdenick
Schloss Meseberg
Neuruppin
Groß Schönebeck
Werbellinsee
Britz
Kyritz
Wusterhausen
Kloster Chorin
Seehausen
Schiffshebewerk
Finow
Arendsee
Neustadt
Eberswalde
Havelberg
Zehlendorf
Bad Freienwalde
KZ-Gedenkstätte Sachsenhausen
Osterburg
Fehrbellin
Wandlitz
Oranienburg
Wandlitzer See
Biesenthal
Wriezen
Basdorf
Gülpe
Birkenwerder
Bernau b. Berlin
Königshorst
Velten
Zepernick
Kalbe
Hennigsdorf
Hohengöhren
Badingen
Stendal
Retzow
Strausberg
Rathenow
Nauen
Brieselang
BERLIN
Falkensee
Tangermünde
Klosterkirche
Premnitz
Vogelsdorf
Neuenhagen
Gardelegen
Rüdersdorf
Schöneiche
Tangerhütte
Ketzin
Kleinmachnow
Erkner
Brandenburg
Potsdam
Teltow
Genthin
Parey
Werder
Elbe
Havel
N
0
10
14
19
20
24
10
11
113

EINE RUNDE DURCH NORDOSTDEUTSCHLAND

FLUSSAUEN, SEENPLATTEN UND EINE HERRLICHE KÜSTE

Seenplatten, Wälder und viel Natur. Damit beginnt dieser Roadtrip. Dann erreicht die Route die Ostseeküste – und damit das bei Urlaubern immens beliebte Mecklenburg-Vorpommern. Usedom, Rügen und Hiddensee sind herrliche Rückzugsorte, wo das Gefühl der Auszeit vom Alltag allgegenwärtig ist. Mit Stralsund, Rostock und Schwerin besitzen auch die wenigen Städte auf der Strecke eine angenehm beschauliche Atmosphäre, sodass nach dem Besuch der Müritz gegen Tourende Tiefenentspannung garantiert sein sollte.

Arm, aber sexy, das war gestern. Mittlerweile fühlt sich **Berlin** (S. 228 ff., www.visitberlin.de) nicht nur wohl als deutsche Hauptstadt, sondern auch als Weltstadt, die in Europa nur noch hinter London und Paris zurückstehen muss. Eine erstaunliche Entwicklung für eine Stadt, die 1920 aus 94 Gutsbezirken, Dörfern und Städten entstanden ist und die anschließend vor den Augen der Welt viel zu lange geteilt war. Geblieben ist die Neigung vieler Berliner, ihren Kiez nur für besondere Ereignisse zu verlassen – oder um Touristen ihre Stadt zu zeigen. Nicht selten staunen sie dann selbst darüber, wie schnell und weitgreifend sich die Hauptstadt (3,77 Mio. Einwohner) und ihre Silhouette verändern.

Für den Reichstag des Deutschen Kaiserreichs errichtet, wurde das Parlamentsgebäude in den 1990er Jahren für den Deutschen Bundestag umgebaut

Jeder kennt ihn: der Fernsehturm am Alex

Abendstimmung am Wandlitzer See nördlich von Berlin

Biosphärenreservat Schorfheide-Chorin

Geschützte Natur nördlich der Hauptstadt

Was wissen die Berliner neben ihrer Stadt zu schätzen? Richtig, das viele Grün im Umland. Dieses macht sich auf dem Weg in Richtung Norden schon bald bemerkbar: Der **Wandlitzer See** und die beiden **Lottscheseen** fungieren als erste Vorboten des **Biosphärenreservats Schorfheide-Chorin** (www.schorfheide-chorin-biosphaerenreservat.de). Wie in den weltweit insgesamt 700 Schutzgebieten dieser Art steht auch hier der Ausgleich der Bedürfnisse von Mensch und Natur im Vordergrund. Konkret müssen wirtschaftliche Betätigungen und sanfter Tourismus in Einklang gebracht werden mit dem Schutz der Lebensräume von See-, Fisch- und Schreiadler, Kranich und Schwarzstorch. Auch Biber und Fischotter wissen das Areal zu schätzen – Entdeckungsspaziergänge lohnen sich.

Eine Option ist der mit einem roten Buchenblatt markierte Rundwanderweg, dem man unter anderem ab **Altkünkendorf** kurz vor Angermünde folgen kann, doch im **Weltnaturerbe Grumsin** (www.weltnaturerbe-grumsin.de), das seinen Status den fantastischen Buchenwäldern verdankt, locken auch noch andere markierte Wanderrouten.

Rathaus und Marktplatz von Angermünde

Mini-Reportage

Weltnaturerbe Grumsin

Endlose Buchenwälder erstrecken sich nordwestlich von Angermünde. Ihr Zustand gilt als so ursprünglich, dass der Buchenwald Grumsin 2011 gemeinsam mit vier anderen deutschen Wäldern in die Liste des UNESCO-Weltnaturerbes aufgenommen wurde. Kleine Seen, Erlensümpfe und Kesselmoore bereichern die Landschaft hier und dort. Besucher können sich dementsprechend auf einen der großen Tourismustrends unserer Zeit freuen: ungestörtes »Waldbaden«. Grumsin gehört zum Biosphärenreservat Schorfheide-Chorin.

Informationspunkt UNESCO Weltnaturerbeteilgebiet Buchenwald Grumsin
Altkünkendorfer Str. 22, Angermünde-Altkünkendorf
www.weltnaturerbe-grumsin.de
April–Okt. Mi–So 10–16 Uhr

Die uckermärkische Kleinstadt (15000 Einwohner) **Angermünde** (S. 231, www.angermuende-tourismus.de) hat einen schönen historischen Stadtkern mit einigen sehenswerten Häusern und grenzt direkt an den Mündesee. Vor allem aber ist die einstige Ackerbürgerstadt ein guter Ausgangspunkt zur Erkundung des Umlands. Zu diesem zählt neben dem Biosphärenreservat Schorfheide-Chorin auch der **Nationalpark Unteres Odertal** (S. 231) mit seinen artenreichen Auenlandschaften. Übrigens: Wer noch nie in Polen war, kann diesen Makel über die Brücke bei Schwedt beheben.

Moore und Moränen

Die Strecke führt gen Westen durch weitere Wälder und an Seen vorbei in Richtung Uckermark. Der Norden Brandenburgs ist eine dünn besiedelte Moränenlandschaft, deren Relief während der Weichseleiszeit vor über 15000 Jahren entstanden ist. Typisch für die Region sind die vielen Rinnenseen, die sich mit Söllen und Mooren abwechseln. Unterwegs lockt in **Templin** (16000 Einwohner) ein Thermalsoleheilbad (www.naturthermetemplin.de) – immer gut bei einem Wohnmobiltrip. Hübsch ist auch die Sechsseenwanderung, die über 21 Kilometer vorbei an einer nicht schwer zu erratenden Anzahl von Seen führt. Ausgangspunkt ist das ehemalige Wasserwerk von Templin (GPS: 53.12331, 13.52411).

Weiter geht es in Richtung Norden, wo die **Norduckermärkische Seenlandschaft** (www.uckermaerkische-seen-naturpark.de) am schönsten wird. Mehr als 100 Kilometer Wasserstraßen bieten sich für einen temporären Abschied von der Zivilisation an. Wer Glück hat, sieht einen von über 60 Seeadlern, die hier paarweise brüten. Die Landschaft ändert sich auch nach dem Grenzübertritt nach Mecklenburg-Vorpommern kaum. Hier ist es der Naturpark **Feldberger Seenlandschaft**, der mit viel Wasser und Wald lockt.

Kleiner Abstecher nach Carwitz

Literaturfreunde können in dem winzigen Dorf Carwitz einen Zwischenstopp mit Futter für den Geist einlegen, denn auf der Landzunge, die auf drei Seiten von Wasser umgeben ist, lebte von 1933 bis 1944 der Schriftsteller Hans Fallada. Dem Autor von »Kleiner Mann, was nun?« ist in seinem ehemaligen Wohnhaus ein Museum gewidmet. Der kleine Abstecher erfordert zwischen Lychen und Burg Stargard einen Umweg von lediglich 15 Kilometern.

Hans-Fallada-Museum
Zum Bohnenwerder 2, Carwitz
Feldberger Seenlandschaft

✆ (03 98 31) 203 59, https://fallada.de/museum
Tägl. außer Mo 10–17, im Winter 13–16 Uhr
Eintritt € 5/3

Höhenburg mit Burgturm: Burg Stargard in der gleichnamigen Kleinstadt

So langsam nun nimmt die Dichte der Sehenswürdigkeiten nicht natürlicher Art wieder zu. Eine davon ist **Burg Stargard** (www.burg-stargard.de), die nördlichste Höhenburg Europas: Das aus dem 13. Jahrhundert stammende Bauwerk thront auf einem 90 Meter hohen Hügel und ist zugleich das älteste weltliche Gebäude Mecklenburg-Vorpommerns – und ein passender Auftakt für **Neubrandenburg** (www.neubrandenburg-touristinfo.de), das für seine gut erhaltenen Befestigungsanlagen bekannt ist. Der Stadtwall der heute 65 000 Einwohner zählenden Stadt wurde im Stil der Backsteingotik auf einer Länge von zweieinhalb Kilometern errichtet, wobei vier Tore Ein- und Auslass gewährten. Die Anlage ist fast vollständig erhalten, wobei das 32 Meter hohe Treptower Tor die meisten Blicke auf sich zieht.

Das historische Stargarder Tor ist eins von vier Toren an der Stadtmauer von Neubrandenburg

Auf nach Usedom

Langsam darf nun die Vorfreude auf Schiffe, Häfen, Brücken und Insel steigen, denn die Küste kommt in Reichweite. In **Anklam** allerdings gilt die Aufmerksamkeit einem anderen Verkehrsmittel: Das 13000-Einwohner-Städtchen ist die Heimat von Otto Lilienthal (1848–1896) und ein nett gemachtes Museum (www.lilienthal-museum.de) veranschaulicht die Verdienste des Luftfahrtpioniers. Die Stadt an der Peene ist zugleich das Einfallstor nach Usedom, denn etwa dort, wo der Fluss ins Achterwasser übergeht, ermöglicht die **Zecheriner Brücke** die Überfahrt auf die nach Rügen zweitgrößte deutsche Insel.

Sonniges Usedom: über 1900 Sonnenstunden im Jahr

Kaiser- und Bernsteinbäder, Strandbrücken, viel Sonnenschein (über 1900 Stunden im Jahr) und natürlich die über 40 Kilometer langen Strände, die bis zu 70 Meter breit sind – das sind die Argumente, die Jahr für Jahr so viele Urlauber nach **Usedom** (S. 232 f., https://usedom.de) locken. Wer dann dort ist, bekommt das weitläufige Hinterland und spannende Museen gratis obendrauf.

Eben dieses Hinterland mit Wald, Feldern und Seen empfängt uns hinter der Brücke. Es ist **Ahlbeck**, dem südlichsten Seebad, vorbehalten, das Eintrittstor zu den maritimen Welten zu bilden. Wie es sich für ein **Kaiserbad** (S. 233) gehört, folgen auf den breiten und dicht mit Strandkörben besetzten Sandstrand landeinwärts erst ein Dünenstreifen und dann eine Parkanlage, ehe sich schließlich fein herausgeputzte Häuser aus der Gründerzeit des Tourismus aufbauen.

Seebrücke Ahlbeck

Seebrücken sind fragil und glamourös zugleich. Sie sind unaufhörlich dem Salzwasser ausgesetzt, den Wellen und zuweilen auch dem Sturm. Meist stehen sie an Orten, die schon in der Frühphase des Tourismus eine Rolle gespielt haben: im britischen Brighton, im niederländischen Scheveningen oder in Coney Island bei New York. Auch die deutsche Ostseeküste hat ein paar Prachtbauwerke dieser Art im Angebot. Allen voran die Seebrücke in Ahlbeck, dem südlichsten Seebad Usedoms, nur zwei Kilometer von der Grenze zum polnischen Teil des Eilands entfernt. Das Bauwerk hat seinen Ursprung im Jahr 1882, als die Glanzzeiten des Tourismus noch bevorstanden. Zunächst gab man sich mit einer hölzernen Plattform zufrieden, zwei Aufbauten wurden ergänzt. Das Interesse wuchs rasant, sodass ein ins Meer ragender Schiffsanleger vorgebaut wurde. Erst 1930 allerdings entstand der charakteristische Bau mit seinen vier Holztürmen, der später als Kulisse für recht unterschiedliche Filme dienen sollte, darunter: »Die Russen kommen« (1968) und der Loriot-Klassiker »Papa Ante Portas« (1991). Bis heute beherbergt der Bau ein Restaurant (www.seebruecke-ahlbeck.de).

Mini-Reportage

Vom Aufbau ähnlich ist **Heringsdorf** vor allem im Süden mit ansehnlichen Villen gesegnet. Auf der Nordwestseite des Piers ist die Architektur – ehrlich währt am längsten – zuweilen etwas brachialer. Hinter dem dritten Kaiserbad **Bansin** übernimmt die Natur wieder das Zepter. Bald wird der Landstreifen, der das Achterwasser einfasst, immer schmaler. Mit **Ückeritz, Loddin, Damerow** und **Zempin** sind es die sogenannten **Bernsteinbäder** (https://usedomer-bernsteinbaeder.de), die hier ein anderes Bild Usedoms vermitteln. Sie stehen deutlich weniger im Rampenlicht. Hier wird immer wieder Bernstein gefunden – ein Relikt der Kiefernwälder, die sich vor Jahrmillionen dort ausgedehnt haben, wo sich heute die Ostsee befindet. Bei Zempin ist Usedom am schmalsten, weshalb der Ort neben der Meeres- auch eine Boddenküste besitzt.

Es folgt **Zinnowitz** (4000 Einwohner, https://usedom.de/zinnowitz), das in den vergangenen anderthalb Jahrhunderten einen bemerkenswerten Werdegang hingelegt hat: vom kleinen Fischerdorf zum glamourösen Seebad. Kurios ist die 315 Meter lange Seebrücke von 1993, die mit einer Tauchgondel ausgestattet ist. Mit einer Temperatur von bis zu 21 Grad wird die Ostsee hier außergewöhnlich warm.

Große Geschichte: Greifswald und Stralsund

Wir verlassen die Insel über die **Peenebrücke** und nehmen Kurs auf **Greifswald** (www.greifswald.m-vp.de), das auf eine große Vergangenheit als Universitäts- und Hansestadt zurückblickt. Prächtige Bauten im Stil der Backsteingotik zeugen bis heute von der Blütezeit, als die Stadt (59 000 Einwohner) mächtig und einflussreich war. Auch kann sich Greifswald etwa fünf Kilometer von der City entfernt eines eigenen Stadtstrandes erfreuen.

Direkt am Meer liegt derweil die nächste Hansestadt mit großer Geschichte: **Stralsund** (S. 234 f., www.stralsundtourismus.de). Die

Am Ende der Seebrücke Zinnowitz wurde 2006 eine Tauchgondel installiert

Greifswalder Hafen

Flaniermeile über der Ostsee: die Seebrücke von Sellin auf Rügen

Stralsund: das Portal nach Rügen

Historischer Stadtkern von Stralsund

historische Innenstadt wird seit 2002 auf der Liste des Weltkulturerbes geführt. Von den gut 800 Bauten, die in der 60 000-Einwohner-Stadt unter Denkmalschutz stehen, wurden viele im Stil der Backsteingotik errichtet. Das auf der Südseite des Marktes gelegene Rathaus und drei große Kirchen runden das Stadtbild ab.

Highlights auf Rügen

Stralsund ist zugleich das Portal nach **Rügen** (S. 236 f., www.ruegen.de), zur größten und wohl vielseitigsten deutschen Insel. Einen guten Teil seiner Grazie verdankt das Eiland den Kreidefelsen, die vielerorts abrupt ins Meer abfallen. Doch auch Kiefern- und Buchenwälder, glanzvolle Strandbäder, Leuchttürme und eine angenehm entspannte Atmosphäre machen Rügen zu einer Premiumdestination nicht nur für deutsche Besucher. Viel spricht für einen längeren Halt, zumal auch das kulinarische Angebot immer besser wird und die Sonne im Schnitt 1800 Stunden pro Jahr ungestört scheinen kann.

Mini-Reportage

Müther Bauten

Der Architekt Ulrich Müther (1934–2007) hat auf Rügen sein bis heute berühmtes Betonschalenverfahren entwickelt. Bald wurden seine skulpturalen Entwürfe auch zum Exportschlager. Auf der Insel sind einige seiner Werke in restauriertem Zustand erhalten. Der zur Ikone avancierte Binzer Rettungsturm dient heute als Außenstelle des Standesamts. Infos zu den Standorten auf Rügen unter www.ruegen.de (Stichwort: Insel-Highlights, Müther Bauten).

Selbst bei einer nur kurzen Stippvisite sollte sich niemand das gepflegte Strandbad **Binz** (www.ostseebad-binz.de) entgehen lassen. Weiße Villen mit Holzornamenten, ein prächtiges Kurhaus, eine lebendige Einkaufsstraße sowie der lange und breite Sandstrand machen Binz zum Vorzeigeseebad Rügens. Eine Sehenswürdigkeit ganz anderer Art sind die gespenstischen Wohnsilos in **Prora**, die in den 1930er Jahren im Auftrag Hitlers entstanden.

Der im Nordosten der Insel gelegene **Nationalpark Jasmund** (S. 237) firmiert als Attraktion ersten Ranges, denn er beherbergt die berühmten Kreidefelsen. Wer mag, gelangt über den zwölf Kilometer langen Uferhöhenweg zum Königsstuhl in 118 Metern Höhe. Die Alternative direkt am Meer verspricht nicht weniger Spektakel. Nicht weit entfernt liegen der Fährhafen mit Verbindungen nach Bornholm und Schweden sowie das strahlend schöne Seebad **Sassnitz** (http://insassnitz.de) mit tollen Villen und einer lebendigen Altstadt.

Kreidefelsen von Rügen

Die Promenade von Sassnitz: eine Einladung zum Flanieren

Hoch im Inselnorden lockt ein Aussichtspunkt mit großem Namen: Das **Kap Arkona** (www.kap-arkona.de) ist weithin berühmt für seine 43 Meter hohe Steilküste, auf der nah beieinander der nach Entwürfen von Karl Friedrich Schinkel errichtete alte Leuchtturm, das neue Leuchtfeuer und der Peilturm thronen.

Über die Halbinsel Fischland-Darß-Zingst

Damit sind die maritimen Erlebnisse noch nicht ausgereizt, denn nicht weit wartet die nicht ganz so bekannte Halbinsel Zingst, die auch als **Fischland-Darß-Zingst** (S. 238, www.fischland-darss-zingst.de) firmiert. Der komplexe Name ist ein Phänomen der Neuzeit, denn früher waren die drei Teile der Landzunge, die in ihrer Form einem Bumerang ähnelt, eigenständige Eilande. Erst durch Versandung ist die heutige Halbinsel entstanden, zu der neben dem schmalen Landstreifen auch die Boddenlandschaft gehört.

Autofrei nach Hiddensee

Hiddensee (www.seebad-hiddensee.de) ist sowohl von Stralsund als auch von Schaprode im Westen Rügens per Fähre (www.reederei-hiddensee.de) zu erreichen. Die autofreie Insel ist auf jeden Fall eine Visite wert. Küste, Wälder, plattes Land, der 73 Meter hohe Bakenberg, der trutzige Leuchtturm auf dem Dornbusch und das Gerhard-Hauptmann-Haus sind Garanten für einen spannenden Tag auf dem lang gezogenen und so herrlich ruhigen Eiland. Das Wohnmobil darf allerdings nicht mit.

Kap Arkona mit dem Schinkelturm rechts und dem neuen Leuchtfeuer links

Den Leuchtturm Darßer Ort erreicht man von Prerow zu Fuß durch den »Darßer Urwald«

So weit das Auge reicht: Die Strände der Halbinseln Fischland, Darß und Zingst gehören zu den schönsten der Ostseeküste

Hansestädte an der Ostsee

In bewährter Manier benutzen wir die östliche Brücke und erreichen zunächst den Hauptort **Zingst** (www.zingst.de). Es war ein langer Weg vom Fischerdorf zum Ostseeheilbad. Doch seine neue Rolle erfüllt das 3000-Einwohner-Städtchen mit Verve. Seebrücke, Boulevard, Strand und Hafen bilden den äußeren Rahmen für zwanglose Tage am Strand. Ganz in der Nähe markiert der **Nationalpark Vorpommersche Boddenlandschaft** ein herrliches Revier, um die Nase in den Wind zu halten.

Mit Blick auf die Ostsee zur Rechten und den Saaler Bodden zur Linken passieren wir den Künstlerort **Ahrenshoop** (S. 238). Am Eingang zur Halbinsel gefällt der Badeort **Dierhagen** (www.ostseebad-dierhagen.de) mit langen Stränden, einem sehenswerten Boddenhafen und einem historischen Ortskern. Wen es nach Informationen dürstet, der kann auf dem Geschichtslehrpfad am Hauptstrand einiges über die Entstehung des Landstrichs und seine Bedeutung in der DDR lernen.

Nun ist es nicht mehr weit bis nach **Rostock** (S. 239 f., www.rostock.de). Die lebensfreudige Minimetropole und größte Stadt Mecklenburg-Vorpommerns hatte ihre beste Phase als Handelsstadt während der Blütezeit der Hanse. Patrizier stellten ihren Reichtum zur Schau, indem sie im Stadtzentrum stattliche Giebelhäuser errichten ließen. Die schönsten Exemplare stehen immer noch am Markt. Von diesem Wohlstand und der geschützten Lage an der Warnow-Mündung profitiert Rostock (210 000 Einwohner) bis heute.

Angesagt ist der Stadthafen: Am Ufer der Warnow konzentriert sich das Leben rund um Gaststätten, Geschäfte und großzügige Speicherbauten. Bis zur Eröffnung des Seehafens im Jahr 1960 fand hier der gesamte Güterumschlag statt. Einen schönen Ausblick verspricht der in der Nähe der Fischerbastion gelegene Kanonsberg, der früher der Verteidigung des Hafens diente.

Trotz allem: Ohne sein Seebad **Warnemünde** (S. 239 f., www.rostock.de/warnemuende.html) wäre Rostock nur halb so schön. Hier locken unter anderem Hafen und Leuchtturm, Fischmarkt und Edvard-Munch-Haus. Ein wichtiger Anziehungspunkt bleibt natürlich der feinsandige Ostseestrand

Mit **Wismar** (www.wismar.de) folgt abermals eine Hansestadt, deren Altstadt gemeinsam mit dem Pendant in Stralsund zum Weltkulturerbe zählt – mit einer entsprechenden Vielzahl von Baudenkmälern und einem hübsch restaurierten Stadtbild.

Das Westmolenfeuer in Warnemünde leitet Schiffe bei der Hafeneinfahrt

Brückenhaus in der Altstadt von Wismar

Seen satt: Über Schwerin zur Mecklenburgischen Seenplatte

Nächstes Ziel ist **Schwerin** (S. 241, www.schwerin.de), die mit 95 000 Einwohnern kleinste Landeshauptstadt Deutschlands. Wahrzeichen und Topattraktion ist das extravagante Schloss, das heute Sitz des Landtags von Mecklenburg-Vorpommern ist. Wie so viele andere Städte im erweiterten Einzugsbereich der Ostsee blickt auch Schwerin auf eine lange Geschichte mit früher Blütezeit im 12. Jahrhundert zurück, was sich positiv auf das Stadtbild auswirkt. So sprechen neben dem Schloss auch Dom, Marktplatz und Altstadt dafür, die Weiterfahrt zur bekannten Seenplatte noch kurz hinauszuzögern – zumal ja auch Schwerin an einem großen Gewässer liegt. Ja, der Schweriner See belegt gar Rang drei in der Liste aller Seen, die sich ausschließlich auf deutschem Territorium befinden.

Wahrzeichen der Stadt Schwerin: der gotische Dom

Seenfischerei mit Stellnetzen und Reusen hat am Plauer See eine lange Tradition

Mit der **Mecklenburgischen Seenplatte** (S. 242 f.) erwarten uns dann über 1000 größere und kleinere Seen, die gemeinsam das größte zusammenhängende Seen- und Wassersportgebiet Mitteleuropas bilden. Hinter dem **Plauer See** (Platz 5 in Deutschland), an dessen Ufern sich Camper und Wassersportler gleichermaßen wohl fühlen, erreichen wir **Malchow** (6500 Einwohner). Das Zentrum des Orts erfreut sich der privilegierten Lage auf einer kleinen Insel, die über eine Drehbrücke an das Festland angeschlossen ist.

Herzstück der Seenplatte ist die **Müritz**, der größte Binnensee des Landes (wenn man den Bodensee, an dem auch die Schweiz und Österreich Anteil haben, nicht zählt). Das Gewässer lockt mit einigen Stränden, Badestellen und Häfen, ist aber im Vergleich zum Beispiel zu den bayerischen Seen erstaunlich unberührt.

Das liegt zu einem nicht unbeträchtlichen Teil am **Nationalpark Müritz**, der das Ostufer des Sees und das dahinter liegende Land für kommende Generationen konserviert. Hauptort ist das anerkannte Heilbad **Waren** (22 000 Einwohner, www.waren-tourismus.de) im Norden, dessen hübsch herausgeputzte Altstadt auch einen stattlichen Hafen besitzt.

Der Ausgangsort der Tour ist von hier aus nur noch 120 Kilometer entfernt. Wer schon immer mal den »preußischsten aller preußischen Orte« kennenlernen wollte, macht auf dem Weg nach Berlin Halt in **Neuruppin**, das diesen etwas skurrilen Ehrentitel für sich beansprucht. ■

→ Anschluss an Route 6 möglich.

Nationalpark Müritz

Der 1990 gegründete Nationalpark ist mit einer Fläche von über 320 Quadratkilometern der größte terrestrische Nationalpark Deutschlands. Das Areal ist zu drei Vierteln von Wäldern bedeckt, in denen sich rund 100 Seen und andere Stillgewässer verstecken. Seeadler, Fischadler und Kraniche gehören zu den imposantesten Bewohnern. 47 Wanderwege, zwölf Radwege und zwei Wasserwanderwege ermöglichen eine vielseitige Erkundung. Der Wolfspfad Zwenzow, der SpurenWeg Kratzeburg und der Walderlebnispfad Serrahn widmen sich liebevoll und pädagogisch wertvoll regionalen Naturphänomenen. Infos unter www.mueritz-nationalpark.de.

Mini-Reportage

SERVICE & TIPPS

Berlin – Angermünde und Umland – Nationalpark Unteres Odertal – Usedom – Stralsund – Rügen – Fischland-Darß-Zingst – Rostock/Warnemünde – Schwerin – Mecklenburgische Seenplatte

BERLIN

Mini-Reportage

Museumsinsel

Die fünf Museen der Spreeinsel, die seit 1999 zum Weltkulturerbe der UNESCO zählen, entstanden zwischen 1830 (Altes Museum, K. F. Schinkel) und 1930 (Pergamonmuseum, A. Messel). Das **Alte Museum** ist antiken Werken der Griechen, Etrusker und Römer vorbehalten. Das **Neue Museum** zeigt die Kunst Altägyptens, darunter die mehr als 3350 Jahre alte Büste der Nofretete in ihrer schier magischen Anmut. Im **Pergamonmuseum** können Besucher den gleichnamigen Altar (Sanierung bis 2023) und die Antike Vorderasiens bewundern. Und während sich die **Alte Nationalgalerie** auf die Malerei des 19. Jh. (Friedrich bis Renoir) konzentriert, widmet sich das **Bode-Museum** Skulpturen vom Mittelalter bis ins 18. Jh. Insgesamt also Stoff für mehr als einen Besuch in der Stadt.

Museen auf der Museumsinsel in Berlin-Mitte
Tägl. außer Mo 10–18, Do bis 20 Uhr, Neues und Bode-Museum auch Mo
✆ (030) 266 41 14 40
www.smb.museum, www.museumsinsel-berlin.de
Eintritt Museumsinsel (und Panorama) € 19/9,50

Das Bode-Museum an der Spitze der Berliner Museumsinsel

DDR-Museum
Karl-Liebknecht-Str. 1, Berlin
✆ (030) 847 12 37 30
www.ddr-museum.de
Tägl. 9–21 Uhr
Eintritt € 9,60/6
Privatsammlung mit Exponaten, die sich dem Alltag in der DDR widmet und so durchaus interessante Einblicke gewährt, allerdings wenig kritisches Potential bietet. Unterhaltsam ist das Museum allemal – und sehr beliebt.

Kurfürstendamm
www.kurfuerstendamm.de
Die Glamour-Meile von Westberlin ist heute eine Einkaufsstraße im Wandel, Gedächtniskirche und Bahnhof Zoo dienen ganz in der Nähe als erweiterter Spiegel der Geschichte.

Tempelhofer Feld
Berlin-Tempelhof
www.thf-berlin.de
Wo 1948/49 die sogenannten Rosinenbomber die Stadt versorgten, startet schon seit 2008 kein Flieger mehr. Stattdessen ist der Flughafen Tempelhof mit 355 ha Berlins größtes Freizeitgelände. Hier treiben Tau-

sende Sport. Oder sie kommen zum Grillen, Chillen und Abhängen – und natürlich zum Sehen und Gesehenwerden. Eine wunderbar unorthodoxe Oase, auf deren Erschließung alle möglichen Investoren scharf sind.

Boxhagener Platz
Berlin-Friedrichshain
Was früher der Helmholzplatz am Prenzlauer Berg war, ist heute der »Boxi«: Hier gibt es so viele unorthodoxe Läden, vegane Restaurants und hippe Touristen, dass man vor lauter Angesagtheit die Stadt kaum noch sieht.

Bootstour auf der Spree
Nikolaiviertel, Berlin
✆ (030) 536 36 00
www.sternundkreis.de
Ticket Historische Citytour (60 Min.) € 17

Symbol der Teilung und Vereinigung des Landes: das Brandenburger Tor am Pariser Platz in Berlin-Mitte

TOP 5 Berlin

Brandenburger Tor
Pariser Platz
20 m hoch und 65,5 m breit entstand das klassizistische sandsteinerne Tor (1789–1793, Carl Gotthard Langhans), als in Frankreich die Revolution tobte. Die Quadriga obenauf (von Johann Gottfried Schadow) schaffte Napoleon 1806 nach Paris. Für Berlin ist es das Wahrzeichen schlechthin– und für viele Besucher ein Selfie-Hotspot.

Reichstagsgebäude
Platz der Republik 1
✆ (030) 22 73 21 52, www.bundestag.de
Kuppel und Dachterrasse tägl. 8–24 Uhr, Besuch nur nach Anmeldung (vgl. Website)
Der 1894 von Paul Wallot entworfene Reichstag blickte bereits auf eine bewegte Historie zurück, als die Politik ihn zur Machtzentrale des zeitgenössischen Deutschlands erhob. 1995 sorgte die Verhüllung durch Christo und Jeanne-Claude für Furore, ehe sich Norman Foster 1999 der Kuppel annahm. Diese gilt heute als Zeichen für die Transparenz der Demokratie.

Hackesche Höfe
Rosenthaler Str. 40/41
http://hackesche-hoefe.com
Die Kombination von Wohnen, Arbeiten und Ausgehen glückte mit dem Ensemble dieser acht Höfe (1906/07) vorzüglich. Besonders der erste Hof ist eine Augenweide: Die in Berlin seltenen Jugendstilfassaden entwarf der Architekt August Endell. Das Konzept hat bis in die Gegenwart nichts von seiner Strahlkraft verloren.

Fernsehturm
Panoramastr. 1 A
https://tv-turm.de
Tägl. März–Okt. 9–24, Nov.–Feb. 10–24 Uhr
Einst war er das Nationalsymbol der ungeliebten DDR. Davon unbeeindruckt hat sich der 368 m hohe Fernsehturm am Alexanderplatz zum Liebling der Massen aufgeschwungen. Der Clou ist ein herrlich altmodisches Café, das sich in 207 m Höhe um die eigene Achse dreht.

East Side Gallery
Mühlenstraße zwischen Ostbahnhof und Oberbaumbrücke
Die Relikte der Berliner Mauer dienen heute als Projektionsfläche für Graffiti-Künstler aus aller Welt. Auf einer Länge von 1316 m haben sich 118 Künstler aus 21 Ländern hier verewigt.

Eher entspannend als wirklich informativ ist der Trip vorbei an Regierungsbauten und Museumsinsel eine gute Erholung von den Strapazen eines Stadttags. Zugleich ein ehrliches Bekenntnis zu den Vorzügen des Massentourismus.

Berliner Unterwelten
Brunnenstr. 105, Berlin
www.berliner-unterwelten.de
Öffentliche Führungen an verschiedenen Orten (vgl. Website)
Stillgelegte U-Bahn-Tunnel, Bunker, Flakanlagen und alte Brauereikeller erzählen die Geheimnisse Berlins. Spannende Führungen, Ausstellungen und Touren rufen auch DDR-Fluchttunnel oder Kuriositäten wie das Rohrpostsystem wieder in Erinnerung. Die Ausstellung Germania gibt Einblicke in die Pläne von Hitlers Generalbauinspektor Albert Speer.

Bootsfahrt auf der Spree

Galeries Lafayette
Friedrichstr. 76–78, Berlin
www.galerieslafayette.de
Tägl. außer So 10–20 Uhr
Auch nach über 20 Jahren in der Friedrichstraße beherbergt der schillernde Glaspalast die einzige Deutschland-Dependance der Galeries Lafayette. Des wohl berühmteste aller Pariser Luxuskaufhäuser entfaltet sich auf 10 000 m² Fläche.

Restaurants

Eins 44 Kantine Neukölln
Elbestr. 28/29 (Hinterhaus)
Berlin
✆ (030) 62 98 12 12
www.eins44.com
Tägl. 18–23 Uhr
Fulminant kreative Gerichte auf Basis einer neudeutschen Küche, die französische Einflüsse erlaubt. Das Ambiente ist auf charmant-raue Weise Berlinerisch. Ein Lokal, das für den kulinarischen Aufstieg der Hauptstadt steht.

Die Friedrichstraße gehört zu den schicksten Einkaufsstraßen Berlins

Transit
Rosenthaler Str. 68, Berlin
✆ (030) 24 78 16 45
www.transit-restaurants.com
Tägl. 12–22 Uhr
Asiatische Gerichte in Tapas-Portionen. Macht zu jeder Uhrzeit glücklich – vor allem in Verbindung mit »Against Cold«, einem Heißgetränk mit Ingwer, Limette und Honig. ■

Camping- und Stellplatz

Campingplatz Berlin Gatow
Kladower Damm 207–213, Berlin
GPS: 52.46546, 13.16591
✆ (030) 365 43 40
www.dccberlin.de/gatow
Ganzjährig geöffnet
Die mittelgroße Anlage befindet sich in attraktiver Lage nahe (500 m) der Havel. Der gepflegte Platz bietet Stromanschlüsse, WLAN und moderne Sanitäranlagen. Bis ins Zentrum der Hauptstadt sind es mit dem Rad oder dem ÖPNV knapp 60 Minuten, nach Potsdam geht es mit dem Rad etwas schneller.

Wohnmobil-Oase
Hochstr. 4, Berlin
GPS: 52.54882, 13.38344
https://wohnmobiloase.com, ganzjährig geöffnet
Großflächiger Stellplatz in der Nähe des Bahnhofs Gesundbrunnen. Anders als bei vielen innerstädtischen Anlagen sind hier Facilities zur Basisversorgung wie Toiletten, Duschen und Entsorgungseinrichtungen vorhanden. Der Vergleich mit einer Oase drängt sich trotzdem nur bedingt auf. Wer jedoch kostengünstig mitten in der Stadt urlauben möchte, ist hier gut aufgehoben.

ANGERMÜNDE UND UMLAND

Zisterzienserkloster Chorin
Amt Chorin 11 A, Chorin
17 km südwestl. von Angermünde
www.kloster-chorin.org
Tägl. 9–18, im Winter 10–16 Uhr, Eintritt € 6/3,50
Dieses Musterbeispiel für die deutsche Backsteingotik aus dem 13. Jh. kombiniert die Genügsamkeit des Ordens mit einer gewissen Opulenz. Auch Langzeitbesuche des spirituellen Ortes sind möglich.

Nationalpark Unteres Odertal

Mini-Reportage

Weitläufige Polder, die regelmäßig überflutet werden, sind das Herzstück des an der polnischen Grenze gelegenen Nationalparks. Lange Zeit war die Region von den Eingriffen des Menschen gezeichnet, doch seit der Ausweisung als Nationalpark können die ursprünglichen Bewohner schrittweise Terrain zurückgewinnen: In den Zonen, in denen die Bewirtschaftung des Auengrünlands beendet wird, gedeihen wieder Wiesen, Weiden, Röhrichte und Auwälder. So wird die naturnahe Flussaue zu einem Rückzugsraum, den 284 Vogelarten schätzen – darunter seltene Spezies wie der Seggenrohrsänger und der Wachtelkönig. 50 Säugetierarten, elf Amphibiensorten, sechs Reptilienspezies und 49 unterschiedliche Fischarten bürgen für weiteren Artenreichtum. Ein Revier, das zu Fuß, auf dem Rad und im Boot gleichermaßen attraktiv ist.

Nationalparkhaus
Park 2, Schwedt
✆ (033 32) 267 72 01
www.nationalpark-unteres-odertal.eu
Tägl. 9–17, im Winter 10–17 Uhr

Schiffshebewerk Niederfinow
Hebewerkstr. 70 A
Niederfinow
30 km südl. von Angermünde
www.schiffshebewerk-niederfinow.info
Tägl. 6–22 Uhr
Eintritt € 3/2
Im größten noch in Betrieb befindlichen Hebewerk überwinden die Schiffe am östlichen Ende des Oder-Havel-Kanals einen Höhenunterschied von 36 m. Das ist seit 1936 jedes Mal aufs Neue ein Ereignis von fast schon archaischer Schönheit.

Das älteste noch arbeitende Schiffshebewerk Deutschlands in Niederfinow

Gut Kerkow
Greiffenberger Str. 8
Angermünde-Kerkow
3 km nördl. der City
✆ (033 31) 26 29 34
www.gut-kerkow.de
Tägl. 10–18 Uhr
Biohof mit schönem Hofladen – ideal zur Auffüllung des Reisekühlschranks. ■

Campingplatz

Camping Wolletzsee
Zum Wolletzsee, Angermünde
GPS: 53.02210, 13.94482
✆ (0152) 29 15 31 20
www.campingplatz-wolletzsee.de
Mai–Mitte Sept.
Sympathischer Campingplatz auf einer kleinen Halbinsel am gleichnamigen See mit Strandbad. Herrlich der Online-Hinweis: »Diese Webseite benutzt keine Cookies.«

USEDOM

Segeltörn Achterwasser
Ab Neppermin
Peenemünde oder Wolgast
✆ (038 36) 237 14 47
www.weisse-duene.com
Tour von 3,5 Std. € 75/45
Die Schiffstouren auf einem mit weißen Segeln ausgestatteten Boot sind zu jeder Tageszeit ein ebenso wunderbares wie typisches Erlebnis. Auf Wunsch auch als Dinnertour mit schmackhaften Produkten aus der Region buchbar.

Am Achterwasser in Neppermin

Ein Stopp auf der Feiningertour: die Holländer-Windmühle in Benz

Radtour auf den Spuren von Lyonel Feininger
Karte zum Download auf https://usedom.de oder über die Feininger App
Schöner Rundweg, der auf einer Länge von 56 km an 40 Stationen rund 80 künstlerische Motive des deutsch-amerikanischen Malers miteinander verbindet. Wichtiges biografisches Detail: Feininger gehörte zu den Pionieren des Rennrads.

Fischlokal

Zum Smutje Zinnowitz
Vinetastr. 5 A
Zinnowitz
✆ (03 83 77) 415 48
www.zum-smutje.de
Das vielleicht beste Fischlokal der Insel befindet sich in der Nähe von Zinnowitz und ist bekannt für seine ebenso feine wie bodenständige Küche. ■

Historisch-Technisches Museum Peenemünde

Ein Ort von erheblicher historischer Bedeutung: In Peenemünde, der nördlichsten Gemeinde von Usedom, entwickelten die Nationalsozialisten unter Wernher von Braun ihre V-Raketen. Dieser Prozess wird in der ehemaligen Produktionsstätte in menschlichen Schicksalen gespiegelt. Auch das Militärerbe der Deutschen Demokratischen Republik kommt hinreichend zur Geltung.

Historisch-Technisches Museum Peenemünde
Im Kraftwerk, Peenemünde
✆ (03 83 71) 50 50, https://museum-peenemuende.de
Tägl. 10–18, im Winter tägl. außer Mo 10–16 Uhr, Eintritt € 9/6,50

Mini-Reportage

Die Architektur der Kaiserbäder

Tonangebende Künstler verschiedener Genres wussten die Qualitäten der Küste Usedoms schon zu schätzen, als das Reisen noch einer exklusiven Minderheit vorbehalten war: Thomas Mann, Lyonel Feininger, Johann Strauss und Theodor Fontane sind nur die bekanntesten Namen auf einer nach Belieben ausdehnbaren Liste. Es sind aber nicht die Dichter, Komponisten und Künstler, denen Heringsdorf, Ahlbeck und Bansin ihren Kosenamen als Kaiserbäder verdanken. Dafür zeichnet niemand anderes als Kaiser Wilhelm II. verantwortlich, der hier zu urlauben pflegte. Noch heute sind viele Bauten aus dieser ersten Blütezeit vorhanden, ja, die Domizile der Zelebritäten stehen sogar weit oben auf der Liste der Sehenswürdigkeiten. Die meisten wurden um die Wende vom 19. zum 20. Jahrhundert errichtet und dabei üppig mit den Ornamenten der Epoche verziert. Sie gelten als weltweit größtes zusammenhängendes Ensemble der Bäderarchitektur. Bei ihrem Anblick wird eine Zeit zu neuem Leben erweckt, die längst vorbei scheint. Alle drei Orte haben Wanderungen vorbei an den schönsten Bauwerken konzipiert. Im Tourismusbüro ist zudem ein kleines Büchlein erhältlich. Infos unter https://usedom.de/baederarchitektur.

Campingplatz

Dünencamp Karlshagen
Zeltplatzstr. 11, Karlshagen
GPS: 54.11674, 13.84736
✆ (03 83 71) 202 91, www.karlshagen.de

Ganzjährig geöffnet
Schön in einem dünennahen Wäldchen gelegener Fünfsternecampingplatz. FKK- und Hundestrand in der Nähe.

STRALSUND

Altstadtführung
www.stralsundtourismus.de
Tägl. 11 Uhr, im Winter nur am Wochenende
Ticket € 10/8
Von den Patrizierhäusern mit bewundernswerten Giebeln über den Markt, die Kirchen und die Hafenmole erleben die Teilnehmer die Highlights der Stadt im zeitlichen Rahmen eines Fußballspiels.

Ozeaneum
Katharinenberg 14–20
Stralsund
✆ (038 31) 265 06 10
www.ozeaneum.de
Tägl. 9–20, Okt–Mai nur bis 18 Uhr, Eintritt € 17/12
Publikumsmagnet mit extravaganter Architektur am Hafen. In verschiedenen Becken werden die Lebenswelten von Fischen und anderen Meeresbewohnern abgebildet. Ein Fest für die Augen, den die Bewohner allerdings mit lebenslanger Gefangenschaft bezahlen.

Das Rathaus von Stralsund zählt zu den bedeutendsten Profanbauten der Backsteingotik im Ostseeraum

Gorch Fock I
An der Fährbrücke, Stralsund
✆ (038 31) 66 65 20
http://gorchfock1.de
Tägl. 10–18, im Winter 11–16 Uhr, Eintritt € 5/2,50
Das Segelschulschiff von 1933 wurde versenkt, gehoben, restauriert und unter sowjetischer Flagge wieder auf Reise über die Weltmeere geschickt, bis ihm die Seetüchtigkeit abgesprochen wurde. Ein Verein jedoch will nicht aufgeben und den seit 2003 in Stralsund vor Anker liegenden Vorgänger der größeren Gorch Fock II abermals aufmöbeln.

Störtebeker Brauquartier
Greifswalder Chaussee 84–85
Stralsund
✆ (038 31) 25 50, www.stoertebeker-brauquartier.com
Tägliche Brauereiführungen

Fütterung der Humboldt-Pinguine auf dem Dach des Ozeaneums

Führung inkl. Verkostung € 13,50
Heute mögen die Produkte des Hauses als Craft Beer durchgehen, doch die Brauerei ist schon seit 1827 aktiv. Ein Muss für alle Bierfans.

Restaurant

Hansekeller
Mönchstr. 48, Stralsund
✆ (038 31) 70 38 40
https://hansekeller-stralsund.de
Bürgerliche Küche in einem Prachtbau aus dem 17. Jh. mit sehenswertem Gewölbe. Spezialität ist das hausgemachte Sauerfleisch im Weckglas. ■

Seit 2003 liegt die nicht mehr seetüchtige »Gorch Fock I« im Hafen von Stralsund

Besucher im Sudhaus des Störtebeker Brauquartiers

Campingplatz

Sund Camp Altefähr
Am Kurpark 1, Altefähr
GPS: 54.33357, 13.12896
✆ (03 83 06) 754 83, www.sund-camp.de

März–Okt.
Auf der gegenüberliegenden Seite von Stralsund und somit auf Rügen gelegener Campingplatz. Familienfreundlich und nur 300 m vom Wasser entfernt.

RÜGEN

Jagdschloss Granitz
Binz
✆ (03 83 93) 667 10
www.jagdschlossgranitz.de
Tägl. 10–17 Uhr, Eintritt € 6/4
Das inmitten eines Buchenwalds gelegene Jagdschloss wurde zwischen 1837 und 1846 errichtet. Weithin sichtbar ist der von Karl Friedrich Schinkel entworfene Mittelturm, der 38 m in den Himmel ragt. Auch mit dem Rasenden Roland zu erreichen.

Treppenaufgang im Aussichtsturm von Granitz

Der Koloss von Prora
Dokumentationszentrum,
Dritte Str. 4, Block 3/Querriegel
Prora
✆ (03 83 93) 139 91
www.proradok.de
Tägl. 10–18/19, im Winter bis 16 Uhr, Eintritt € 6/3
Bis zu 20 000 Menschen sollten in einem gespenstischen Gebäuderiegel am Prorer Wiek gleichzeitig Urlaub machen können. So hatte es die nationalsozialistische Organisation »Kraft durch Freude« vorgesehen. Der Ausbruch des Zweiten Weltkriegs allerdings verhinderte Fertigstellung und Inbetriebnahme des ursprünglich auf 4,7 km Länge ausgelegten Ensembles. Es diente später der Volksarmee als Kaserne. Heute ist das Mahnmal denkmalgeschützt und zum Teil bewohnt. Hier befindet sich unter anderem eine Jugendherberge.

Naturerbe Zentrum
Forsthaus Prora 1, Binz-Prora
✆ (03 83 93) 66 22 00
www.baumwipfelpfade.de
Tägl. 9.30–19 Uhr, im Winter kürzer, Eintritt € 12/9
Bemerkenswerter Baumwipfelpfad, der sich auf einer Länge von 1250 m in 4 bis 17 m Höhe durch den Buchenmischwald windet. Die maximale Steigung von 6 % macht ihn auch für Rollstuhl und Kinderwagen zugänglich.

Weg ins Moor im Nationalpark Jasmund

KdF-Anlage Prora am Strand von Rügen

Nationalpark Jasmund Nationalpark-Zentrum Königsstuhl
Stubbenkammer 2, Sassnitz
✆ (03 83 92) 66 17 66, www.nationalpark-jasmund.de
Tägl. 10–19 Uhr, außerhalb der Saison kürzer, Eintritt € 10/4,50
Der Nationalpark ist berühmt für seine alten Buchenwälder und die hiesigen Kreidefelsen. Das Nationalpark-Zentrum Königsstuhl direkt am gleichnamigen Kreidefelsen bietet unter anderem Erlebnisausstellung, Multivisionskino, Aussichtsplattform und Naturerlebnisgelände.

Schinkelturm, Leuchtfeuer und Peilturm am Kap Arkona
✆ (03 83 91) 130 37
www.kap-arkona.de
Tägl. 10–17/18, im Winter 11–16 Uhr
Eintritt Schinkelturm € 2/1,50, Neuer Turm € 3, Peilturm € 3/2
Von der Glaskuppel des Peilturms, der Außenplattform des quadratischen Schinkelturms und dem Turm des sich noch in Betrieb befindlichen Leuchtfeuers bieten sich herrliche Ausblicke.

Rasender Roland
http://ruegensche-baederbahn.de, Ticket ab € 2,40/1,20, Tageskarte € 25
Die legendäre Inselbahn verbindet im Zweistundentakt Putbus mit Göhren – mit Dampflok und im Schmalspurformat.

Ausflug nach Vilm

Exklusives Inselgefühl gefällig? Dann nichts wie hin auf dieses Eiland, das im Südosten Rügens vor der Küste liegt. Erst diente die Insel Künstlern als Inspirationsquelle, später richtete die DDR hier exklusive Domizile ein. Heute ist Vilm Naturschutzgebiet.

Fahrgastreederei Lenz, Putbus
Exkursionen (2,5 Std.) tägl. 10 Uhr ab Putbus Hafen, Ticket € 20/10
✆ (03 83 01) 618 96, www.vilmexkursion.de

Laut schnaufend und wunderbar nostalgisch: Der »Rasende Roland« gehört ebenso zu Rügen wie die Kreidefelsen

Restaurant

Strandhalle
Strandpromenade 5, Binz
✆ (03 83 93) 315 64
www.strandhalle-binz.de
Tägl. außer Mo 12–23 Uhr
Typisch mecklenburgische Küche in einem strahlend schönen Lokal an der Strandpromenade von Binz. ■

Campingplatz

Campingplatz Thiessow
Hauptstr. 4, Thiessow
GPS: 54.28100, 13.71748
✆ (03 83 08) 66 95 85
www.campingplatz-thiessow.de
April–Okt.
Erholsame Anlage in exquisiter Lage zwischen Ostsee und Zicker See.

FISCHLAND-DARSS-ZINGST

Mini-Reportage

Die Kraniche der Boddenlandschaft

Ruhig und beschaulich geht es zu auf Fischland-Darß-Zingst. Das wissen nicht nur die Urlauber zu schätzen, die oft eben deshalb herkommen, sondern auch bis zu 60 000 Kraniche, die Jahr für Jahr rund um die Halbinsel Station machen. Genauer gesagt rasten die eleganten Zugvögel vor allem an der südlichen Boddenküste, wo sie sich von Ende September bis Anfang November auf abgeernteten Maisfeldern niederlassen. Hier finden sie genug Nahrung für den kräftezehrenden Weiterflug gen Süden. Im Frühjahr, wenn es in die angestammten Sommerdomizile geht, ist der Zwischenstopp meist etwas kürzer. Das bevorzugte Revier der Kraniche befindet sich etwa zehn Kilometer südlich der B 105 bei Ribnitz-Damgarten. Ein Stück entfernt wurde am Günzer See bei Altenpleen ein Kranorama errichtet, das die Beobachtung der Vögel gestattet, ohne dabei ihre Ruhe zu stören. Es ist saisonal geöffnet. Infos unter www.kraniche.de.

Künstlerort Ahrenshoop
Mit nur 650 Einwohnern ist das im Darß gelegene Seebad sehr überschaubar. Dafür hat Ahrenshoop (www.ostseebad-ahrenshoop.de) schon früh die Aufmerksamkeit von Künstlern auf sich gezogen, was 1892 zur Gründung einer sogenannten Künstlerkolonie führte. Im Jahr 1894 wurde das Künstlerhaus Lukas als Malschule errichtet. 2013 folgte ein erstaunlich hochklassiges Kunstmuseum (https://kunstmuseum-ahrenshoop.de). Heute ist Ahrenshoop dank einiger Luxushotels durchaus mondän.

Strandlokal

Der Störtebeker
Am Plateau 9, Dierhagen
✆ (03 82 26) 53 97 03
www.der-stoertebeker.de
Mo–Do 14–22, Fr–So 12–24 Uhr
Strandlokal in Dierhagen mit familienkompatibler Mischung aus Steaks, Burgern und Fisch. ■

Fischereihafen von Ahrenshoop

Campingplatz

Meissners Sonnencamp
Villenstr. 3, Prerow
GPS: 54.45743, 12.57955
✆ (03 82 33) 601 98
https://meissners-sonnencamp.de, April–Okt.

Wunderbare Anlage in der Nähe des Nationalparks Vorpommersche Boddenlandschaft. Wenn der Wind aus der richtigen Richtung kommt, ist während des Einschlafens das Rauschen der Wellen zu hören. Entspannung pur.

ROSTOCK/WARNEMÜNDE

Während der »Hanse Sail« tummeln sich Segler aller Größen im Hafen von Rostock

Der Warnemünder Teepott neben dem Leuchtturm

Schifffahrtsmuseum Rostock
Schmarl-Dorf, Rostock
✆ (03 81) 12 83 13 64, https://schifffahrtsmuseum-rostock.de
Wechselnde Öffnungszeiten
Eintritt € 5/2,50
In Deutschlands größtem schwimmenden Museum geht es um Seefahrt und Schiffsbau.

Edvard-Munch-Haus
Am Strom 53, Warnemünde
www.edvard-munch-haus.de
Während Ausstellungen Do–So 12–17, sonst nur Sa 12–17 Uhr und nach Absprache
Wo der große norwegische Maler ein Jahr lang gelebt hat, werden heute wechselnde Ausstellungen mit Gegenwartskunst gezeigt.

Leuchtturm Warnemünde
Am Leuchtturm, Warnemünde
www.warnemuende-leuchtturm.de
Ende April–Okt. tägl. 10–19 Uhr, Eintritt € 2/1
Weitsicht ist gefragt – das 31 m hohe Bauwerk stellt Jahr für Jahr neue Besucherrekorde auf.

Fischmarkt
Mittelmole, Warnemünde
Sa/So 8–18 Uhr
Belebter Fischmarkt auf der Mittelmole in Warnemünde, der von Einheimischen und Touristen gleichermaßen gern besucht wird.

Hafenrundfahrt
Warnow Personenschifffahrt
Liegeplätze 11 und 14 am Alten Strom, Warnemünde
✆ (03 81) 768 65 52, www.warnow-personenschifffahrt.de
Tägl. erste Abfahrt um 10 Uhr, danach etwa stdl., witterungsabhängig, im Winter unregelmäßig, Ticket € 12/6

Mini-Reportage

Rundgang durch die Rostocker Altstadt

Marienkirche, Neuer Markt, Rathaus, Kröpeliner Straße, Kröpeliner Tor, Universitätsplatz, Ständehaus und Steintor ergeben in dieser Reihenfolge einen repräsentativen Kurzrundgang durch die natürlich auch sonst sehenswerte Altstadt.

Einstündige Rundfahrt durch den Hafen von Warnemünde.

Restaurant

Restaurant Stromer
Am Strom 32, Warnemünde
Tägl. außer Di 17–24 Uhr, Sept.–Juni auch Mo geschl.
www.restaurant-stromer.de

Gemütliches Lokal in idyllischer Lage. Vom Steinbutt bis zu Pasta mit Meeresfrüchten kommt eine große Bandbreite an Gerichten auf den Teller. ■

Gute Aussicht auf große Schiffe vor der Warnemünder Mole

Campingplätze

Feriencamp Börgerende
Deichstr. 16, Börgerende
GPS: 54.15283, 11.90375, ✆ (03 82 03) 811 26
www.ostseeferiencamp.de, April–Okt.
Großflächige Ferienanlage mit allem Komfort in toller Lage. Knapp 20 km von Rostock entfernt.

Camping- und Ferienpark Markgrafenheide
Budentannenweg 2, Markgrafenheide
GPS: 54.19828, 12.15113
✆ (045 44) 800 30
https://baltic-freizeit.de
Ganzjährig geöffnet
Schöner Platz für Urlaubstage direkt hinter den Dünen mit eigenem Spa, Saunalandschaft und Pool. Zudem gibt es einen Minigolfplatz und zwei Tennisplätze. Kutschfahrten und Ausritte können vor Ort gebucht werden. 23 km von Rostock entfernt.

SCHWERIN

Staatliches Museum
Alter Garten 3, Schwerin
✆ (03 85) 58 84 12 22
www.museum-schwerin.de
Tägl. außer Mo 11–18 Uhr
Eintritt € 6,50/4
Das Haus steht westlich des Schlosses auf dem Festland und zeigt eine beachtliche Sammlung mit Werken nicht nur alter, sondern auch neuer Meister, etwa von DDR-Künstlern und Marcel Duchamps.

Bootstour Weisse Flotte
Anleger am Schloss Schwerin
✆ (03 85) 55 77 70
https://weisseflotteschwerin.de
April–Okt. tägl. mehrere Fahrten, Ticket € 17/8,50
Wer das Schloss, den Rest der Stadt und das reizvolle Umland entspannt an Bord eines Ausflugsboots genießen möchte, ist hier richtig.

Schweriner Schloss

Mini-Reportage

Von Schloss Chambord an der Loire beeinflusst, ist das Schweriner Schloss in seiner heutigen Form in der Mitte des 19. Jahrhunderts entstanden. Der Neorenaissancebau ruht auf einer kleinen Insel im gleichfalls sehr ansehnlichen Schweriner See und ist über zwei Brücken mit dem Festland verbunden. Über die Südbrücke gelangt man in die Schlossgärten – eine einzigartige Konstruktion, die heute auch die Abgeordneten auf ihrem Weg zur Arbeit im Landtag nutzen.

Schloss Schwerin
Lennéstr. 1, Schwerin
✆ (03 85) 58 84 15 72
www.mv-schloesser.de
Wechselnde Öffnungszeiten
Führungen € 8,50/6,50

Fischrestaurant

Restaurant Lukas
Großer Moor 5, Schwerin
✆ (03 85) 56 59 35
www.restaurant-lukas.de
Klassiker aus der norddeutschen Küche im einzigen Fischrestaurant der Stadt. ■

Die Weiße Flotte bietet verschiedene Touren auf dem Schweriner See an

Stellplatz

Hangar 19
Bornhövedstr. 95, Schwerin
GPS: 53.63773, 11.43359
✆ (03 85) 58 97 98 17, https://hangar-19.de

Manche kennen das Konzept vielleicht aus den Niederlanden: Dieser Wohnmobilstellplatz befindet sich am Yachthafen, wobei die Camper alle Einrichtungen mitbenutzen können. Schön!

MECKLENBURGISCHE SEENPLATTE

Mini-Reportage

Urlaubsrevier Mecklenburgische Seenplatte

Große Seen, kleine Seen, Sporthäfen, grüne Landzungen, bewaldete Uferlandschaften, einladende Dörfer und freundliche Städtchen. So präsentiert sich die Mecklenburgische Seenplatte, die in der großzügigsten Abmessung eine Fläche von 240 mal 30 Kilometern umfasst. Ein Revier wie gemacht nicht nur für Segler, sondern auch für naturnahen Aktivurlaub im Wohnmobil. Infos unter www.mecklenburgische-seenplatte.de.

DDR-Alltagsmuseum
Kirchenstr. 25, Malchow
✆ (03 99 32) 180 00, www.ddrmuseum-malchow.de
Tägl. außer Mo 10–17 Uhr, im Winter kürzer, Eintritt € 7/4
Gute Ausstellung im ehemaligen Filmpalast von 1957 zu 40 Jahren Alltag in der DDR. Neben den Themen Kino kommen auch das Arbeitsleben, Mode und Urlaub zur Sprache.

Naturerlebniszentrum Müritzeum
Zur Steinmole 1, Waren
✆ (039 91) 63 36 80
www.mueritzeum.de
Tägl. 10–19, im Winter bis 18 Uhr, Eintritt € 14/6
Das Museum ist als »Haus der 1000 Seen« konzipiert, beherbergt Deutschlands größtes Süßwasseraquarium und beschäftigt sich intensiv mit Flora, Fauna und Geologie der Region.

Drei-Seen-Tour
Ableger Schloss Klink
www.blau-weisse-flotte.de

Wer wohnt im UNESCO-Weltnaturerbe Alte Buchenwälder? In der neuen Dauerausstellung im Müritzeum wird der Blick auf die kleinsten Waldbewohner gelenkt

Mai–Okt. tägl. 11.25 und 13.25 Uhr, Ticket € 20/10
Die auch im Linienverkehr auf der Müritz verkehrende Blau-Weiße-Flotte bietet während der Saison eine touristische Fahrt an, die auch durch Binnenmüritz und Kolpinsee führt.

Restaurant

Kleines Meer
Alter Markt 7
Waren
✆ (039 91) 64 82 00, https://restaurant-kleinesmeer.de
Tägl. ab 17 Uhr
Tolles Lokal im gleichnamigen Hotel. Der Guide Michelin vergab einen »Bib Michelin«, der für sehr gute und dabei bezahlbare Küche steht. Das Motto: regionale Lieferanten, frische Produkte und saisonale Küche. ■

Campingplätze

Camping Ecktannen
Fontanestr. 66, Waren
GPS: 53.50224, 12.67512
✆ (039 91) 66 85 13, www.camping-ecktannen.de
Ganzjährig geöffnet
Schöner Platz am See mit kompletter Ausstattung in Laufdistanz nach Waren (3 km).

CampingParadies Dahmen
Am Erlengrund 1, Dahmen
GPS: 53.66176, 12.58547, ✆ (03 99) 33 73 37 53
https://campingparadies-dahmen.de, April–Dez.
Der schöne Familiencampingplatz mitten in der Mecklenburgischen Schweiz und direkt am Malchiner See verfügt über einen Badestrand und ist unmittelbar an Rad- und Wanderwege angebunden. Gepflegte Sanitäranlagen und Verleih von Rädern sowie Wassersportgeräten. Als kleinen Kulturbonus gibt es eine Freiluftbühne für Konzerte und andere Auftritte.

Natur erleben! Camping-Paradies Dahmen

TOP 10 1000 PLACES

Seenplatten und Meeresrauschen

Berlin rühmt sich nicht nur seiner Urbanität, sondern auch eines attraktiven Umlands. Was damit gemeint ist, wird bei dieser Tour schnell klar. Durch urtümliche Wälder geht es zunächst in Richtung Oder und anschließend über die Mecklenburgische Seenplatte zur Ostsee, wo mit Usedom eine vielseitige Urlaubsinsel wartet. Von hier aus ist es nicht weit bis Rügen, das in Sachen Spektakel noch eins draufsetzt. Über die ehrwürdige Hansestadt Stralsund führt die Route nun durch Fischland-Darß-Zingst. Die bis heute unterbewertete Ferienregion wiederum ist nicht weit von Rostock entfernt, das nicht nur mit seiner historischen City, sondern auch mit dem mondänen Seebad Warnemünde zu gefallen weiß. Nach einem Abstecher in die Hauptstadt Mecklenburg-Vorpommerns mit dem extravaganten Schloss bietet der Nationalpark Müritz ein großes Finale mit hohem Erholungsfaktor.

1 Museumsinsel: Berlins majestätische Kultur

Gleich fünf Ausstellungshäuser von internationalem Rang untermauern Berlins Status als Kulturkapitale. Die klassizistische Architektur von Pergamon-Museum und Nachbarbauten verleihen der Kunst eine ausgesprochen würdevolle Aura.

2 Filigraner Fernsehturm: Landmarke in Berlin

»#thattoweragain« lautet ein beliebtes Hashtag in der deutschen Hauptstadt. Die Kennzeichnung für die sozialen Medien bezieht sich auf den Fernsehturm am Alexanderplatz, dessen zeitlose Modernität heute weithin Bewunderung findet.

3 Usedom: Drei prächtige Kaiserbäder

Seebrücken, reich ornamentierte Villen und ein großzügig angelegter öffentlicher Raum prägen das Antlitz von Heringsdorf, Ahlbeck und Bansin, die gemeinsam als die drei Kaiserbäder von Usedom firmieren. Ein absolutes Alleinstellungsmerkmal.

4 Stralsund: Stolze Hansestadt

An der Meerenge zwischen dem Festland und der Insel Rügen entfaltet sich mit Stralsund schon seit Jahrhunderten eine etablierte Handelsstadt. Mehr als 800 Denkmäler formen gemeinsam ein prächtiges Stadtbild mit viel norddeutscher Backsteingotik.

To See Before You Die®

5 Rügen: Kreidefelsen und Kap Arkona
Der Norden Rügens lockt mit den Kreidefelsen des Nationalparks Jasmund, die bis zu 118 Meter hoch in den Himmel ragen. Ganz in der Nähe ziehen am schroffen Kap Arkona die Leuchttürme die Aufmerksamkeit der Besucher auf sich.

6 Rasender Roland: Bahnspaß auf Rügen
Die archaisch anmutende Eisenbahn verzückt bis zum heutigen Tag Kinder und Nostalgiker gleichermaßen: Der Rasende Roland wird von einer Dampflok angetrieben und verbindet das Städtchen Binz unter anderem mit dem Jagdschloss Granitz.

7 Rostock: Farbenfrohe Altstadt
Farbenfrohe Giebelbauten aus der Hansezeit verleihen der Minimetropole Mecklenburg-Vorpommerns die Aura einer Hafenstadt mit reicher Historie. Auch in der quicklebendigen Gegenwart erinnert noch vieles an die erste Blütezeit im 13. und 14. Jahrhundert.

8 Warnemünde: Rostocks Seebad
Bei geeignetem Wetter ist kaum ein schönerer Ort vorstellbar: Warnemünde lockt mit dem breitesten Ostseestrand der Nation, der Aussicht auf kapitale Schiffe und einem gemütlichen Binnenhafen, der heute der Gastronomie vorbehalten ist.

9 Schwerin: Stattliches Schloss am See
Mit nur 80 000 Einwohnern ist Schwerin die kleinste Landeshauptstadt Deutschlands. Der Landtag hingegen kehrt die Verhältnisse locker um: Er befindet sich im Schweriner Schloss, das wiederum auf einer Insel im gleichnamigen See ruht.

10 Nationalpark Müritz: Seen ohne Ende
Das Zusammenspiel von mehr als hundert Seen und abwechslungsreichen Wäldern machen den Nationalpark Müritz zu einem beliebten Urlaubsziel. Ob zu Fuß, mit dem Rad oder im Boot – aktive Erholung ist das Stichwort.

ROUTE 8

ZWISCHEN ZWEI MEEREN

DEUTSCHLAND NÖRDLICH VON HAMBURG

(ETWA 980 KM)

Hamburg – Schloss Ahrensburg – Lübeck – Travemünde – Timmendorfer Strand – Scharbeutz – Neustadt in Holstein – Grömitz – Fehmarn – Heiligenhafen – Laboe – Kiel – Eckernförde – Glücksburg – Flensburg – Rømø – Sylt – Seebüll – Husum – Friedrichstadt – St. Peter-Ording – Büsum – Hamburg

Aabenraa
Tønder
Tinglev
Sønderborg
Flensburg
Glücksburg
Kappeln
Eckernförde
Kiel
Husum
Rendsburg
Heide
Neumünster
Itzehoe
Elmshorn
Pinneberg
HAMBURG
Ahrensburg
Lübeck
Travemünde
Neustadt
Oldenburg i. Holst.
Heiligenhafen
Fehmarn
Cuxhaven
Bremerhaven
Stade
Lüneburg
Sylt
Westerland
Rømø
Kieler Bucht
Lübecker Bucht
Dänemark

ZWISCHEN ZWEI MEEREN

DEUTSCHLAND NÖRDLICH VON HAMBURG

Das Beste von zwei Meeren mit Zwischenstopps auf sehr unterschiedlichen Inseln und viele Strandeinheiten – so lässt sich dieser Roadtrip durch Schleswig-Holstein am besten zusammenfassen. Doch mit Lübeck, Kiel und Flensburg liegen auch interessante Städte auf der Route, die ganz nebenbei ins Nachbarland Dänemark führt. Hübsche Ortschaften und viel Grün runden das Portfolio der großen Runde entlang Ostsee- und Nordseeküste ab.

»Unten am Fluss, unten am Hafen, da wo die großen Schiffe schlafen.« Mit diesen Worten besingt der Chansonnier Bernd Begemann seine Wahlheimat **Hamburg** (S. 262 ff., www.hamburg-tourism.de). Es sind Zeilen voller Liebe und Understatement für eine Metropole (1,85 Mio. Einwohner), die im deutschen Maßstab nur Berlin vor sich dulden muss. Dabei gelingt Hamburg der Spagat zwischen verruchter Hafenstadt und leicht versnobter Bürgerhochburg mit spielerischer Leichtigkeit.

Must-sees gibt es genug in der berühmten Hansestadt, etwa die Binnenalster am Jungfernstieg und die riesige historische Speicherstadt, die Elbphilharmonie – das spektakuläre neue Konzerthaus – und die Deichtorhallen mit Sammlungen von Weltruf. Doch nicht nur das – es locken deftige Kneipen und coole Bars, Stadtstrand und maritimes Flair.

Blick auf den Hamburger Hafen, rechts die 2017 eröffnete Elbphilharmonie

Die Eingangsfassade von Schloss Ahrensburg

Wer Hamburg hinter sich lässt, muss gute Gründe haben. Ein solcher ist das Meer, denn obwohl die Stadt über die Elbe regelmäßig von Sturm- und Springfluten heimgesucht wird, ist es bis zum ersten Strand doch gehörig weit. Unterwegs in Richtung Nordosten bietet sich zunächst **Schloss Ahrensburg** (www.schloss-ahrensburg.de) zum Besuch an. Das schneeweiße Bauwerk mit seinen vier Türmen und den sanft geschwungenen Giebeln thront von Wasser umgeben auf einem Eiland.

Über Bargteheide und Bad Oldesloe geht es durch das grüne Schleswig-Holstein weiter in Richtung **Lübeck** (S. 265, www.luebeck-tourismus.de), der mit 217 000 Einwohnern zweitgrößten Stadt Schleswig-Holsteins. Die Hansestadt gehört durch ihre Lage auf einer Insel und das nahezu unbeschädigte Stadtbild zu den sehenswertesten Städten des Landes. Aufgrund seiner überragenden Rolle im Handel des Mittelalters bezeichnet sich Lübeck mit viel Stolz als »Königin der Hanse«.

Mini-Reportage

Lübecks Altstadtinsel

Lübecks Altstadt ist vollständig vom Wasser der Trave, der Wakenitz und des Stadtgrabens umschlossen. Schon 1143 wurde auf diesem exklusiven Flecken Erde die erste Hafenstadt der Ostsee gegründet. Backsteinarchitektur, Bürgerhäuser, Sakralbauten und Gassen ergeben ein Stadtbild, das dem Auge fast an jedem Ort schmeichelt. Seit 1987 gehört die Altstadt zum Weltkulturerbe der UNESCO. Besonders schön ist es links und rechts von Breite und Königstraße in den sogenannten Rippenstraßen: Hier offenbart sich die typische Backsteinwelt des alten Lübecks mit verwinkelten Gassen und aparten Geschäften. Die Namen Hüx-, Fleischhauer- und Glockengießerstraße sollten sich Besucher in diesem Zusammenhang merken.

Seebäder und Strandkörbe

Bald nun folgt der geschäftige Hafen von **Travemünde** (13 000 Einwohner, www.travemuende-tourismus.de), wo Tag ein, Tag aus die Fähren in Richtung Skandinavien und Baltikum ablegen. Wer sich im Seebad einen von 1060 (!) Strandkörben mietet, kann den Riesen auf der Reise zusehen. Auch ein Spaziergang auf der nicht enden wollenden Nordermole lässt die Vorfreude auf maritime Tage wachsen.

Auf dem Weg nach Norden lockt das fotogene **Brodtener Steilufer**, ehe mit **Niendorf** das nächste Seebad aufwartet. Es gehört bereits zu **Timmendorfer Strand** (S. 266 f., https://timmendorfer-strand.de), dem wohl mondänsten Badeort an der Ostseeküste Schleswig-Holsteins. Mit einem sieben Kilometer langen Sandstrand, drei Seebrücken, zuweilen penetrant gutem Wetter und einigen recht hübschen Gebäuden hat es der an der Lübecker Bucht gelegene Ort zu einer festen Größe unter den deutschen Seebädern gebracht. Kurpark, Strandallee und Promenade tragen auf ihre Weise zum Wohlbefinden bei.

Sieben Kilometer Sandstrand

Die Halbinsel Priwall mit Marina und Strand gehört seit 1226 – damals noch als Insel – zu Travemünde

Blick von oben auf das Brodtener Steilufer

220 Meter führt die Seebrücke von Scharbeutz über das Meer und eröffnet weite Blicke über die Ostseee

Grömitz ist auf den Ansturm der Besucher mit zahlreichen Hotels vorbereitet

Nur einen Steinwurf weiter wartet mit **Scharbeutz** ein weiteres Strandbad. Auch hier verbreiten Tausende Strandkörbe ein verträumtes Urlaubsflair. Durch den Grünstreifen mit leicht geschwungener Promenade hebt sich Scharbeutz wohltuend von anderen Küstenorten ab. **Haffkrug** und **Sierksdorf** (bei Kindern beliebt: der Vergnügungspark Hansa-Park, www.hansapark.de) runden die Reihe der Seebäder an der Lübecker Bucht ab.

In **Neustadt in Holstein** (15 000 Einwohner) übernehmen dann die schwimmenden Verkehrsmittel: Das Städtchen ist von Wasser umspült und besitzt neben zwei Jachthäfen auch eine lang gestreckte Mole. Weiter in Richtung Osten lässt die Bebauungsdichte an der Küstenlinie nach, doch entfalten sich rund um **Rettin** wahre Campingstädte, deren

Mini-Reportage

Fehmarn

Deutschland drittgrößte Insel ist über eine Brücke ans Festland angebunden. Die meisten benutzen diese zu Unrecht nur, um den Fährhafen Puttgarden zu erreichen, wo reger Pendelverkehr ins dänische Rødbyhavn herrscht. Dabei hat die Insel viel zu bieten: Es fängt schon mit dem »Hauptstädtchen« Burg an, wo gut die Hälfte der 13 000 Inselbewohner lebt. Hübsche Backsteinbauten und ein lebendiges Zentrum verbreiten Urlaubsflair, das wenige Kilometer weiter am Südstrand Formvollendung annimmt. Der breite Sandstreifen trifft auf meist ruhige Gewässer – ideal für Familien mit Kindern. Die Ostküste ist unterdessen deutlich schroffer und das Meer gibt sich nicht selten aufgewühlt. Naturfreunde zieht es unterdessen ins Wasservogelreservat Wallnau (www.nabu-wallnau.de) im Westen der Insel. Auf einer Fläche von 300 Hektar sind 100 Vogelarten zu Hause, darunter Seetaucher, Samt- und Eisenten. Saisonal erhalten die Tiere Gesellschaft von weiteren 170 Zugvogelspezies. Für ganz Fehmarn gilt, dass die Sonne außergewöhnlich häufig zu sehen ist: Sie scheint durchschnittlich 2200 Stunden pro Jahr. Regen ist unterdessen selten. Infos unter www.fehmarn.de.

Bewohner den beschaulichen Küstenalltag zu genießen wissen. **Grömitz** mit seinem acht Kilometer langen Sandstrand ist eine weitere Alternative für entspannte Tage an der Ostsee. Nächstes Etappenziel ist die vielfältige Insel **Fehmarn**, die wir über eine Brücke erreichen.

Sandbänke und Seebrücken

Zurück auf dem Festland lockt mit **Heiligenhafen** (www.heiligenhafen-touristik.de) das nächste Highlight. Die geografische Konstellation erinnert fast an Florida, wo sich viele Badeorte über das Festland und eine vorgelagerte Sandbank verteilen. Vor der Weiterfahrt sollte Zeit für den Besuch der 435 Meter langen und auf zwei Stockwerke verteilten Seebrücke sein. Wenige Minuten weiter westlich beeindruckt eine tolle Küstenlandschaft. Hier, am Weißenhäuser Strand, treffen Campingplätze auf ein Luxusresort und Themenparks auf eine eher unschöne Strandbebauung. Ganz nach dem Motto: für jeden etwas.

Laboe

In Laboe erinnert das 72 Meter hohe Marine-Ehrenmal an die auf See Gebliebenen aller Nationen. Zu der Anlage gehören neben dem Turm auch eine Gedenkhalle und die historische Halle mit Exponaten zur Marine. Zusammen mit einem U-Boot des Typs U-995 bildet das Ehrenmal ein recht schwermütiges Ensemble.

Marine-Ehrenmal und Technisches Museum U 995
Laboe
✆ (043 43) 49 48 49 12
https://deutscher-marinebund.de, www.laboe.de
Tägl. 9–18 Uhr, außerhalb der Saison kürzer
Eintritt Ehrenmal und U-Boot € 11/7,50

Recht unaufgeregt führt die Route über **Laboe** nach **Kiel** (S. 268 f., www.kiel-sailing-city.de), eine unterschätzte Stadt mit maritimem Flair, Stränden und hoher Lebensqualität, gut geschützt in den Tiefen der gleichnamigen Förde. In der Landeshauptstadt Schleswig-Holsteins (knapp 250 000 Einwohner) dreht sich vieles um Schiffe und Boote.

Auf der idyllischen Nehrungsinsel Graswarder vor Heiligenhafen

Kieler Sprotte

»Kopp un Steert sünt nix weert«. Dies behaupten die Einheimischen über die lokale Fischspezialität. Dabei können Kieler Sprotten durchaus mit den weniger populären Körperpartien verspeist werden, denn die geräucherten Fische bestechen durch besonders weiche Gräten. Ende des 19. Jahrhunderts erlangte die kleinwüchsige Subspezies des Herings weltweite Popularität, als sie in kleinen Holzkisten ausgeliefert wurde. Mittlerweile sind die Bestände derart dezimiert, dass sich überwiegend die lokale Bevölkerung an den Kieler Sprotten labt. Sie werden über Buchen- und Erlenholz geräuchert. Eine der letzten verbliebenen Räuchereien heißt Meergold und befindet sich ironischerweise in Eckernförde.

Meergold
Jungfernstieg 19, Eckernförde
✆ (043 51) 28 14, www.meergold.de

Regelmäßig fahren die Fähren nach Skandinavien ein und aus – und tatsächlich besitzt auch Kiel eine nordische Aura. Das liegt allerdings auch an der sachlichen Architektur, die infolge der schweren Kriegsschäden dominiert.

Das nördlich von Kiel gelegene **Eckernförde** (23 000 Einwohner, www.ostseebad-eckernfoerde.de) blickt auf eine über 700-jährige Historie zurück, was sich heute noch im Stadtbild niederschlägt. Auch ist der Ort mit einem stattlichen Strand gesegnet. Fischmarkt und Ostsee Info-Center (www.ostseeinfocenter.de) sind zusätzliche Argumente für einen Besuch der Hafengegend. Auf dem Weg weiter gen Dänemark gilt es noch ein besonderes Gewässer in Augenschein zu nehmen: die **Schlei**.

Die Hafenstadt Eckernförde, der See Windebyer Noor und seine Umgebung

Ein Fjord in Deutschland: Die Schlei

Fjorde? Die gibt es doch nur in Norwegen, Kanada oder Neuseeland! Irrtum, denn auch im Norden Schleswig-Holsteins existiert ein solcher Meeresarm. Die Schlei ist zwar nicht von spektakulären Felsenformationen gesäumt, doch das 42 Kilometer lange Gewässer ist ein Meeresarm glazialen Ursprungs und wird daher in Teilen der Literatur als Deutschlands einziger Fjord geführt – andere Publikationen sprechen von einer glazialen Rinne, aber das klingt ein wenig sperrig und lässt sich nicht so schön vermarkten. Das Gewässer reicht von der Schleimünde im Osten bis nach Schleswig ins Landesinnere hinein. Dabei präsentiert sich der Landstrich mit seiner 151 Kilometer langen Küstenlinie vielfältig: Leicht hügelige Landschaften wechseln sich mit Raps- und Kornfeldern ab – und immer wieder entfalten sich weitläufige Noore, wie die Buchten in der Region genannt werden. Die Schlei ist im Schnitt 1,3 Kilometer breit, die Missunder Enge allerdings muss sich mit 135 Metern begnügen. Natürlich drängt sich Wassersport in der Region geradezu auf –vom Stand-up-Paddeln bis zum Segeln ist alles vertreten. Wer es ruhiger mag, kann in Kappeln ein Linienschiff zur Erkundung besteigen. Infos unter www.ostseefjordschlei.de und www.schlei-ausflugsfahrten.de.

Naturerlebniszentrum Maasholm-Oehe-Schleimünde
Exhöft-Seeberg 1, Maasholm
https://naturerlebniszentrum.de
Ostern–Ende Okt. tägl. 9–18 Uhr

Flensburg ist eine Stadt mit maritimem Flair

Bummeln in der Innenstadt von Flensburg

Rømø ist auch mit dem Camper zu erreichen

Hoch im Norden

Mit **Glücksburg** ist die nördlichste Stadt Deutschlands erreicht. Auch wenn die Kleinstadt (6000 Einwohner) selbst gemeinhin nur wenig Beachtung findet, hat sie eine beliebte Sehenswürdigkeit zu bieten: das **Schloss Glücksburg** (S. 270). Nur zehn Kilometer weiter kommen wir nach **Flensburg** (S. 270 f., www.flensburger-foerde.de), das lange offizieller Bestandteil des Nachbarlands war und erst nach dem deutsch-dänischen Krieg 1864 Preußen zugeschlagen wurde. Schon zuvor hatte Flensburg einen Ruf als Umschlagplatz für Rum, heute ist es als Sitz des Kraftfahrtbundesamts berüchtigt.

Deutschlands dänischste Stadt wurde im Krieg kaum zerstört. In reizvoller Lage zwischen Wasser und sanften Hügeln zeugt die Flensburger Altstadt von gut 700 Jahren Geschichte. Patrizierhäuser mit Backsteinfassaden und schmucken Giebeln, dänisches Fachwerk sowie gotische Kirchen verleihen ihr eine besondere Aura.

Über Dänemark nach Sylt

Die Nähe zu Dänemark gewinnt nun auch für diesen Roadtrip an Bedeutung. Wer nämlich mit einem ausgewachsenen Camper auf die Insel Sylt möchte, kommt an der dänischen Insel Rømø nicht vorbei, denn von Havneby fährt die einzige Fähre (www.frs-syltfaehre.de) nach List. Zwar können Wohnmobile auch mit dem Autozug (ab Niebüll, www.autozug-sylt.de) transportiert werden, die Plätze allerdings sind stark limitiert. Dies gilt es bei der Reiseplanung zu berücksichtigen – wobei die Kombination von Zug und Fähre bei Hin- und Rückweg möglich ist.

Mit dem Wohnmobil nach Sylt: Fähre ab Rømø oder Autozug ab Niebüll

Die dänische Wattenmeerinsel **Rømø** ist über eine Dammstraße ans Festland angebunden und dabei so etwas wie ein Gegenentwurf zu Sylt: Hier geht es recht frugal zu. Doch die Strände gehören zu den breitesten Europas, weshalb sich Strandsegler besonders wohl fühlen. Die Überfahrt von Havneby nach List dauert rund 40 Minuten.

Sylt (S. 272 f., www.sylt.de), das fragile Eiland mit der charakteristischen Form, ist ein unumstrittener Glamour-Hotspot. Villen mit reetgedeckten Dächern, herrliche Dünen, makellose Strände und zwölf recht unterschiedliche Orte verleihen der Insel ein unverwechselbares Profil. Die gehobene Gastronomie und ein vielseitiges Programm zur Unterhaltung auch anspruchsvoller Gäste runden das Portfolio ab. Zugleich ist Sylt mit sieben Campingplätzen, von denen zwei ganzjährig geöffnet sind, überraschend wohnmobilfreundlich. Soll noch mal einer sagen, dass hier nur die Superreichen willkommen wären.

Mit **List** haben wir nach der nördlichsten Stadt nun auch die nördlichste Gemeinde Deutschlands erreicht. Die nördlichste Stelle hier ist der **Ellenbogen**, eine Landzunge, die ihren Namen ihrer Form verdankt. Mit dem Leuchtturm als beliebtem Fotomotiv entfaltet die Gegend ihre volle Magie an den Tagesrandzeiten zu Sonnenauf- und -untergang.

Windsicher: Windsurfen, Wellenreiten oder Kiten auf Sylt

Instagramable: Der Leuchtturm auf dem Ellenbogen von Sylt

Westerland, der zentral gelegene Hauptort Sylts, beherbergt neben 9000 Einwohnern auch einige brutalistische Bauten. Trubel ist hier kein Fremdwort: Es gibt 80 Restaurants, Bars und Cafés sowie 140 Geschäfte und die Kurpromenade als Austragungsort unentwegten Schaulaufens. Vor dem Verlassen der Insel lohnt sich ein Ausflug an die Südspitze, wo **Hörnum** inmitten einer naturgeschützten Dünen- und Heidelandschaft liegt.

Mini-Reportage

Rund um das mondäne Kampen

Kampen ist ein Refugium für die Schönen und Reichen. Besonders eindrucksvoll ist das Abendlicht am Roten Kliff, einer bis zu 30 Meter hohen Steilküste, in der unter anderem Feuerstein funkelt. Nur gut zwei Kilometer entfernt liegt die Braderuper Heide, ein herrliches Naturschutzgebiet von 140 Hektar Größe. Hier locken Dünen, Salzwiesen und abermals eine Steilküste, das Weiße Kliff. Besonders schön ist es im Spätsommer, wenn die Braderuper Heide in zartem Lila erstrahlt.

Am ländlich geprägten Wattenmeer gen Süden

Zurück auf dem Festland erfolgt der Grenzübergang zwischen Rudbøl und **Seebüll**, das der Maler Emil Nolde (1867–1956) für die letzten 26 Jahre seines Lebens als Wohnort auserkor. Er lebte auf einer Warft in einem selbst entworfenen Haus, in dem sich heute ein wunderbares Museum (www.nolde-stiftung.de) befindet. Die Strecke führt nun durch ein ländlich geprägtes Gebiet ohne spektakuläre Sehenswürdigkeiten. Das gilt auch für die Küstenlinie, die durch die Gezeiten des Wattenmeers weitgehend ohne Strände und Bademöglichkeiten auskommen muss. Ausgenommen freilich sind die Inseln Föhr und Amrum sowie die Halligen, die über die Häfen von Dagebüll und Schlüttsiel erreichbar sind.

Ausflug zur Hallig Hooge

Die Halligen (https://halligen.de) sind eine absolute Besonderheit: Die kleinen Inseln waren lange Zeit allesamt dem Spiel der Gezeiten ausgesetzt. Nur durch die Errichtung von Warften, kleinen Landerhöhungen, wurden sie bewohnbar. Mittlerweile sind einige der zehn deutschen Halligen eingedeicht, sodass sie auch bei Sturmfluten kaum noch von der Nordsee überspült werden. Einen guten Eindruck vermittelt die Hallig Hooge, auf der 95 Menschen leben. Wer mag, kann auch in einem der beiden Hotels über Nacht bleiben. Abfahrten mehrmals täglich ab Dagebüll, Schüttsiel oder Nordstrand (www.faehre.de, www.adler-schiffe.de).

Fahrt durch die Grachten von Friedrichstadt

Ganz anders wird das Bild in **Husum** (www.husum-tourismus.de). Das Hafenstädtchen (22 000 Einwohner) bezeichnet sich augenzwinkernd als Metropole, weil kaum ein anderer Ort der Region ähnlich vielseitig ist. Ein beachtliches Kulturleben geht mit umfangreichen Freizeitmöglichkeiten einher: Baden, Wattwandern und Radfahren stehen zusammen mit der Beobachtung der Gezeiten im malerischen Hafen oben auf der Liste.

Friedrichstadt: das tolerante Klein-Amsterdam

Nach diesem Intermezzo bahnt sich abermals Abwechslung an. Wem **Friedrichstadt** (2700 Einwohner, www.friedrichstadt.de) wie ein holländisches Städtchen erscheint, der liegt alles andere als falsch: Der Ort am Zusammenfluss von Treene und Eider sollte im 17. Jahrhundert zu einem bedeutenden Handelszentrum

Giebelhäuser am Marktplatz der »Holländerstadt« Friedrichstadt

Erlebnis-Promenade im Ortsteil Bad von SPO

ausgebaut werden und dafür holten sich die Verantwortlichen Hilfe von geschäftstüchtigen Niederländern, die ihr ureigenes Verständnis von Städtebau direkt mitbrachten. Es handelte sich überwiegend um Mitglieder einer protestantischen Glaubensgemeinschaft, die daheim der Verfolgung ausgesetzt waren. Ihre Tolerierung machte Friedrichstadt auch für andere Minderheiten attraktiv. Die Grundlage für einen prosperierenden Ort mit multipler Sonderstellung war geschaffen.

Reetdachhaus in St. Peter-Ording

Nach Hamburg zurück

Mit **St. Peter-Ording** (S. 274 f., www.st-peter-ording.de) erreichen wir wieder ein Seebad – und dazu ein ganz besonderes: Auf Grund seiner Lage an der Spitze einer Landzunge bietet der Ort ähnliche Voraussetzungen wie die vorgelagerten Inseln – und besitzt deshalb den einzigen nennenswerten Festlandbadestrand an der Westküste Schleswig-Holsteins. Dieser ist zudem verschwenderisch breit und bietet damit auch beste Voraussetzungen für das Blokarten. Schleswig-Holsteins meistbesuchter Badeort besitzt darüber hinaus eine eigene Schwefelquelle. Die 4000 Einheimischen sagen zu dem Konglomerat aus ursprünglich vier Dörfern schlicht »SPO«.

Über das imposante **Eidersperrwerk** geht es zum letzten Etappen-

SPO: Inselgefühl ohne Inselstatus

Mini-Reportage

Pfahlbauten in St. Peter-Ording

Neben dem 12 Kilometer langen Sandstrand hat SPO ein weiteres Alleinstellungsmerkmal in der Region: Die auf bis zu sieben Meter hohen Stelzen thronenden Pfahlbauten bieten schon seit 1911 Schutz vor den Fluten der bekanntlich sehr launischen Nordsee, die nicht selten bis weit hinter die Eingangstreppen reicht. Überall zwischen Ording, Bad, Dorf und Böhl bestimmen die Konstrukte das Bild. Fünf von ihnen beherbergen Restaurants mit vorzüglicher Aussicht.

Möwen machen Pause am Eidersperrwerk

ziel: **Büsum** (www.buesum.de). Das 5000-Einwohnerstädchen ist nicht unbedingt für gediegene Bäderarchitektur bekannt, besitzt aber einen schönen Strand und eine »Familienlagune« sowie Schlafstrandkörbe. Nicht zuletzt fährt in Büsum die Fähre nach Helgoland (www.adler-eils.de) ab – eine Möglichkeit für einen finalen Tagesausflug. Bis zum Ausgangspunkt Hamburg sind es nun noch 120 Kilometer. ■

→ Anschluss an Route 9 möglich.

An Büsums Hauptstrand ist viel los

SERVICE & TIPPS

Hamburg – Lübeck – Timmendorfer Strand – Kiel – Schloss Glücksburg – Flensburg – Sylt – St. Peter-Ording

HAMBURG

Ein »Museum zum Anfassen«: der Großsegler »Rickmer Rickmers« an Hamburgs Überseebrücke

Museumsschiff Rickmer Rickmers
Landungsbrücken, Ponton 1 A
Hamburg
✆ (040) 319 59 59
www.rickmer-rickmers.de
Tägl. 10–18 Uhr, Eintritt € 6/4
Das »schwimmende Wahrzeichen Hamburgs« wurde 1896 als Frachtsegler gebaut. Heute dient es als zeithistorisches Dokument, das Einblick in den zuweilen rauen Alltag der Seeleute bietet.

Altonaer Balkon
Zwischen Palmaille und Elbberg, Hamburg
Gut 27 m über der Elbe erhebt sich der sogenannte Altonaer Balkon, der in der Nähe des Fischmarkts einen fantastischen Blick über den Hafen gestattet.

Blankenese
Hamburg, S1/11: Blankenese
www.hamburg.de/sehenswertes-blankenese
Der schönste Stadtteil Hamburgs? Als Antwort auf diese Frage wird nicht selten Blankenese genannt. Der im Westen gelegene Vorort ist mit einer vorzüglichen Lage gesegnet, denn das Land erhebt sich hier hoch über dem Elbufer. Weite Teile der Hamburger High Society hat dies als Einladung verstanden, hier großzügige Villen zu errichten.

Reeperbahn
St. Pauli Tourist Information
Wohlwillstr. 1, Hamburg
✆ (040) 98 23 44 83
www.hamburg.de/reeperbahn
Tägl. außer So 12–19 Uhr
Die Beatles spielten hier in St. Pauli, bevor sie groß wurden, und bis heute lässt kaum eine tourende Band die Clubs rund um die Reeperbahn aus. Da hier zudem die Seemänner aus aller Herren Länder ihren ersten Landgang seit Ewigkeiten feiern, geht es in den Kneipen, Kaschemmen und Clubs zuweilen recht deftig zu.

Schanzenviertel
Schanzenstraße, Schulterblatt und Umgebung, Hamburg
Hamburgs mutmaßlich hipstes Viertel vereint südwestlich des Schanzenparks autonome Exklaven mit veganen Restaurants, coolen Bars und gut sortierten Plattenläden. Den äußeren Rahmen bildet ein prächtiges Gründerzeitquartier.

Der Beatles-Platz auf der Reeperbahn an der Einmündung zur Großen Freiheit

Rechte Seite oben: Hamburger Backsteinprominenz, die Speicherstadt

TOP 5 Hamburg

Binnenalster
An Jungfernstieg, Ballindamm und Lombardsbrücke
Das mit einer euphorischen Fontäne ausgestattete und von stolzen Schwänen bewohnte Gewässer ist so etwas wie der gefühlte Mittelpunkt der Hansestadt. Besonders schön ist der Blick auf die Stadt von der Lombardsbrücke, die zugleich den alten Verlauf der Stadtbefestigung markiert.

Speicherstadt
Zwischen Baumwall und Oberhafen
www.hamburg.de
Das außergewöhnlich schöne Ensemble von Speicherbauten ist zwischen 1883 und 1927 entstanden und kombiniert den Stil der Backsteingotik mit der Neorenaissance. Von Kanälen durchzogen, gehört der weltweit größte Speicherbauten-Komplex zum Weltkulturerbe.

Elbphilharmonie
Platz der Deutschen Einheit 4
✆ (040) 357 66 60, www.elbphilharmonie.de
Vom Bauskandal zum unumstrittenen Wahrzeichen mit globaler Strahlkraft. Diesen Werdegang hat die Elbphilharmonie bereits in jungen Jahren hinter sich gebracht. Der vom Büro Herzog & de Meuron entworfene Bau macht sich auf jedem Foto gut. Karten indes sind nur schwer zu bekommen.

Deichtorhallen
Deichtorstr. 1
✆ (040) 32 10 30
www.deichtorhallen.de
Tägl. außer Mo 11–18 Uhr, Eintritt € 15/12
Tonangebendes Ausstellungshaus für zeitgenössische Kunst und Fotografie.

Altonaer Fischmarkt
Große Elbstraße
www.hamburg.de/fischmarkt
So 5–9.30, Nov.–März erst ab 7 Uhr
Nach einer durchzechten Samstagnacht auf der Reeperbahn ist der Besuch des Fischmarkts Pflicht. Die Händler haben sich längst darauf eingestellt, dass die Nachtschwärmer noch auf ein Fischbrötchen vorbeikommen.

Mini-Reportage

Rundfahrt per Fähre: Linie 62 der HVV

Gegen eine Hafenrundfahrt ist nichts einzuwenden. Doch es muss nicht immer ein touristisches Produkt sein, das die besten Erlebnisse gewährt. Als Alternative bieten sich die Fähren des Hamburger Verkehrsverbundes an. Linie 62 etwa legt an der ehrwürdigen Landungsbrücke 3 ab, um von hier aus elbabwärts zu fahren. Dabei halten die Transportboote unter anderem am Fischmarkt, am Museumshafen Övelgönne und am Elbstrand, um schließlich nach 32 Minuten Finkenwerder zu erreichen. Dies markiert zugleich die Ankunft in einer anderen Welt, denn der Stadtteil am Südufer hat sich trotz seiner Nähe zu den Airbus-Werken einen recht ursprünglichen Charakter bewahrt.

www.hamburg.de, http://hadag.de/hafenfaehren.html
Tägl. 5.15–23.45 Uhr ab Landungsbrücke 3, Hin- und Rückfahrt € 6,80

Portugiesenviertel
Durch den Seeweg ist Hamburg der iberischen Halbinsel schon lange eng verbunden, was sich bis in die Gegenwart in der Gastronomie niederschlägt. Besonders hoch ist die Dichte der Restaurants mit portugiesischen Leckereien zwischen Landungsbrücken und Venusberg.

Institution und Strandlokal Strandperle
Oevelgönne 60, Hamburg
Mo–Fr 10–22, Sa, So 9–22 Uhr
www.strandperle-hamburg.de
Dieses Strandlokal ist eine Institution – nicht nur für Touristen. Zu schön ist der Blick auf Hafen und Schiffe, zu verführerisch der Gedanke, an einem natürlichen Stadtstrand zu verweilen.

Stark frequentiert: die »Strandperle« am Elbstrand in Övelgönne

Restaurants

Nau
Ditmar-Koel-Str. 13, Hamburg
✆ (040) 31 78 48 50
https://nau.hamburg
Tägl. 15.30–24 Uhr
Dieses Lokal interpretiert die landestypische Küche auf moderne Weise. Spezialität ist natürlich der Bacalhau (Kabeljau) in unzähligen Spielarten.

Bullerei
Lagerstr. 34 B, Hamburg
✆ (040) 33 44 21 10
https://bullerei.com
Tägl. 11–23 Uhr
Der flamboyante TV-Koch Tim Mälzer hat sich mit diesem Lokal in die Herzen aller Hamburger gekocht. ■

Schmale Fußwege und Treppen sowie ein vortrefflicher Ausblick auf die Elbe machen Blankenese beliebt

Campingplatz

Elbecamp
Falkensteiner Ufer 101, Hamburg
GPS: 53.56398, 9.76868
✆ (040) 81 29 49, https://elbecamp.de
April–Okt.

Beliebter Platz direkt an Hamburgs letztem Naturstrand. Wegen der Lage in den Dünen sind die Wohnmobilplätze begrenzt. Die S-Bahnhaltestelle Blankenese bietet in 3,5 km Entfernung Anschluss an die City.

LÜBECK

Steht für frühe europäische Handelskultur: das Holstentor

Holstentor
Holstentorplatz, Lübeck
✆ (04 51) 122 41 29
https://museum-holstentor.de
Mo–Fr 9–19, Sa 10–16, So 10–15 Uhr, im Winter kürzer
Eintritt € 8/2,50
Das trutzige Holstentor aus dem 15. Jh. ist zu einem der bekanntesten Wahrzeichen des Landes aufgestiegen. Hinter den bis zu 3,50 m dicken Mauern ist heute unter anderem die Ausstellung »Die Macht des Handels« zu sehen, die sich mit Lübecks Rolle als Hanse- und Seefahrerstadt befasst.

Europäisches Hansemuseum
An der Untertrave 1, Lübeck
✆ (04 51) 809 09 90
www.hansemuseum.eu
Tägl. 10–18 Uhr, Eintritt € 13/9
Tonangebendes Ausstellungshaus über den größten Handelsverbund des Mittelalters.

Thomas, Günter und Willy
www.luebeck-tourismus.de
Buddenbrookhaus: Mengstr. 4, https://buddenbrookhaus.de
Günter Grass-Haus: Glockengießerstr. 21, https://grass-haus.de
Willy-Brandt-Haus: Königstr. 21, https://willy-brandt.de
Mit dieser leicht unorthodoxen Aufzählung huldigt Lübeck seinen drei Nobelpreisträgern Thomas Mann, Günter Grass und Willy Brandt. Ihnen ist auf der Altstadtinsel je ein eigenständiges Museum gewidmet. Am wichtigsten ist sicherlich das Buddenbrookhaus, das jedoch bis 2023 umfassend saniert wird.

Brauereigaststätte

Brauberger
Alfstr. 36, Lübeck
✆ (04 51) 714 44
www.brauberger.de
Tägl. ab 17 Uhr
Traditionsbrauerei mit eigenem Zwickel und deftiger Küche in einem stets kühlen Kellergewölbe. ■

Lübecker Marzipan

Marzipan-Museum
Breite Str. 89 (2. Stock), Lübeck
✆ (04 51) 530 10
www.niederegger.de
Mo–Fr 10–19, Sa 9–18, So 10–18 Uhr, Eintritt frei
Kaum ein Nahrungsmittel wird so sehr mit einer einzelnen Stadt in Verbindung gebracht wie Marzipan mit Lübeck. Das Mandelbrot war hier früher ein Allheilmittel, das es nach Möglichkeit wenigstens zwei Mal am Tag zu essen galt. Was es genau damit auf sich hat, verrät das Marzipan-Museum über dem Café Niederegger.

Campingplatz

Camping Lübeck
Steinrader Damm 12, Lübeck
GPS: 53.86995, 10.63198
✆ (04 51) 89 30 90
www.camping-luebeck.de
April–Okt.
Übersichtlicher Platz mit gepflegten Sanitäranlagen in gut 4 km Entfernung zum Holstentor.

TIMMENDORFER STRAND

Das bekannte deutsche Seebad Timmendorfer Strand im Abendlicht

Neue Seebrücke
Die alte Seebrücke am Maritim-Hotel war ein Wahrzeichen, doch sie war marode und nicht mehr zu retten. An ihrer statt entsteht nun bis 2022 ein neues Bauwerk, wie es so noch nirgendwo existiert: Der neue Pier ragt schlingenförmig in die Ostsee hinein und wird bei Dunkelheit von LED-Leuchten illuminiert.

Vogelpark Niendorf
An der Aalbeek
Timmendorfer Strand/Niendorf
✆ (045 03) 47 40

Mini-Reportage

Naturschutzgebiet Aalbeek-Niederung

Das Nordufer des Hemmelsdorfer Sees, der sich zwischen Timmendorfer Strand und Niendorf ausbreitet, ist die Heimat von zahlreichen eher seltenen Bäumen wie Schwarzerle, Moorbirke und Faulbaum. Eine Umgebung, die auch ruhebedürftige Vögel wie Schilfrohrsänger, Rohrdommel und Rohrweihe zu schätzen wissen. Kurzum: ein Revier für den Naturfreund mit Anspruch. Einen formidablen Ausblick erlaubt der 20 Meter hohe Hermann-Löns-Turm am Abfluss des Sees. Vogelfreunde können ihre Leidenschaft im Vogelpark Niendorf vertiefen.

www.vogelpark-niendorf.de
Tägl. 9–19.30, Nebensaison 10–16 Uhr, Eintritt € 10/5
Der Vogelpark beherbergt ca. 1000 Vögel und 250 Arten.

Seekajakfahren
Verleih an der neuen Seebrücke beim Maritim-Hotel, Timmendorfer Strand
Kajak ab € 10 pro Stunde
Die Lübecker Bucht mal aus einer anderen Perspektive entdecken? Diesen Wunsch erfüllt ein Ausflug im meerestauglichen Kajak, dessen Navigation auch für Anfänger kinderleicht ist und das als Einer oder Doppelsitzer gemietet werden kann.

Café und Restaurant

Café Wichtig
Timmendorfer Platz 3
Timmendorfer Strand
✆ (045 03) 20 58
https://cafewichtig.de
Hier ist der Name Programm. Mehr gibt es dazu kaum zu sagen – außer vielleicht, dass der Name erstmalig in einem Boulevardblatt auftauchte und später übernommen wurde. Seitdem ist das Etablissement weit über die Grenzen der Stadt bekannt. ■

Mit dem Kajak aufs Meer hinaus

Gepflegte Promenade in Timmendorfer Strand

Stellplatz

Wohnmobilparkplatz Kowitzberg
Kowitzberg, Travemünde, GPS: 53.97759, 10.88146
www.travemuende-tourismus.de

Einfacher Stellplatz in schöner Lage am Golfplatz von Travemünde. Strom und Wasser sind vorhanden, keine Sanitäranlagen.

KIEL

Der Stahlbeton-Leuchtturm Friedrichsort in der Kieler Förde

Hafenrundfahrt
Anleger Bahnhofsbrücke, Kiel
✆ (04 31) 67 91 00
www.kiel-sailing-city.de
Abfahrt Mai–Okt. 11, 13 und 15 Uhr, Dauer 2 Std.
Ticket € 15/7
Windjammer, Fährboote, das Mahnmal von Laboe und eine sich stetig verändernde Silhouette machen die Tour an Bord des Förderschiffs zur schönsten Art, Kiel und Umgebung kennenzulernen.

Leuchttürme
Da freut sich der Instagram-Account: Kiel besitzt gleich vier Leuchttürme, die maritime Wahrzeichen, Kulturdenkmäler und Besuchermagneten zugleich sind. Jeder einzelne strahlt eine besondere Faszination aus. Details zu Standorten und Öffnungszeiten unter www.kiel-sailing-city.de.

Holtenauer Straße
In Kiel gibt es keine coolen Straßen? Falsch! Die Holtenauer Straße erfüllt mit charmanten Geschäften, Bars und Cafés auch gehobene Ansprüche.

Botanischer Garten Kiel
Am Botanischen Garten 1–9, Kiel
✆ (04 31) 880 42 76, www.botanischer-garten.uni-kiel.de
Tägl. 9–18, im Winter nur bis 15/17 Uhr, Eintritt frei
Die Geschichte dieser Gartenanlage reicht bis ins Jahr 1669 zurück, als die medizinische Wirkung von Pflanzen im Vor-

Der Raddampfer »Freya« passiert die Hörnbrücke in Kiel

Der Leuchtturm Holtenau befindet sich am Nordufer der Zufahrt zum Nord-Ostsee-Kanal

dergrund stand. Am inzwischen fünften Standort werden die 14 000 verschiedenen Pflanzen unter anderem in Schaugewächshäusern inszeniert. Beeindruckend ist die Sammlung von Mammutbäumen.

Veganes Restaurant

Café Blattgold
Holtenauer Str. 176, Kiel
www.cafeblattgold.de
Tägl. außer Mo 12–21 Uhr
Kiels erstes rein veganes Restaurant ist vor allem bekannt für seine Burger- und Tortenkreationen. ■

Kieler Woche

Mini-Reportage

Einmal im Jahr erfährt das sonst recht beschauliche Kiel internationale Aufmerksamkeit: In der letzten vollständigen Juniwoche richtet die Landeshauptstadt eines der größten Segelsportereignisse der Welt aus. Mit Ferngläsern bewaffnet stehen dann Tausende Besucher an der Küstenlinie, um ganze Flotten von Segelschiffen in Augenschein zu nehmen. Die größte Aufmerksamkeit erhält die Windjammerparade, an der mehr als 100 Mehrmaster teilnehmen. Ein prächtiges Spektakel, das an Land längst von einem Volksfest begleitet wird. Dabei sind die Bühnen weniger den Shanty-Chören dieses Planeten als vielmehr international bekannten Acts und Hoffnungen aus der Region vorbehalten. Auch Schlossgarten und Rathausplatz werden für die Dauer von mittlerweile zehn Tagen einbezogen. Im Zentrum stehen jedoch weiterhin die Regatten, an denen 5000 Segler aus 50 Nationen mit rund 2000 Booten aus 16 Klassen teilnehmen. Insgesamt verfolgen rund drei Millionen Zuschauer das Ereignis. Infos unter www.kieler-woche.de.

Campingplatz

Campingplatz Neustein
An der K 30, Stein
GPS: 54.41555, 10.24753
https://camping-neustein.de, April–Sept.

Familienfreundlicher Platz ganz in der Nähe von Laboe, der nur durch die Steilküste von den flachen Gewässern der Ostsee getrennt ist. Blick über die Kieler Förde.

FLENSBURG UND SCHLOSS GLÜCKSBURG

Karibikflair an der Nordseeküste

Rumspaziergang durch Flensburg
Rum & Zucker Meile
www.schifffahrtsmuseum-flensburg.de (unter Vermittlung/Stadtrundgänge)
Schon im 18. Jh. war Flensburg einer der bedeutendsten Handelshäfen für die Schiffe der Westindien-Flotte. Auf diese Weise gelangten Rohrzucker und unveredelter Rum aus der Karibik in die Förde, wo die Produkte weiterverarbeitet wurden. Die Spuren dieser Epoche sind bis heute sichtbar. Auf der Website des Schifffahrtsmuseums kann man sich einen Flyer herunterladen. Hier gibt es auch einen QR-Code, mit dem man sich den Audio- und Videoguide aufs Smartphone laden kann.

Schloss Glücksburg
Glücksburg
✆ (046 31) 44 23 30
www.schloss-gluecksburg.de
Tägl. 10–18 Uhr, im Winter kürzer, Eintritt € 10/6
Das entzückende Wasserschloss aus dem 16. Jh. mit vier achteckigen Türmchen erfreut mit Originalinterieur und gepflegtem Schlosspark. Das Haus war zeitweise Sitz des dänischen Königshauses und zählt nicht nur deshalb zu den bedeutendsten Renaissancekastellen Nordeuropas.

Blütenpracht in Glücksburg

Am nördlichen Ende der Halbinsel Angeln liegt Schloss Glücksburg

Restaurant

Piet Henningsen
Schiffbrücke 20, Flensburg
✆ (04 61) 245 76, www.restaurant-piet-henningsen.de
Tägl. ab 17 Uhr
Traditionsreiches Restaurant für Seebären jeder Art. Überflüssig zu erwähnen, dass Fisch und Meeresfrüchte die Spezialität des Hauses sind. ■

An der Flensburger Förde zwischen Flensburg und Glücksburg

Campingplatz

Camping Gut Oehe Flensburg
Drecht 6, Hasselberg
GPS: 54.71572, 9.99116
✆ (046 42) 61 24, www.camping-oehe.de
Ende März–Mitte Okt.

Lust auf salzige Luft und Wellenrauschen bei Nacht? Dafür ist dieser Platz direkt an der Küste ideal. Rund 40 km östlich von Flensburg gelegen, bietet er sich auch für die Erkundung der Schlei und für Ausflüge nach Kiel an.

SYLT

Wissensshows für Jugendliche im Erlebniszentrum Naturgewalten

Altfriesisches Haus
Am Kliff 13, Keitum
✆ (046 51) 311 01, http://soelring-museen.de/altfriesisches-haus
Mo–Fr 10–17, Sa/So 11–17 Uhr
Eintritt € 5/2
Das reetgedeckte Haus versteht sich als Zeitkapsel: Die Besucher werden ins Jahr 1640 versetzt, als das Leben auf der Insel noch so ganz anders war.

An den Sandbänken zu entdecken: nicht sonderlich scheue Seehunde

Erlebniszentrum Naturgewalten
Hafenstr. 37, List
✆ (046 51) 83 61 90
https://naturgewalten-sylt.de
Tägl. 10–18 Uhr
Eintritt € 14,50/9
Bei jedem Sturm zittern die Sylter um ihr Land. Dieses Naturkundemuseum verspricht Aufklärung über die zerstörerischen Kräfte, die dafür verantwortlich sind. Mit Sturmsimulator. Neu hinzugekommen ist der Syltdome, ein 360-Grad-Kino.

Seehundexkursion
Hafen List und Hörnum
✆ (046 51) 987 08 88
www.adler-schiffe.de
Ticket € 24
Seehunde gehen immer. Darum sind die Ausflüge zu ihren bevorzugten Domizilen ein Spaß für die ganze Familie. Ab List und Hörnum geht es mehrmals täglich zu den Sandbänken.

Dittmeyers Austern-Compagnie
Hafenstr. 10–12, List
✆ (046 51) 87 75 25
https://sylter-royal.de
Bistro tägl. 11.30–22, im Winter bis 20 Uhr
Die einzige Austernzucht Deutschlands setzt eine lange Tradition fort. Die »Sylter Royal« ist eine von Kennern geschätzte Delikatesse. Mit Bistro, auch Seminare möglich.

»Fischbude«

Gosch Sylt
Hafenstr. 111, List
https://gosch.de
Tägl. 10–21 Uhr
Der findige Fischhändler Jürgen Gosch hat aus einem Imbiss ein landesweit tätiges Imperium aufgebaut. Seine »nördlichste Fischbude« ist bis heute charmant. ■

Stimmungsvolle Beleuchtung beim »Gosch am Kliff« in Wenningstedt

Mini-Reportage

Wattwanderung

Die ungestüme Nordsee findet jederzeit Beachtung. Doch auch die geschützte Seite von Sylt verdient Aufmerksamkeit: Hier bürgt das Spiel der Gezeiten für den einzigartigen Lebensraum des Wattenmeers. Exkursionen unter Leitung erfahrener Führer geben Einblick in die Welt der Wattwürmer und anderer sonderbarer Wesen. Das funktioniert entweder barfuß oder mit speziellem Schuhwerk. Wattwanderungen werden von verschiedenen Orten auf Sylt aus angeboten, auch Kinderführungen sind im Portfolio. Infos unter © (046 51) 835 85 24 und www.fvv-westerland.de.

Der einzigartige Lebensraum Wattenmeer wurde in die Liste des UNESCO-Weltnaturerbes aufgenommen. Er ist das weltweit artenreichste Biotop. Und wenn bei Ebbe die Sonne über dem Wattenmeer untergeht, leuchtet der Meeresboden.

Campingplatz

Campingplatz Mühlenhof
Melnstich 7, Morsum
GPS: 54.86608, 8.42197
© (046 51) 89 04 44, www.campingplatz-sylt.de

Ganzjährig geöffnet
Naturnaher Platz von überschaubarer Größe mit modernen Sanitäranlagen im ruhigen Inselosten, gut 1 km vom Dorf Morsum entfernt.

ST. PETER-ORDING

Dünentherme
Maleens Knoll 2
St. Peter-Ording
✆ (048 63) 99 90
www.duenen-therme.de
Tägl. 9–21 Uhr, Eintritt € 29/15
Mehr Spaßbad als ruhige Therme ist dieser auch mit einer Sauna ausgestattete Komplex dennoch eine schöne Alternative für Tage mit »Schietwetter«.

Westküstenpark & Robbarium
Wohldweg 6
Sankt Peter-Ording
✆ (048 63) 30 44, https://tierpark-westkuestenpark.de
Tägl. 10–16 Uhr, Eintritt € 11/7,50
In dem weitläufigen und naturnahen Tierpark, der sich auch für den Schutz bedrohter Arten engagiert, sind viele heimische Tiere zu sehen. Im größten Robbarium Deutschlands können die Besucher Seehunde aus unmittelbarer Nähe beobachten. Das Streichelgehege, ein großer Spielplatz, eine Kinderscheune und eine Scooterbahn vervollständigen das kinderfreundliche Angebot des Tierparks.

Schildkröten hautnah erleben im Westküstenpark

Auf dem Weg nach SPO zum Roten Haubarg

Der historische Bauernhof aus dem 17. Jahrhundert ist, anders als der Name vermuten lässt, weiß und mit einem Reetdach von enormen Ausmaßen versehen. Zum Anwesen gehört neben dem Museum auch ein Restaurant.

Roter Haubarg
Sand 5, Witzwort
30 km östl. von St. Peter-Ording
✆ (048 64) 845
www.roterhaubarg.de
Museum tägl. außer Mo 11–22 Uhr
Eintritt frei

Fischrestaurant

Strandbar 54 Grad Nord
Strandweg 999
St. Peter-Ording
✆ (048 63) 47 81 75, www.strandbar-54grad-nord.de
Ostern-Okt. tägl. ab 11.30 Uhr
Spektakulärer Pfahlbau mit herrlicher Sonnenterrasse und frischer, saisonaler Küche mit einigen Überraschungen aus Nahost. ■

Campingplatz

Rosencamp Knies
Böhler Landstr. 185, St. Peter-Ording
GPS: 54.28463, 8.66362
✆ (048 63) 36 76
www.rosencamp-kniese.de
April–Mitte Okt.
Schöner Platz auf einer Wiese in Küstennähe. Ruhig, familiengeführt und mit sauberen Sanitäranlagen.

Die Strandbar 54 Grad Nord befindet sich auf imposanten Pfahlbauten

TOP 10 1000 PLACES

Schleife durch den hohen Norden

Hamburg gilt zugleich als Weltstadt und als Tor zur Welt. Auch als Ausgangspunkt für eine Tour durch Deutschlands Norden aber weiß die Hafenstadt zu überzeugen, baut sich doch in weniger als einer Stunde Entfernung mit Lübeck eine weitere höchst sehenswerte Hansestadt auf. Bald nun ist die Ostsee mit ihren beschaulichen Badeorten erreicht. Am Rande dieser abwechslungsreichen Küste scheint die Insel Fehmarn wie eine eigene Welt. Bis hinauf nach Flensburg hat das Meer seine Spuren hinterlassen. Ganz anders gibt sich derweil die Nordsee, wo mit Sylt die Lieblingsinsel der Deutschen wartet. Zwischen ihr und weiteren Eilanden breitet sich das Wattenmeer aus. Hier trotzen Halligen wie Hooge den Launen des unberechenbaren Meeres mit wachsendem Erfolg – was auch für die ungleich fragileren Pfahlbauten im berühmten Badeort St. Peter-Ording gilt.

1 Speicherstadt: Hamburgs Schmuckstück

Die Elbphilharmonie mag eine Menge Aufmerksamkeit auf sich ziehen. Die wahre architektonische Perle Hamburgs aber ist die Speicherstadt, die zwischen 1885 und 1927 unter Verwendung der charakteristischen Backsteine angelegt wurde.

2 Wilde Reeperbahn: Hamburgs Amüsiermeile

Es heißt, vor allem Seemänner würden die Reeperbahn gezielt ansteuern, um verpasste Vergnügungen nachzuholen. In Wahrheit aber gefällt die Amüsiermeile mit dem verruchten Image so ziemlich jeder Person, die Spaß nicht abgeneigt ist.

3 Lübeck: Altstadt mit Nobelpreisen

Was haben Günter Grass, Thomas Mann und Willy Brandt gemeinsam? Richtig, sie haben einen Nobelpreis gewonnen und sie waren vorübergehend in Lübeck beheimatet, in dessen Altstadt ihnen heute jeweils ein separates Haus gewidmet ist.

4 Fehmarn: Eiland mit viel Sonne

Vielen ist die Ostseeinsel nur als Durchfahrtsland zur Fähre nach Dänemark bekannt, doch die charmante Insel ist auch etwas für Vogelbeobachter, Wanderer – und Sonnenanbeter. Bis zu 2200 Stunden pro Jahr scheint die Sonne hier.

To See Before You Die®

5 Schloss Glücksburg: Blaues Blut

Fast schon an der Grenze zu Dänemark baut sich im äußersten Norden Deutschlands ein schneeweißes Wasserschloss auf. Das Bauwerk aus dem 16. Jahrhundert gilt als Wiege der europäischen Adelshäuser und überrascht mit 500 Rosenarten im Garten.

6 Flensburgs Altstadt: Maritim und malerisch

Dänische Einflüsse prägen die Altstadt von Flensburg ebenso wie alte Giebelhäuser und gotische Sakralbauten. Höhepunkt eines Rundgangs ist der historische Hafen, der den Blick auf eine vielseitige Bootsflotte und die umliegenden Hügel freigibt.

7 Sylt: Lieblingsinsel der Deutschen

Das Eiland ist mondän, glamourös, fragil und vielseitig zugleich. Weitläufige Strände, schicke Ortschaften, reetgedeckte Villen und gehobene Restaurants bescheren Sylt die Gunst der Deutschen. Neben der Schickeria sind aber auch Camper willkommen.

8 Hallig Hooge: Einsam im Wattenmeer

Zehn Halligen halten tapfer den Launen der Nordsee stand. Während das Meer Hallig Hooge früher immer wieder überspülte, ist das Leben hier heutzutage risikofrei. Ein Besuch des winzigen Eilands gewährt Einblicke in eine zauberhafte Welt.

9 Friedrichstadt: Holländische Exklave

Niederländische Arbeiter sollten dem Dorf im 17. Jahrhundert eine große Zukunft sichern. Der Aufstieg zu einer wohlhabenden Handelsstadt misslang. Geblieben ist ein Ortsbild, das dank der Giebelhäuser und Kanäle an unser Nachbarland erinnert.

10 St. Peter-Ording: Pfahlbauten am Strand

Das Konzept des Strandpavillons ist in dem Badeort hinlänglich bekannt. Allerdings müssen die Lokale hier auf Pfählen aufgebockt sein, damit sie vor den Fluten geschützt sind. Ein Strand mit Holzhütten auf Stelzen: ein erhabener Anblick.

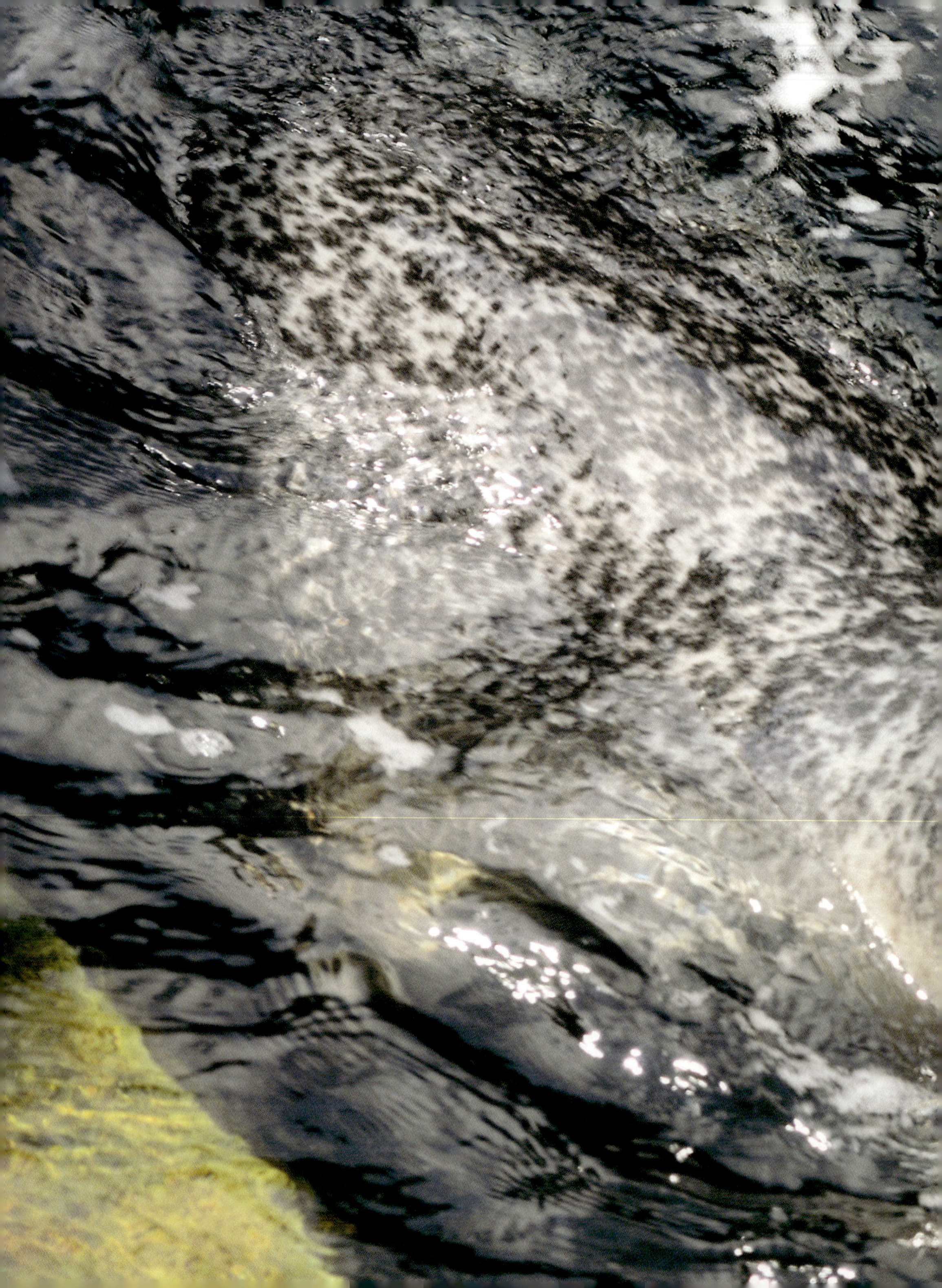

ROUTE 9

HEIDELAND, HANSESTÄDTE UND HÄFEN

VON HAMBURG DURCH NIEDERSACHSENS NORDEN
(ETWA 760 KM)

Hamburg – Lüneburg – Lüneburger Heide – Scheeßel – Worpswede – Teufelsmoor – Bremen – Naturpark Wildeshauser Geest – Oldenburg (– Papenburg) – Leer – Emden – Greetsiel – Norden – Abstecher nach Juist – Bensersiel – Neuharlingersiel – Harlesiel – Jever – Wilhelmshaven – Bremerhaven – Cuxhaven – Kreidesee – Stade – Hamburg

Der Stintmarkt – Lüneburgs altes Hafenviertel an der Ilmenau

HEIDELAND, HANSESTÄDTE UND HÄFEN

VON HAMBURG DURCH NIEDERSACHSENS NORDEN

Nicht weit südlich von Hamburg beginnt mit der Lüneburger Heide eines der schönsten Schutzgebiete Deutschlands. Von hier aus führt die Route durch das ländliche Niedersachsen vorbei an Künstlerdörfern, historischen Städten und geschäftigen Häfen bis zur Nordseeküste. Neben den Mündungsgebieten von Ems, Weser und Elbe warten hier gute Luft, weitläufige Landschaften und die vorgelagerten Ostfriesischen Inseln. Der Nationalpark Wattenmeer ist ein einzigartiges Biotop mit unzähligen Tier- und Pflanzenarten und zählt zum Weltnaturerbe.

Einer der vielen Vorzüge von **Hamburg** (S. 262 ff.)? Die Stadt ist in alle Himmelsrichtungen von reizvollem Umland umgeben. Bis nach **Lüneburg** (S. 292 ff., www.lueneburg.info) im Südosten ist es kaum mehr als eine Dreiviertelstunde. Genug für einen ordentlichen Tapetenwechsel, denn die Universitätsstadt an der Ilmenau ist angenehm beschaulich. Es war der bis zur Mündung in die Elbe schiffbare Fluss, der den Aufstieg Lüneburgs zur weit landeinwärts gelegenen Hansestadt erst möglich gemacht hat.

Die Geschichte ist in der Stadt, die bereits im Jahr 956 urkundliche Erwähnung fand, allgegenwärtig. Das anrührend schöne Stadtbild mit prächtigen Patrizierhäusern, beschaulichen Gassen und dem beeindruckenden Stintmarkt verdankt Lüneburg der Blütezeit der Hanse. Eher aus der Gegenwart stammt der Anspruch, mit rund 400 gastronomischen Betrieben bei 74000 Einwohnern die zweithöchste Kneipendichte Europas vorzuweisen.

Historischer Straßenzug in Lüneburg

Das Pietzmoor ist das größte zusammenhängende Moor in der Lüneburger Heide

Sonnenuntergang über der Lüneburger Heide

Über Land durch das ländliche Niedersachsen

Noch stärker im öffentlichen Bewusstsein verankert als Lüneburg ist die **Lüneburger Heide** (S. 292 ff.). Sie ist zwar von Hamburg nur unwesentlich weiter entfernt als von der namensgebenden Stadt, doch das Naturschutzgebiet nimmt weite Teile des ehemaligen Fürstentums Lüneburg in Beschlag – daher auch der Name. Die meist hügelige Landschaft umfasst eine Gesamtfläche von 1070 Quadratkilometern, in der sich Flussläufe, Wälder und Moore mit den charakteristischen Heidepflanzen abwechseln. Perfekt zum Wandern und Radfahren.

Durch viel Landschaft führt die Strecke nach **Scheeßel** (13 000 Einwohner), das als Schauplatz des Hurricane Festivals (www.hurricane.de), eines der größten Musikfestivals in Deutschland, einmal im Jahr nationale Aufmerksamkeit genießt. Bis **Worpswede** ändert sich am Erscheinungsbild des norddeutschen Flachlands wenig. Die Kleinstadt (10 000 Einwohner) hingegen rühmt sich an der höchsten Erhebung der Region zu liegen. Der Weyerberg ist zwar nur 54 Meter hoch, das jedoch genügt hier für diesen Sonderstatus. Einen solchen aber genießt Worpswede vor allem, weil hier eine einflussreiche Künstlerkolonie gewirkt hat.

Worpswede: Künstlerkolonie am Teufelsmoor

Das **Teufelsmoor** breitet sich nördlich von Worpswede aus. Rein wissenschaftlich betrachtet handelt es sich um ein eiszeitliches Schmelzwassertal, das bis zu 11 Meter dicke Torfschichten aufweist und von der Hamme entwässert wird. Emotional gesehen aber birgt diese Konstellation Gruselpotenzial – auch weil die Segel der traditionellen Hunt-Torfkähne mit Teer imprägniert werden und so eine eher finstere Aura besitzen. Torfkahnfahrten bietet ein örtlicher Verein an (www.torfschiffe.de).

Die Torfkähne dienten früher dem Transport des Torfs aus dem Teufelsmoor nach Bremen

Mini-Reportage

Die Künstlerkolonie Worpswede

War es das besondere Licht, das schon ab der zweiten Hälfte des 19. Jahrhunderts eine hohe Anziehungskraft auf Künstler ausgeübt hat? Oder doch eher das gespenstische Teufelsmoor, das sich gut 20 Kilometer nordöstlich von Bremen ausbreitet? Nun, beide Besonderheiten haben wohl ihren Beitrag dazu geleistet, dass Worpswede Künstler verschiedener Gattungen und Generationen angezogen hat. Die bekanntesten Namen sind bis heute die Malerin Paula Modersohn-Becker und der vielseitig begabte Vordenker Heinrich Vogeler, die in den letzten Jahren des 19. Jahrhunderts einen wesentlichen Beitrag zum Aufschwung der Künstlerkolonie geleistet haben. Doch auch der Dichter Rainer Maria Rilke hat in Worpswede gewirkt und vor Ort im Jahr 1900 seine spätere Ehefrau Clara Westhoff kennengelernt. Darüber hinaus haben sich einige Jugendstilarchitekten um den Ort verdient gemacht. Gleich vier Museen (Barkenhoff, Haus im Schuh, Worpsweder Kunsthalle und Große Kunstschau) erinnern an die große Vergangenheit. Wer sie alle sehen möchte, ist mit dem Erwerb der örtlichen Museumskarte (www.worpswede-museen.de, € 19/12,50) gut beraten.

Von der Hansestadt Bremen zur Residenzstadt Oldenburg

Bis nach **Bremen** (S. 296 f., www.bremen-tourismus.de) dauert es mit dem Wohnmobil von hier aus nicht mehr als 40 Minuten. Wer mag, kann unterwegs vor den Toren der Stadt einen der größten Rhododendrenparks der Welt (www.rhododendronparkbremen.de) besuchen. Eine von vielen Überraschungen, die die freundliche Stadt bereithält.

Als historische Hansestadt und Großhafen besitzt Bremen (568 000 Einwohner) ein markantes Portfolio. Auch bildet die elftgrößte Stadt Deutschlands gemeinsam mit Bremerhaven einen Zweistädtestaat im Sinne eines eigenständigen Bundeslandes. Die vielen Backsteinbauten, die Lage an der Weser und eine bis ins 9. Jahrhundert zurückreichende Geschichte sind Garanten für vielfältige Eindrücke. Doch wie das so ist – an erster Stelle werden immer wieder die Bremer Stadtmusikanten genannt.

Westlich und südwestlich von Bremen geht es schnell zurück in die Natur, denn hier grüßt der **Naturpark Wildeshauser Geest**, der in weiten Teilen des Landes noch recht unbekannt ist. Mit einer Fläche von 1500 Quadratkilometern gehört er zu den größten des Landes. Dennoch handelt es sich nicht um ein Areal der Superlative, vielmehr versetzen idyllische Flusstäler, Wald und Wiesen sowie Moore und Sanddünen Naturfreunde

Wer kennt sie nicht? Die Bremer Stadtmusikanten

Reetgedeckte Häuser und unberührte Natur im Wildeshauser Geest

Blick auf Bremen

auf sanfte Weise in Ekstase. Auch malerische Alleen und reizvolle Ortschaften setzen Akzente. Noch mehr Argumente für einen Zwischenstopp gefällig: Nun, das Netz an ausgeschilderten Radwegen umfasst rund 1200 Kilometer, hinzu kommen Dutzende Rundwanderwege mit einer Länge von wenigen Kilometern bis hin zu Tagesmärschen.

Am westlichen Ende des Idylls wartet mit **Oldenburg** (S. 298 f., www.oldenburg-tourismus.de) neuerlich eine größere Stadt (160 000 Einwohner). Vom Zweiten Weltkrieg weitgehend unbeschadet, hat diese den Wandel von der Residenzstadt zurückliegender Epochen zum lebendigen Universitätsstandort mit intakter Altstadt elegant gemeistert. Hier und dort macht sich bereits der Einfluss des Nachbarlandes bemerkbar, denn die Grenze zu den Niederlanden ist nicht weit entfernt.

Das Oldenburger Schloss ist heute Sitz des Landesmuseums für Kunst und Kulturgeschichte

Lambertikirche in Oldenburg

Auf dem Weg nach Ostfriesland

Unaufhaltsam nähert sich nun der Nordwestzipfel des Landes, der auch als Ostfriesland bekannt ist. Auf dem Weg nach Leer können Schiffsfans einen Umweg über **Papenburg** in Erwägung ziehen, wo eine der größten Werften der Welt steht.

Das südliche Ostfriesland wird von Fehngebieten geprägt. Dabei handelt es sich um Moorsiedlungen entlang von Kanälen bzw. Wieken. Typische Charakteristika dieser Landschaften sind weiße Klappbrücken, historische Fehnhäuser und gut erhaltene Windmühlen, die zwischen Deichen und Wasserläufen ein fotogenes Landschaftsbild ergeben. Mitten in diesem Idyll liegt mit **Leer** eine maritim geprägte Mittelstadt (34 000 Einwohner, www.touristik-leer.de). Die hübsche Altstadt, der Museumhafen und die typisch friesischen Teestuben heißen Besucher auf ostfriesische Weise willkommen.

Unterwegs in der Innenstadt von Leer

Mini-Reportage

Meyer Werft: Wo die Giganten der Meere gebaut werden

Seit 1795 baut die Meyer Werft in Papenburg Schiffe, wobei der Betrieb mit seinen 3600 Mitarbeitern in jüngerer Vergangenheit vor allem Kreuzfahrtschiffe von enormen Ausmaßen realisiert hat. Bis zu 6600 Passagiere haben auf den Riesen Platz. So generiert die Werft Jahr für Jahr einen Umsatz von mehr als zwei Milliarden Euro – ein enormer Wirtschaftsfaktor in einer ansonsten eher strukturschwachen Region. Erstaunliches Detail: Weil die gigantischen Kreuzfahrtschiffe bekanntlich üppig mit Spielstätten ausgestattet sind, hat sich die Meyer Werft auch zum führenden Betrieb für den Bau von Theatern aufgeschwungen – inklusive Anlagen zum Wechsel der Bühnenbilder und Versenken von Orchestergräben. Dies alles spielt sich rund 40 Kilometer landeinwärts an der Ems ab. Der Fluss ist hier zwar schiffbar, doch muss für jeden Stapellauf im Meer das Wasser aufgestaut werden, was Umweltschützer durchaus kritisch betrachten. Für den Besuch der Werft ist von einfachen Führungen bis hin zu Paketen mit Übernachtung alles im Angebot. Infos unter www.meyerwerft.de und www.papenburg-marketing.de.

Entlang der Ems zu ihrer Mündung

Durch grüne Auenlandschaften mäandert die Ems dem Dollart entgegen. Die Bucht hat sich weit ins Festland eingegraben, wo sie die Grenze zu den Niederlanden markiert. Am Ostufer befindet sich mit **Emden** (S. 300) die größte Stadt Ostfrieslands, die jedoch mit ihren 50 000 Einwohnern weit von großstädtischer Hektik entfernt ist. Bekanntester Sohn der Stadt ist der Vorzeigeostfriese schlechthin, Otto Waalkes, dem »Dat Otto Huus« gewidmet ist. Schiffstouren über den Dollart und Fährverbindungen nach Borkum und Delfzijl bilden weitere Pluspunkte der Stadt.

Anders als womöglich erwartet, ist der weitere Weg in Richtung Küste nicht sonderlich spektakulär. Dies trifft auch auf das Emsufer zu: Anstelle von Strand warten hier erst Felder und dahinter die Deichkuppe, von welcher der Blick auf die Ausläufer des Wattenmeers fällt. Lediglich zu Füßen des **Campener Leuchtturms** hat die Natur einen Landstreifen mit einem Strand ausgestattet. Auf dem Weg nach Greetsiel sollten Otto-Fans einen Abstecher zum **Pilsumer Leuchtturm** (www.pilsumer-leuchtturm.de) einplanen, der aus dem Film »Der Außerfriesische« bekannt ist. **Greetsiel** selbst weiß sich mit einem malerischen Hafen voller sanft schaukelnder Schiffe wirkungsvoll zu inszenieren.

Mit dem Rad am Pilsumer Leuchtturm

Am Ratsdelft in Emden

Kutter in Greetsiel im Winter

Das Tor zum Meer

Weiter geht es nach **Norden** (S. 300, 302, www.norddeich.de), der ältesten und viertgrößten Stadt Ostfrieslands. Das Heilbad firmiert schon seit den 1950er Jahren als »Grünes Tor zum Meer«. Die Seehundstation sowie das Automobil- und Spielzeugmuseum gehören neben küstenüblichen Aktivitäten – etwa Nase in den Wind halten – zu den touristischen Dauerbrennern. Der Ortsteil Norddeich ist auch bekannt als Intercity-Endpunkt und Fährhafen für Juist und Norderney.

In der Innenstadt von Norden

Ausflug nach Juist

Juist ist nichts für Camper: Weder gibt es einen Zeltplatz, noch dürfen Touristen mobilisierte Fahrzeuge mitführen. Doch gerade das macht zumindest einen Tagesausflug so reizvoll. Fähren und Schnellfähren pendeln in der Regel zwischen vier und sechs Mal täglich zwischen Norddeich und Juist (www.reederei-frisia.de). Auf dem Eiland warten wunderbare Strände, intakte Dünenlandschaften sowie maritime Folklore. Infos unter www.juist.de.

Strandkorbpanorama in Norden

Erholung pur: Schlafstrandkorb und Hafenbrücke in Bensersiel

Über die Sielorte zum Jadebusen

Juist sorgt gemeinsam mit Norderney, Langeoog und Spiekeroog dafür, dass die ostfriesische Küste von der Wucht des offenen Meers nicht viel abbekommt. Man könnte auch sagen, dass die Inseln dafür verantwortlich sind, dass es am Festland kaum Strände und Badegelegenheiten gibt. Das erklärt wohl auch die eher geringe Bebauungsdichte – mit **Bensersiel, Neuharlingersiel** und **Harlesiel** kommen die größten Siedlungen nicht über den Status von Dörfern mit kleinen Häfen und Fahrrinnen ins Wattenmeer hinaus. Gute Bedingungen für erholsame Tage.

Auch **Jever** (S. 300, www.stadt-jever.de) ist mit seinen 14000 Einwohnern nicht gerade eine Metropole, doch das dank des gleichnamigen Pils zumindest deutschlandweit bekannte Städtchen lockt mit einem Schloss aus dem 15. Jahrhundert.

Nur eine Viertelstunde weiter westlich liegt mit **Wilhelmshaven** (S.301 f., www.wilhelmshaven-touristik.de) die nächste Hafenstadt – was sich auch in der örtlichen Museumslandschaft widerspiegelt: Deutsches Marinemuseum und Küstenmuseum bieten Stoff für Regentage. Die Kaiser-Wilhelm-Brücke von 1907 ist nicht nur ein schönes Fotomotiv, sondern zugleich Deutschlands größte Drehbrücke.

Die ganze Küstenregion gehört zum **Nationalpark Wattenmeer** (S. 300), dessen Eigenheiten im **Nationalparkhaus Dangast** (S. 302) am Jadebusen thematisiert werden.

Von der Weser- zur Elbmündung

Nach Überquerung der Weser sind wir schon fast in **Bremerhaven** (S. 303, www.bremerhaven.de), das lange Zeit eine Malocherstadt war, wo der Abschied im Vordergrund stand. Von den Auswanderern, die ihrer Heimat den Rücken kehrten, und von den Schiffen, die die großen Werften nach Fertigstellung verließen. Die ganz große Zeit des Schiffbaus ist mittlerweile vorbei, doch die Exklave des Bundeslandes Bremen ist ein wichtiger Werftenstandort geblieben. Touristen können jedoch nicht nur Schiffe gucken, sondern zum Beispiel auch im Vorzeigestadtteil Havenwelten flanieren und die kühne Architektur bewundern.

Wer der Seebäder und Hafenstädte noch nicht müde ist, den erwartet nach den Mündungsstädten von Ems und Weser nun **Cuxhaven** als letzter Außenposten an den Ufern der Elbe. Das Nordseeheilbad besitzt einen langen Strand, auf dem viele bunte Körbe ruhen und der von Rad- und Wanderwegen flankiert wird. Für spannende Seemannsgeschichten steht das Schiffsmuseum Feuerschiff Elbe 1 (www.elbe-1.de).

Auf dem Weg zum letzten Etappenziel wartet mit dem **Kreidesee** noch eine kuriose Attraktion. Nach diesem etwas abenteuerlichen Intermezzo bietet die ehrwürdige Hansestadt **Stade** (S. 304, www.stade-tourismus.de) gediegene Geborgenheit. Durch ihre Lage am Flüsschen Schwinge besaß die Stadt (50 000 Einwohner) einen ebenso natürlichen wie schiffbaren Zugang zur Elbe – und damit zu den Weltmeeren. Weil sich Stade zudem an wichtigen Handelsstraßen befand, stand dem Aufstieg zu einem Wirtschaftszentrum des Mittelalters nichts im Wege. Aus der Zeit der schwedischen Besatzung stammen Burggraben und Bastionen, die die prächtig restaurierte Altstadt einrahmen.

45 Kilometer weiter östlich schließt sich in Hamburg (S. 262 ff.) der Kreis. ■

→ Anschluss an Route 8 möglich.

Schon der Name sagt es: Bremerhaven ist vom Hafen geprägt

Unübersehbar: das Feuerschiff »Elbe 1« in Cuxhaven

Mini-Reportage

Tauchen im Kreidesee bei Hemmoor

Von 1862 bis 1976 wurde in der Nähe der heutigen Ortschaft Hemmoor im großen Stil Kreide abgebaut, die in einem Zementwerk veredelt wurde. Nach Ende des Abbaus füllte sich der einst bis zu 130 Meter tiefe Krater mit Grundwasser. So entstand ein recht einzigartiger See, denn durch den immer noch hohen Anteil an feinem Kalkstein haben Pflanzen kaum eine Lebenschance. Entsprechend ist das Wasser außerordentlich klar und der See ein ideales Revier für Taucher, dem allerlei versenkte Wracks einen zusätzlichen Reiz geben. Bis zu 30 000 Unterwassersportler suchen die Tiefen des Sees jährlich auf. Doch Vorsicht: Weil der See so tief und klar ist, unterschätzen viele Taucher die Gefahren. Der Zugang ist daher nur in Begleitung erfahrener Guides von der örtlichen Tauchschule gestattet. Alternativ dringt auch ein Miniaturunterseeboot in die Tiefen vor. Darin haben neben dem Kapitän zwei Passagiere Platz. Infos unter www.kreideseetaucher.de.

SERVICE & TIPPS

Lüneburg und Lüneburger Heide – Bremen – Oldenburg – Emden – Norden – Jever – Wilhelmshaven – Bremerhaven – Stade

LÜNEBURG UND LÜNEBURGER HEIDE

Lüneburg, die Salzstadt

Vor mehr als 1000 Jahren soll der Legende nach in der Nähe des heutigen Lüneburg ein Jäger ein Wildschwein erlegt haben, das neben Borsten auch merkwürdige Kristalle am Körper trug. Diese entpuppten sich als Salz, in dem sich die Sau gesuhlt hatte. Es sollte nicht mehr lange dauern, bis die Quelle des kostbaren Guts aufgespürt wurde: eine Saline. Eben diese wurde zur Grundlage für den Aufstieg der Stadt, die über Jahrhunderte hinweg für den gesamten norddeutschen Raum ein Monopol auf Salz halten konnte. Das »weiße Gold« wurde unter anderem zum Pökeln und Konservieren der Heringe aus der Ostsee verwendet. Wie wichtig das Salz für Lüneburgs frühen Aufstieg zu einem prosperierenden Oberzentrum war, zeigt das Deutsche Salzmuseum.

Deutsches Salzmuseum
Sülfmeisterstr. 1, Lüneburg
✆ (041 31) 720 65 13
www.salzmuseum.de
Tägl. 10–17 Uhr
Eintritt € 8/4

Mini-Reportage

Rathaus
Am Ochsenmarkt 1, Lüneburg
✆ (041 31) 30 90
www.lueneburg.info
Führungen Jan–März Di–So 11 und 14, April–Dez. Di–Sa 10, 12 und 15, So/Fei 11 und 14 Uhr
Ticket € 5/4
Der Prachtbau aus dem Jahr 1230 gehört zu den schönsten Rathäusern des Landes. Bis heute ist es die Wirkungsstätte der Stadtverwaltung.

Heide-Erlebniszentrum
Wilseder Str. 23
Undeloh

Heidschnucken in der Lüneburger Heide

Von Anfang August bis Mitte September blüht die Heide

✆ (041 89) 81 86 48
www.heide-erlebniszentrum.de
Ganzjährig geöffnet
Eintritt frei
Besucherzentrum mit anschaulicher Darstellung des Lebensraums Lüneburger Heide. Direkt am Haus beginnt das Naturschutzgebiet mit Heideflächen und schattigen Wäldern. Wanderwege führen unter anderem zum Wilseder Berg und zum Heidedorf Wilsede.

Wildpark
Wildpark 1, Nindorf-Hanstedt
✆ (041 84) 893 90
www.wild-park.de
Tägl. März–Okt. 8–19, Nov.–Feb. 9.30–16.30 Uhr, Eintritt € 12/10

Festlich beleuchtet: das Rathaus von Lüneburg

Der artenreichste Tierpark Deutschlands rühmt sich seiner schönen Landschaften und der natürlichen Lebensräume. Rund 140 in Mitteleuropa sowie in Asien und Nordamerika beheimatete Spezies leben hier in einer natürlichen oder naturähnlichen Umgebung. Zu den 1200 Bewohnern gehören Rentiere, Polarfüchse, Luchse und Waschbären.

Auf dem Märchenwanderweg darf der Froschkönig nicht fehlen

Märchenwanderweg
Lohof 1, Jesteburg
www.lueneburger-heide.de
Ganzjährig geöffnet
Eintritt frei
Der Themenparcours mit 20 Attraktionen führt auf einer Strecke von 3,2 km durch einen idyllischen Mischwald.

Restaurants

Red Grill
Kaufhausstr. 5, Lüneburg
✆ (041 31) 308 80
www.alteskaufhaus.de
Moderne amerikanische Küche mit einer großen Fleischauswahl. Das Restaurant befindet sich im Hotel Altes Kaufhaus, verfügt über einen großzügigen Wintergarten und ist hübsch am Ufer der Ilmenau gelegen.

Bierhaus Krone
Heiligengeiststr. 39–41
Lüneburg
✆ (041 31) 244 50 50
www.krone-lueneburg.de
Mo–Sa ab 8, So ab 10 Uhr
Regionale Küche in kleinen Portionen: In dem 1485 erstmals erwähnten Gasthaus werden »Lüpas« serviert, was so viel wie »Lüneburger Tapas« heißt. Aus dem Zapfhahn fließt dazu Lüneburger Pils oder dunkles Kronen-Bier. ■

Campingplatz

Camping Stover Strand
Stover Strand 10, Drage
GPS: 53.42448, 10.29658
✆ (041 77) 430, www.camping-stover-strand.de
Ganzjährig geöffnet

Herrlicher Campingplatz direkt am Elbufer mit eigenem Strand und Fünfsternekomfort. Prima geeignet für Tagesausflüge nach Lüneburg und in die Lüneburger Heide oder in die Weltmetropole Hamburg.

BREMEN

Herz und Hirn der Stadt – Bremer Roland und Rathaus

Schlachte
Die 1250 erstmalig urkundlich erwähnte Uferpromenade liegt im Herzen der Stadt an der Weser. Der Wandel vom Uferhafen zu einer Amüsiermeile mit Restaurants, Bars und Kneipen mit maritimem Einschlag ist vorbildlich gelungen.

Schnoor
Bremens ältestes Viertel rund um die gleichnamige Straße ist liebevoll restauriert und begeistert Besucher mit engen Gassen, gepflegten Backsteinbauten und inhabergeführten Geschäften.

Überseestadt
Seit Anfang dieses Jahrtausends vollzieht sich nordwestlich der City mit der Überseestadt eines der größten städtebaulichen Hafenrevitalisierungsprojekte Europas. Die stadtnahe Melange aus Freizeit, Kultur, Dienstleistung, Büros, Gewerbe und zeitgemäßer Hafenwirtschaft ist vor allem wegen der avancierten Architektur ein schönes Ter-

TOP 4 Bremen

Rathaus und Roland
Am Markt 21
✆ (04 21) 308 00 10
www.bremen-tourismus.de
Mo–Sa 11, 12 und 15, Sa auch 16, So 11 und 12 Uhr, Ticket € 7
Das Bremer Rathaus gehört dank seiner grandiosen Architektur im Stil der Backsteingotik zum Weltkulturerbe der UNESCO. Es ist bis heute Sitz von Senat und Bürgermeister. Davor wahrt die Statue des Roland seit 1404 die Rechte des Kaisers.

Stadtmusikanten
An der Westseite des Rathauses zieht ein Wahrzeichen ganz anderer Art Besucher in seinen Bann: die Bremer Stadtmusikanten, die sich auf ein Märchen der Brüder Grimm beziehen. Die Statue mit Esel, Hund, Katze und Hahn existiert erst seit 1953, was ihrem Ruhm keinen Abbruch tut. Auch weil die gleichzeitige Berührung beider Vorderpfoten des Esels Glück bringen soll.

Museen Böttcherstraße
Böttcherstr. 6–10
✆ (0421) 338 82 22
www.museen-boettcherstrasse.de
Tägl. außer Mo 11–18 Uhr
Eintritt € 10/6
Vorzeigestraße mit prächtigen Backsteinhäusern und gleich vier Museen. Darunter befindet sich mit dem Paula Modersohn-Becker Museum das weltweit erste Ausstellungshaus, das ausschließlich dem Schaffen einer Frau gewidmet wurde.

Kunsthalle
Am Wall 207
✆ (04 21) 32 90 80
www.kunsthalle-bremen.de
Tägl. außer Mo 10–18 Uhr
Eintritt € 10/5
Renommiertes Ausstellungshaus mit einer umfangreichen Sammlung an Werken vom 14. bis zum 21. Jh. in privater Trägerschaft.

Verträumte Häuser – das Schnoorviertel von Bremen

In der Kunsthalle Bremen: Vincent van Goghs »Mohnfeld« (1889/90)

rain für einen Spaziergang. Infos unter www.ueberseestadt-bremen.de.

Rhododendronpark
Deliusweg 40, Bremen
✆ (04 21) 42 70 66 15, www.rhododendronparkbremen.de
Tägl. 7 Uhr bis Sonnenuntergang, Eintritt frei
Einer der weltweit größten Rhododendronparks mit Science Center und einem Botanischen Garten.

Rhododendron im gleichnamigen Park

Essensmeile

Markthalle 8
Domshof 8–12, Bremen
✆ (04 21) 989 69 70
www.markthalleacht.de
Di/Mi 11–19, Do–Sa 11–22 Uhr
Modernes Food-Konzept mit diversen Take-away-Restaurants, deren Speisen man an großen Tischen gemeinsam genießt. Viel Wert wird auf Nachhaltigkeit und regionale Produkte gelegt. ■

Campingplatz

Hanse-Camping
Hochschulring 1, Bremen
GPS: 53.11456, 8.83461
✆ (04 21) 30 74 68 25
www.hansecamping.de
Ganzjährig geöffnet
Gepflegte, mittelgroße Anlage mit sauberen Sanitäranlagen am Stadtwaldsee in etwa 5 km Entfernung zur City. Nachteil: Geräusche von der nahen Autobahn.

OLDENBURG

Altes Rathaus
Markt 1, Oldenburg
✆ (04 41) 235 44 44
www.oldenburg.de
Mo–Fr 8–15.30 Uhr
Noch nie ein dreieckiges Rathaus gesehen? In diesem Fall schafft der Verwaltungsbau aus dem Jahr 1886 Abhilfe.

Oldenburger Schloss
Historische Prunkräume, Sammlung Kulturgeschichte und Kunstgewerbe, Alte Meister
Schlossplatz 1, Oldenburg
✆ (04 41) 40 57 04 44
www.landesmuseum-ol.de
Tägl. außer Mo 10–18 Uhr
Eintritt € 9/6
Als einstige Residenz der Großherzöge von Oldenburg blickt das Schloss auf eine lange Geschichte zurück. In der Fassade spiegeln sich vier Jahrhunderte europäischer Bauhistorie. Heute beherbergt die Anlage das Landesmuseum für Kunst- und Kulturgeschichte. Prunkräume wie der große Schlosssaal und der Marmorsaal sowie die diversen Salons sind Glanzpunkte des Besuchs.

Degodehaus
Markt 24, Oldenburg
✆ (04 41) 36 16 13 66
www.oldenburg-tourismus.de
Mo–Fr 9.30–18, Sa 9.30–16 Uhr
Eintritt frei
1502 erbaut, gehört das prächtige Patrizierhaus mit seiner auffällig verzierten Fassade zu den ältesten Bauwerken der Stadt. Seinen heutigen Namen verdankt es dem Kaufmann Dietrich Wilhelm Degode, der hier im 19. Jh. eine Kolonial- und Manufakturwarenhandlung mit Kaffeerösterei eröffnete.

Das prächtige Degodehaus

Der Weihnachtsmarkt »Lamberti-Markt« findet jedes Jahr am Alten Rathaus statt

Der Schlossplatz in Oldenburg mit Lambertikirche und Schlosswache

Mit dem Kanu auf die Hunte
www.hunte-natur.de
Veranstalter für organisierte Touren und Kanuverleih:
Yeti Sport & Reisen
Donnerschweer Str. 48
Oldenburg
✆ (04 41) 856 85
www.natur-erlebnis-kanutouren-hunte.de
Oldenburgs Stadtfluss bietet sich für eine Entdeckungsreise im Kanu an. Transfers und Transporte werden organisiert.

Brauhaus

Ols Brauhaus
Stau 34, Oldenburg
✆ (04 41) 261 89
https://ols-brauhaus.de
Tägl. ab 12 Uhr
Brauhaus mit eigenem Gerstensaft in unmittelbarer Nähe zum Binnenhafen. Neben Gerichten, die in einem solchen Lokal zu erwarten sind, gibt es auch originelle Kreationen wie eine Ziegenstulle. ■

Im Sommer kann man entspannt auf der Hunte paddeln

Campingplatz

Camping Loenskrug
Heinrichstr. 1, Bad Zwischenahn
GPS: 53.19140, 8.04793
✆ (044 03) 40 34
https://camping-loenskrug.de
April–Sept.
Schöne Anlage mit 47 Stellplätzen am Zwischenahner Meer, etwa 10 km westlich von Oldenburg.

DIE NORDSEEKÜSTE ZWISCHEN EMDEN UND WILHELMSHAVEN

Mini-Reportage

Nationalpark Wattenmeer

Ostfriesland ist eine herrlich unaufgeregte Ferienregion: viel plattes Land, eine lange Küstenlinie, stolze Hafenstädte und nicht zuletzt die sieben Inseln, auf die das Attribut traumhaft zutrifft. Die wohl größte Attraktion hat man dabei lange Zeit eher beiläufig zur Kenntnis genommen. Doch seitdem das Wattenmeer Nationalpark und Weltnaturerbe ist, nimmt das Interesse an dem einzigartigen Biotop rasant zu. Infos unter www.ostfriesland.travel und www.nationalpark-wattenmeer.de.

Dat Otto Huus
Große Str. 1, Emden
✆ (049 21) 221 21
www.emden-touristik.de
www.ottifant.de
April–Dez. Mo–Fr 9.30–18, Sa 9.30–14, April–Okt. auch So/Fei 10–16 Uhr, Jan.–März kürzer, Eintritt € 2/1
Hier wird Otto Waalkes Karriere in Otto-typischer Art präsentiert.

Seehundstation Nationalparkhaus Norddeich
Dörper Weg 24,
Norden-Norddeich
✆ (049 31) 97 33 30, www.seehundstation-norddeich.de
Tägl. 10–17 Uhr, Eintritt € 10/6, mit Waloseum € 17/10
Kombination aus Auffangstation für die weithin beliebten Meeressäuger und Wattenmeer-Informationszentrum. Verletzte, schwache und verwaiste Tiere werden hier aufgepäppelt, um sie anschließend wieder auszusetzen. Es werden auch Ausflüge zu den Sandbänken, wo Seehunde und Kegelrobben leben, angeboten. Zum Betrieb gehört außerdem das Waloseum, das sich etwa 5 km nordöstlich befindet. Zentrales Ausstellungsstück ist dort das präparierte Skelett eines 15 m langen Pottwals, der 2003 auf Norderney gestrandet ist.

Automobil- und Spielzeugmuseum Nordsee
Ostermarscher Str. 29
Norden-Norddeich
✆ (049 31) 918 79 11
www.automuseum-nordsee.de
April–Okt. tägl., sonst nur Sa/So 11–18 Uhr
Eintritt € 7,50/4
Autos, Motorräder, alte Reklame und Spielzeug aus dem letzten Jahrhundert locken viele Besucher in das Museum.

Jever Brauerei
Elisabethufer 18, Jever
✆ (044 61) 130, www.jever.de
Besichtigungen tägl. außer So
Eintritt € 9/3,50
Eine der bekanntesten Brauereien des Landes bietet Besichtigungen an, die zwischen 90 und 120 Minuten dauern. Sehr empfehlenswert ist auch das alkoholfreie »Fun«.

Im Marinemuseum in Wilhelmshaven

Im Otto Huus dreht sich alles um den bekannten Komiker

Heuler in der Seehundaufzuchtstation von Norden

Deutsches Marinemuseum
Südstrand 125, Wilhelmshaven
✆ (044 21) 40 08 40
www.marinemuseum.de
Tägl. April–Okt. 10–18, Nov.–März 10–17 Uhr
Eintritt € 12,50/7, bis 5 J. frei
Museum zur Geschichte der deutschen Marinen.

Küstenmuseum Wilhelmshaven
Weserstr. 58, Wilhelmshaven
✆ (044 21) 40 09 40
www.kuestenmuseum.de
Tägl. außer Mo 11–17 Uhr
Eintritt € 5/2,50

Besucher erhalten einen geschichtlichen Überblick von der Entstehung der Küste bis zur aktuellen Entwicklung von

Tee in Ostfriesland

Abgesehen vielleicht von der Anzahl flacher Witze, die die Ostfriesen pro Kopf über sich ergehen lassen müssen, sind Superlative in dem Landstrich rar. Die große Ausnahme ist der Teekonsum, der im Nordwesten Deutschlands heilig ist: Die Ostfriesen trinken pro Jahr und Person 300 Liter des Heißgebräus, was nicht nur das Elffache des Landesdurchschnitts, sondern wahrhaftig Weltrekord ist. Die Ursprünge gehen auf das 18. Jahrhundert zurück, als die »Königlich preußisch-asiatische Compagnie« das Getränk populär machte. Daraus hat sich eine eigene Teezeremonie entwickelt, die Teetied. Über die ganze Geschichte informiert das Ostfriesische Teemuseum in Norden.

Ostfriesisches Teemuseum
Am Markt 36, Norden
✆ (049 31) 121 00
www.teemuseum.de
Tägl. 10–17 Uhr, im Winter kürzer
Eintritt € 6/4

Wilhelmshaven. Zudem werden der Tiefwasserhafen JadeWeserPort und die Welt der Wale thematisiert.

Nationalpark-Haus Dangast
Zum Jadebusen 179, Dangast
✆ (044 51) 70 58
www.nlph.de
April–Okt. Di–Fr 10–12 und 14–18, Sa/So 14–18 Uhr, Nov.–März nach Vereinbarung
Informationen zum Nationalpark Niedersächsisches Wattenmeer in der alten Dorfschule.

Teestube mit Biergarten

Teestube Westgaster Mühle
Alleestr. 65, Norden
✆ (049 31) 145 27
www.westgaster-muehle.com
Mi–So geöffnet
Ostfriesland zählte früher stolze 174 Windmühlen – das Nachbarland Niederlande lässt grüßen. Die meisten Bauwerke sind noch erhalten. Während einige nur besichtigt werden können, befindet sich in dieser sogar eine gesellige Teestube mit Biergarten und Hofladen. ■

Mündung des Ellenserdammer Tiefs in den Jadebusen bei Dangast

Stellplatz

Wohnmobilpark Norddeich
Deichstr. 24 A, Norden
GPS: 53.60312, 7.12930
✆ (049 31) 918 64 78
womopark-norddeich.de
Kleine Anlage mit sauberen Sanitäranlagen direkt hinterm Deich. Die Stellplätze gruppieren sich um einen populären Gasthof.

BREMERHAVEN

Deutsches Auswandererhaus
Columbusstr. 65, Bremerhaven
✆ (04 71) 90 22 00
https://dah-bremerhaven.de
Tägl. 10–18 Uhr, im Winter kürzer, Eintritt € 15,80/13
Zwischen 1852 und 1890 haben rund 1,2 Millionen Menschen vom Neuen Hafen in Bremerhaven aus ihrer deutschen Heimat dauerhaft den Rücken zugekehrt. Weitere sechs Millionen sind ihnen von den Molen des Alten Hafens, der Kaiserhäfen und der Columbuskaje gefolgt. Damit war die Stadt an der Wesermündung der größte Auswandererhafen Europas. An jeder einzelnen Emigration hängen persönliche Hoffnungen und Träume, die ihrerseits viel über das Leben in der Neuen Welt verraten. Das Auswandererhaus hat sich 2005 als erstes Museum seiner Art der Schicksale dieser Menschen angenommen, sie aufgezeichnet und ausgewertet. Der 2012 eröffnete Erweiterungsbau befasst sich mit 300 Jahren Einwanderungsgeschichte nach Deutschland. Zeitlos aktuell.

Klimahaus® Bremerhaven 8° Ost
Am Längengrad 8
Bremerhaven
✆ (04 71) 902 03 00, www.klimahaus-bremerhaven.de
Tägl. 10–18 Uhr, im Winter kürzer, Eintritt 17/13 €
Neun Orte auf fünf Kontinenten werden vorgestellt. Sie alle eint, dass sie sich entlang des achten Breitengrades befinden – so wie das Museum selbst. Auf der Basis dieses einzigartigen Konzepts erklärt das Ausstellungshaus, wie Klima, Klimawandel und Wetter zusammenhängen.

Architektonische Augenweide: das Klimahaus® Bremerhaven 8° Ost

Restaurant

Pier 6
Barkhausenstr. 6, Bremerhaven
✆ (04 71) 48 36 40 80
https://restaurant-pier6.de
Tägl. außer So 11.30–15 und 17.30–22.30 Uhr
Gehobene deutsche Küche in einem transparenten Glasbau am Neuen Hafen. Wohnmobilbesitzer können Gerichte zum Verzehr im Wagen bestellen. ■

Abschied, Aufbruch, Überfahrt: die Ausstellung des Deutschen Auswandererhauses

Campingplatz

Spadener See Camping- und Ferienpark
Seeweg 2, Schiffdorf-Spaden
GPS: 53.57540, 8.64768
✆ (04 71) 30 83 64 56
www.campingplatz-spadener-see.de

Ganzjährig geöffnet
Die Anlage befindet sich östlich von Bremerhaven am Spadener See in ruhiger, parkähnlicher Umgebung. Mit eigenem Strand. Ausschließlich für Wohnmobile.

STADE

Mini-Reportage

Altes Land am Elbstrom

Das Elbufer firmiert zwischen Hamburg und der Nordseeküste auch als Altes Land am Elbstrom. Der herrliche Landstrich ist nicht nur Europas größter zusammenhängender Obstgarten, sondern auch ein schönes Urlaubsrevier mit friedlichen Dörfern und weitläufigen Grünflächen. Infos unter www.urlaubsregion-altesland.de.

Alter Hansehafen
Schon 1259 erhielt Stade das Stapelrecht, 1272 folgte das Münzrecht, ehe 1279 das Stadtrecht erteilt wurde. Dreh- und Angelpunkt war schon damals der heutige Hansehafen, wo prächtige Patrizierhäuser, der Fischmarkt und der Alte Kran nach Lüneburger Vorbild auf Bewunderer warten.

Museum Schwedenspeicher
Wasser West 39, Stade
✆ (041 41) 79 77 30
www.museen-stade.de
Di–Fr 10–17, Sa/So 10–18 Uhr
Eintritt (in alle Stader Museen) € 8/4
Kurz vor Ende des Dreißigjährigen Krieges haben schwedische Truppen Stade erobert und zur Festung ausgebaut. Ein zentraler Bestandteil war ein zwischen 1692 und 1705 errichtetes Provianthaus, der Schwedenspeicher am Alten Hafen. In dem imposanten Bau befindet sich heute ein Museum zur Stadtgeschichte und der Historie des Elbe-Weser-Raums.

Restaurant

Restaurant Knechthausen
Bungenstr. 20, Stade
✆ (041 41) 529 63 60
www.knechthausen.de
Di–So 18–22, Di–Sa auch 12–14.30 Uhr
Vorzügliche Adresse für neue deutsche Küche in einem gediegenen Fachwerkhaus. ■

Die Schwinge fließt mitten durch die Fachwerkstadt Stade

Campingplatz

Campingplatz Neßhof Altes Land
Neßstr. 32, Guderhandviertel
GPS: 53.54308, 9.61813
✆ (041 42) 81 03 95, www.nesshof.de
Ganzjährig geöffnet

Frisches Obst und Gemüse auf einem kleinen Campingplatz am Flüsschen Lühe unweit der Elbe gefällig? Dann ist diese Anlage die richtige Wahl, zumal Ausflüge nach Stade sowie ins Alte Land gut machbar sind.

Vielseitiges Niedersachsen

Nach dem Start in Hamburg folgt ein rascher Tapetenwechsel: Lüneburg ist eine charmante Hansestadt mit reicher Historie. Die gleichnamige Heide gilt als eines der schönsten Naherholungsgebiete des Landes. Deutlich weniger bekannt ist das Künstlerdorf Worpswede mit dem geheimnisvollen Teufelsmoor. Von hier aus ist es nicht mehr weit bis ins sympathische Bremen, das sich wiederum hervorragend als Einfallstor ins ländlich geprägte Ostfriesland eignet. Die Festlandküste ist vom einzigartigen Wattenmeer geprägt, doch gestattet auch Ausflüge zu herrlichen Stränden – die Überfahrt auf eine der sieben Ostfriesischen Inseln ist schon an sich eine Freude. Weiter geht es in die ehrwürdige Hafenstadt Bremerhaven, die sich gerade mit einigem Erfolg neu erfindet. Über die Elbmündung bei Cuxhaven führt die Tour über Stade zurück nach Hamburg.

1 Lüneburg: Altstadt mit jungen Leuten

Die Salzvorkommen bescherten Lüneburg im Mittelalter den Aufstieg zu einer reichen Hansestadt. Das intakte Stadtbild weckt bis in die Gegenwart freudige Erinnerungen an die Glanzzeit – das genießen auch die vielen Studenten.

2 Lüneburger Heide: Keineswegs nur violett

Wanderer lieben das opulente Landschaftsschutzgebiet nicht nur wegen der saisonal violett eingefärbten Heide. Vielmehr üben auch saftig grüne Wälder, sanfte Flüsschen und die allgemein schier überbordende Natur eine große Anziehungskraft aus.

3 Worpswede: Künstler und Teufel

Paula Modersohn-Becker und Rainer Maria Rilke haben Worpswede die Aura eines Künstlerdorfs verliehen, die sich gehalten hat. Fasziniert waren sie unter anderem vom nahen Teufelsmoor, das geneigte Besucher auch heute noch in seinen Bann zieht.

4 Bremens Böttcherstraße: Kurz und groß

Sie mag nur 110 Meter lang sein, doch die genügen, um der Böttcherstraße den Ehrentitel der bekanntesten Straße Bremens zu bescheren. Backsteinbauten, Jugendstilfassaden und zwei Museen bilden gemeinsam eine Stadt in der Stadt.

To See Before You Die®

5 Stadtmusikanten: Glück in Bremen

Seit dem frühen 15. Jahrhundert erfreut der Anblick des Bremer Rathauses alle Betrachter. 1951 hat es Konkurrenz bekommen: Die Stadtmusikanten ziehen alle Blicke auf sich. Und bitte auch anfassen – die Berührung beider Vorderpfoten des Esels soll Glück bringen.

6 Norden: Nationalpark Wattenmeer

Was direkt vor der Haustür liegt, das kann nichts sein. So oder ähnlich begegneten die Deutschen dem Wattenmeer, bis dieses zum Weltnaturerbe erklärt wurde. Das Nationalparkhaus in Norden zeigt, was genau es mit dem Biotop auf sich hat.

7 Ostfriesische Inseln: Pures Glück

Auf einer Strecke von 90 Kilometern zählt Ostfriesland sieben vorgelagerte Inseln, die mit breiten Stränden und guter Luft den kurzen Weg zum Glück versprechen. Sie alle bieten sich für einen Ausflug an, einige aber sind für Camper ungeeignet.

8 Deutsches Auswandererhaus Bremerhaven: Migration

Die Stadt an der Wesermündung war lange Zeit der größte Auswandererhafen Europas. Das didaktisch hochwertige Museum beschäftigt sich nicht nur mit dieser Zeit, sondern auch mit dem Thema Migration ganz allgemein.

9 Klimahaus® 8° Ost: Bremerhaven blickt in die Zukunft

Nach dem Niedergang der Werften hat Bremerhaven eine Weile mit seinem Schicksal gehadert. Projekte wie das Ausstellungshaus zum Thema Klima und Klimaschutz weisen den Weg in die Zukunft auf originelle Art und Weise.

10 Cuxhaven: Hafen mit Weitblick

An der Elbmündung den Schiffen bei der Ein- oder Ausfahrt zusehen? Nach Helgoland oder Neuwerk übersetzen? Oder doch lieber vor Ort flanieren und bei geeigneter Witterung auf dem breiten Strand sonnenbaden? Cuxhaven macht es möglich.

ROUTE 10

INDUSTRIEKULTUR UND NATUR

EINE TOUR QUER DURCH DAS RUHRGEBIET

(ETWA 540 KM)

Sechs-Seen-Platte – Duisburg – Xanten – Schloss Moyland – Kleve – Diersfordter Wald – Oberhausen – Bottrop – Zeche Zollverein – Gelsenkirchen – Halde Hoheward – Dortmund – Unna – Möhnesee – Arnsberg – Hengsteysee – Bochum – Essen – Baldeneysee – Wuppertal – Müngstener Brücke – Sechs-Seen-Platte

Das Tourboot »Friedrich Freye« der Weißen Flotte passiert einen Stellplatz an der Ruhr

Im Rahmen der Kulturhauptstadt Ruhr.2010 entstand auf der Heinrich-Hildebrand-Höhe im Angerpark in Duisburg »Tiger & Turtle – Magic Mountain«, ein Kunstwerk von Heike Mutter und Ulrich Genth

INDUSTRIEKULTUR UND NATUR

EINE TOUR QUER DURCH DAS RUHRGEBIET

Eine Campingtour durch das Ruhrgebiet mag sich für manches Ohr zunächst befremdlich anhören. Doch weit gefehlt: Der Pott war schon immer grüner, als man glaubte – und er befindet sich mitten im Strukturwandel. Rauchende Schlote sind vielerorts schillernden Monumenten der Industriekultur gewichen und viele Häuserfassaden sind renoviert. Höchste Zeit für die Erkundung einer unterschätzten Region. Versteht sich von selbst, dass es für einen hübschen Übernachtungsplatz schon mal weitere Wege in Kauf zu nehmen gilt als bei Touren durch klassische Urlaubsgebiete.

Die **Sechs-Seen-Platte** im Süden von Duisburg ist ein schöner Einstieg für diese Tour, denn hier zeigt sich die Stadt in ihrer besten Weise. Wambach-, Masuren-, Böllert-, Wolfs-, Wildförster- und Haubachsee bilden gemeinsam ein vielseitiges Naherholungsgebiet. Baden, Stand-up-Paddeln, Grillen – alles ist möglich. Auch befindet sich die Seenplatte fast in Laufdistanz (ca. 6 km) zu einer Installation, die sinnbildlich ist für den Strukturwandel und die Neudefinition des Ruhrgebiets: Tiger & Turtle nennt sich das Konstrukt, das aus der Ferne wie ein fremdartiges Relikt aus dem Industriezeitalter wirkt, in Wahrheit aber eine begehbare Skulptur ist. Ein passender Auftakt für die Wiederentdeckung einer Region, die lange vernachlässigt wurde.

Obwohl **Duisburg** (S. 320 f., www.duisburg.de) nur wenig mehr als 25 Kilometer von der schicken Landeshauptstadt Düsseldorf

König-Heinrich-Platz mit Theater in Duisburg

Idyllisch: Sonnenuntergang über der Sechs-Seen-Platte

entfernt ist, scheint sich die Stadt in einer anderen Welt zu befinden. Wo die Ruhr in den Rhein mündet, hat sich der größte Binnenhafen der Welt entwickelt – und in den Hochöfen Duisburgs wird rund ein Drittel des deutschen Stahls und Eisens hergestellt. Die zurückliegenden Jahrzehnte waren angesichts des Niedergangs der Schwerindustrie nicht einfach für Duisburg (500 000 Einwohner). Bald aber setzte ein Strukturwandel ein, als Kreative den Pott dank seines niedrigen Preisniveaus und rauen Charmes für sich entdeckten. Mittlerweile verfügt das zwischenzeitliche Sorgenkind über diverse markante Wahrzeichen – und spätestens nach der Umgestaltung des Innenhafens kommen auch die Besucher von außerhalb in Strömen.

Innenhafen von Duisburg

Vom Pott zum Niederrhein und wieder zurück

Auf dem Weg nach Norden schlagen der neu modellierte Innenhafen und der Landschaftspark Duisburg Nord einen ähnlichen Ton an, den wir auch noch häufiger hören werden. Zunächst allerdings entfernt sich die Route ein wenig vom Kern des Ruhrgebiets, damit wir in **Xanten** (22 000 Einwohner, www.xanten.de) eine ganz andere Art des historischen Rückblicks wagen können: Das Städtchen war schon vor mehr als 2000 Jahren eine Legionsstadt der Römer, wovon der Archäologische Park (www.lvr.de) bis heute kündet. Ganz in der Nähe bilden der Xantener Süd- und Nordsee ein gut erschlossenes Freizeitrevier

Überreste einer römischen Siedlung …

Xanten: Relikte aus der Römerzeit

… und die Rekonstruktion eines Amphitheaters lassen Besucher im Archäologischen Park staunen

Stadtlandschaft Kleve

Zwischenstopp im Diersfordter Wald

Nicht weit hinter Rees bietet der Diersfordter Wald Gelegenheit für ein Naturerlebnis: Eichenwälder, Moor und der Heideweiher »Schwarzes Wasser« bilden die Kulisse für einen abwechslungsreichen Spaziergang – zum Beispiel auf dem Moorerlebnispfad, der sich auf Holzbohlen seinen Weg durch das Große Veen bahnt. Route unter www.niederrhein.de/component/k2/hirschkaeferroute-und-moorerlebnisweg.

mit Naturbad und einer karibikähnlichen Strandhalbinsel, das sich dank eines barrierefreien Uferwegs auch für Umrundungen zu Fuß oder mit dem Velo anbietet.

Xanten ist zugleich eine Art Mittelpunkt jener Grenzregion, die sich mit einigem Stolz Niederrhein (https://niederrhein-tourismus.de) nennt. Weiter in Richtung Nordwesten wartet **Schloss Moyland** (S. 322), eine mittelalterliche Wasserburg voller Kunst, ehe mit **Kleve** (S. 322, www.kleve-tourismus.de) der vor allem bei niederländischen Besuchern beliebte Wendepunkt der Strecke erreicht ist. Grenzstädte haben immer etwas Besonderes – und sei es nur das gemischte Publikum. Das gilt auch für Kleve, das mit seinen 53 000 Einwohnern überschaubar ist. Die Ursprünge der Stadt gehen auf das 10. Jahrhundert zurück und im 17. Jahrhundert war Kleve gar neben Königsberg (heute Russland) und Berlin eine von drei brandenburgischen Residenzstädten. Für Flachländer besonders attraktiv: der 106 Meter hohe Klever Berg, auf dem ein schöner Aussichtsturm von 1892 thront.

Wer mag, besucht über einen kleinen Umweg den leicht bizarren Freizeitpark **Wunderland Kalkar** (S. 323), bevor wir bei Rees Vater Rhein überqueren, um vorbei an Flussauen zur Rechten und Baggerseen zur Linken zunächst Kurs auf Wesel zu nehmen. Nach einem kurzen Stück über die A3 baut sich dann mit Oberhausen (210 000 Einwohner) wieder ein als solches erkennbares Stück Ruhrgebiet auf.

Industriekultur und Fußballfieber im Pott

Auf den ersten Blick ist **Oberhausen** (S. 324, www.oberhausen-tourismus.de) immer noch grau und trist. Doch bei näherem Hinsehen mehren sich die Zeichen des Aufbruchs. Weithin sichtbar ist der famose Gasometer und ganz in der Nähe befindet sich mit »Slinky springs to Fame« eine abenteuerliche Spiralbrücke über den Rhein-Herne-Kanal. Ebenfalls toll ist der sogenannte Zauberlehrling (www.emscherkunst.de) auf einer Wiese in der Nähe von Haus Ripshorst. Die skulpturale Persiflage auf einen Hochspannungsmast ist zugleich ein gutes Motiv für den Instagram-Account. Bekannt ist das riesige Einkaufszentrum Centro mit seinen über 250 Geschäften. Doch auch der LEGO® Indoor-Spielplatz (www.legolanddiscoverycentre.com/oberhausen) und das Aquarium von Sealife (www.visitsealife.com) sind Publikumsmagneten, die viele Besucher nach Oberhausen spülen.

Bottrop: Tetraeder und Gruselwelten

Nächstes Etappenziel ist das nordöstlich gelegene **Bottrop** (S. 324, www.bottrop.de), das sich in kleinerem Rahmen (116 000 Einwohner) ähnlich aufgestellt hat. Strahlendes Highlight ist der Tatraeder im Stadtteil Batenbrock. Die dreiseitige Pyramide thront auf einer 120 Meter hohen Halde und besitzt ihrerseits drei bis zu 38 Meter hohe Aussichtsplattformen, die in den transparenten Bau eingelassen sind. Sie haben danach noch keine wackligen Knie? Für diesen Fall gibt es in unmittelbarer Nachbarschaft Europas größte Gruselwelt.

Weiter geht es Schlag auf Schlag, denn nur zehn Kilometer südöstlich liegt am Rande der Stadt Essen mit der **Zeche Zollverein** eine wahre Ikone der Industriekultur mit UNESCO-Welterbe-Status.

Mini-Reportage

Zeche Zollverein

Im Norden von Essen erinnert ein Ensemble von erhabener Schönheit an die große Zeit der Steinkohle. Die majestätischen Fördertürme, die eleganten Backsteinbauten der Kokerei und ein komplexes Logistiksystem gehörten zur lange Jahre weltweit größten Förderanlage für Steinkohle. Zwischen 1851 und 1986 wurden hier 240 Millionen Tonnen Steinkohle abgebaut. Als die Lichter ausgingen, schien die Zukunft zunächst düster. Doch spätestens nachdem die Zeche Zollverein von der UNESCO zum Weltkulturerbe geadelt worden war, ging es bergauf. Heute ist der Komplex eine vielseitige Stätte, die nicht nur wegen der Industriekultur interessant ist. Vielmehr hat sich die Natur einen Teil des Areals zurückerobert und zudem haben sich vor Ort Museen angesiedelt. Auch dient das Gelände als unwirkliche Kulisse für Food-Festivals, ein Schwimmbad, diverse Shops und Kreativräume sowie für eine winterliche Eislaufbahn. Eine vorbildliche Konservierung für die Nachwelt, die zugleich Argumente für regelmäßige Besuche liefert.

UNESCO-Welterbe Zollverein
Essen
✆ (02 01) 24 68 10
www.zollverein.de, Besucherzentrum tägl. 10–18 Uhr

Weil wir uns den Rest der lang gezogenen Stadt im späteren Verlauf der Route ansehen, fahren wir weiter ins nahe gelegene **Gelsenkirchen** (S. 324 f., www.gelsenkirchen.de). Auf Kohle geboren. So lautet eines der identitätsstiftenden Merkmale von Gelsenkirchen (mit langem »i« gesprochen, 260 000 Einwohner), das als typische Ruhrgebietsstadt gelten darf: grüner als gedacht, mit einigen Attraktionen ausgestattet und dabei sehr unprätentiös. Die Fans von Schalke 04 nennen es die schönste Stadt der Welt – mit einem lang anhaltenden Augenzwinkern.

Bereits auf dem Stadtgebiet von Herten befindet sich die **Halde Hoheward**. Schon von Weitem sind die runden Stahlbögen des Horizontobservatoriums zu sehen, die in 152 Metern Höhe auf der Halde thronen. Der Panoramaausblick reicht bei geeigneter Witterung über das gesamte Ruhrgebiet.

Weiter führt die Route in Richtung **Dortmund** (S. 326 f., https://visit.dortmund.de), das mit 585 000 Einwohnern im Kampf um den Ehrentitel der größten Stadt im Pott derzeit eine Nasenlänge vor Essen liegt. Der Primus kokettiert mit Ruhrgebietsslang (»Kommse gucken«) – und obwohl auch hier der Fußball (S. 327) eine zentrale Rolle spielt, gibt es noch einige andere Leuchttürme, die das industrielle Erbe zukunftsgerecht hochhalten. Ganz oben auf der Liste stehen dabei die Zeche Zollern und die Kokerei Hansa. Im nördlichen Stadtteil Eving ist eine weitere Besonderheit des Ruhrgebiets zu bewundern: die Arbeitersiedlung, in diesem Fall die »Alte Kolonie«.

Mekka des Fußballs im Pott: die Veltins-Arena in Gelsenkirchen

Industriehalle der Zeche Zollern in Dortmund

Horizontobservatorium Halde Hoheward in Herten

Bei angenehmen spätsommerlichen Temperaturen am Kemnader See

Ruine Hohensyburg

Nächstes Highlight ist ein unterirdisches Museum im östlich gelegenen **Unna**. Die Umschreibung bezieht sich nicht auf die Qualität des Zentrums für Internationale Lichtkunst (www.lichtkunst-unna.de), sondern auf den Ort, an dem die wechselnden Installationen zu sehen sind. Diese stammen von Stars wie Olafur Eliasson oder James Turrell.

An Flüssen und Seen

Nach so viel (Industrie-)Kultur kommt eine Auszeit am **Möhnesee** (www.moehnesee.de) gerade recht. Der Stausee mit seiner Wasseroberfläche von rund zehn Quadratkilometern befindet sich am Nordrand des Naturparks Arnsberger Wald (www.naturpark-arnsberger-wald.de) und somit an der Nordflanke des Sauerlands. Einen Überblick über das Mittelgebirge gestattet in **Arnsberg** (73 000 Einwohner, www.arnsberg-info.de) das Sauerlandmuseum (http://www.sauerland-museum.de). Die hübsch restaurierte Altstadt wird von der Ruhr umspült, die hier einen extravaganten Schlenker macht.

Nun stehen die Zeichen auf Aufbruch zurück in den Pott. Über Iserlohn geht es in Richtung Hagen, wo die Lenne in die Ruhr mündet. Durch eine Mauer aufgestaut speisen beide Flüsse gemeinsam den **Hengsteysee**, an dessen Nordufer sich die Ruhrsteilhänge **Hohensyburg** (www.hohensyburg.de) aufbauen. In Kombination mit der gleichnamigen Burgruine ein Landschaftsbild, das man eher am romantischen Mittelrhein erwarten dürfte.

Das gilt im Grunde auch für den weiteren Flussverlauf, der zwar nicht von einer Panoramastraße, aber immerhin von einem gut ausgebauten Radweg (www.ruhrtalradweg.de) begleitet wird. Mit **Harkortsee** und **Kemnader See** breiten sich schon auf dem Weg nach Bochum weitere Gewässer aus.

Mitten im Ruhrgebiet: die Nachbarn Bochum und Essen

Bochum (S. 328 f., www.bochum-tourismus.de) liegt mitten im Ruhrgebiet und zugleich im Zentrum Nordrhein-Westfalens. Die einstige Bergarbeiter- und heutige Universitätsstadt (365 000 Einwohner) besitzt auch für Besucher ein interessantes Portfolio, das vom weltweit erfolgreichsten Musical über eine national bekannte Currywurst bis in einen tief unter der Erde liegenden Schacht reicht.

Die flächenmäßige Ausdehnung ist für Ortsunkundige auch in **Essen** (S. 330 f., www.visitessen.de) verwirrend: Die Stadt reicht von den Ufern der Emscher bis runter zum Baldeneysee, wo die Ruhr abermals aufgestaut und zu einem Naherholungsgebiet umfunktioniert wurde. Unter den Ruhrgebietsstädten gilt Essen (582 000 Einwohner) als feine Adresse, in der sich viele wohlhabende Industrielle niedergelassen haben. Auch überrascht die teils auf Hügeln gelegene Stadt mit der Diagnose, die drittgrünste Deutschlands zu sein. Das historische Erbe wird von einer Industriestätte aufrechterhalten, die zum UNESCO-Welterbe zählt: die Zeche Zollverein (S. 315). Und auch sonst hat die Museumslandschaft einiges zu bieten.

Sonnenuntergang über der City von Bochum mit dem Exzenterhaus

Auf hügeligem Terrain

Ein ganz anderes Gesicht zeigt der Pott im weiteren Verlauf der Route. Vom **Baldeneysee** (S. 330) führt die Strecke zum nächsten Etappenziel durch sehr hügeliges Terrain, das Flachländer gar als bergig bezeichnen dürften. Über Bökenbusch windet sich die Straße bis nach **Wuppertal** (355 000 Einwohner, www.wuppertal.de), das zuweilen auch dem Bergischen Land zugeschlagen wird. Wuppertal befindet sich als solches erst seit 1930 auf der Landkarte, vorher waren die vielen Unterzentren eigenständige Kommunen. Viele von ihnen jedoch werden schon seit 1901 von einem weltweit einzigartigen Verkehrsmittel miteinander verbunden. Überregional bekannt sind außerdem der Wuppertaler Zoo (www.wuppertal.de) und das Von der Heydt-

Beliebtes Wassersportrevier: der Baldeneysee

Mini-Reportage

Schwebebahn Wuppertal: Ein weltweites Unikum

Als am 1. März 1901 ein neuartiges Verkehrsmittel seinen Dienst aufnahm, war dies einer gewissen Not geschuldet: Das eher enge Tal der Wupper war im Zuge der rasch voranschreitenden Industrialisierung bereits ordentlich zugebaut, sodass die Verantwortlichen nach einer Alternative zu Eisen- oder Straßenbahn suchen mussten. Die Wahl fiel auf eine Einschienenhängebahn, die auf einer Strecke von 13,3 Kilometern von Vohwinkel über Elberfeld bis nach Oberbarmen führten sollte. Mit dem bis zu 60 Stundenkilometer schnellen Verkehrsmittel verfügen die Wuppertaler über ein in dieser Form einzigartiges System, das im Volksmund schon bald als Schwebebahn bezeichnet wurde, auch wenn das technisch gesehen nicht stimmt. Die Züge stoppen an 20 Haltestellen und verbinden bis heute die bevölkerungsreichsten Stadtteile miteinander. Darüber hinaus ist die Schwebebahn, die mittlerweile in das Tarifsystem des Verkehrsverbunds Rhein-Ruhr (VRR) integriert ist, die ultimative Touristenattraktion der Stadt. Möglich ist ihr Betrieb dank 468 Trägern, die zum Teil den Verkehr über dem Lauf der Wupper gestatten und die so konzipiert sind, dass sie dem hochwassergefährdeten Fluss trotzen können. Bis zum 12. April 1999 galt die Schwebebahn als sicherstes Verkehrsmittel der Welt. Am diesem Tag jedoch ereignete sich ein schwerer Unfall, bei dem fünf Menschen starben. Infos unter www.schwebebahn.de.

Höchste Eisenbahnbrücke Deutschlands

Museum in Elberfeld (https://vdh-museum.de) mit seiner bedeutenden Sammlung vor allem französischer Malerei des 19. Jahrhunderts.

Zum Abschluss der Tour folgen wir der Wupper noch ein Stück flussabwärts in Richtung Mündung, wo bei Solingen mit der **Müngstener Brücke** (www.ruhrgebiet-industriekultur.de) die höchste Eisenbahnbrücke Deutschlands steht. Das Bauwerk ermöglicht Zügen die Überquerung des Flusses in 107 Metern Höhe. Darunter befindet sich der Brückenpark Müngsten mit einer Attraktion, die nahtlos an das Wuppertal-Erlebnis anschließt: Hier ist es eine gleichfalls einzigartige Schwebefähre (www.solingen.de), die den Fluss überquert – allerdings in nur zwei Metern Höhe. Bis zum Ausgangspunkt an den sechs Seen von Duisburg sind es von hier aus rund 50 Kilometer. ■

SERVICE & TIPPS

Duisburg – Schloss Moyland – Kleve – Oberhausen – Bottrop – Gelsenkirchen – Dortmund – Bochum – Essen

DUISBURG

Die Königstraße und die Skulptur »Lifesaver«

U-Bahnhof Heinrich-König-Straße
Heinrich-König-Straße
Duisburg
www.dvg-duisburg.de
Zahlreiche deutsche U-Bahnhöfe sind unterschätzte Kunstwerke. Dieser Haltepunkt wurde von keinem Geringeren als Gerhard Richter gestaltet. Gemeinsam mit Isa Genzken hat sich die Kunstikone mit farbiger Emaille auf Edelstahlplatten und Spiegelglas verewigt.

Fahrt durch den Duisport

Weiße Flotte
Calaisplatz 3, Duisburg
✆ (02 03) 713 96 67
http://wf-duisburg.de
April–Okt. 11–15.30 Uhr
Ticket € 16/8
Das Areal an der Ruhrmündung gilt als größter Binnen-

TOP 3 Duisburg

Landschaftspark Duisburg-Nord
Emscherstr. 71
https://landschaftspark.de
Ganzjährig zugänglich
Das Ensemble kolossaler Stahl- und Betonkonstruktionen ist das ultimative Sinnbild der industriellen Vergangenheit. Wo einst fünf Hochöfen auf Hochtouren liefen, ist eine Parkanlage entstanden, die unter anderem als Kulisse für Festivals dient.

Tiger & Turtle – Magic Mountain
Ehinger Straße
www.tigerandturtle.duisburg.de
Ganzjährig zugänglich
Dieses Objekt gehört dank seiner markanten Form zu den meistfotografierten der Gegenwart: Warum? Weil es sich um eine begehbare Skulptur in Form einer Achterbahn handelt. Ein bizarrer Parcours aus sich windenden Treppenkaskaden.

Lehmbruck Museum
Friedrich-Wilhelm-Str. 40
✆ (02 03) 283 32 94
https://lehmbruckmuseum.de
Di–Fr 12–17, Sa/So 11–17 Uhr, Eintritt € 9/5
Das Ausstellungshaus dient in erster Linie der Bewahrung des Erbes von Wilhelm Lehmbruck (1881–1919). Die Stadt verehrt den modernistischen Bildhauer und Zeichner als einen ihrer wichtigsten Söhne. Im angrenzenden Skulpturenpark präsentiert sich von Pablo Picasso über Joseph Beuys bis zu Richard Serra die Elite der künstlerischen Avantgarde seit Ende des 19. Jh.

Hochöfen im Landschaftspark Duisburg-Nord

U-Boot-Kunstinstallation am Museum Küppersmühle am Innenhafen, Skulptur von A. M. Kaufmann und H.-U. Reck

Das Restaurant am Innenhafen ist Teil des MKM – Museum Küppersmühle

hafen der Welt. Die Logistikdrehscheibe können Besucher im Rahmen zweistündiger Rundfahrten erkunden. Die ehrwürdigen Speicherbauten und Getreidemühlen wurden in Kombination mit modernen Bauten zu einem Vorzeigequartier mit Restaurants, Kneipen und einer Marina. Ab Mitte der 1990er Jahre begann die Verwandlung nach Plänen des britischen Stararchitekten Sir Norman Foster.

Restaurant

Küppersmühle
Philosophenweg 49, Duisburg
✆ (02 03) 518 88 80, https://kueppersmuehle-restaurant.de
Tägl. außer Mo 12–22 Uhr
Alte Gemäuer, neues Konzept. Mit dieser Formel hat es das feine Lokal am Innenhafen zu einem Publikumsliebling gebracht. Auf den Teller kommen vor allem regionale Produkte. Mit Blick aufs Wasser. ■

Campingplatz

Freizeitdomizil Entenfangsee
Am Entenfang 7
Mülheim an der Ruhr
GPS: 51.37208, 6.81560
✆ (02 03) 76 01 11
https://entenfangsee.freizeit-oasen.de
Ganzjährig geöffnet
Campingplätze sind in und um Duisburg eher rar. Diese Anlage liegt immerhin an der Sechs-Seen-Platte – wenn auch zwischen Bahnlinie und Autobahn.

KLEVE

Schwanenburg und -turm

Aussichtsturm Kleve
Königsallee 260, Kleve
✆ (0177) 267 19 05
https://aussichtsturm-kleve.de
In dem schönen Turm finden Veranstaltungen und private Feiern statt.

Schwanenturm
Schlossberg 1, Kleve
✆ (028 21) 228 84
www.kleve-tourismus.de
Tägl. 11–17 Uhr, im Winter nur Sa/So, Eintritt € 3/1
Der Turm der Schwanenburg zu Kleve soll von Caesar erbaut worden sein – und das 300 Jahre vor Gottes Geburt. Diese Anekdote kursiert am Niederrhein über das unumstrittene Wahrzeichen der Stadt. Im Jahr 1439 ist das Bauwerk eingestürzt, wobei ein Zusammenhang zu der recht hochmütigen Geschichtsschreibung nie nachgewiesen werden konnte. Im dem mehrfach umgebauten Komplex befinden sich heute Amts- und Landgericht sowie ein kleines geologisches Museum. Der Blick reicht übers Rheintal bis in die Niederlande.

Riesige Supermärkte
In den Niederlanden ist fast alles deutlich teurer als in Deutschland. Daher sind in Kleve Super- und Getränkemärkte entstanden, die fast schon amerikanische Ausmaße besitzen. Ideal zur Auffüllung des Reisekühlschranks. Ein Phänomen.

Restaurant

Tijuana Bar
Opschlag 7–9, Kleve
✆ (028 21) 975 89 10
https://bar-tijuana.de
Mo–Fr ab 16, Sa/So ab 12 Uhr
Populärer Mexikaner mit günstigen Cocktails und hübschen Plätzen unter freiem Himmel. Bestellt wird vorzugsweise per App. ■

Auf dem Weg von Xanten nach Kleve: Schloss Moyland

Die mittelalterliche Wasserburg mit den vier auffälligen Türmen hat schon einiges mitgemacht. Heute beherbergt das Museum Schloss Moyland eine Ausstellung für moderne und zeitgenössische Kunst sowie ein führendes internationales Forschungszentrum zu Joseph Beuys. In den gepflegten Gartenanlagen gedeihen nicht weniger als 530 Hortensienarten.

Museum Schloss Moyland
Am Schloss 4, Bedburg-Hau
✆ (028 24) 95 10 60
www.moyland.de
Mo 11–17, Di–Fr 11–18, Sa/So 10–18 Uhr, im Winter kürzer
Eintritt € 7/3

Freizeitpark Wunderland Kalkar

Urlaub im Atomkraftwerk? Das ist nicht so unrealistisch, wie es sich zunächst anhört. Ein niederländischer Unternehmer hat rund um den vollendeten, aber nie in Betrieb genommenen »schnellen Brüter« einen Themenpark mit 40 Attraktionen, Restaurant und Hotel eingerichtet.

Wunderland Kalkar
Griether Str. 110–120, Kalkar, www.wunderlandkalkar.eu
Wechselnde Öffnungszeiten, Eintritt € 35/30

Campingplatz mit Naturfreibad

Campingplatz

Freizeitpark Wisseler See GmbH
Zum Wisseler See 15, Kalkar
GPS: 51.76122, 6.28469
✆ (028 24) 963 10, https://wisseler-see.de
Ob mit Zelt, Wohnmobil oder Wohnwagen, ob Familien, Best Ager oder Paare der Wisseler See wird Besucher mit einer Palette von Angeboten und Freizeitaktivitäten überraschen. Hochwertigen Chalets oder abenteuerlichen Trekkinghütten. Restaurant, Backshop, Kiosk und Imbiss sorgen für den kulinarischen Genuss. Ganzjährig perfekt zur Entspannung und Erkundung des Niederrheins.

OBERHAUSEN, BOTTROP UND GELSENKIRCHEN

Der Gasometer Oberhausen: ein außergewöhnlicher Ort für Ausstellungen

Gasometer Oberhausen
Arenastr. 11, Oberhausen
✆ (02 08) 850 37 30
www.gasometer.de
Ein 117 Meter hoher Gasspeicher von 1929, der heute als Aussichtsturm, Ausstellungsraum und Industriemonument gleich mehrere Rollen auszufüllen weiß.

Im Land der bunten Bausteine

LEGOLAND® Discovery Centre Oberhausen
Promenade 10
Oberhausen
www.legolanddiscoverycentre.com/oberhausen
Tägl. 10/12–17 Uhr
Eintritt € 15, bis 2 J. frei, Ticket immer mit Zeitfenster

Centro
Centroallee 1000
Oberhausen
✆ (02 08) 828 20 55
www.centro.de
Tägl. außer So 10–20 Uhr
Einkaufszentrum mit 125 000 m² Verkaufsfläche.

Grusellabyrinth NRW
Knappenstr. 36
Bottrop
✆ (020 41) 567 06 66
https://grusellabyrinth.de
Fr 17–21, Sa 15–21, So 15–20 Uhr, Verschiedene Tickets Shows und Labyrinthe, Themenwelten und Escape Rooms – und alles zum Gruseln.

Veltins-Arena
Rudi-Assauer-Platz 1
Gelsenkirchen
https://veltins-arena.de
Schalke Museum: Treppenhaus 12
Museum tägl. außer Mo 10–17, März–Okt. Di–Fr bis 18 Uhr
Eintritt Museum € 5/3

Das CentrO in Oberhausen, größtes Einkaufszentrum Deutschlands

Mini-Reportage

Emscher Radweg

Von der Quelle bei Holzwickede bis zur Mündung bei Dinslaken führt dieser Radweg auf 101 km vorbei am »schönen Emscherstrand«, wie man in Gelsenkirchen sagt. Es ist ein Stück Deutschland, das nicht überall zuerst nach Touristen schreit, das aber eine wichtige Rolle bei der Entwicklung des Landes zu einer der führenden Industrienationen gespielt hat. Infos unter www.emscher-weg.de.

Die Pilgerstätte für alle Fans des FC Schalke 04 ist berühmt für grandiose Stimmung und volksnahe Fußballfeste mit Bier und Currywurst. Die Arena wird auch für Megakonzerte und Events wie Hallenbiathlon genutzt. Das Schalke Museum zeigt auf mehr als 600 m² die wechselvolle Geschichte der Schalker Knappen.

Zoom World
Bleckstr. 64, Gelsenkirchen
✆ (02 09) 954 50
www.zoom-erlebniswelt.de
Tägl. 9–18.30 Uhr, im Winter kürzer, Eintritt € 21,50/14
Beliebter Tiergarten am Rhein-Herne-Kanal mit Erlebniswelten, die Alaska, Asien und Afrika gewidmet sind.

Musiktheater
Kennedyplatz, Gelsenkirchen
✆ (02 09) 409 72 00
https://musiktheater-im-revier.de

Das Ruhrgebiet war ein Vorreiter bei der Kooperation von Kulturstätten – sie wurden auf die nahe beieinander liegenden Städte verteilt. Gelsenkirchen hat den Zuschlag für das Musiktheater erhalten, das der Aufführung von Opern, Musicals, Sinfoniekonzerten und Tanz vorbehalten ist.

Gaststätte

Vereinslokal Gaststätte Bosch
Ernst-Kuzorra-Platz 1
Gelsenkirchen
✆ (02 09) 155 00 67
www.vereinslokal-bosch.de
Tägl. außer Mo ab 16 Uhr
Das Restaurant neben der legendären Glückauf-Kampfbahn ist wie aus der Zeit gefallen. Ruhrgebietsfolklore pur – auch auf der Speisekarte. ■

Tiere hautnah erleben – in der ZOOM Erlebniswelt

Campingplatz

Erholungsplatz Wehlingsheide
Im Wehling 26, Datteln
GPS: 51.68230, 7.30632
✆ (023 63) 334 04, www.wehlingsheide.de
Ganzjährig geöffnet
In Ermangelung eines urlaubskompatiblen Platzes im Großraum Gelsenkirchen bietet sich ein Abstecher zu diesem hübschen Platz an der Lippe an.

DORTMUND

Förderturm der Zeche Zollern

Zeche Zollern
Grubenweg 5, Dortmund
✆ (02 31) 696 12 11
https://zeche-zollern.lwl.org/de
Tägl. außer Mo 10–18 Uhr
Eintritt € 5/2,50
Beim Bau im Jahr 1900 war dieses Prunkstück der Industriekultur als »Schloss der Arbeit« konzipiert. Dieses Versprechen erfüllt bereits die prunkvolle Backsteinfassade mit einem bunt verglasten Jugendstilportal. Erst dahinter tauchten die Kumpel in die harte Welt der Untertagearbeit ein. Wie diese genau aussah, verdeutlicht heute ein Industriemuseum des Landschaftsverbands Westfalen-Lippe.

Kokerei Hansa
Emscherallee 11, Dortmund
✆ (02 31) 93 11 22 33
www.industriedenkmal-stiftung.de
Tägl. außer Mo 10–18 Uhr, im Winter kürzer, Eintritt frei
Dieses Industriemonument zählte in den 1920er Jahren zu den größten Kokereien des Ruhrgebiets, dessen Eisenhütten auf den Rohstoff angewiesen waren. Ein lebensnotwendiges und dabei zugleich lebensfeindliches Produkt, das der Kokerei den wenig schmeichelhaften Namen der »verbotenen Stadt« eingetragen hat. Mit dem gebührenden zeitlichen Abstand hat sich die Anlage heute zu einem beliebten Motiv für Fotoserien entwickelt.

In der Kokerei Hansa wurden über 5000 Tonnen Koks täglich produziert

Dortmunder U
Leonie-Reygers-Terrasse
Dortmund
✆ (02 31) 502 47 23
www.dortmunder-u.de
Der ehemalige Gär- und Lagerkeller der Dortmunder Union Brauerei ist ein 70 m hoher Backsteinbau, auf dem ein charakteristisches »U« angebracht ist. Wo früher Bier erzeugt wurde, erfreut heute ein Kulturzentrum mit Museum, Kino, Bibliothek und Uni-Einrichtungen die Menschen. Eröffnet wurde es 2010 als zentrales Projekt des Kulturhauptstadtjahres.

Kreuzviertel
Südwestl. der City, zwischen Hohe Straße, Sonnenstraße, Rheinlanddamm und Lindemannstraße
Im Ruhrgebiet gibt es keine hippen Stadtviertel? Unsinn! Das Kreuzviertel in Dortmund vergleicht sich selbstbewusst

Das Dortmunder U erstrahlt in neuem Glanz

mit dem Prenzlauer Berg in Berlin oder dem Hamburger Schanzenviertel. Nicht ganz zu Unrecht, denn die Altbausiedlung lockt mit gemütlichen Seitengassen, inhabergeführten Geschäften, Bars, Kneipen und Restaurants.

Mit Schmackes
Hohe Str. 61 A, Dortmund
✆ (02 31) 95 09 70 95
www.schmackes-dortmund.de
Mo–Do 16.30–22, Fr 16.30–23, Sa 12–23, So 12–22 Uhr
Noch nie vom Ruhrpott-Carpaccio gehört? Dann ab in dieses Lokal, das eine Curry- und/oder Jägerwurst mit Pommes unter diesem Namen verkauft. ■

Fußballkultur im Ruhrgebiet

Wer das Ruhrgebiet von seiner authentischsten Seite kennenlernen möchte, sollte unbedingt versuchen Tickets für ein Fußballspiel von Schalke 04 oder Borussia Dortmund zu ergattern. Die Fans der beiden Größen mögen sich leidenschaftlich verachten. Doch bei aller Rivalität gibt es auch einen gewissen Respekt dafür, dass der Fußball für die Anhänger beider Clubs primärer Lebensinhalt ist. Die Tickets sind im internationalen Vergleich bezahlbar, das Bier ist erschwinglich und die Currywurst ist allgegenwärtig. Das sorgt für ausverkaufte Häuser mit 62 000 (Schalke) beziehungsweise 80 000 (Dortmund) Zuschauern, wobei der Zuspruch schon lange von den jeweiligen Leistungen losgelöst ist. Doch mit den beiden Clubs ist das Reservoir nicht erschöpft: Auch VfL Bochum, MSV Duisburg, Rot-Weiß Essen oder Rot-Weiß Oberhausen blicken auf eine große Vergangenheit zurück. Weil die Mannschaften aber nicht immer auf höchstem Niveau spielen, hat der Pott fußballtechnisch Vereine wie Borussia Mönchengladbach oder Fortuna Düsseldorf eingemeindet. Das birgt unterm Strich guten Stoff für Spektakel und große Emotionen. Woche für Woche – und vorzugsweise im Trikot. Dabei hat der Pott ein eigenes Vokabular entwickelt, dessen bekanntester Fachterminus das »Pöhlen« ist: weitestgehend unkoordinierter Straßenfußball für Jedermann.

Mini-Reportage

Campingplatz

Campingplatz Möhnesee
Arnsberger Str. 8, Möhnesee-Delecke
GPS: 51.47753, 8.10393
✆ (029 24) 878 42 10
www.campingplatz-moehnesee.de
Ganzjährig geöffnet
Auch Dortmund ist keine Hochburg der Campingplatzkultur. Gut also, dass sich mit dem Möhnesee ein attraktiver Stausee in Reichweite befindet – der übrigens zugleich als Einfallstor ins Sauerland dient.

BOCHUM

Ehrenfeld
Südlich der City via Königsallee Bochum
Einen Stadtteil dieses Namens kennen viele nur aus Köln. Dabei bürgt auch der Bochumer Namensvetter für inhabergeführte Geschäfte (zum Beispiel Stückgut, Wohnbar), coole Restaurants (I am Love, Butterbrotbar) und ein wenig Underground-Atmosphäre.

Bermuda Dreieck
Zwischen Südring und Konrad-Adenauer-Platz, Bochum
www.bermuda3eck.de
Größtes Ausgehviertel im Ruhrgebiet mit Lokalkolorit und ca. 60 gastronomischen Betrieben.

Imbiss

Bratwursthaus
Bermudadreieck, Kortumstr. 18 Bochum, www.bratwursthaus.com, tägl. 11–21 Uhr
In Bochum sollten auch Foodies ihre Ansprüche herunterschrauben, denn hier ist die Currywurst unumstrittene Nummer eins. Ohne den Besuch dieses Imbisses ist die Ruhrgebietserfahrung unvollständig. ■

TOP 3 Bochum

Deutsches Bergbau-Museum Bochum
Am Bergbaumuseum 28
✆ (02 34) 587 70, https://www.bergbaumuseum.de
Tägl. außer Mo 9.30–17.30 Uhr, Eintritt € 10/5
Im Pott mag endgültig Schicht im Schacht sein, doch in diesem Museum lebt die Kumpel-Kultur fort.

Eisenbahnmuseum
Dr.-C.-Otto-Str. 191
✆ (02 34) 49 25 16, http://eisenbahnmuseum-bochum.de
Tägl. außer Mo 10–17 Uhr, Eintritt € 9/4
Historische Eisenbahnen auf einem vormals höchst geschäftigen Areal. An ausgesuchten Tagen pendeln von Dampfloks angetriebene Bahnen mit Nostalgikern an Bord durchs Ruhrgebiet.

Starlight Express
Stadionring 24, ✆ (02 34) 50 60 20, www.starlight-express.de
Laut Guinness-Buch der Rekorde die erfolgreichste Musicalproduktion aller Zeiten. Ein Dauerbrenner seit 1988.

Lokomotiven mit menschlichen Zügen: »Starlight Express« in Bochum

Campingplatz

Campingplatz Ruhrbrücke
Ruhrstr. 6, Hattingen
GPS: 51.40652, 7.17321
✆ (023 24) 800 38, www.camping-hattingen.de
April–Mitte Okt.
Im Herzen des Ruhrgebiets am Ufer des namensgebenden Flusses gelegene Anlage. Sauber, freundlich und gut geeignet für Ausflüge.

Das Bermudadreieck ist ein beliebter Treffpunkt im Zentrum Bochums

ESSEN

TOP 3 Essen

Museum Folkwang
Museumsplatz 1
✆ (02 01) 884 50 00, www.museum-folkwang.de
Tägl. außer Mo 10–18, Do/Fr bis 20 Uhr
Eintritt frei außer zu Sonderausstellungen
Führendes Ausstellungshaus für die Kunst der beginnenden Moderne bis hin zur Gegenwart mit Prunkstücken u.a. von Caspar David Friedrich, van Gogh und Rodin in einem Bau von David Chipperfield.

Ret Dot Design Museum
Welterbe Zollverein, Areal A [Schacht XII], Kesselhaus [A7]
Gelsenkirchener Str. 181
✆ (02 01) 301 04 60, www.red-dot-design-museum.de
Tägl. außer Mo 11–18 Uhr, Eintritt € 9/4
Spannende Ausstellung für Design und Industriedesign in der ehemaligen Energiezentrale der Zeche Zollverein (vgl. S. 315).

Villa Hügel
Kulturstiftung Ruhr, Hügel 1
✆ (02 01) 61 62 90, www.villahuegel.de
Tägl. außer Mo 10–18 Uhr, Eintritt € 5
Ehemaliger Wohnsitz der Familie Krupp am Baldeneysee mit nicht weniger als 269 Räumen, von denen viele besichtigt werden können. Mit großzügigem Park.

Baldeneysee
www.baldeneysee.de
Der größte der insgesamt sechs Ruhrstauseen erfreut die Besucher mit einem umfassenden Freizeitangebot, der Möglichkeit an Deck der Weißen Flotte zu gehen oder den Kettwiger Panoramasteig zu erkunden.

Grugapark
Messeplatz, Essen
www.grugapark.de
Tägl. 9 Uhr bis Sonnenuntergang, Eintritt € 4/2,50
Ursprünglich im Jahr 1929 für die »Große Ruhrländische Gar-

»Schürerstand« des Red Dot Design Museums mit dem hängenden Audi

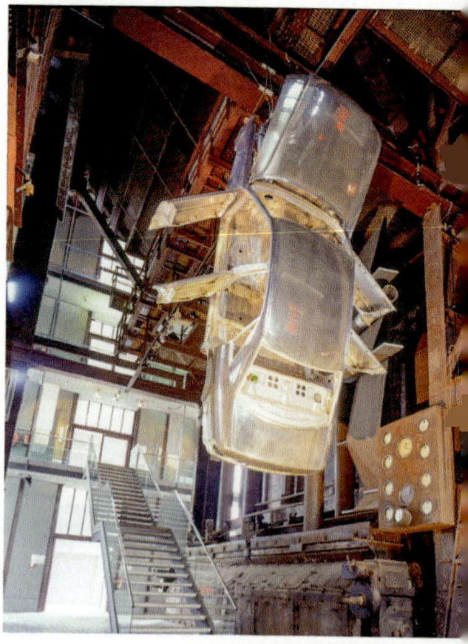

Villa Hügel, ehemaliger Wohnsitz der Industriellenfamilie Krupp in Essen

Das Hundertwasserhaus auf dem Gruga-Gelände in Essen

tenbau-Ausstellung« angelegt ist der Park heute ein vielseitiger Rückzugsort.

Rüttenscheider Straße
Südl. der Essener City
Die Rüttenscheider Straße wird von den Einheimischen liebevoll »Rü« genannt und gilt als ultimative Einkaufs- und Ausgehmeile Essens. Originelle Geschäfte wie »Format Wunderland« oder die »Wohngemeinschaft« wechseln sich mit Bars und Restaurants mit Namen wie »Zweibar« oder »Gin & Jagger« ab.

Lichtburg
Kettwiger Str. 36, Essen
✆ (02 01) 23 10 23
https://filmspiegel-essen.de
Eins der schönsten Kinos der Welt und mit 1250 Plätzen zugleich Deutschlands größtes Lichtspielhaus. Auch für Konzerte ein toller Ort.

Restaurant

Tatort Essen
Rüttenscheider Str. 182, Essen
✆ (02 01) 32 03 99 80
www.tatort-essen.de
Kreative Küche mit einer gewissen Bodenständigkeit in entspanntem Ambiente in Essens angesagtester Straße. ■

Mini-Reportage

Gartenstadt Margarethenhöhe und andere Arbeitersiedlungen

Die Industrialisierung ab der ersten Hälfte des 19. bis weit hinein ins 20. Jahrhundert hat das Ruhrgebiet maßgeblich geprägt. Ohne Arbeiter freilich wäre das nicht möglich gewesen. Weil der Bedarf an Arbeitskräften genauso schnell wuchs wie die Produktion von Waren, musste man jenen auch ein Zuhause bieten können. So sind an vielen Orten des Ruhrgebiets die typischen Arbeitersiedlungen entstanden. Einerseits zweckmäßig, andererseits innovativ – und noch heute vielerorts zu bewundern. Eine der schönsten ist die Gartenstadt Margarethenhöhe, die Angestellten der Krupp-Werke und Beamten der Stadt als Heimat diente. Entstanden ist sie zwischen 1909 und 1935 und somit im Zeitalter des »Neues Bauens«, das von dem Bemühen um humanes Wohnen und egalitäre Verhältnisse geprägt war. Dennoch gleicht in der von dem Architekten Georg Metzendorf entworfenen Siedlung kein Haus dem anderen. Vielmehr hat der Baumeister einheitliche Elemente verwendet, die er auf immer neue Weise kombinierte. So entstand eine abwechslungsreiche und dennoch stilistisch geschlossene Siedlung, zu deren gestalterischen Highlights der Marktplatz mit dem ehemaligen »Krupp'schen Konsum« gehört, in dem sich noch immer ein Supermarkt befindet. Infos unter www.ruhr-tourismus.de.

Campingplatz

Knaus Campingpark Essen-Werden
Im Löwental 67, Essen
GPS: 51.38128, 6.99295
✆ (02 01) 49 29 78
www.knauscamp.de
Ganzjährig geöffnet
Mittelgroße Anlage mit 100 Plätzen für Touristen. Direkt an der Ruhr gelegen und gut ausgestattet.

TOP 10 1000 PLACES

Die Renaissance des Ruhrgebiets

Das Ruhrgebiet ist keine klassische Urlaubsregion. Doch die Erkundung birgt Überraschungen ohne Ende. Den Auftakt macht die Skulptur Tiger and Turtle in Duisburgs Süden. Von hier aus ist es nicht weit bis zum Niederrhein, den vor über 2000 Jahren bereits die Römer zu schätzen wussten. Über Kleve geht es nach Oberhausen, wo der weithin sichtbare Gasometer für einen beispiellosen Strukturwandel steht. Mit der Zeche Zollverein folgt ein Denkmal der Industriekultur, dem der Titel des Weltkulturerbes gut zu Gesicht steht. Die Veltins-Arena in Gelsenkirchen fungiert unterdessen als Schauplatz einer Art Hochmesse des Fußballs. Über Dortmund und die Ausläufer des Sauerlands führt der Parcours nach Bochum, wo die Bergbaukultur in Form eines Museums überlebt. Der Baldeneysee und die Wuppertaler Schwebebahn sind Höhepunkte auf dem Weg zurück zum Ausgangspunkt.

1 Tiger and Turtle in Duisburg: Auf und ab

Eine Achterbahn mitten in einem Industriegebiet? Nein, das seltsame Gebilde in Duisburgs Süden ist eine Skulptur von Heike Mutter und Ulrich Genth, die allerdings zu guten Teilen begehbar ist. Ein Parforceritt für alle Sinne mit hohem künstlerischen Wert.

2 Xanten: Archäologischer Park

Die Römer wussten die Vorzüge des Rheins als Transportstraße zu schätzen. In Xanten haben sie das Militärlager Vetera Castra errichtet, das noch heute gut erhalten ist und den Besuchern spektakuläre Einblicke in die Vergangenheit gestattet.

3 Stolze Schwanenburg: Kleves Wahrzeichen

Lust auf Geschichte und Geschichten? Dann nichts wie hin zu diesem Bauwerk, das sich in wechselnder Gestaltung seit mehr als 1000 Jahren auf einem Hügel nahe der Innenstadt von Kleve hält und heute unter anderem das Landgericht beherbergt.

4 Oberhausen: Grandioser Gasometer

Nach dem Niedergang von Bergbau und Industrie musste Oberhausen sich neu erfinden. So entstand die Neue Mitte mit dem riesigen Einkaufszentrum Centro. Der 117 Meter hohe Gasometer fungiert als Ausstellungshaus und Aussichtsplattform.

To See Before You Die®

5 Zauberhafte Zeche Zollverein: In Essens Norden

Das gigantische Mahnmal der Schwerindustrie wurde in das UNESCO-Weltkulturerbe aufgenommen. Dabei begnügt sich die Zeche nicht mit ihrem Status als formschönes Relikt der Industriekultur, sondern erfreut auch als Veranstaltungsgelände.

6 Vielseitige Veltins-Arena: Heiliger Rasen in Gelsenkirchen

Wenig reicht heran an den Stellenwert, den der Fußball im Ruhrgebiet genießt. Dies versinnbildlicht die Spielstätte des FC Schalke 04, die sich wie ein riesiger Tempel im Norden Gelsenkirchens erhebt und einen heiligen Rasen beherbergt.

7 Zeche Zollern: Ein Highlight in Dortmund

Das stillgelegte Steinkohlebergwerk im Nordwesten Dortmunds beeindruckt mit einer geradezu euphorischen Architektur. Highlight ist die Maschinenhalle, die bis in die Gegenwart mit historischer Ausstattung und einem Jugendstilportal begeistert.

8 Bergbaumuseum: Glückauf in Bochum

Wie sah das Leben der Kumpels unter Tage aus? Dieser Frage geht das Ausstellungshaus auf mehreren Ebenen nach. Dabei ist die Aussicht vom Förderturm kaum weniger beeindruckend als der Gang durch die unterirdischen Schächte.

9 Baldeneysee: Wasser und Hügel in Essens Süden

Das Ruhrgebiet ist grüner, als man denkt. Bestes Beispiel ist dieser See in Essens Süden, der durch die Aufstauung der Ruhr entstanden ist. Ein hübsches Revier für Wanderungen und Bootstouren in einem überraschend hügeligen Terrain.

10 Superbe Schwebebahn: Nur in Wuppertal

Das extravaganteste Verkehrsmittel Deutschlands verbindet die Stadtteile Wuppertals auf einer 13,3 Kilometer langen Strecke. Die Fahrt spielt sich zu guten Teilen über der Wupper ab und dauert unvergessliche 35 Minuten.

ROUTE 11

GROSSE SCHLEIFE DURCH WESTFALEN UND DEUTSCHLANDS MITTE

UNTERWEGS IN WENIGER BEKANNTEN GEFILDEN (ETWA 1250 KM)

Münster – Merfelder Bruch – Naturpark Hohe Mark – Zwillbrocker Venn – Schloss Ahaus – Herford – Bad Salzuflen – Hermannsdenkmal im Teutoburger Wald – Höxter – Bad Karlshafen – Korbach – Nationalpark Kellerwald/Edersee – Kassel – Hann. Münden – Göttingen – Einbeck – Hameln – Alfeld – Hildesheim – Braunschweig – Wolfsburg – Kloster Wienhausen – Celle – Hannover – Steinhuder Meer – Osnabrück – Münster

Meppen
Löningen
Vechta
Barnstorf
Sulingen
Coevorden
Twist
Moormus.
Haselünne
Quakenbrück
Lohne
Emlichheim
Geeste
Bersenbrück
Holdorf
Diepholz
Wagenfeld
Steyerberg
Wietmarschen
Lingen (Ems)
Fürstenau
Damme
Naturtierpark
Stolzenau
N
0
10
20 km
Nordhorn
Emsbüren
Hopsten
Bramsche
Ostercappeln
Stemwede
Rahden
Petershagen
Loccum
Dinosaurier-Park Münchehagen
Almelo
Schüttorf
Mittellandkanal
Ippenburg
Espelkamp
Stadthagen
Oldenzaal
Rijssen
Hörstel
Ibbenbüren
Wallenhorst
Minden
Porta Westf.
Hengelo
ENSCHEDE
Rheine
Lotte
Osnabrück
Bad Holzhausen
Bad Oeynhausen
Tecklenburg
Bünde
Ochtrup
Haus Welbergen
Emsdetten
Georgsmarienhütte
Melle
Rinteln
Neede
Zwillbrocker Venn
Ahaus
Steinfurt
Saerbeck
Löhne
Vreden
Heek
Greven
Ladbergen
Herford
Groenlo
Schloss Ahaus
Altenberge
Bad Salzuflen
Dörentrup
Billerbeck
Telgte
Versmold
Lemgo
Schloss Brake
Winterswijk
Haus Hülshoff
Münster
Sassenberg
Bielefeld
Harsewinkel
Lage
Aalten
Warendorf
Detmold
Barntrup
Coesfeld
Senden
Gütersloh
Teutoburger Wald
Bad Meinberg
Borken
Dülmen
Sendenhorst
Rheda-Wiedenbrück
Schloss Holte-Stukenbrock
Hermannsdenkmal
Horn
Steinheim
Bocholt
Naturpark Hohe Mark
Merfeld
Heiden
Safaripark
Externsteine
Leopoldstal
Raesfeld
Haltern am See
Lüdinghausen
Oelde
Rietberg
Hamminkeln
Ascheberg
Delbrück
Egge-gebirge
Bad Driburg
Selm
Ahlen
Beckum
Bad Lippspringe
Dorsten
Marl
Werne
Hamm
Lippetal
Salzkotten
Paderborn
Wesel
Datteln
Lippstadt
Beverungen
Recklinghausen
Lünen
Bergkamen
Borchen
Bad Karlshafen
Gladbeck
Soest
Lichtenau
Dinslaken
Gelsenkirchen
DORTMUND
Werl
Büren
Wisentgehege
Borgentreich
Rheinberg
Herne
Unna
Wickede (Ruhr)
Schloss Körtlinghausen
Rüthen
Bad Wünnenberg
DUISBURG
Oberhausen
ESSEN
Schwerte
Menden
Möhnesee
Diemelstadt
Bochum
Warstein
Burg Linn
Herdecke
Hemer
Arnsberg
Brilon
Bad Arolsen
Velbert
Wetter
Hagen
Iserlohn
Meschede
Bestwig
Hattingen
Ratingen
Gevelsberg
Neuenrade
Sundern
Sorpe-Talsperre
Hennetalsperre
Willingen
Kaarst
Mettmann
Schwelm
Eslohe
Korbach
Waldeck
DÜSSELDORF
Wuppertal
Lüdenscheid
Plettenberg
Schmallenberg
Winterberg
Nationalpark Eder
Edersee
Remscheid
Herscheid
Attahöhle
Kahler Asten 841
Affoldern
Fritzlar
Zons
Versetalsperre
Lennestadt
Kellerwald
Bad Wildungen
Monheim
Attendorn
Lenne
Altenberger Dom
Biggesee
Kirchhundem
Panorama-Park Sauerland
Frankenberg (Eder)
Bergheim
Lindlar
Odenthal
Olpe
Bad Berleburg
Borken (Hessen)
Leverkusen
Gummersbach
Erndtebrück
Dom
Wiehl
Wenden
Kreuztal
Hürth
KÖLN
Rösrath
Waldbröl
Schwalmstadt
Erftstadt
Wesseling
Lohmar
Freudenberg
Siegen
Breidenbach
Wetter
Biedenkopf
Neustadt
Phantasialand
Troisdorf
Siegburg
Wissen
Marburg
Bornheim
St. Augustin
Hennef
Windeck
Wilnsdorf
Stadtallendorf
Bonn
Burbach

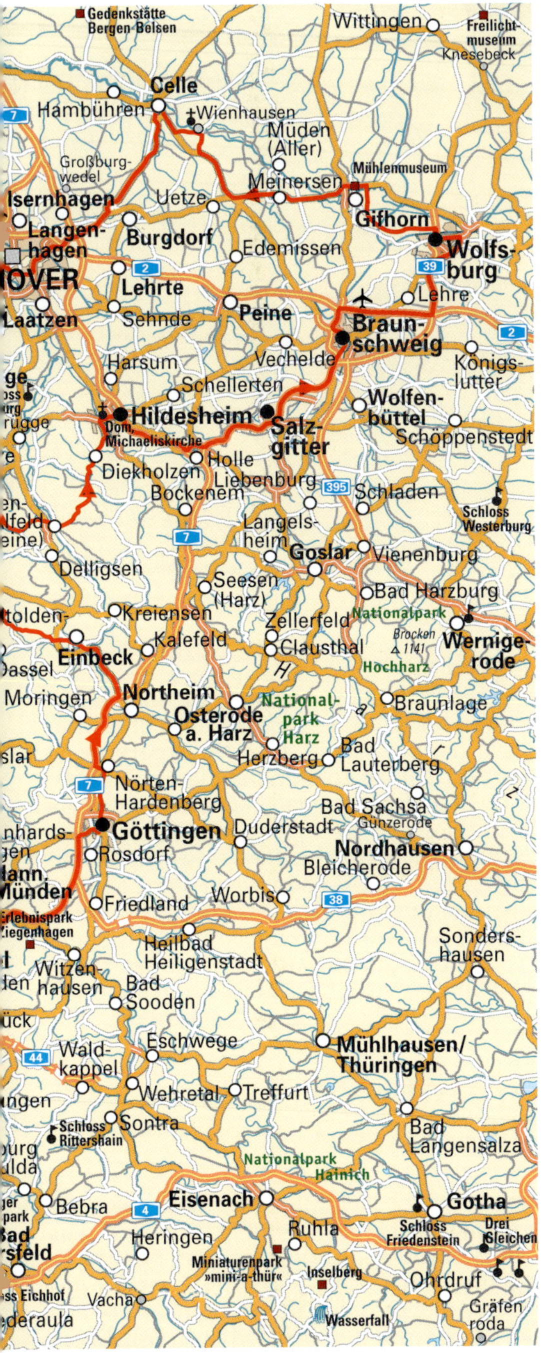

GROSSE SCHLEIFE DURCH WESTFALEN UND DEUTSCHLANDS MITTE

UNTERWEGS IN WENIGER BEKANNTEN GEFILDEN

Die Küsten, die Berge und die Flusstäler sind neben den Metropolen eindeutig die touristischen Hotspots des Landes, doch auch Deutschlands Mitte hat einiges zu bieten. Diese Route führt durch weniger bekannte Gefilde Nordrhein-Westfalens, Hessens und Niedersachsens. Wer hier unterwegs ist, kann sich auf einige Überraschungen freuen, die in der Regel nicht überlaufen sind.

Münster (S. 348 f., www.muenster.de) ist eine vergnügliche Stadt. Die Universitätsstadt mit ihren 310 000 Einwohnern besitzt die Aura einer Großstadt – nur ohne den üblichen Stress. Maßgeblichen Anteil daran hat das bevorzugte Verkehrsmittel der Münsteraner: das Fahrrad. Dank des herrlichen Stadtbilds und des vielen Grüns eignet sich die westfälische Kapitale sowohl für einen Citytrip als auch zur Erkundung der Umgebung.

Diese Tour startet denn auch mit einem Schlenker durch das vielseitige Münsterland, den manche Urlauber gern mit dem Fahrrad absolvieren. Hierzu geht es zunächst in Richtung Dülmen, wo auf dem **Merfelder Bruch** die letzte verbliebene Kolonie von Wildpferden (https://wildpferde.de) auf dem europäischen Kontinent lebt. Die 400 Tiere befinden sich im Besitz des Herzogs von Croy und sind im Alltag weitgehend sich selbst überlas-

Mini-Reportage

Deutschlands einzige Flamingo-Kolonie

Befeuert von den Mechanismen des Instagram-Zeitalters hat der Naturpark Zwillbrocker Venn (www.bszwillbrock.de) in den zurückliegenden Jahren unverhofften Ruhm erlangt. Das Schutzgebiet ist auf zwei Seiten von einer rechtwinkligen Grenzlinie eingerahmt, die Deutschland von den Niederlanden trennt. Dort findet sich meist in den Monaten April bis Juni die einzige Flamingo-Kolonie des Landes ein. 60 Tiere lassen sich jedes Frühjahr auf der nach ihnen benannten Flamingoinsel nieder, um hier ihren Nachwuchs zu zeugen und heranzuziehen. Das Feuchtgebiet, in dem früher Torf gestochen wurde, beheimatet neben der Spezies mit dem zartrosa Federkleid und den schlaksigen Beinen noch 60 weitere Vogelarten. Vor Ort werden Führungen angeboten, auch gibt es Beobachtungsstationen. Wer viel Zeit mitbringt, kann sich auf der 450 Kilometer langen Flamingo-Route (www.flamingoroute.com) mit dem Fahrrad austoben. Diese führt auf verschlungenen Wegen durch das Münsterland und passiert unterwegs diverse Naturschutzgebiete.

sen; lediglich bei strengem Frost und hohem Schnee erhalten sie zusätzliches Futter. Das Areal gehört bereits zum **Naturpark Hohe Mark** (http://naturpark-hohe-mark.de), einem dünn besiedelten Hügelland aus eiszeitlichem Sandstein, das vielseitige Landschaften beherbergt. Dazu gehört auch der historische Tiergarten von Schloss Raesfeld, in dem vor nicht allzu langer Zeit wieder Dam- und Rotwild angesiedelt wurde. Nach diesem Naturerlebnis geht es in Richtung Norden zum **Naturpark Zwillbrocker Venn** (www.muensterland.com), der eine Flamingo-Kolonie beherbergt.

Architektonische Preziosen

Wenn nach so viel Natur ein Themenwechsel angesagt ist, bietet sich hierfür **Schloss Ahaus** (www.stadt-ahaus.de) an. Das beeindruckende Wasserschloss war im Zeitalter des Barock die Residenz der Fürsten von Münster. Über Emsdetten und vorbei an Osnabrück führt die Route nun in Richtung Teutoburger Wald. Unterwegs lohnt ein Halt in **Herford** (66 000 Einwohner), das 1342 der Hanse beigetreten ist. Heute kommen Besucher vor allem wegen des Museums Marta (https://marta-herford.de), das sich der zeitgenössischen Kunst verschrieben hat. Der Entwurf für das fotogene Gebäude stammt aus dem Atelier von Frank O. Gehry. Nächster Stopp ist **Bad Salzuflen,** das bekannte Heilbad mit Villen und Bäderarchitektur sowie vielen Fachwerkhäusern.

Das Museum Marta Herford von Frank O. Gehry

Vielfalt der Architektur

Das Barock-Wasserschloss Ahaus

Im Mittelgebirge

Nun rückt der **Teutoburger Wald** (S. 350 f., www.teutoburgerwald.de) immer näher: Das bis zu 446 Meter hohe Mittelgebirge erstreckt sich in klassischer Definition vom Osnabrücker Land in südöstliche Richtung bis zum Kurort Horn-Bad Meinberg. Auf vielen Karten scheint derweil eine inoffizielle Fusion mit dem angrenzenden und geringfügig höheren Eggegebirge vollzogen zu sein. Das ist historisch bedingt, denn die beiden Mittelgebirge waren in früheren Jahrhunderten gemeinsam als Osning bekannt. Unabhängig davon bieten sich in dem großen Areal einige Zwischenstopps und Expeditionen in die Natur an. Großer Blickfang ist das **Hermannsdenkmal**. Über Bad Meinberg und Steinheim nähern wir uns nun der Weser, die zugleich als Grenze zu Niedersachsen fungiert.

Das altehrwürdige Rathaus von Bad Salzuflen

Vom Wesertal zum Edersee

Bei **Höxter** warten zwei völlig unterschiedliche Attraktionen: Die sogenannte **Teufelsschlucht** und **Schloss Corvey** (https://corvey.de). Die heutige Welterbestätte wurde vor mehr als 1200 Jahren von Benediktinermönchen gegründet. Eines der Prunkstücke ist die Bibliothek des Herzogs von Ratibor, deren 75 000 Bände in 15 eleganten Sälen untergebracht sind. Bis zu seinem Tod im Jahr 1860 wirkte hier Hoffmann von Fallersleben, der Dichter der deutschen Nationalhymne, als Bibliothekar des Herzogs.

Weseraufwärts erreichen wir bei **Bad Karlshafen** das Dreiländereck zwischen NRW, Niedersachsen und Hessen. Orte dieser Art üben eine besondere Anziehungskraft aus – vor allem, wenn sie sich in einer landschaftlich so reizvollen Umgebung wie den **Hannoverschen Klippen** befinden. So ist das Dreiländereck denn auch mit einem großen Netz an Wanderwegen gesegnet, die unter anderem zum atemberaubenden Weser-Skywalk führen (www.kulturland.org).

Weiter geht es nach **Korbach** (24 000 Einwohner, www.waldecker-land.de), der einzigen Hansestadt auf dem Territorium des heutigen Hessen. Das Städtchen lockt mit mittelalterlichen Befestigungsanlagen, mächtigen Hallenkirchen aus der Gotik und steinernen Lagerhäusern.

Nur wenige Kilometer weiter südlich breitet sich der **Edersee** aus, der durch die Aufstauung des gleichnamigen Fulda-Zuflusses entstanden ist. Schon der See und die mäandernde Eder sind für sich reizvoll, doch am Südufer entfaltet sich noch ein weiteres Highlight: der wenig bekannte **Nationalpark Kellerwald-Edersee**.

Die Hannoverschen Klippen am Nordufer der Weser passieren täglich eine Vielzahl an Passagierschiffen

Eingang zum UNESCO-Weltkulturerbe Schloss Corvey

Nationalpark Kellerwald-Edersee

Die Kombination aus der Wasserlandschaft des Edersees und der Mittelgebirgslandschaft des Kellerwalds mit seinen fantastischen Buchenwäldern macht diesen noch weithin unbekannten Nationalpark zu einem attraktiven und abwechslungsreichen Ausflugsziel. Neben Wanderrouten der Extraklasse erwarten die Besucher auch idyllische Dörfer und historische Stätten. Angler, Segler und Wassersportfreunde kommen ebenfalls auf ihre Kosten. Infos unter www.nationalpark-kellerwald-edersee.de und www.edersee.com.

Mini-Reportage

Attraktive Städte an Fulda, Werra, Leine und Weser

Nächstes Etappenziel ist **Kassel** (S. 352, www.kassel.de), das zu Unrecht oft auf die famose Documenta, die seit 1955 hier ausgetragene, weltweit tonangebende Ausstellung für Gegenwartskunst, reduziert wird. Mehr als 1100 Jahre alt hat sich die nordhessische Kapitale (202 000 Einwohner) insgesamt zu einem bedeutenden Kulturstandort entwickelt. Als langjährige Residenzstadt kann sich Kassel vieler sehenswerter Bauten und Museen rühmen. Im 19. Jahrhundert haben die Brüder Grimm hier einen Großteil ihres Oeuvres verfasst. Hinreichend Argumente für einen Besuch.

Mit **Hannoversch Münden** (24 000 Einwohner, https://hann.muenden-erlebnisregion.de), oft als Hann. Münden abgekürzt, ist es nicht weit bis zum nächsten Stopp. Hier markiert der Zusammenfluss von Fulda und Werra den Geburtsort der Weser, die bekanntlich bei Bremerhaven in die Nordsee mündet und eine verlässlich prosperierende Wasserstraße für die Region darstellt. Die am Fuß des Weserberglands gelegene Stadt beeindruckt mit einer mittelalterlichen City und wunderbaren Fachwerkhäusern. Ein Umstand, der uns auf dem Weg ins tiefere Niedersachsen öfter begegnen wird.

Kassel Wilhelmshöhe: der größte Bergpark Europas

Der Göttinger Gänseliesel-Brunnen: Wer einen Abschluss an der Georg-August-Universität macht, besteigt den Brunnen und küsst die Liesel

Fachwerkfassaden in Einbeck

Mittlerweile dürften auch Skeptiker überzeugt sein, dass Deutschlands Mitte voller unentdeckter Reichtümer steckt. Ein Eindruck, den der Besuch Göttingens weiter verfestigt. Universitätsstädte verfügen über hochwertige Forschungseinrichtungen, sie besitzen ein reges Kulturleben – und sie haben eine junge Bevölkerung. Aus all diesen Gründen ist **Göttingen** (www.goettingen-tourismus.de) beliebt. Vor allem ehrgeizige Nachwuchsakademiker dürften sich auch von dem Umstand angezogen fühlen, dass Uni und Umfeld nicht weniger als 45 Nobelpreisträger hervorgebracht haben. Epizentrum der Alma Mater ist die 1737 eröffnete Georg-August-Universität (www.uni-goettingen.de), deren Aula zum touristischen Pflichtprogramm gehört. Selbiges gilt für die große Halle des Alten Rathauses mit ihren kunstvoll gestalteten Fresken. Eine verlässliche Attraktion ist auch das Deutsche Theater mit seinen drei Bühnen (www.dt-goettingen.de) und beständig gutem Ruf. Nicht zuletzt ist die einstige Junkernschänke (Barfüßerstr. 5) ein Highlight: Das Gebäude wurde 1446 im gotischen Stil errichtet, im 16. Jahrhundert im Stil der Renaissance umgebaut und beherbergt heute ein Restaurant, das auf fleischlastige Speisen spezialisiert ist.

Von Göttingen folgen wir dem Verlauf der Leine bis nach **Einbeck** (27 000 Einwohner). Die einstige Hansestadt war und ist in Vergangenheit und Gegenwart vor allem für ein Produkt bekannt: Bier.

Die traditionellen Rattenfänger-Freilichtspiele in Hameln

Einbecker Urbock

Dem kleinen Einbeck verdankt die Welt eine Erfindung von erheblicher Bedeutung: Im 13. Jahrhundert entwickelten örtliche Brauer eine Methode, das süffige, aber leicht verderbliche Bier länger haltbar zu machen. Hierzu erhöhten sie den Hopfenanteil deutlich. Das Ergebnis war ein seinerzeit als »Ainpökisch Bier« bekanntes Produkt, dessen Erfolg Einbecks Aufstieg zur Hansestadt begünstigte. Dem wirtschaftlichen Aufschwung als Bierstandort schienen keine Grenzen gesetzt: Im Jahr 1616 gab es nicht weniger als 742 Häuser mit Braurecht. Der Gerstensaft wird bis heute nach Originalrezept hergestellt, was Besucher auch im Rahmen von Führungen erfahren können.

Einbecker Brauhaus
Papenstr. 4–7, Einbeck
✆ (055 61) 79 70, www.einbecker.de
Führung Mo–Do 14 Uhr, Ticket € 12, Anmeldung erforderlich

Hameln: Auf den Spuren des Rattenfängers

Bei Holzminden erreichen wir wieder die Weser, der wir in Richtung Norden folgen, um in **Hameln** (58 000 Einwohner, www.hameln.de) einem deutschen Mythos auf den Grund zu gehen: der Sage vom Rattenfänger, die auf das Jahr 1284 datiert und seit 2014 zum immateriellen Weltkulturerbe gehört. Doch auch die auf elegante Weise sanierte Altstadt und die Promenade an der Weser rechtfertigen einen Aufenthalt.

Bei der Weiterfahrt liegt Wellness am Weg – nach Tagen im Camper womöglich eine reizvolle Idee. In Salzhemmendorf verspricht die **Ith Sole Therme** (www.ther.me) mit Innen- und Außenbecken, Saunalandschaft und unterschiedlichen SPA-Angeboten Entspannung pur.

Leistungen der Ith Sole Therme im Überblick

Wohnmobilstellplatz
Thermenwelt
Saunabereich
Liegewiese & Ruheraum
Fitnessstudio
Wellnessbereich
Thermalbad Restaurant
uvm. ...

2-für-1-Gutschein
(Gültig bis 31.12.2021)

Beim Kauf einer Eintrittskarte ist der Eintritt für die zweite Person gratis (günstiger oder wertgleich).

Mit dem Wohnmobil ins Weserbergland

Ein Ausflugsziel, ganz nach dem Geschmack vieler Wohnmobilisten, ist das schöne ***Weserbergland***. Hier können Sie wandern gehen, eine Radtour an der Weser machen und historische Städte wie die Rattenfängerstadt Hameln besuchen *[mehr Infos auf: weserbergland-tourismus.de]*.

Aber auch das Areal der ***Ith Sole Therme*** bietet eine Vielzahl an Möglichkeiten für unsere Wohnmobilisten! Neben dem beliebten Bouleplatz, direkt auf dem Wohnmobilstellplatz, hält die Therme mehrere Innen- und Außenbecken für Sie bereit. Der Saunabereich ist dabei in der Tageskarte mit eingeschlossen. Auch steht Ihnen ein Wellnessbereich, ein Fitnessstudio, das Thermalbad Restaurant, uvm. für Ihre Freizeitplanung zur Verfügung. Kommen Sie vorbei - es lohnt sich!

Ith Sole Therme
In der Saale Aue 2-5
31020 Salzhemmendorf
Telefon: 05153 80305-0

Öffnungszeiten:
täglich 08.00 - 22.00 Uhr

ith sole therme
salzhemmendorf

Historische Stadtbilder und Zeugen jüngerer Zeiten

In **Alfeld** baut sich mit dem Fagus-Werk eine architektonische Kostbarkeit auf, die vor allem Insidern bekannt ist. Ein wunderbarer Kontrast zum geschichtsträchtigen **Hildesheim** (S. 353, www.hildesheim.de). Die Stadt balanciert mit 100 000 Einwohnern seit Jahren auf der Schwelle zur Großstadt. Dessen ungeachtet verbreitet das von Fachwerkhäusern dominierte Stadtzentrum weiterhin kleinstädtisches Flair – mit einer gebührenden Zahl an Sehenswürdigkeiten. Gleich zwei Sakralbauten haben es auf die Liste des UNESCO-Weltkulturerbes gebracht: der Dom und St. Michael.

Wir befinden uns nun mitten in den »9 Städten« (https://9staedte.de), einem touristischen Zusammenschluss im Südosten Niedersachsens, zu dem mit **Braunschweig** (S. 354, www.braunschweig.de) auch das nächste Ziel gehört. Von der stolzen Hansestadt zum bedeutenden Wissenschaftsstandort mit Universität und Forschungseinrichtungen – das ist, griffig formuliert, der Weg, den Braunschweig (249 000 Einwohner) in den vergangenen 800 Jahren eingeschlagen hat. Besucher staunen über die verwinkelten Gassen des Magniviertels mit den kleinen Fachwerkhäusern. Auch der Burgplatz und der Altstadtmarkt finden mit ihren historischen Gebäuden viel Zuspruch. Sie alle befinden sich in den fünf sogenannten Traditionsinseln, welche die Stadt mit visionärem Gespür schon in den 1950er Jahren zu solchen deklariert hat.

Die Westrosette von Heinz Hindorf oberhalb der Orgel im Braunschweiger Dom soll an das Jüngste Gericht erinnern

Fagus-Werk Alfeld

Das architektonische Meisterwerk wurde 1911 von Walter Gropius als Schuhleistenfabrik entworfen. Das Fagus-Werk repräsentiert eine Architekturauffassung, nach der ein Arbeitsplatz üppig mit Licht, Luft und baulicher Klarheit ausgestattet sein sollte. Eine Sinfonie aus Glas und Stahl.

Fagus Werk
Hannoversche Str. 58, Alfeld
✆ (051 81) 790, www.fagus-werk.com
Tägl. 10–17, im Winter bis 16 Uhr, Eintritt € 7/6

Ganz anders präsentiert sich **Wolfsburg** (S. 355, www.wolfsburg.de), das es vor allem als VW-Standort zu Ruhm gebracht hat. Dabei ist der Stadt deutlich anzumerken, dass die Industrie einen gehörigen Batzen in Kultureinrichtungen reinvestiert hat. Obwohl die ICEs der Deutschen Bahn regelmäßig ihren planmäßigen Halt auslassen und der örtliche VfL als Retortenverein verhöhnt wird, lohnt sich ein Zwischenstopp in der Industriestadt am Mittellandkanal (125 000 Einwohner) nicht nur im Falle einer Automobilübernahme.

Highlight im Textilmuseum des Klosters Wienhausen: der Tristanteppich aus dem 14. Jahrhundert

Fachwerk und Bauhaus

Nach dieser geballten Urbanität ist es nun Zeit für ein wenig sakrale Ruhe: Über Gifhorn führt die Route nach **Wienhausen**, wo das gleichnamige Kloster (www.kloster-wienhausen.de) aus dem 13. Jahrhundert steht. Bald nun sind die Ortsschilder von **Celle** (www.celle-tourismus.de) zu sehen, das ebenfalls ein attraktives Ziel ist. Das Ensemble aus 500 aufwändig restaurierten Fachwerkhäusern gilt als eines der dichtesten der Welt. Hinzu kommt das Schloss des ältesten in Europa noch existierenden Adelsgeschlechts: der Welfen. Dessen Erbe pflegt das örtliche Museum (residenzmuseum.celle.de). Nicht weniger bedeutend sind die Hinterlassenschaften von Otto Haesler. Der Ausnahmearchitekt hat als Pionier des Neuen Bauens die Bauhaus-Architektur nach Celle gebracht. Ein sieben Kilometer langer Rundweg führt vorbei an den wichtigsten Monumenten.

Im Schatten von Rathaus und Marienkirche: die Treppengiebelhäuser am Markt in Osnabrück

Das Steinhuder Meer ist zugleich Erholungsgebiet und Lebensraum vieler Tiere

Eine Landeshauptstadt und eine quadratische Insel

Bliebe noch **Hannover** (S. 356 f., www.visit-hannover.com), die unterschätzte Landeshauptstadt Niedersachsens, deren Silhouette rund 40 Kilometer weiter sichtbar wird. Die Stadt (530 000 Einwohner) galt lange Zeit als eher langweilig und steht bei vielen noch immer nicht auf der Liste der reizvollen touristischen Destinationen. Die Besucher, die kommen, entdecken jedoch eine auffällig grüne Stadt, die weit mehr als ihre weltbekannte Messe zu bieten hat, etwa tolle Parks, hippe Viertel und spannende Museen. Unter anderem sind Sprengel Museum, Herrenhäuser Gärten und Maschsee einen Besuch wert.

Wer von hier aus in Richtung Ausgangspunkt zurückfährt, sollte sich auf keinen Fall das **Steinhuder Meer** (www.steinhuder-meer.de) entgehen lassen. Der größte See Niedersachsens ist ein wunderbares Naherholungsgebiet mit einer Infrastruktur, die Wanderer, Radfahrer und Wassersportler ebenso glücklich macht wie Müßiggänger. Kuriose Hauptattraktion ist die quadratische (!) Insel Wilhelmstein, die sich Graf Wilhelm zu Schaumburg-Lippe 1761 im See aufschütten ließ, um darauf eine Festung zu errichten. Für einen finalen Zwischenstopp käme anschließend noch **Osnabrück** mit seiner gemütlichen Altstadt in Frage. ■

SERVICE & TIPPS

Münster – Teutoburger Wald – Kassel – Hildesheim – Braunschweig – Wolfsburg – Hannover – Steinhuder Meer

MÜNSTER

Blick auf die Rieselfelder Münster mit Vogelschutzgebiet

St. Paulus Dom
Domplatz, Münster
✆ (02 51) 495 67 00
www.paulusdom.de, Mo–Sa 6.30–19, So 6.30–19.30, keine Besichtigung während der Gottesdienste, Sa Führungen
Imposantes Gesamtkunstwerk aus dem 13. Jh. mit opulenter Ausstattung.

Picasso-Museum
Picassoplatz 1, Münster
✆ (02 51) 414 47 10
https://kunstmuseum-picasso-muenster.de
Tägl. 10–18 Uhr
Eintritt € 10/4
Deutschlands einziges Picasso-Museum hat sich den Lithografien des produktiven Genies verschrieben. Darüber hinaus besitzt das Haus große Sammlungen von künstlerischen Zeitgenossen wie Georges Braque, Marc Chagall, Joan Miró und Henri Matisse.

Hansaviertel
Hansaring/Hafenweg
Münster
Angesagtes Quartier rund um den Hafen auf der Ostseite der Bahnschienen mit vielen Restaurants, Kneipen, Cafés und Clubs.

Prinzipalmarkt

Das prächtige Ensemble von Giebelhäusern überwiegend aus dem 15. Jahrhundert wurde von Kaufleuten und Krämern errichtet. Ohne Übertreibung ist der Prinzipalmarkt eines der schönsten und harmonischsten Stadtbilder, die man in Deutschland zu sehen bekommen kann. Strahlender Mittelpunkt ist das historische Rathaus aus dem 14. Jahrhundert, das es immerhin auf die Liste des Europäischen Kulturerbes gebracht hat.

Mini-Reportage

St.-Paulus-Dom im Zentrum von Münster

Skulptur-Projekte
www.skulptur-projekte-archiv.de
Im Zehnjahresturnus sind die Skulptur-Projekte Münster eine Spielwiese für namhafte Künstler des Genres. Nach bislang vier Editionen (immer im siebten Jahr der Dekade) bereichern jedoch auch mehr als 40 Werke dauerhaft den öffentlichen Raum.

Rieselfelder
Biologische Station
Coermühle 181, Münster
www.biostation-muenster.org
Mo–Fr 8.15–16.15 Uhr
Wo einst das Abwasser Münsters verrieselt wurde, befindet sich heute ein großes Vogelschutzgebiet. Uferschnepfe und Rohrdommel lassen grüßen.

Bootstour
Anleger Adenauerallee
Münster
✆ (02 51) 849 30 00
www.overschmidt.de/aaseeschiffahrt
Ende März–Okt., Rundfahrtticket € 10/7,50
Lust auf entspannte Momente an Bord eines Bootes? Dann nichts wie hin zum Anleger von Solaaris, dem von Sonnenenergie angetriebenen Flüsterboot, das als eine Art Wasserbus auf der Münsterschen Aa verkehrt.

Alles Käse
Hafenkäserei
Am Mittelhafen 20, Münster
✆ (02 51) 674 40 00
https://hafenkaeserei.de
Mi–Sa 17–22, So 12–20 Uhr
Produzent von Bio-Käse mit eigenem Restaurant in bester Hafenlage im Hansaviertel. Zu den Spezialitäten des Hauses gehören die Neuinterpretation der Käsespätzle sowie Käse-Bier-Pairings. ■

Im Andenken an Paul Wolfe, der sich zeitlebens dem Kampf gegen Rechtsextremismus nach 1945 widmete, entstand diese Skulptur

Campingplatz

Campingplatz Münster
Laerer Werseufer 7, Münster
GPS: 51.94661, 7.69110
✆ (02 51) 31 19 82, www.campingplatz-muenster.de

Ganzjährig geöffnet
Stadtnah und doch im Grünen. So lautet das treffliche Motto dieser an der Werse gelegenen Anlage mit guter Anbindung an die 6 km entfernte City.

TEUTOBURGER WALD

Herrmannsdenkmal
Grotenburg 50, Detmold
www.hermannsdenkmal.de
Frei zugänglich
Das landesweit bekannte Monument thront auf dem 386 m hohen Berg Grotenburg bei Detmold. Es erinnert an den furchtlosen Cheruskerfürsten Arminius, der im Teutoburger Wald drei römische Legionen schlug. Das Denkmal wurde nach 37 Jahren Bauzeit 1875 von Kaiser Wilhelm I. als Ausdruck nationalstaatlichen Einheitsstrebens eingeweiht. Achtung: Vor Ort kein Platz für größere Wohnmobile.

Holzpilze auf dem Patensteig im Eggegebirge

Das Hermannsdenkmal im Teutoburger Wald

Infozentrum Externsteine
Externsteiner Str. 35
Horn-Bad Meinberg
✆ (052 34) 202 97 96
www.externsteine-info.de
Tägl. 10–18 Uhr, im Winter kürzer, Eintritt € 3
Mit Gradlinigkeit hat es die Natur im Teutoburger Wald nicht so. Bestes Beispiel sind die Externsteine, eine Gruppe von insgesamt 13 Felsen, die fast

Heilbäder im Teutoburger Wald

Mini-Reportage

Der Begriff »Heilgarten Deutschlands« mag eine Erfindung von Marketingspezialisten sein, doch es ist nicht von der Hand zu weisen, dass die Dichte an Heilbädern im Teutoburger Wald erstaunlich hoch ist. Gleich sieben Orte dürfen sich mit dem Zusatz »Bad« schmücken, den sie vitalisierenden Mooren, erfrischender Sole und belebenden Heilwässern zu verdanken haben. Der wohl bekannteste Ort dieser Kategorie ist Bad Salzuflen (54 000 Einwohner, www.badsalzuflen-touristik.de). Der zertifizierte Kneippkurort lockt mit seinem Staatsbad (www.staatsbad-salzuflen.de) und dem 120 Hektar großen Kur- und Landschaftspark Wellness- und Kurgäste aus dem ganzen Land an. Doch auch Bad Oeynhausen, Bad Driburg, Bad Lippspringe und Horn-Bad Meinberg sind für ihre wohltuenden Einrichtungen bekannt. Bad Holzhausen und Bad Wünnenberg komplettieren das Septett, wobei jeder Ort von Barfußlaufen über Yoga in der freien Natur bis zu Moorbädern ein Alleinstellungsmerkmal aufweist. Infos unter www.teutoburgerwald.de.

senkrecht 40 m hoch in den Himmel ragen.

Silberbachtal
Leopoldstal, Parkplatz:
GPS: 51.85292, 8.95812
In der Nähe von Leopoldstal gelegen ist dieses Kleinod eine der schönsten Wanderregionen im Naturpark. Protagonist ist der schimmernde Silberbach, der immer wieder in unterschiedlicher Gestalt auftritt.

Gasthaus

Gasthaus Schlobeit
Mittelstr. 28, Horn-Bad Meinberg
✆ (052 34) 33 85
www.gasthaus-schlobeit.de
Mi–So 10.30–14 und 17–22.30 Uhr
Gutbürgerliche Küche in modernem Ambiente. Genau das Richtige nach einer Wanderung im Silberbachtal oder zum Hermannsdenkmal. ■

Campingplätze

Campingplatz »Am Furlbach«
Am Furlbach 33, Schloß Holte-Stukenbrock
GPS: 51.88038, 8.70290
✆ (052 57) 33 73, (052 41) 34 02 30
www.campingplatzamfurlbach.de
Ganzjährig geöffnet
Weitläufiger Platz in einzigartiger Senne-Heidelandschaft, nahe Furlbachtal, Emsquellen und Teutoburger Wald. Die familiengeführte Anlage liegt in ländlicher Umgebung mit großzügigen Freizeiteinrichtungen.

Ferienpark Teutoburger Wald
Badeanstaltsweg 4, Barntrup
GPS: 51.98739, 9.10973
✆ (052 63) 22 21
www.ferienparkteutoburgerwald.eu
April–Sept.
Freundliche Anlage unter niederländischer Leitung am Ortsrand von Barntrup. Wer mag, kann hier mindestens 125 m² große Komfortplätze mit eigener Dusche buchen.

KASSEL

Bergpark Wilhelmshöhe
Kassel
Frei zugänglich
Parkplätze Herkules Besucherzentrum und Schloss Wilhelmshöhe. Infos zu den einzelnen Attraktionen unter https://museum-kassel.de
Der am Hang des Habichtswalds gelegene Landschaftsgarten gilt mit einer Fläche von 560 Hektar als größter Bergpark Europas. Seinen Status als UNESCO-Weltkulturerbe verdankt er der Tatsache, dass sich hier die bevorzugte Gartenbaukunst absolutistischer Herrscher aus drei Jahrhunderten erleben lässt. Highlights sind die historischen Wasserspiele, Schloss Wilhelmshöhe, die Löwenburg, das Große Gewächshaus und die Roseninsel.

Grimmwelt
Weinbergstr. 21, Kassel
✆ (05 61) 59 86 19
www.grimmwelt.de
Tägl. außer Mo 10–18, Fr bis 20 Uhr, Eintritt € 10/7
Gut 30 Jahre ihres Lebens haben Wilhelm und Jacob Grimm in Kassel verbracht und hier einen Großteil ihres Werkes verfasst. Das 2015 eröffnete Museum hat es sich zur Aufgabe gemacht, die Märchen und ihre Bedeutung im Kontext der Gegenwart zu beleuchten. Ein Konzept, das den »Guardian« dazu bewog, das Ausstellungshaus unter die besten zehn Europas zu wählen.

Spanier

El Erni
Parkstr. 42, Kassel
✆ (05 61) 71 00 18
www.el-erni.de, tägl. ab 18 Uhr
Moderne spanische Küche in passendem Ambiente mit viel Sinn für Ästhetik. ■

Mini-Reportage

Die Documenta: Globale Aufmerksamkeitsmaschine

Auch wenn die weltweit wichtigste Ausstellung für Gegenwartskunst 2022 bereits in ihre 15. Auflage geht, ist ihr wieder globale Aufmerksamkeit sicher. Die stets auf eine Dauer von 100 Tagen ausgelegte Documenta übt zwei wichtige Effekte aus: Zum einen zieht sie bis zu 900 000 Besucher in die hessische Stadt. Zum anderen bleiben dieser wichtige Kunstwerke erhalten, wodurch sich Kassel über die Jahre zu einer Art avantgardistischem Skulpturenpark gemausert hat. Nicht selten nimmt der Zeitgeist die Werke zunächst kritisch wahr, ehe diese im Laufe der Zeit ihre Wirkung entfalten. So war es auch mit dem wegweisenden Projekt von Joseph Beuys, der 1982 das Projekt »7000 Eichen. Stadtverwaldung statt Stadtverwaltung« lanciert hat. Die Pointe war, dass jeder der neu gepflanzten Bäume dauerhaft Gesellschaft von einer Basalt-Stele erhielt, wodurch der Bezug zum Projekt bis heute sichtbar ist. Viele weitere avantgardistische Kunstwerke sind über das Stadtgebiet verteilt. Sie lassen sich über die Homepage verorten. Infos unter www.documenta.de.

Campingplatz

Campingplatz Affolderner See
Am Mühlengraben 15
Edertal-Affoldern
GPS: 51.16656, 9.08851
✆ (056 23) 42 90
www.campingplatz-affoldernersee.com
Ganzjährig geöffnet
Entspannte Anlage mit freundlichem Ambiente an der Eder unweit von See und Nationalpark, gute Ausgangsbasis für Ausflüge nach Kassel.

HILDESHEIM

Altstadt
Die Altstadt bezaubert mit einem sehenswerten Ensemble historischer Fachwerkhäuser. Einst haben 1900 Bauwerke dieser Art hier gestanden, viele jedoch haben den Zweiten Weltkrieg nicht überstanden. In den zurückliegenden Jahrzehnten wurden große Anstrengungen unternommen, den Glanz der Vergangenheit originalgetreu wiederherzustellen. Am besten ist dies beim Knochenhaueramtshaus am Marktplatz gelungen.

Hildesheimer Dom St. Maria Himmelfahrt
Domhof 4, Hildesheim
✆ (051 21) 30 77 70
www.dom-hildesheim.de
Mo–Fr 10–17.30, Sa 10–16, So 14–17.30 Uhr
Das Wahrzeichen der Stadt geht auf des 11. Jh. zurück. Im Zweiten Weltkrieg wurde der Dom derart stark zerstört, dass er nach Abschluss des Wiederaufbaus 1960 neu geweiht werden musste. Die Anstrengungen haben sich gelohnt, denn seit 1985 gehört der Dom zum Weltkulturerbe. Berühmt ist er auch für seinen Tausendjährigen Rosenstock, der nach der Zerstörung weitaus schneller wieder aufblühte als der Sakralbau. Ein Ereignis mit hohem Symbolwert.

St. Michael
Michaelisplatz 1, Hildesheim
https://michaelis-hildesheim.wir-e.de
Mo–Sa 10–16, So 11–16 Uhr
Eine frühromanische Kirche? Richtig. St. Michael wurde schon 1022 in Auftrag gegeben, als die Formensprache der Baumeister noch von einem strengen Symmetriebewusstsein geprägt war. Entstanden ist ein Bau von poetischer Schlichtheit, der seit 1985 ebenfalls zum Weltkulturerbe gehört. Die Kirche wird heute von Protestanten genutzt.

Der Tausendjährige Rosenstock auf dem Domfriedhof des Hildesheimer Mariendoms

Aus der Zeit der Ottonen: die ehemalige Benediktinerabtei St. Michael in Hildesheim

Restaurant

Alazani
Immengarten 48, Hildesheim
✆ (051 21) 981 77 44
www.restaurant-alazani.de
Mi–So 17–22 Uhr
Spezialitäten aus Georgien, dessen Küche noch weithin unentdeckt ist. ■

Campingplatz

Rattenfängerplatz am Ith
Felsenkeller 9 A, Coppenbrügge
GPS: 52.11611, 9.53814
✆ (051 56) 78 02 34, https://rattenfaengerplatz.de

Ganzjährig geöffnet
Günstig zwischen Hameln, Hildesheim und Hannover gelegene Anlage, die vom Campingclub Weserbergland betrieben wird. Freibad in der Nähe.

BRAUNSCHWEIG

Braunschweiger Schloss
Platz am Ritterbrunnen 1
Braunschweig
✆ (05 31) 219 40 60
www.schloss-arkaden.de
Tägl. 9.30–20 Uhr
Im Zweiten Weltkrieg wurden viele historische Gebäude in Braunschweig zerstört, darunter auch das Schloss. Zwischen 2005 und 2007 wurde dieses schließlich unter regem öffentlichen Interesse mit einiger Verspätung wiederaufgebaut – ein Konzept, das kürzlich in ähnlicher Form beim Berliner Stadtschloss Nachahmung gefunden hat. Im Braunschweiger Schloss befindet sich ein Einkaufszentrum.

Das gotische Altstadtrathaus in Braunschweig

Burgplatz mit Dom

Mini-Reportage

Schon im 9. Jahrhundert befand sich hier die Burg der Brunonen. Im 12. Jahrhundert entstanden dann unter Herzog Heinrich die ursprüngliche Burg Dankwarderode, die Stiftskirche St. Blasii, der heutige Dom und der Burglöwe. Gemeinsam mit dem klassizistischen Vieweghaus und einigen Fachwerkbauten bilden sie ein kulturhistorisch wertvolles Ensemble.

Altstadtrathaus
Städtisches Museum Braunschweig, Altstadtmarkt 7
Braunschweig
✆ (05 31) 470 45 51
www.braunschweig.de, tägl. außer Mo 10–17 Uhr, Eintritt frei
Grandioser Profanbau mit Ursprüngen im 13. Jh., der einst das Selbstverständnis wohlhabender Patrizier zum Ausdruck brachte und der heute im Erdgeschoss und im Keller das städtische Museum beherbergt. Auch der repräsentative Bürgermeistersaal kann besichtigt werden.

Happy Rizzi House
Ackerhof 4
Braunschweig
www.rizzi-haus.de
Bonbonfarbene Bauskulptur des New Yorkers James Rizzi. Das Haus wird genutzt und kann nicht von innen besichtigt werden, lohnt aber – unter anderem – für all jene einen Umweg, die einen Instagram-Account pflegen.

Restaurant

Überland
Willy-Brandt-Platz 18
Braunschweig
✆ (05 31) 18 05 34 10
www.ueberland-bs.de
Tägl. ab 17.30 Uhr
Hyperurbanes Lokal mit Premiumfleisch und fangfrischem Fisch nach einem Konzept von Tim Mälzer. Mit einladender Dachterrasse. ■

Campingplatz

Waldsee Camping
Ohestr. 21
Vechelde/Bettmar
GPS: 52.26056, 10.31898
✆ (0173) 200 65 85
www.waldsee-camping-bettmar.de
Ganzjährig geöffnet
Idyllischer Platz an einem kleinen See am Ortsrand von Bettmar. Bis nach Braunschweig sind es gut 15 km.

WOLFSBURG

Autostadt
Stadtbrücke, Wolfsburg
✆ 0800-288 67 82 38
www.autostadt.de
Mo–Fr 10–18, Sa/So 10–17 Uhr
Auslieferzentrum von Volkswagen, Museum für historische Autos von zeitloser Schönheit, Abenteuerparcours mit Anleitung von Profi-Fahrern, Luxushotel und Foodtempel – mit all dem ist die Autostadt ein multifunktionaler Themenpark, dessen Erfolg die Konkurrenz vielfach kopiert hat.

Phaeno
Willy-Brandt-Platz 1
Wolfsburg
✆ (053 61) 89 01 00
www.phaeno.de
Di–Fr 9–17, Sa/So 10–18 Uhr
Eintritt € 14/9
2005 eröffnetes Wissenschaftsmuseum, dessen Bau von der britisch-irakischen Architektin Zaha Hadid entworfen wurde.

Zukunftsweisende Architektur: das Science Center phaeno in Wolfsburg, entworfen von der britischen Architektin irakischer Abstammung Zaha Hadid

Am historischen Hafenbecken: die Schornsteine des denkmalgeschützten Volkswagen Kraftwerks

Restaurant

Aqua
Parkstr. 1, Wolfsburg
✆ (053 61) 60 60 56
www.restaurant-aqua.com
Tägl. geöffnet
Die Kunden von Volkswagen sind offenbar zahlungskräftig genug, um den Betrieb eines Hotels der Edelmarke Ritz-Carlton rentabel zu machen. Darin befindet sich mit dem Aqua von Chefkoch Sven Elverfeld eine der besten kulinarischen Adressen des Landes. Drei Michelinsterne und eine entsprechende Preiskarte. ■

Campingplatz

Camping am Allersee
In den Allerwiesen 5, Wolfsburg
GPS: 52.43214, 10.81670
✆ (053 61) 633 95, https://camping-allersee.de
Ganzjährig geöffnet
Überschaubare Anlage mit prima Ausstattung und kostenlosem WLAN zwischen Allersee (mit Badestrand) und Mittellandkanal.

HANNOVER

Das Ernst-August-Denkmal am Hauptbahnhof

Linden Nord
Hannovers amüsantestes und interessantestes Viertel befindet sich westlich der City. Die Dichte an vegetarischen Restaurants, Secondhandläden, coolen Bars und ähnlichen Indikatoren urbaner Hipness ist rund um die Limmerstraße am größten.

Roter Faden
www.visit-hannover.com
Auf dem Straßenpflaster markierter Rundweg, der auf einer Länge von 4,2 km zu 36 interessanten Punkten führt. Man könnte auch sagen: Ein Zehntelmarathon als Crashkurs zur Erkundung der niedersächsischen Landeshauptstadt.

Maschsee-Route
Download der Route auf www.visit-hannover.com
Etwa 8 km langer Parcours, der sich vor allem für Radfahrer eignet. Unterwegs kommt man unter anderem an Ernst-August-Denkmal, Landesmuseum, Park der Sinne, Messegelände und natürlich dem Maschsee vorbei.

Vietnamese

Streetkitchen – Viet Cuisine
Limmerstr. 26, Hannover
✆ (05 11) 98 63 88 34, http://streetkitchen-viet-cuisine.de
Tägl. ab 12 Uhr
Einfacher und ungemein populärer Vietnamese mit preisgünstiger und sehr schmackhafter Küche. ■

Die Nana-Skulpturen Charlotte, Caroline und Sophie der französischen Künstlerin Niki de Saint Phalle am Leibnizufer liegen auch auf dem Roten Faden

Maschsee

Im Sprengel Museum Hannover: August Mackes »Großes helles Schaufenster« (1912)

»Und geschwinde, stopf, stopf, stopf Pulver in den Pfeifenkopf«: Wilhelm Buschs Zeichnung zum vierten Streich (Lehrer Lämpel) aus »Max und Moritz«

TOP 4 Hannover

Sprengel Museum
Kurt-Schwitters-Platz
✆ (05 11) 16 84 38 75
www.sprengel-museum.de
Di 10–20, Mi–So 10–18 Uhr, Eintritt € 7/4
Eines der deutschlandweit bedeutendsten Museen für die Kunst der Moderne geht auf die Sammlung des Schokoladenmagnaten Bernhard Sprengel zurück, der auch leidenschaftlicher Kunstsammler war.

Herrenhäuser Gärten
Herrenhäuser Str. 4
✆ (05 11) 16 83 40 00
www.herrenhausen.de
Wechselnde Öffnungszeiten
Vier großflächige Parkanlagen – Großer Garten, Georgen-, Berg- und Welfengarten – bilden zusammen ein beeindruckendes Zeugnis barocker Gartenbaukunst. Hier kann man locker einen Tag verbringen.

Karikaturmuseum Wilhelm Busch
Georgengarten
✆ (05 11) 16 99 99 11
www.karikatur-museum.de
Tägl. außer Mo 11–18 Uhr, Eintritt € 6/4
Im Mittelpunkt der in einem klassizistischen Palais der Welfen untergebrachten Sammlung steht das Gesamtwerk von Wilhelm Busch.

Neues Rathaus mit Kuppelauffahrt
Trammplatz 2
✆ (05 11) 16 84 53 33, tägl. 9.30–18 Uhr
Auffahrt zur Kuppel € 3,50
Schlossähnlicher Prachtbau im eklektizistischen Stil (1901–1913). Die Auffahrt zur Kuppel ermöglicht einen formidablen Rundblick über die Stadt aus 98 m Höhe.

Campingplatz

Camping Blauer See Garbsen
Am Blauen See 119, Garbsen
GPS: 52.41952, 9.54775
✆ (051 37) 899 60
www.blauersee-garbsen.de

Ganzjährig geöffnet
Komfortabler Campingplatz, der sich zwischen Leine und dem Blauen See ausbreitet. Gute Freizeitmöglichkeiten, 15 km bis Hannover. Ein Nachteil ist die Nähe zur Autobahn.

TOP 10 1000 PLACES

Deutschlands unentdeckte Mitte

Es müssen nicht immer die Berge, das Meer oder eine Seenplatte sein. Das belegt diese Route durch oftmals zu Unrecht vernachlässigte Regionen Deutschlands auf eindrucksvolle Weise. Startort ist die westfälische Hauptstadt Münster. Von hier aus geht es nach einer Schleife durch das Münsterland in den Teutoburger Wald und zum noch weithin unentdeckten Nationalpark Kellerwald-Edersee vor den Toren von Kassel. Mit Hann. Münden, Hameln und Hildesheim folgen drei typisch niedersächsische Städte, die allesamt durch ihre reizvollen Fachwerkhäuser auffallen. Ganz anders präsentiert sich dagegen die Industriestadt Wolfsburg, die in der Evolutionsgeschichte des Automobils eine nicht zu unterschätzende Rolle einnimmt. Die Landeshauptstadt Hannover wagt die Balance zwischen beeindruckender Historie und lebendiger Gegenwart; dann wartet noch das Steinhuder Meer.

1 Münster: Prächtiger Prinzipalmarkt

Die Patrizierhäuser mit aufwendig gestalteten Giebeln verleihen dem geschäftigen Mittelpunkt der Stadt ein unverwechselbares Gesicht. Unumstrittener Blickfang ist das gotische Rathaus aus der Mitte des 14. Jahrhunderts mit seiner reich ornamentierten Fassade.

2 Teutoburger Wald: Hermannsdenkmal

Auf dem 386 Meter hohen Berg Grotenburg erhebt sich die mit einer Höhe von 53 Metern größte Statue Deutschlands. Sie erinnert an den Cheruskerfürsten Arminius, der im Jahre 9 an Ort und Stelle drei römische Legionen besiegt haben soll.

3 Wilhelmshöhe: Einzigartiger Bergpark in Kassel

Ein an den Flanken eines Bergs gelegener Park mit Gartenanlagen, Wasserspielen und Museen? Das ist keine Vision aus fernen Landen, sondern hessische Realität: Das Kasseler Ensemble genießt denn auch seit 2013 Welterbestatus.

4 Hann. Münden: Attraktive Altstadt

Bei Hann. Münden entsteht aus dem Zusammenfluss von Werra und Fulda die Weser. Diese Konstellation bildet zugleich die Kulisse für ein historisches Ensemble aus Hunderten von Fachwerkhäusern und einem Rathaus aus dem 14. Jahrhundert.

To See Before You Die®

5 Hameln: Altstadt mit Rattenfänger

Kaum eine andere Stadt wird derart eng mit einer einzelnen Geschichte in Verbindung gebracht, wie Hameln mit der altdeutschen Sage. Wer sich vor Ort auf die Spuren macht, kommt ganz nebenbei in den Genuss einer liebevoll restaurierten Altstadt.

6 Fabelhaftes Fagus-Werk: Gropius in Alfeld

Glas ist das wichtigste Baumaterial dieser Fabrik, die Walter Gropius 1911 entworfen hat. Die Produktionsstätte für Schuhleisten ist der Prototyp eines Architekturstils, der Funktionalität, Eleganz und humanitäre Arbeitsbedingungen kombiniert.

7 Hildesheim: Hochburg des Fachwerks

Einst zählte die Altstadt von Hildesheim rund 1900 Häuser mit Fachwerkfassaden. Vor allem rund um den Markt wurden die historischen Bauten so rekonstruiert, dass Besucher der Gegenwart einen guten Eindruck vom Glanz der Vergangenheit erhalten.

8 Wolfsburg: Die ultimative Autostadt

Die Geschichte von Volkswagen und Wolfsburg ist eng miteinander verwoben. Die Autostadt wirft einen Blick zurück auf die Entstehung der individuellen Mobilität. Zugleich kommen Besucher in den Genuss von exklusivem Entertainment.

9 Hannovers Herrenhäuser Gärten: Park, Schloss und Comics

Die Parkanlage, eine der schönsten und weitläufigsten in Europa, beherbergt neben Schloss und Botanischem Garten auch das Wilhelm-Busch-Museum mit rund 350 Ölgemälden und über 1200 Zeichnungen aus dem Atelier des Comic-Pioniers.

10 Steinhuder Meer: Mit künstlicher Insel

Der größte Binnensee Norddeutschlands bietet sich für vielfältige Freizeitaktivitäten an. Zugleich besitzt das Gewässer ein merkwürdiges Alleinstellungsmerkmal: die künstliche Insel Wilhelmstein, die durch ihre quadratische Form auffällt.

EFOY
Deine Freiheit.
Dein Strom.
EUROPEAN INNOVATION AWARD
CATEGORY VEHICLE EQUIPMENT
WINNER
2021
HONORED BY THE LEADING EUROPEAN CARAVANING EXPERTS
iF
DESIGN AWARD 2021

EFOY
EFOY
MADE IN GERMANY

Die **fetten** Seitenzahlen verweisen auf ausführliche Erwähnungen.

BILDNACHWEIS

Alpenwelt Karwendel/Hornsteiner, Hubert: S. 98 l.
Altmühltherme Treuchtlingen/Studios-Höttingen: S. 163 o.
Archäologischer Park Xanten/Thünker, Axel: S. 332 u. l.
AUDI AG: S. 138 r., 145 o. M.
Autostadt Wolfsburg Zeithaus/Mueller, Nils Hendrik: S. 359 u. l.
Bachhuber, Peter: S. 98 u. r.
Baden-Baden Kur & Tourismus GmbH: S. 53; Bunz, Achim: 172 u. l.; Scherf, Maria: 110 o. l., 121 o.; Scherf, Maria und Pfeuffer, Ulrich: 172 o. l.
Bayerische Schlösserverwaltung/Brand, Christa: S. 125
Berchtesgadener Land Tourismus GmbH/Foto Baumann Schicht: S. 101 r.; Wurm, Sepp: 112 r.
Bräustüberl Tegernsee/Denger, Dietmar: S. 4 r., 109 r.;
Brockhaus, Volkmar: S. 307 u. r.
Bundesstadt Bonn/Sondermann, Michael: S. 28 l.; 47 r.; Zucca, Giacomo: 46 o., 46 u.
CampingParadies Dahmen: S. 243
Campingpark Oberbueschem/Ketz, Dominik: S. 44 o.
Campingplatz Wiehltal: S. 45 u.
Centro Oberhausen/krischerfotografie: S. 324 u. r.
Chiemgau Tourismus e.V./Kujat, Thomas: S. 110 r.
Congress- und Tourismus-Zentrale Nürnberg: S. 161 u.; 162 r.
Denger, Dietmar: S. 109 l.
Deutsches Auswandererhaus/Riechers, Kay: S. 307 u. l.; Seer, Ilka: 303 u.
Deutsches Fussballmuseum/Roesner, Frank: S. 327 u.
Deutsches Salzmuseum, Lüneburg: S. 292
Deutsches Weihnachtsmuseum GmbH, Rothenburg ob der Tauber: S. 153 o.
Dortmund-Agentur/Stefanie Kleemann, Stadt Dortmund: S. 327 o.
Dresden Media Lizenz/Ex, Frank: S. 201 u. r.; Schmidt, Michael: 202 u.; Weingart, Sebastian: 203
Duesseldorf Marketing & Tourismus GmbH: S. 39, 40 o. r., 56 o. r.; Weniger, Sabrina: 38
Duisburg Kontor: S. 311 r.
Erlebniszentrum Naturgewalten/Müller-Elsner, Heiner: S. 272 o.
Ferien- und Campingpark Wisseler See: S. 323 u.
Filmpark Babelsberg/Mathwig: S. 205 u.
FocusEurope/Alamy Stock Photo: S. 264 l.
Fotolia/Dermerkur: S. 272 u. r.; LianeM: S. 128 l., 142 o.; R. Andreas Klein: S. 233 u. l., 244 u. M.; Shagebusch: S. 201 l.; zuschnaus: S. 301 u.
Füssen Tourismus und Marketing/www.guenterstandl.de: S. 88/89, 106 l., 114 u. l.
Hameln Marketing & Tourismus GmbH: S. 343, 359 o. l.
Hauer, Jens: S. 328
Hochschwarzwald Tourismus GmbH: S. 78 o. r., 79 u.
Hotel Bareiss: S. 82 r., 87 o. r.
Hotel Schloss Waldeck: S. 341 o.
HTM Peenemünde GmbH: S. 232 u.
Internationale Bodensee Tourismus GmbH/Mende, Achim: S. 4 l., 71 r., 72, 73 u., 74 o.
iStockphoto/06photo: S. 143, 145 u. M.; 2199_de: S. 210 u. r.; 3quarks: S. 208 o. r.; AchimPrill: S. 80 r., 80 u. l.; ae-photos: S. 209 o.; aldorado10: S. 150 u., 164 r., 252 l.; AleksandarNakic: S. 19 u.; Alexander Ließ: S. 209 u.; ALLEKO: S. 186 u.; AndreasWeber: S. 272 u. l., 305; AngelikaStern: S. 262 l.; Animaflora: S. 152 o.; anyaivanova: S. 221 u.; aprott: S. 99 o., 115 u. r.; AVTG: S. 179 r.; BanarTABS: S. 342 l.; bbsferrari: S. 29 r., 57 o. l., 190 r.; benkrut: S. 149, 174 o., 193 o.; Bim: S. 140 r.; BjörnKindler: S. 118; bluejayphoto: S. 165 u., 297 o. l.; CAHKT: S. 205 o.; Canetti: S. 98 o. r.; canoneye: S. 273 u. r.; ChristianRummel: S. 314/315; ChristinaHanck: S. 226/227; clu: S. 57 u. M., 65 u. l., 87 o. M., 352; cmfotoworks: S. 31 u. r.; CUHRIG: S. 268 r.; Cybermarti: S. 60; DaLiu: S. 115 o. r; Daniel-Rudolf: S. 225 r.; Danny Breuker: S. 297 u. l.; Dar1930: S. 285 r.; delectus: S. 221 o.; DieterMeyrl: S. 10 l., 100/101, 111 o., 115 o. l., 115 u. l.; donstock: S. 35, 57 u. l.; ebenart: S. 216 o.; ElizaSnow: S. 135 o. l.; elroyspelbos: S. 313 o.; eugen_z: S. 114 o.; eurotravel: S. 44 u., 333 u. M.; ewg3D: S. 13, 186 o., 211 o. r.; eyewave: S. 339 u. l.; Flozz: S. 250 o.; FooTToo: S. 132 o. l., 144 u. r.; fotolinchen: S. 301 o. r.; Fotomax: S. 29 l.; Fotozick: S. 273 o. r.; geogif: S. 345 l., 347 o., 359 u. r.; GesturGislason: S. 191 r.; golero: S. 249; HeddaGjerpen: S. 265 l.; HeinzLinke: S. 54 l.; hifografik: S. 268 o. l.; hk13114: S. 55 u. l.; Holgs: S. 229; hsvrs: S. 241 o.; igmarx: S. 353 r.; Ilari Nackel: S. 354 u.; Imo: S. 281 u.; IngmarWesemann: S. 133 u.; ivanadb: S. 194 u. l., 210 u. l.; Jan-Otto: S. 262 r., 276 u. l.; Jan-Schneckenhaus: S. 45 o.; JaySi: S. 17; JFsPic: S. 350 u. l., 358 u. l.; Joaquin Ossorio-Castillo: S. 284 l., 307 o. l.; JoopSnijder: S. 322 u.; Joppi: S. 335/336; Juergen Sack: S. 158 o. r., 158 l., 245 u. M., 116/117, 146/147; juergen2008: S. 16 o.; justhavealook: S. 310 l.; Jwackenhut: S. 34 u. r., 276 u. r.; Kadri-OliverAlkan: S. 349 l.; katalonia82: S. 57 u. r.; Kloeg008: S. 191 l.; kmn-network: S. 190 l.; Leonsbox: S. 132 o. r.; letschert: S. 280 o., 293 u. r., 306 o.; LianeM: S. 12 r.; LianeM: S. 172 r., 175 u. r., 180, 293 o. r., 306 u. l.; LightFieldStudios: S. 8/9; lilly3: S. 312 u. l., 316 u. r.; LjiljanaPavkov: S. 160 u. r.; m_pavlov: S. 55 r.; manfredxy: S. 11; MargotHickson: S. 217 u.; maria_breuer: S. 138 u. l.; marima_design: S. 68; MarkusBeck: S. 63 o.; MartinWimmer: S. 120 l.; MaxBaumann: S. 85 l., 87 u. r.; mbbirdy: S. 215 l.; michael1959: S. 134; MichaelMajor: S. 189 l.; Mikhail Blavatskiy: S. 21 r.; Mikhail Markovskiy: S. 135 u. r., 145 o. l., 234 o., 244 u. r.; Mirko Kuzmanovic: S. 188/189; mlschach: S. 54 r.; Mo-Jo-Lo: S. 31 o. r.; Moncherie: S. 128 r.; Mrusty: S. 96 r., 161 o., 174 u. l.; naumoid: S. 142; Nikada: S. 181 l., 194 r., 195, 200 o., 202 o.; no_limit_pictures: S. 57 o. r., 137; Oksana-Perkins: S. 15; Olaf Simon: S. 282 l.; Oleh_Slobodeniuk: S. 1; Olha Rohulya: S. 282 r.; ollo: S. 268 u. l.; pawel.gaul: S. 201 o. r.; PeJo29: S. 110 u. l.; PeterWollinga: S. 273 u. l.; Phil7721: S. 324 o., 332 u. r.; Philiphotographer: S. 81 u.; Photo75: S. 96 l., 114 u. M.; Pixel-68: S. 36 r.; PPAMPicture: S. 6; querbeet: S. 240 o., 256 o. r., 256 l., 277 o. M., 284 u. r., 296, 348 u., 354 o., 355 o., 358 o.; Ralf Geithe: S. 196 l., 210 u. M.; RelaxFoto.de: S. 5 l.; RelaxFoto.de: S. 208 u. l., 211 u. r., 219, 347 u.; Remen: S. 224 o.; Robert Ruidl: S. 124 l.; Rocky89: S. 97 l.; RolfFischer: S. 258; RolfWeschke: S. 69 o. r.; RomanBabakin: S. 19 o.; RR-Photos: S. 65 u. r.; RudyBalasko: S. 41; Sabine Wagner: S. 267 o. r.; saiko3p: S. 359 u. M.; Sandymaya: S. 257 r.; Sean Pavone: S. 126 o., 145 u. l., 228, 244 o., 245 o. r.; Sebastian-Hamm: S. 56 u. M.; settantasette: S. 158 u. r.; sharrocks: S. 198; SilviaJansen: S. 326 o.; skynesher: S. 12 l.; Sonsam: S. 127 r., 145 u. r., 242 o.; Stefani_Ecknig: S. 207 o., 211 u. M.; StephanHoerold: S. 120 r.; SteveShepard: S. 14; stockstudioX: S. 16 u.; subtik: S. 200 u.; Superseker: S. 140 l., 145 o. r.; taikrixel: S. 183; Tatiana Dyuvbanova: S. 21 l.; Terraxplorer: S. 107 o.; Thomas Demarczyk: S. 155 l., 170 l.; ThomasSaupe: S. 319 l., 333 u. r.; tiglat: S. 155 r., 175 o. M.; Timon Schneider: S. 66 o.; TommL: S. 185 l., 199; TorriPhoto: S. 79 u.; TorstenKarock: S. 238 o.; trabantos:

S. 306 u. r.; tupungato: S. 264 r.; typhoonski: S. 355 u.; typo-graphics: S. 206, 231; uhg1234: S. 10 r.; unikatdesign: S. 197 l.; valentinrussanov: S. 18; venemama: S. 20, 346 r.; Vera Duchovskaja: S. 157 o. r.; VladimirKhirman: S. 168 u. l., 175 o. r.; vora: S. 259 u., 277 u. M.; VV Shots: 47 l.; whitemay: S. 239 o. r., 245 u. l.; winterling: S. 78 u.; Xantana: S. 154 r., 175 o. l.; ZU_09: S. 176/177, 211 o. r.; zwawol: S. 131 l.

J.G. Niederegger GmbH & Co. KG: S. 265 r.

KD Deutsche Rheinschiffahrt AG/JOERG LETZ IMAGING: S. 43 r.

Klimahaus Bremerhaven/Müller, Florian: S. 307 u. M.; Rathke, Jan: 303 o.

KölnTourismus GmbH: S. 27 u., 43 l., 56 u. l.; Jacobi. Dieter: 42; Möltgen, Andreas: 27

Koschel, Philip: S. 230 r.

Kreidesee Hemmoor/Kefrig, Udo: S. 291 o.

Kunsthalle Bremen: S. 297 r.

Kunstsammlung NRW/Studio Tomas Saraceno: S. 40 l.

Legoland Discoverycentre, Oberhausen: S. 324 u. l.

Levi Strauss Museum: S. 159 o. r.; Weigelt, Peter: 159 o. l.

Lübeck und Travemünde Tourist-Service GmbH (LTS)/Hans-Wedig Müller: S. 250 u., 276 u. M.

LWL-Industriemuseum/Holtappels, Martin: S. 316 o. r., 333 o. r.

Mainau Park/Schulz, Andreas: S. 63 u., 86 u. M.

Marta Herford: S. 339 o. l.

Meurer, Achim: S. 290 l.

Meyer Werft GmbH, Papenburg/Wessels, Michael: S. 286 u.

Müritzeum gGmbH/Runge, Mirko: S. 242 u.

Museum Brot und Kunst/Friese, Bernhard: S. 141 u.

Naturium am Inn/Tändler, Rudi: S. 121 u.

Oberstaufen Tourismus/Haenssler, Björn: S. 93 u. l.

Ozeaneum/Wild, Margit: S. 234 u.

Pinakothek der Moderne, München: S. 144 u. l.

Pixelio: S. 318 r.; Andreas Kalfaß: S. 270 M. r.; Bildpixel: S. 131 r.; Hans Snoek: S. 283 o.; Holger Seeger: S. 289 u.; Jürgen Weingarten: S. 271 o.; Klaus-Peter Tuchscherer: S. 283 u.; Klaus-Peter Tuchscherer: S. 306 u. M.; Kurt F. Domnik: S. 338; Olaf H: S. 288 u. l.; Pandi: S. 267 l.; Rico Denzau: S. 204; Wolfgang Dirscherl: S. 115 o. M.

Ostfriesisches Teemuseum/Schreiber, Thomas: S. 302 o.

red dot design museum/Simon Bierwald, Essen: S. 330 r.

Rothenburg Tourismus Service/Pfitzinger, W.: S. 174 u. r.

Ruhr Tourismus/Lueger, Ralph: S. 308/309; /Meurer: 314 l.

Schulz, Andreas: S. 353 l.

Schwarzwaldstube/Riis, René: S. 82 l.

Schwelle, Dagmar: S. 74 u., 86 u. r.

Shutterstock/2199_de: S. 182 r.; 303MaSek: S. 150 o.; aldorado: S. 73 o., 86 u. l.; Alice-D: S. 57 o. M., 22/23; Alizada Studios: S. 49 u., 356 M.; Allik: S. 83 u., 87 u. r.; Altrendo Images: S. 236 o. l., 236 u. l.; Andreas Prott: S. 129; Andreas Vogel: S. 253; Andreas Wolochow: S. 159 u.; Andrejs Marcenko: S. 135 u. l.; Andrey Armyagov: S. 90 l.; Animaflora PicsStock: S. 130; Anton Havelaar: S. 286 o.; Arth63: S. 196 r.; Aul Zitzke: S. 285 M.; Basotxerri: S. 321 o. r., 321 u. r.; Bavaria Pictures: S. 104 u.; beck-art: S. 236 u. r.; bellena: S. 160 l.; Benno Hoff: S. 257 l., 277 o. r.; Bildagentur Zoonar GmbH: S. 93 o., 254 l.; Boris Stroujko: S. 122 u.; bPictureDE: S. 246/247; by-studio: S. 256 u. r.; canadastock: S. 215 r., 223 o. r., 244 u. l., 263, 276 o.; cge2010: S. 36 l.; Chris Redan: S. 126 u.; Christian Mueller: S. 222 u. r.; Christoph Mohr: S. 31 l.; cityfoto24: S. 37, 32/33; CL-Medien: S. 48 r.; Claudio Cassaro: S. 50 r.; Corinna Haselmayer: S. 160 o. r.; Cristian Dina: S. 50 l.; cytoplasm: S. 170 r.; Dar1930: S. 299 u.; Dietmar Rauscher: S. 171 r.; Drepicter: S. 94 u.; dugdax: S. 227 r., 245 u. r.; Edda Dupree: S. 350 o. l.; Elizabeth Wirth: S. 325 o.; Eryk Stawinski: S. 259 M.; Fabian Junge: S. 340 l.; Felix Kroll: S. 341 u., 358 u. M.; fokke baarssen: S. 320, 323 o.; footageclips: S. 93 u. r., 106 r., 136 r., 237, 245 o. M.; FooTToo: S. 71 l., 111 u., 304 u.; FrankHH: S. 304 o.; franz12: S. 349 r.; FranziscaGuedel: S. 62; Frederick Doerschem: S. 254/255; gallofilm: S. 197 r.; gg-foto: S. 298 r.; Gunares: S. 222 o.; HaniPhoto: S. 113; haraldmuc: S. 218 r.; Heide Pinkall: S. 298 l.; heikoneumannphotography: S. 5 o. r., 310 r., 332 o.; Igor Plotnikov: S. 168 o. l.; imageBROKER.com: S. 207 u., 224 u.; Ina Meer Sommer: S. 217 o.; ingehogenbijl: S. 193 u.; Ingrid Pakats: S. 267 u. r.; Irina Rogova: S. 124 r.; Irina Vinnikova: S. 77 l.; jedamus: S. 326 u.; jeeick: S. 348 o.; JJFarq: S. 235 o.; jo Crebbin: S. 49 o.; Juergen Wackenhut: S. 67 r., 77 r., 81 o., 266 u., 275; JuliaHermann: S. 313 u.; Kent Johansson: S. 34 l.; KH-Pictures: S. 69 l.; konradkerker: S. 222 u. l., 245 o. l.; Kumpel: S. 76 r.; Kuzmalo: S. 78 o. l.; Kzenon: S. 40 u. r.; Let Go Media: S. 165 o.; Lev Levin: S. 218 l.; LGieger: S. 274 o., 274 r.; LianeM: S. 182 l.; Lillusion: S. 156; Luca Luceri: S. 105 l.; Lukasz Dro: S. 311 l.; Lumiere et compagnie: S. 136 l.; Majonit: S. 28 r., 56 u. r.; Manninx: S. 241 u.; maphke: S. 90 u. r.; mapman: S. 225 o. l.; Marc Venema: S. 239 u., 339 r.; marima: S. 94/95 o.; Matej Kastelic: S. 144 o. r.; Matyas Rehak: S. 80 o. l.; Mauro Piccardi: S. 32 l.; Mekawy: S. 99 u.; Michal Bednarek: S. 223 u. l.; Mike Fuchslocher: S. 194 l. o.; Mikhail Markovskiy: S. 171 l.; milosk50: S. 122 l.; mindscapephotos: S. 92; Mira Drozdowski: S. 66 u.; Mistervlad: S. 185 r., 211 o. M.; mitifoto: S. 26; NatureQualityPicture: S. 102; nitpicker: S. 173; OlenaPalaguta: S. 55 o. l.; penofoto: S. 269; PeterVrabel: S. 168 r.; Philip Schubert: S. 2/3; photolike: S. 216 M.; PRILL: S. 154 l.; Rangzen: S. 284 o. r.; reuerendo: S. 70; Robert Schneider: S. 67 l.; Roman Sigaev: S. 359 o. r.; Samoli: S. 293 l.; Shamsiya Saydalieva: S. 181 r.; Simone Hogan: S. 166 r.; Sina Ettmer Photography: S. 5 u. r., 34 o. r., 52 l., 76 l., 108, 114 u. r., 138 o., 167 l., 189 r. o., 212/213, 225 u. l., 233 o., 233 u. r., 238 u., 252 r., 261 u. l., 299 o., 340 r., 350 r., 356 u.; Sinuswelle: S. 223 u. r., 230 l.; Sirius1717: S. 270 o. l.; Sjors Gijsbers: S. 97 r.; SP-Photo: S. 285 l.; Stephan Hockenmaier: S. 104 o.; Stephan Laude: S. 188 l.; stylefoto24: S. 220 l.; Takashi Images: S. 345 r., 359 o. M.; The World in HDR: S. 48 l.; Thorsten Stark: S. 163 u., 174 u.; Tina Rabus: S. 164 l.; Tobias Arhelger: S. 322 o., 332 u. M.; tourpics_net_edit: S. 259 o., 277 u. l.; trabantos: S. 119, 306 u. r.; Travelling Thilo: S. 270 u., 277 o. l., 317 u.; travelpeter: S. 69 u. r., 232 o. r.; travelview: S. 127 l., 167 r., 321 l.; TunedIn by Westend61: S. 312 r.; Tupungato: S. 162 l.; UbjsP: S. 226 l.; UllrichG: S. 216 u.; Ulrich Mueller: S. 342 r.; Umomos: S. 90 o. r.; Uwe Beckmann: S. 184; Viacheslav Lopatin: S. 75, 87 o. l.; Victor FlowerFly: S. 166 l.; Vivvi Smak: S. 52 r.; Vladimir Mucibabic: S. 356 o.; Volker Ulrich: S. 30; Werner Spremberg: S. 220 r.; Wolfgang Hauke: S. 251 r., 266 o.; zawisak: S. 51

skywalk allgäu: S. 91

Sprengel Museum, Hannover: S. 357 o.

Stadt Ansbach: S. 152 u.

Stadt Bad Wurzach: S. 103

Stadt Blumberg/King, Mathias: S. 65 o.

Stadt Bochum, Kommunikationsservice/Leitmann, Lutz: S. 317 o., 318 l., 329 l., 333 u. l.

Stadt Dornstetten/Werbeagentur Martini: S. 83 o. l., 83 o. r.
Stadt Treuchtlingen: S. 151 o., 151 u.
Stiftung Preußische Schlösser und Gärten Berlin-Brandenburg/Bach, Hans: S. 187 r. u., 211 u. l.; Pfauder, Wolfgang: 187 l.
Stiftung Zollverein/Tack, Jochen: S. 333 o. l.
Störtebeker Braumanufaktur GmbH/Sandmann, Matthias: S. 235 u.
Stuttgart-Marketing GmbH (SMG)/Düpper, Christoph: S. 84 l.
Südsalz GmbH: S. 112 l., 115 u. M.
Tiemann, Markus: S. 294
TMS Büsum GmbH: S. 261 u. r.
Tourismus NRW e.V: S. 319 r.; Ketz, Dominik: 312 o. l.
Tourismus-Zentrale St. Peter-Ording: S. 260 l., 260 r., 261 o., 277 u. r.; Erlebniszentrum Westküstenpark: 274 l.
Tourismuszentrale Rostock & Warnemünde/Schmidt, Irma: S. 239 o. l.
Trykowski, Florian: S. 169
UsedomTourismus/Ryfczynski, Slawomir: S. 232 M.
Veltins Arena/Rabas, Karsten: S. 316 l., 333 o. M.
VISTA POINT Verlag (Archiv), Rheinbreitbach: S. 357 u.
Weinstube Fröhlich: S. 85 r.
Wikipedia/AngMoKio: S. 84 r., 87 u. M.; Avarim: S. 133 o.; AxelHH: S. 358 u. r.; Bbb-Commons: S. 107 u.; Claudia Hinze: S. 331; Dr.G.Schmitz: S. 330; Historiograf: S. 346 l.; ManuElaZ: S. 105 r.; MartinaNolte: S. 302 u.; RaBoe: S. 290 r.; Times: S. 187 r. o.; Tobi87: S. 132 u.; TomKidd: S. 192, 210 o.; Willow: S. 122/123 o.
www.bayern.by/Krautbauer, Gert: S. 61, 86 o.
www.olli-zimtstern.com/Schmidt, Oliver: S. 251 l.
www.ostfriesland.travel: S. 273 o. l., 278/279, 287 o. r., 287 l., 287 u. r., 288 o., 288 u. r., 289 o., 300, 301 o. l., 307 o. M., 307 o. r.
ZOOM Erlebniswelt, Gelsenkirchen: S. 325 u.

Titelbild: Mit dem Wohnmobil am Meer (Foto: iStockphoto/MXW Stock)
Umschlagrückseite: Paar am Strand bei Sonnenuntergang (links/Foto: iStockphoto/mediamasmedia); Urlaub mit dem Wohnwagen (Mitte: iStockphoto/Astrid860); Campen in den Bergen (rechts/Foto: iStockphoto/ZoneCreative)
Schmutztitel (S. 1): Pause in der Natur (iStockphoto/Oleh_Slobodeniuk)

Reihenkonzeption: Ralf Johnen
Bildredaktion: Kathrin Fäller
Lektorat: Judith Borchert
Gestaltung und Layout: Sandra Penno-Vesper, Potsdam
Reproduktionen: Noch & Noch, Datteln
Kartographie: Huber Kartographie GmbH, Unterschleißheim
Druckerei: Florjançiç tisk d.o.o., Slowenien

ISBN 978-3-96141-590-8

An unsere Leser!
Die Informationen dieses Buches wurden gewissenhaft recherchiert und von der Verlagsredaktion sorgfältig überprüft. Nichtsdestoweniger sind inhaltliche Fehler nicht immer zu vermeiden. Für diese übernimmt der Verlag keine Haftung. Für Ihre Korrekturen und Ergänzungsvorschläge sind wir dankbar.

VISTA POINT Verlag
Rolandsecker Weg 30 · 53619 Rheinbreitbach
Telefon: +49 (0)2224/77950 · Fax: +49 (0)2224/7795100
info@vistapoint.de · www.vistapoint.de · www.facebook.de/vistapoint

Camping und Ferienhäuser in der
Mecklenburgischen Seenplatte
Camping- und Ferienpark
Havelberge
Member of Leading Campings of Europe
am Woblitzsee
Camping · Ferienhäuser · Mietwohnwagen · Mobilheime
Kanuzentrum · Kanu-Camping-Card · Abend-Entertainment
Animation für alle Altersgruppen · WLAN · Kabel-TV
Komfortplätze mit Wasser- und Abwasseranschluss
Tipidorf · Waldseilgarten
Haveltourist
Direkt „Suchen & Buchen" www.havelberge.de
Neuer Wohnmobilpar mit VIP-Karte für 24 Std. An- u. Abfah
Separater Wohnmobilpark
www.havelberge.de
Haveltourist GmbH & Co. KG · Campingpark Havelberge · 17237 Userin OT Groß Quassow
Tel. (03981) 2479-0 · Fax (03981) 2479-99 · info@haveltourist.de
Leading Campings
2017-2020
BEST 2016
CAMPING
2013-2016
anwb
DTV-BVCD, ECC:
EMAS
UMWELT MANAGEMENT
TopPlatz
Partner
Müritz-Nationalpark
mein PLATZ